珍藏版

老照片

叁拾

主编 冯克力

山东画报出版社

济南

图书在版编目（CIP）数据

老照片：珍藏版. 叁拾/冯克力主编. —济南：
山东画报出版社, 2023.8（2024.4 重印）
ISBN 978-7-5474-4194-7

Ⅰ.①老… Ⅱ.①冯… Ⅲ.①世界史－史料 ②中国
历史－现代史－史料 Ⅳ.①K106 ②K260.6

中国国家版本馆CIP数据核字(2023)第060271号

LAO ZHAOPIAN：ZHENCANG BAN SANSHI
老照片：珍藏版. 叁拾
冯克力 主编

责任编辑 赵祥斌
装帧设计 王　芳

主管单位 山东出版传媒股份有限公司
出版发行 山东画报出版社
　　　　　社　　址　济南市市中区舜耕路517号　邮编 250003
　　　　　电　　话　总编室（0531）82098472
　　　　　　　　　　市场部（0531）82098479
　　　　　网　　址　http://www.hbcbs.com.cn
　　　　　电子信箱　hbcb@sdpress.com.cn
印　　刷 山东临沂新华印刷物流集团有限责任公司
规　　格 140毫米×203毫米　32开
　　　　　24印张　513幅图　480千字
版　　次 2023年8月第1版
印　　次 2024年4月第2次印刷
书　　号 ISBN 978-7-5474-4194-7
定　　价 80.00元

如有印装质量问题，请与出版社总编室联系更换。

OLD PHOTOS

老照片

定格历史 收藏记忆

主编 冯克力

珍贵的端方历史影像　徐家宁

我和北师大女附中（中）　徐礼娴

一位邮局职员的人生　方生

20世纪30年代的北京协和医学院　锐明

两张上海美专老照片　杨正纯

山东画报出版社

两江总督端方（左）和江苏巡抚陈启泰合影。（参阅本辑《珍贵的端方历史影像》）

OLD PHOTOS

老照片

主编 冯克力

执行编辑　　斌　杰　　赵祥杰

特邀编辑　　张　东　　丁建芳　　邵玉

美术编辑　　王者杰

特邀审校　　王健　　赵

山东画报出版社

图书在版编目（CIP）数据

老照片.第131辑／冯克力主编.—济南：山东画报出版社，2020.6
（2024.2重印）
ISBN 978-7-5474-3540-3

Ⅰ.①老… Ⅱ.①冯… Ⅲ.①世界史—史料 ②中国历史—现代史—史
料 Ⅳ.①K106 ②K260.6

中国版本图书馆CIP数据核字（2020）第100600号

老照片.第131辑
冯克力主编

责任编辑 赵祥斌
装帧设计 王　芳

主管单位 山东出版传媒股份有限公司
出版发行 山东画报出版社
　　　　社　　　址　济南市市中区英雄山路189号B座　邮编 250002
　　　　电　　　话　总编室（0531）82098472
　　　　　　　　　　市场部（0531）82098479　82098476（传真）
　　　　网　　　址　http://www.hbcbs.com.cn
　　　　电子信箱　hbcb@sdpress.com.cn
印　　刷 山东临沂新华印刷物流集团有限责任公司
规　　格 140毫米×203毫米　32开
　　　　　　6印张　141幅照片　120千字
版　　次 2020年6月第1版
印　　次 2024年2月第2次印刷
书　　号 ISBN 978-7-5474-3540-3
定　　价 20.00元

目 录

苏曼殊的身世之谜

——国家图书馆藏苏曼殊历史照片考辨之一

张　萌

苏曼殊本名苏戬，法号曼殊，生于清光绪十年（1884），卒于民国七年（1918）。他出生在一个商人家庭，父亲苏杰生（1846—1904）当时经营着中国和日本间的茶叶进出口生意。他的人生虽然短暂，但经历颇丰，这与他个人有关，也和时代背景脱不开干系。作为甲午战争后自费留日学生群体中的一员，苏曼殊在青年时期具有激进的革命思想，对推翻清王朝统治的革命运动及革命团体抱有极大热情，先后加入青年会、同盟会、拒俄义勇队、南社等有明确政治抱负的革命组织和文人群体，并以这些组织的机关刊物为主要阵地，发表诗作、译作。后因友人章太炎与刘师培反目、刘师培夫妇叛变革命等事件，对革命心生幻灭，后期虽不积极参与，却一直关注革命动向。

1903 年，苏曼殊出家为僧，此后虽以"衲""衣钵"等自称，却仍做俗世之事。喜研佛法，通梵文，编撰《梵文典》《初步梵文典》《梵书摩多体文》等著作。他自幼乐游善画，颇具天赋，一生画作虽多，却不为生计所用，皆应友人之求或情之所至而作，被称为"诗僧""画僧"，由此可见苏曼殊在文学和艺术上的造诣。由于苏曼殊特殊的身份和经历，交往圈子多为民国时期文化界和政界的名流，他一生中与友人的合影能牵扯出半部民国史。

国家图书馆所藏曼殊幼年的影像只有两张。一张为其坐于养母河合仙（1847—1923）膝上的照片（图1），拍摄于1888年，时年四岁。另一张是其与日本的"外祖父母"的合影（图2），小曼殊身着和服立于一对老夫妇之间，拍摄于同一年。这两张照片最早见于曼殊寄给好友刘三〔即刘季平，生于光绪四年（1878），卒于民国二十七年（1938），因在家中排行第三，故称刘三。他是苏曼殊在日本成城学校时期的同窗，二人十分交好。曼殊挥金如土，囊中羞涩时便常向其告贷，刘三每每都慷慨相助。曼殊一生与其通信最多〕的信中，照片的裱夹上标注着照片的冲洗地——江户（今东京）。和这两张照片一同寄给刘三的还有一张曼殊身着僧服的半身像（图3），以及河合氏的女儿——曼殊异父异母的姐姐榎本荣子（图4），她是河合氏与其第三任丈夫的女儿，裱夹封二有苏曼殊毛笔手书"扶桑造相捧赠刘三居士　慧龙寺曼殊"（图5），值得一提的是这四张照片的裱背上都有刘季平先生的毛笔手书，由于刘先生的书法是南社（1909年由柳亚子、陈去病和高旭成立于上海，取"操南音，不忘本也"之意）中的佼佼者，所以这四张照片的题记又不失为珍贵的手稿。

扉页刘季平毛笔手书如下：

丁未八月　予客杭州　曼殊自日本江户寄赠造象一帧　幼时与其外祖父母造象一帧　坐母怀造象一帧　姊氏造象一帧　徼告十方弟子　启文八册　曼殊学道有年　行

图1 幼年苏曼殊与养母河合仙合影及背面刘三手书

图2 幼年苏曼殊与"外祖父母"合影及背面刘三手书

将西谒梵土　顷留滞东京　一皈心于佛学　旁及绘事　走函索予序　其新著梵文典曼殊画稿二书　筓滕一截云　九年面壁成空相　自注余出家刚九年　万里归来一病身　泪眼更谁愁似我　亲前犹自忆词人　予因此感念曼殊于人间世事　厌弃殆尽　而天末故人独劳眷顾　相思不已继之以哭　曼殊可谓丰于昵者矣　予以何缘勾当至此　有滔如湖　有马如驴　有眼青白　有口胡卢　持此以谢曼殊　曼殊其破涕为笑也　刘三识

后有刘三钤印。

文中所提筓滕或系河合氏的陪嫁品。诗文"九年面壁成

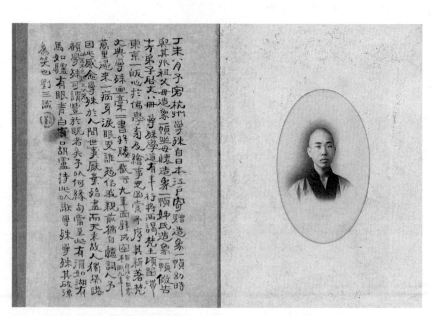

图3 苏曼殊僧服胸像。左为刘三手书。

4

图 4 曼殊之姊榎本荣子

空相（自注余出家刚九年），万里归来一病身。泪眼更谁愁似我，亲前犹自忆词人"。原题：东来与慈亲相会，忽感刘三、天梅去我万里，不知剃（涕）泗之横流也。可见曼殊内心孤苦飘零之感。天梅是高旭的字，生于光绪三年（1877），卒于民国十四年（1925），江苏金山人，中国同盟会重要成员，南社

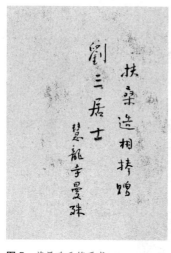

扶桑造相捧赠

刘三居士

慧龙弟曼殊

图5 苏曼殊毛笔手书

创始人之一，也是革命刊物《觉民》《醒狮》的创刊人。

于此，我们有必要谈谈曼殊的身世。关于曼殊的生身父母，说法不一。

第一说：为河合氏和其第一任丈夫所生。河合氏是继正室黄氏后嫁入苏家的妾，为日本本土人，在嫁给苏杰生之前曾嫁过一个日本人，而曼殊即她和前夫的儿子。

第二说：为一日本女子若子和苏杰生所生，但是若子在生下曼殊三个月后便离开了苏家，以致曼殊对若子其人毫无印象。所以曼殊心里把河合氏作为生母是自然而然的事情。虽然曼殊认为自己有中国血统（苏家）而否认第一种说法，但是跟苏杰生的关系一直以来都十分淡漠。

第三说：为河合氏和苏杰生所生。这是曼殊自己认同的观点。

第一种说法是可以否定的，河合仙是1873年嫁入苏家的，那时曼殊还未出生，她并不是带着曼殊嫁进来的。所以苏曼殊为苏杰生之子这点毋庸置疑，至于第二种曼殊生母是若子的说法，目前也只有口述上的证据。从曼殊的生平来看，与其有交集且作为母亲一样存在的人必为河合仙无疑。河合仙对曼殊尽过养育之责这点也是凿凿。图2中的这对老夫妇是河合仙的父母，如若他们真为曼殊的外祖父母，只在两种情况下才成立：其一，河合仙为曼殊的亲生母亲（这一点曼殊的庶母大陈氏是

图6 苏曼殊与河合氏合影。

图7　图6背面手书

否定的）。其二，若子为河合仙的亲妹妹。关于河合仙和若子的关系，有传闻说是姊妹俩，若子在苏杰生和河合仙于日本的家中住过一段时间，并帮忙家中事务。笔者认为比较可信的一种观点是曼殊的生父为苏杰生、生母是名为若子的日本女性，河合仙是苏曼殊的养母。不过河合仙在曼殊六岁时就与其分开了，曼殊对此有童年的记忆，对她也有亲切感。直到1907年，时隔十八年后，曼殊在东京与心中的母亲再次晤面。这次见面对曼殊的意义重大，二人留下合影（图6），后被名号为宫内幸太郎的照相馆洗印出来，也置于这批照片中。背面有钢笔手书，应为曼殊的笔迹：

　　昔达磨（摩）南游东粤　有白衣老生者　对讲儒书　既而问曰　大师西来　东方圣人之言谛审否　达磨（摩）答曰　亦诚善哉　直是非而已　余思浊世昌披门户　龉龁狺狺嗷嗷　其见人也　进退一成规一成矩　从容一若龙一若虎　其谏我也似子　其道我也似父　明乎礼义

而陋于知人心 非真无知
也 无著菩萨曰 诸儿夫
覆其一向显虚妄 是故余
不欲接人 饭罢关门倚于
槁梧而吟此 吾与慈母之
幻影也 忆知己 刘三寂
处 西湖书此 致之 亦
证其心量耳 曼殊

图8 苏杰生胸像

前面洋洋洒洒一段参佛之所悟，后题款注明内容、手书地点和作者。说明手书是在归国后题于裱背的。

曼殊家人的照片中有两张其生父苏杰生的照片，不过都为同一底版洗印。照片为胸像（图8），苏杰生着中式衣服，头戴瓦帽。从图像上看，苏杰生和苏曼殊在容貌上有颇多相似的地方，比如脸型、嘴唇。苏杰生的姿室大陈氏（1868—1940）为苏家生了五个女儿，家人照片中就有一张曼殊妹妹们年幼时的合影（图9），但是曼殊本人并不在场。这张合影夹在木夹板中，上面还附有玻璃压板，照片一角粘于玻璃压片上且有些微损毁。照片背面贴有说明签，上毛笔手书标注"从左至右四姊惠芬 日本佣妇 三姊祝年 三庶母陈氏 二姊祝龄"。从生年来排，祝龄（惠龄）、祝年（惠芳）、惠芬（焕）都比曼殊小，故而这里的"姊"应该是对同辈女性的通称，并不是特别指称姐姐的意思。照片中惠芬的样貌尚小，还被佣妇抱于怀中，推测应该是拍于1895年苏齐出生以前。嫡母黄氏（1847—

1923）育有一女苏燕，是为曼殊的大姐，其后便是同辈的第二个姐妹祝龄了。如此看来，曼殊同父的姐妹共有六人，分别为苏燕（1872—1907）、苏祝龄（1886—？）、苏祝年（1888—？）、苏惠芬（1890—？）、苏齐（1895—？）、苏惠珊（德西，1902—？）。

而与曼殊同辈的兄弟只有一个，即曼殊同父的哥哥苏煦亭（1875—1935，字子煊，名焯），他是苏家的长子、河合氏和苏杰生的儿子。他的照片有两张，一张为其胸像（图10），另一张就是他与儿子苏绍贤（1909—？）的合影（图11）。苏绍贤是苏曼殊唯一的侄子。合影中苏煦亭样貌尚年轻，头戴瓦帽，

图9 苏曼殊家人合影。左起依次为：苏曼殊之四妹惠芬、日本佣妇、三妹祝年、三庶母大陈氏、二妹祝龄。

图 10　苏煦亭胸像

图 11　苏煦亭与其子苏绍贤合影。摄于 1909—1910 年。

着中式上衣，小绍贤尚在父亲怀中坐。苏绍贤有个妹妹名为绍琼（1913—1929），她有五张照片在柳亚子处，并捐赠至国图，拍摄于不同时期，可惜她同叔叔曼殊一样早逝，哀郁厌世致饮毒自杀，并留下四封遗书。苏家的后人中大概只有她一人与叔叔同好，喜欢文学，却多愁善感。她尤其喜欢三叔（嫡母黄氏生有一子苏焜，生于 1878 年，卒于 1883 年。曼殊行三，大哥苏焯，二哥苏焜）曼殊的作品，死后家人发现其枕边还留有《曼殊全集》两册，她生前也常说："世上与我情相同者，三叔之外，又有谁人哉？"柳亚子先生于 1939 年 11 月 7 日补记了四张照片（图）的信息，包括拍摄时间、地点、照片中为何人，刚好可以用来作佐证：

民国八年正月　时年六岁　绍琼女士单人照（图12）

民国十五年暑假　十三岁　和同学挚友何玉珍女士合影（图13）

民国十七年二月十二日　十五岁　和冯秀霞女士在谢谢山山半同摄的合影（图14）

民国十八年　十六岁自杀同年　独人照（图15）

苏曼殊的家世及流传下来的家人照片大抵如上所述，他幼

图 12　苏绍琼幼年照

图 13　苏绍琼（右）与何玉珍合影。

图14 苏绍琼（右）和冯秀霞合影。 图15 苏绍琼半身像

年和少年时期辗转中日几处生活，自幼缺乏父母亲的陪伴。虽然他出生在一个大家族中，但一直缺乏归属感，这种情绪在其日后的艺术作品与经历中都有所体现。

本文中刘三于"丁未八月"的毛笔手书、曼殊1907年在与河合氏见面后的留影裱背手书，以及曼殊兄长苏煦亭的照片、曼殊侄子苏绍贤的照片、曼殊侄女苏绍琼的照片和曼殊妹妹们的照片，在笔者目之所及，目前还未见于出版物。

（图片由国家图书馆提供）

珍贵的端方历史影像

徐家宁

　　2016 年底，秦风老照片馆收藏了两张有关端方的珍贵历史照片。图 1（见封二）为两江总督端方（左）与江苏巡抚陈启泰的合影；图 2 是端方与多人的合照。在图 2 中，二排左数第八人是时任两江总督的端方，左数第七人是时任江苏巡抚的陈启泰，端方与陈启泰身后中间的是时任陆军第九镇统制徐绍桢，站在其左边胸前挂着多枚勋章的是时任江南陆军讲武堂总办的舒清阿，坐在前两排戴礼帽穿西式大衣的多是日本教习。

　　陈启泰，湖南长沙县人。字宝孚，号伯平、鲁生。道光二十七年（1847）生。同治六年（1867）中举，同治七年戊辰科二甲进士，选翰林院庶吉士，散馆授编修。同治十三年（1874）及光绪六年（1880）任会试同考官等，后改任监察御史。陈启泰在御史任内，以直言敢谏著称，被视为清流党，但也遭时忌而被调出，先任大同府知府，后移大名、保定，前后凡十五年。光绪二十三年（1897），陈启泰擢云南迤东道，摄布政使职。光绪三十一年（1905）调任安徽按察使，兼摄提学使。次年迁江苏布政使。光绪三十三年（1907）升任江苏巡抚。宣统元年（1909）五月病逝。陈启泰独生女儿陈征嫁给袁世凯第六子袁克桓（1898—1956），而端方女儿陶雍嫁给袁世凯第五子袁克权（1898—1941），因此端、陈二人也算关系密切，故有二人合影。

徐绍桢（1861—1936），字固卿，祖籍浙江钱塘，生于广东番禺。父徐灏。光绪二十年（1894）甲午科广东乡试举人，后为广西藩署幕僚，江西常备军统领，福建武备学堂总办。1902年奉派至日本考察军事。1904年受李兴锐提拔，任两江总督衙门兵备处总办，护理江北提督。1907年任新建陆军第九镇统制，驻军江宁城关。1911年10月10日武昌起义爆发，南京新军与旧军的江防军和缉私营冲突加剧。11月4日，险遭两名满族军官怀枪行刺，后率部回应革命，在秣陵关起义。辛亥革命后历任南京卫戍总督、孙中山广东军政府广州卫戍总司令、总统府参军长、广东省长、内政部长。孙中山逝世后，曾短暂退隐。1932年复任挂名国民政府委员。1936年9月13日病逝于上海，葬南京麒麟门外小白龙山。

舒清阿（1877—?），字质甫，湖北荆州驻防旗人，汉军正白旗。初入湖北武备学堂学习，后被选派赴日留学，入成城学校、日本陆军士官学校中华队第二期步兵科，1903年11月毕业回国，同年考中恩科举人。1904年10月任湖北参谋营务处军谋学咨议官，1905年任湖南新军第一标标统。后随端方出洋考察。1906年随总督端方北上，调任两江督练公所总参议。1907年5月成立江南陆军讲武堂，兼任总办。旋调北洋陆军任职，赏给陆军步队正参领，成为直隶总督袁世凯的下属。1909年赴日观操，1910年6月23日充北洋督练公所总参议，记名陆军协都统衔，同年12月1日赏加副都统衔，后任陆军部正参议官，1911年6月14日任新军滦州会操西路军总统官。武昌起义爆发后，任北军第一军参谋长，随军南征，旋任荆州副都统，1912年1月19日，被任命帮办湖北防务。民国后任总统府军事顾问、陆军部军事顾问，1912年11月26日授予陆军中将，后曾与冯耿光、伍光建等去欧美九国考察军事。

综合以上各人简历，这张照片应该摄于1907年冬，极可能是慈禧太后万寿节（11月29日）之时。这两张照片均由南京惟肖照相馆拍摄，根据其英文店名 "The Examination Hall Photographic Studio"，可知这家照相馆位于夫子庙的江南贡院附近。据徐寿卿1908年出版的《金陵杂志》记载，这家照相馆

图2　端方（二排左八）、陈启泰（二排左七）等人合影。

位于贡院大街，正如其馆名英文之推测，这里也是南京照相馆最集中的地方，当时南京共有十家照相馆，其中六家都设在那里，有趣的是离"惟肖"照相馆不远还有一家"惟妙"照相馆。照片中的端方面对镜头应对自如，细看还会发现他手里握着一副眼镜。如果再仔细观察，图2中第四排左边有三个人在底片曝光期间晃动了，因此人影模糊，摄影师在暗房对这张照片进行了涂改，在这三个"虚幻"的脸上画上砖缝，让他们"消失"了。

原照片为黑白两色，由吴浚伊女士进行修图工作，再由徐丹语女士完成数字彩色复原。此为秦风老照片馆从事历史照片彩色复原之时代工作的一环，以推动中国老照片收藏、复原、编辑、出版和展览等工作继续向前迈进。

（图片由秦风老照片馆提供）

一位邮局职员的人生

方　生

　　我的父亲王玉麟，1898 年生人，自十九岁考入华北邮政管理局后，先后在河北保定、正定、易县邮局和北平的南苑、北京市局、达智桥 19 支局、米市大街 26 支局等七个邮局工作过，直到 1958 年六十岁时退休。

　　我的祖父是清末一个基层职员，从事文书工作，民国初年就失业了，只能断续做些杂工。祖母在家做绢花，由店铺向户里分送材料，收回成品，收入甚微。那时全家共有五口，我父亲还有两个妹妹，日子过得十分窘迫。

　　我父亲小时在邻居家设的私塾里借读了几年，通过帮私塾主人家干活抵部分学费。他学习十分刻苦，在私塾学习期间，打下了较好的古文基础，后来又上了小学，小学毕业后就因贫困失学了。失学后靠打零工贴补家用。父亲十九岁那年，在走过一条街道时，偶然看到华北邮政管理局招工告示，条件要求初中毕业或同等学力。父亲赶紧以同等学力去报名并幸而考中。考上后的第一份工作是在保定邮局做汉文拣信生，每月大致挣十多块银元。他除维持自己最低生活需要外，总是尽力节省几元钱寄回家中。在保定邮局工作三年以后，转到正定邮局。

图 1 父亲第二次在保定邮局工作期间的留影。

　　当时正定是府治所在，府是比县高一级的行政机构。那里有个教堂，外地职工周日没处可去，多去教堂消遣。牧师每次布道后，还教英语。我父亲单身一人在外，无牵无挂，业余时间一方面加深中文基础，自学部分中学课程，再就是跟那个牧师学英语。他每周必到教堂，那牧师也看透了他的心思，笑问他："我看你这年轻人没那么虔诚吧，你是来学英语的吧！"牧师也没生气，每次布道后，留下跟他学英语的几个人中只有我父亲一直坚持着。几年后，华北邮政管理局招考洋文拣信生，考题之一是将一篇古文译成英文，此外还有些问答题。他以优良的成绩考取，遂升为洋文拣信生，薪水也随之涨了几元。升为洋文拣信生后不久又调回保定局，并提升为二等邮务员，薪水涨到大约二十元。那时邮局职员一般几年调动一次，职员如无过失，每两年可增加一次工资。升职为二等邮务员后，他就租了房子，将我祖父母和他的两个妹妹接到保定定居，并供我二

图2 父亲王玉麟和生母孙仲英结婚照。1927年摄于保定。

图3 我出生后的第一张照片，时年一周岁。
1930 年摄于易县邮局家属宿舍。

姑读到小学毕业。大姑因为有些智力障碍上不了学，经人介绍，在二十多岁时嫁给我父亲的一位在元氏县邮局工作的丧偶的同事。

这时我父亲已三十岁了，经同事介绍娶了同是三十岁的我生母孙仲英。我生母家境较父亲家略好。我外公是绍兴人，曾参加科举考试中了不知是什么功名后，被延聘为幕僚，先到山西，后又到保定。2008 年我去保定旅游，还专门参观了直隶总督府，不知他老人家是否曾在此当值。外公早殁，我外婆育有一子一女，当时靠我舅父在思罗医院当医生维持全家生活。

我父亲工作十分勤奋、敬业，于 1929 年也就是进邮局十

21

年后被调往易县邮局担任局长。

父亲调到易县不久，我出生了，那天是 1929 年的冬至，故家人给我取乳名"冬儿"。我父亲调去易县邮局时，邮局租用的是北平西城西廊下胡同一位寡居妇女任太太在易县的房产。这位妇女当时三十多岁，有一个女儿比我大三四岁，叫慧贤。易县的房产是她老公公留下来的，有三进院落，邮局租用前院。前院有一排北房临街，邮局办公用，还有几间西房，作为本县离家路远职工的宿舍。我会走路后常跑到前院去玩儿，趁着父亲不注意，还会溜进办公的屋里东看看西看看。邮局职员都穿绿色衣服，大概有六七位，背对着门一字排开坐在一个长条桌子后面，面前的桌子上放的，应该就是要处理的邮件吧。我父亲说过，易县邮局投递范围很大，如果是往山区送邮件，一天也就送两三件。这些职工，多住在县城，只有两人在农村，周日才回家，平日就住在那几间职工宿舍里。第二进院子由我家居住，是向邮局租用的。我印象中院子不小，北房三间我祖父母住一间，我父母带我住一间，中间的堂屋算客厅。西房两间二姑住，东屋是厨房。院中央有一个大荷花缸，南边有一影壁，前边有夹竹桃、石榴树等。院子是泥土地，还种有许多花草。这些花草都是房东的，由房客负责管理。我家人除了侍弄这些花草，还种些向日葵、喇叭花和扁豆等。第三进院子，平时上着锁，房东任太太带着女儿来时才开门，院子不大，有两间西房，她们母女住。她们来了我最高兴，我是独生女，平日没个玩伴，就盼着任太太的女儿来一起玩儿。第三进院子有个后门，外面是一大片麦田，比一个足球场还大，绿油油的一片。每次任太太带着女儿来了，我就与任太太女儿——慧贤姐——到那麦地里玩，捉迷藏，抓蝴蝶，好玩儿极了。

当时我印象中的家，就是易县这个小花园的样子。八十多年后回想起来，这是我一生中住的唯一可称之为庭院的房子。以后到北平先后搬了十几次家，住的大都是大杂院里的几间平房。老北京人管这种靠租房住而常搬家的人家叫"串房沿儿的"，而房产较多靠租金生活的人家被称为"吃瓦片儿的"。我家就属于"串房沿儿的"。来北平后，印象中我父亲三年两载就为找房子犯愁、奔走。

在易县时的住处，也是我父亲和上辈人有生以来住过的最好的宅院，父亲的工资也涨了，全家都十分高兴。父亲还给母

图4　1934年，我同长辈合影于易县邮局家属宿舍。左起依次为：房东、祖母、我、房东之女慧贤、母亲、二姑。

亲和二姑买了一架风琴。记得父亲每年还带全家人去一次孔庙，还去过几次叫"崔家花园"的私家花园，这个花园就是一大块空地，春天的时候一片桃红柳绿，非常好看。

在易县的这段时间，是我家生活最稳定、安适的日子。那时四大银行（中央、中国、交通、农业）加两局（电信局、邮局）的工作被认为是"铁饭碗"，我在解放前能上学费较高的教会学校，又考入大学，是因为那时的邮局工会还给报销子女学费。

那个年代，机关单位很少，整个易县，除了县政府，只有一个小学校、一个邮局，还有一个公办盐店。这几个单位每到过年就会聚餐，先是县长做东，然后是这几个单位轮流做东，都是在各自家里请客。轮到我父亲请客时，请了易县一个有名的厨师到家里掌勺，只有祖父母和我父亲三人上桌，我母亲和

图5　易县西大街。易县照相馆摄于1929—1935年。邮局应在照片中街道右侧靠东的位置，照片中未显示。

二姑帮厨、端菜，我坐在桌边一个小板凳上陪吃。那次请客，我记得他们谈论的是"小日本"已经占了东北三省，还要往关内打，他们说着说着都非常气愤，都说我们要坚决抵抗，决不当亡国奴。我听着这些话似懂非懂，脑子里很乱。

图6 1937年，我在南苑福音堂上小学时穿童子军服留影。

1936年初，父亲接到调令，调回华北邮政管理局另行分配工作。这年年初，全家随父亲迁至北平，暂时住在刘蓝塑胡同的一个小院的三间西房里。我父亲临时到位于前门内东侧的邮政管理局上班。这样过了大概两个月，父亲被分配到永定门外的南苑邮局，仍任局长。之后不久，他在南苑街上找到四间南房，房东是福音堂小学校长，姓李，也是南苑教堂的牧师。我们全家很快就搬了过去。

这时，日军步步逼近。以拼刺刀出名的二十九军就驻扎在南苑，准备抗日。1936年暑假，父亲送我上了镇上唯一的学校，也就是我家房东当校长的福音堂小学。课堂上各门课老师都讲抗日的事，鼓励学生救国抗日，还组织高小学生进行了几次童子军野外生存训练。我十分羡慕，但低年级不能参加，父亲特意买了一套童子军服装给我穿。

1937年，刚放暑假不久，一天突然听到西边传来隆隆的炮声，之后又看到低空盘旋的飞机。大人们说这贴着"红膏药"的飞机是小日本的，看来小日本更加疯狂了，这是对着驻扎在南苑的二十九军司令部来的。后来才知道那天在宛平县卢沟桥发生了震惊中外的"七七事变"。父亲见战事迫近便在城内安福胡同租了四间平房，把全家老小送进城居住，但父亲自己一直住在邮局。父亲作为南苑镇邮局的局长，保护好公众的信件和包裹是他的职责。自从送我们进城后，战事日益迫近，他就叫同事都各自回家，这些同事家都分散在镇外的农村。邮局在镇上，被轰炸的可能性大。只有父亲和一位外地职工两人驻守邮局，看守公物。

从那时起一直到八月中旬，有五十多天父亲音信全无，我们全家天天悬着心，不知父亲生死！

八月中旬的一个晚上，父亲骑着那辆老旧的自行车，神态十分疲惫地回来了。全家喜出望外。父亲稍稍缓了缓劲，说从卢沟桥事变后半个多月，小日本就对南苑疯狂进攻，坦克、大炮一起上。我二十九军顽强抵抗多日，终因敌方武器装备远强于我方，且寡不敌众，二十九军作战失利，佟麟阁和赵登禹两位将军都牺牲了。父亲说镇上到处是我军官兵遗体，惨不忍睹。日军狂轰滥炸，而小小的邮局周围却未被炸到，不知是侥幸，还是敌军想查找资料有意而为。战事一停，几个日本兵和一个"翻译官"（汉奸）就气势汹汹地闯入邮局，将我父亲和另一留守职工塞进一个小屋，日本人拿着枪指着他们，逼他们交出二十九军和共产党的信件、包裹。日军得知父亲是局长，重点对他威胁恐吓，还用枪把子打了他多次。我父亲只说一句话：这是民间通信，没有军方业务。日本兵见无收获，就让那翻译官跟着把小小邮局保存的信件逐一检查，包裹也被打开，散落一地，并没有找到他们想要的东西，气愤地摔门而出，走时还用枪指着我父亲威胁，那汉奸翻译说：今后有国军、共党的信必须报告，不报就是通敌，毙了毙了的。那天是日军占领南苑

图 7 1944 年，父亲与继母贺蜀彦抱着大弟弟合影。

后，父亲第一次回家。第二天早晨又骑着车去邮局上班了。以后父亲每周回家几次，因城里缺菜，父亲每次都用自行车带些青菜回来。每次进城门全身和青菜都被喷了 DDT，日本人怕被传染"虎列拉"（霍乱），进入每个城门都要喷药。父亲每次回家后总要咳嗽一大阵子。当时，凡有拉肚子的，都不敢去治，日本人知道了就会拉去烧死。有一次父亲患了严重的痢疾，脓血便，顶了几天不见好，只好托人找家靠得住的药店偷买点药吃才缓过来。

那时买粮要早早去排队，这样还能买上点高粱米、少量的玉米面，去晚了只剩下难以下咽的发霉的"混合面"。

日本人占领之后，物价涨得很快。父亲一人工作，支撑这老小六口之家已很困难。素来体弱的母亲又患了重病，先是找中医吃汤药，后来送到协和医院，但为时已晚，没多久她就去世了，那年她才三十八岁。母亲刚去世时，我还时常幻想母亲穿着那件多年不变的淡蓝色旗袍，从外面回家来了。四五天后我终于明白，死去的人是永远不会回来的，才醒悟过来，我是没有妈妈的人了，想着想着，时常哭泣。父亲和母亲非常相爱，母亲的死令他悲痛至极。就在母亲去世几个月后，我大姑因与丈夫时常吵架，带着大姑父前妻生的大我两三岁的小女儿从石家庄（那时叫石门市）投奔父亲来了。这样家中更加拥挤不堪，亲戚们挤在一起，常有磕磕碰碰，有时闹些口角。现在回想起来，父亲每日早六点多，骑上自行车，心中怀着刚刚丧妻的伤痛，身上背着沉重的经济和精神压力，奔往几十里外的工作岗位南苑邮局，上班后要经常受那个汉奸翻译官的挑刺、找碴，下班骑车一个多小时，每天进城门必遭 DDT 喷洒，回到家里连个安静的窝都没有，更无处洗掉那周身的药味！我真想不出那样的日子，他是怎么扛过来的。

我十岁时，我生母去世已两年，我父亲经人介绍娶了我继母贺蜀彦，那年她三十三岁，比我父亲小九岁。继母家也比我家富些，她本人小学毕业，还上过私塾，学过苏绣，写得一手好字。

继母来我们家时，大约是 1940 年或 1941 年，我家刚迁至西城福绥境胡同的一个大杂院的五间平房中。继母先后生下两个男孩，都聪明可爱，全家都很高兴。不过，家务活也增加了不少。我祖父母都已七十岁上下。我二姑已三十多岁了，尚未出嫁。继母娘家条件比我家好，在娘家很少插手洗衣服做饭之事的继母，来到我们家什么都得干，效率自然很低，继母和二姑之间便时常发生口角，祖母自然站在女儿一方。父亲在外辛劳一天，回到家中，一面听妻子诉苦，一面听母亲告状，他夹在中间，左也不是右也不是，只有一个"忍"字。我那时正上小学，大人的事我不能插嘴，只是看父亲疲惫、为难的样子，心里难过。

人们在日本侵略军的铁蹄下苦苦挣扎着熬过了八个年头。1945 年 8 月 15 日，日本帝国主义终于投降了，沦陷区光复了，人们再也不当亡国奴了。但光复带来的喜悦很快就大大降温了，国民党政府发行了"法币"，取代汉奸政府发行的"联币"，没多久又换成"金圆券"。货币贬值的速度以小时计。父亲上午领了薪金，中午休息时间赶快就近买粮用自行车运回家中，否则下班后粮食就又涨钱了。因此，虽然光复了，我家里的生活水平并未提高。稍有改善的是，父亲从南苑邮局调至宣外达智桥邮局，路近多了，他的劳累有所减轻。但不幸的事又接踵而至。我那可爱的刚满四岁的二弟因患肺炎未能治愈而夭折。家人的悲痛还未平息，大弟的脸色越来越不好，肚子渐渐鼓了起来，那时家中生活已很困难，上医院要花很多的钱，于是家人竟相信别人介绍的一个"大夫"，请他天天给弟弟"捏脊"，但弟弟人越来越瘦，肤色变成暗黑，肚子却越来越大。这时父母终于下了决心，借钱也得带大弟弟去医院看病。经中和医院

（后改为北京人民医院，今为北京大学人民医院）专家钟惠澜医生诊断为"黑热病"（系白蛉子传染），专家说已到晚期，回生无望了。那时，正是北平迎接解放之际。原本1949年就可进入小学的大弟，竟在六岁那年告别了人世。

家人的悲痛是可以想象的，尤其是父母和祖母。我国有句老话，"对一个男子来说，最不幸的事莫过于中年丧妻、老年丧子了"。这些倒霉的事全让我父亲遇上了！对祖母来说，她多年盼望的孙子，竟然得而复失，年已八旬的她，是多么失望！

1949年1月31日，北平和平解放。1949年2月28日，市军管会宣布接管北平邮政。

我父亲属于旧职员，即新中国成立前各科层制机构中留存的职员群体。在新政权下如何安置这些人，共产党有一系列相应的政策，银行、电报、邮政、矿山、铁路、工厂等，属于官僚资本企业，相应的政策是保持企业原来组织机构，军管会（军事管制委员会）负责委派军代表监督其工作，厂长、局长、监工等职位，仍由原厂长、局长及工程师等继续担任。这个政策使得我父亲1949年后继续担任邮局局长直至退休。当然该政策还包括要通过短期培训班、夜校或上大课的形式，对企业系统旧职员进行教育和改造，重点是政治教育。

我父亲于1949年在中共北京市委干训班学习，并在同一年成为邮局第一批入党的中共预备党员。我父亲加入共产党，与我的影响有些关系。我是在1947年3月底加入共产党的，在入党前后的一段时间里，我经常把一些进步书刊带回家中，例如《解放三日刊》、史沫特莱的《中国之战歌》、胡绳的《新哲学人生观》、艾思奇的《大众哲学》等。这些书籍我父亲也会翻看，我还时常与他谈论社会局势，当时国民党的腐败他也

图 8　父亲的入党转正通知

看在眼里。这些书籍和议论，或许在一定程度上促使我父亲倾向并接受共产党的主张。

虽然我父亲在 1949 年就入了党，但毕竟是"旧职员"，无法完全适应如此巨大的社会变迁。过去局长全权负责局里工作，现在是要听党组织指挥，用今天的表述就是从局长负责制变成了党支部领导下的局长负责制。例如他讲过这样的例子，局里评选先进职工，由党支部定人选，让他以局长的身份去跟职工宣布，而这个人被定为先进我父亲并不赞成，因为这个人参加政治活动很积极，和党支部人员关系好，但在业务上并不能算先进。又如上级要求邮局在马路边摆摊推销邮票，我父亲认为没有必要，这种普通邮票与集邮不同，只在需要寄信时人们才会用到，不可能也没必要买很多存在家里。

也许是由于我父亲无法完全适应他的新角色，他虽然在1949年入了党，却在两年多后才转正。

1949年后，我父亲又工作了八年，之后因手颤病休了两年，于1958年退休。

退休后，父亲承担了全家生活的很大一部分家务，掌管着全家的三餐安排。20世纪五六十年代，生活物资非常紧缺，基本生活必需品如粮食、油料等，都是凭票证限量供应。特别是"三年困难时期"和"文革"时期，生活只能维持在最低水平。1975年，父亲还发生过一次严重的心肌梗死，幸好我当时在家，及时把他送到医院抢救并得以康复，使他有幸活到改革开放的时代。

1980年，我丈夫分配到一套四居室的单元房，使我父亲在有生之年住上了家中有卫生间（不用出门上厕所）、有上下水（不用每日打净水、倒脏水）、有暖气（不用自己生炉子）的房子。改革开放后，生活必需品供应开始好转，东西比过去好买了，家里生活得到改善。父亲操持家务之余，会看看报纸，还买了一套英语教材，每天跟着广播电台学英语，偶尔还会飙一两句英语。我父亲是1986年去世的，享年八十九岁。父亲辛苦操劳，节俭克己，勤勉工作一生，自己几乎没过几天经济宽裕的日子，在他有生之年能赶上改革开放，能过上几年稍微好一些的生活，让我这个做女儿的也稍感安慰，只可惜这段时间太短暂了，每想到此，总感觉深深地遗憾。

我和北师大女附中（中）

徐礼娴

我穿起将军服

我初二时的同桌，是叶小燕。

小燕是军队干部子弟，八一小学的保送生，穿着小学发的统一服装：蓝色圆点带蓬蓬袖的花裙子，足下是黑皮鞋。

我跟小燕挺合得来，小燕胆子小，老实厚道，人也随和，从不招人，也不惹是非。跟我混熟后，她那深藏不露的灵慧机警、幽默滑头，能让你和傻子一样，被她耍弄后自己却感觉不出来。我上课时不能安分，常跑神儿，要么与左邻右舍传递小纸条，要么偷吃零食。而小燕总是正襟危坐地专心听讲，不受干扰，最多歪嘴冲我们坏笑几下，依旧坚守底线，从不掺和。

我无家可归后，星期六星期天，小燕常把我带到家里去玩。她家在平安里的一栋小楼里，不记得小楼门前有没有警卫站岗，只记得她家独门独栋的，周围很安静。小燕有妹妹和弟弟，她的小妹妹胖嘟嘟的可爱极了，见了，我就不撒手地抱着她。在公园里，小燕妈妈还为我们照了许多照片。

记得是1955年，军队授衔授勋后不久的一天，星期六放

33

图 1　叶小燕和父亲、母亲以及弟弟合影。

学后，我又跟小燕回家了，楼上楼下空空荡荡，好像无人在家。我一眼瞥见客厅的衣帽架上有件笔挺的呢质军服，肩膀上闪烁着晶亮光灿的五角星，很抢眼。我径直奔了过去，大胆而激动地取下军服，抚摸着那颗亮晶晶的星星。小燕没有阻止，笑嘻嘻地看着，说是爸爸新发的衣服，妈妈也有的，穿起来可漂亮了！

　　小燕温和的介绍鼓励了我，我简直忘乎所以了，干脆穿起来这件讲究的军服，戴上大檐帽，径自跑到穿衣镜前，威风凛凛地站直，立正，敬礼！再立正，再敬礼！耀武扬威地，威武极了，堂皇极了！我简直被自己高大的"将军"形象迷住了！我便动员小燕也穿戴起来，小燕居然听从了我的蛊惑，穿戴起更加帅气威武的呢子大衣，在大穿衣镜里，两个小姑娘来回折腾，立正敬礼，又敬礼，又立正，稍息……哈哈哈，大笑不止，快活极了！

我和小燕是亲密的同桌，在她家又吃又玩又折腾，朝夕相处了几年，我糊里糊涂、愚蠢透顶地始终不知道她父母是做什么的。几十年过去了，"文化大革命"也过去了，我已是近四十岁的中年人了，通晓了些许人情世故、高低贵贱。那一天，看了电影《白求恩大夫》，听说帮助白求恩组建医院的卫生部部长，原型叫叶青山。啊，这个叶青山不就是叶小燕的爸爸吗！我肃然起敬，无比震惊，赶紧查找资料，才得知：叶将军是中共医学专家、解放军卫生事业的创始人之一，建国后任卫生部部长助理，兼任中央保健局局长。

我吓傻了！我曾把一位功勋卓著的将军的衣帽玩耍着穿戴在身上，而且谁也没有责怪过我。几十年前的轻率之举，让我仍心惊肉跳般愧疚着，真想再去拜访他老人家，郑重地当面向他赔礼道歉！我到处寻找叶小燕，我只知道她在军队工作，却无处寻觅她的踪迹。叶青山将军也于 1987 年过世了。

后座邻居徐鲁溪与窦仁芳

我和叶小燕的近邻就是后座的徐鲁溪和窦仁芳。

窦仁芳是考进女附中的普通家庭的女孩，在班里无声无息，没有故事，只有神秘。

图 2　叶小燕和弟弟妹妹在北海公园合影。

　　豆豆（"豆豆"这个爱称是被鲁溪叫出来的）是个瘦瘦弱弱的女孩，连说话的声音也是纤纤细细的，唯有两只眼睛又圆又大，光亮闪烁，显现出她的无比灵透。豆豆不爱说话，更不去哇啦哇啦地述说自家身事。浅浅的微笑，嘤嘤的低语，是那种特别入耳的温柔的上海普通话。几年里与同学相处，她的家庭情况神秘得不为大家所知。直到今天，我也只是模糊地知道：她家住在一个教堂的院子里，推开教堂侧门进去，小小的人影就神秘地消失了。她父亲被日本飞机炸死了，妈妈远在他乡教书，以此供养着三个儿女。她和妹妹弟弟跟随祖母生活，祖母和姑姑一家同住，都是虔诚的基督徒。豆豆的姑父是教会名人，担任着中国基督教圣公会大主教，也是中国基督教四大主教之一，参与创建过北京崇德中学，培养出众多世界级科学家和艺术家：杨振宁、邓稼先、梁思成、孙道临……所以，可以想见，他家的孩子都有极好的文化教养。

豆豆身材高挑，穿着朴素，一年四季穿的永远是灰土的格子粗布，那种上海农家手工家织的土布，以致严冬酷寒，手指被冻得如胡萝卜般粗细，红肿流脓，拿不住钢笔，双脚冻得一瘸一拐地走路。

我从没听她说起过自己的苦难，却总是不动声色地帮助我：上游泳课，我没有游泳衣，她借来表姐的新泳衣，让我得以下水；上滑冰课，她又拿来姑姑家的滑冰鞋，让我穿在脚上……

豆豆永远都是平和的心境、平和的微笑，好像从来没有过艰难困苦，她心里永远驻着一股神秘的力量，给人温暖。无形中，她成了我孤独中的依靠，我有憋不住的话都愿意向她倾诉，有困难就找她帮忙。她默默地听着，从不打断，也不会有很多安慰，第二天总会带来奶奶做的上海小零嘴给我解馋。

善良无私的豆豆在我的心里永远都是个谜。她显然和我一样，也是个孤苦的孩子，既没有父亲，也没有母爱，身上流脓的冻疮永远也不去搽药治疗，但是她处处事事都在无私地帮助我，无言地安慰我。今天，直到我有了一把年纪才懂了，这也许就是信仰的力量吧！

今天，只要谈起窦仁芳和她的同桌徐鲁溪，已老迈的我立马会滋生出最活跃的思绪，记忆也变得清晰流畅起来：徐鲁溪

图 3 延安时期，童年的徐鲁溪（左）和伙伴合影。

和窦仁芳是我今生今世遇到的最聪明、最灵慧的女孩，尤其是徐鲁溪，身上粘了毛儿就是个孙悟空！上天入地无所不想，也无所不能。

与窦仁芳性格相反，徐鲁溪是个特别明朗开通的女孩。开学时，她穿着育才小学统一的衣裙，虽是统一的服装，让她穿在身上仍然显出与众不同的秀美、清朗、灵透。她瘦弱而白净，却有着无比的精力去玩，去想，去折腾；嘴是闲不住的，爱说，爱笑，爱吃零食；双手更是闲不住的，编织玻璃<u>丝</u>，丝线缠棕子，实在没事儿干了，就把妈妈送给她的新毛线围巾，拆了织、织了拆（据说她四岁时，妈妈就教她织毛线了）。下课我们爱玩抓羊拐，有块平地就能玩得兴起。抓羊拐考验的是眼疾手快，配合无误，小小的羊四肢拐关节，分出四面"大耳朵，破耳朵，凹肚子，鼓鼓背"，手扔沙包飞往空中的瞬间，四面羊骨头在鲁溪手心里翻转腾挪，从不失误。课间十分钟，就只是她个人的精彩表演，谁也不是对手。

鲁溪不但会玩能玩，还有胆量。上课时，她伙同豆豆偷吃花生米，两人比赛看谁吃得多，吃得隐秘，不被发现。她们上课偷嘴的行为，我想，站在讲台上、高瞻远瞩的老师，肯定是发现过的，因为老师袭击式地提问过徐鲁溪，这位好学生脸红着站起来，羞愧尴尬片刻，竟然会对答如流地给出答案，还绝对正确。鲁溪的淘气夹杂着机敏，往往打的都是擦边球，绝不会越过底线。

徐、窦二位是班上最出色的学生。老师讲课时，她们专心听讲，已种在了心里，再听第二遍时，已是味同嚼蜡，难免走神。偷吃花生米的徐鲁溪、窦仁芳初中毕业时，都获得了奖章。

高中毕业时，徐鲁溪报考了当时最红火的中国科技大学（1958年建成，属理工科综合大学，当时的录取分数线远远超过了老牌名校清华北大）。她数学、物理两门学科的高考成绩罕见地得了满分，女附中的领导层个个喜不自禁，还调来她的试卷，当众验看与炫耀。这种让整个学校与校友引以为荣的成绩，徐鲁溪视而不见，毫无感觉，在与大家几十年的交往里，她从没有提起过。

徐鲁溪的父亲是中华人民共和国元帅徐向前，我们也是在偶然读报时才知晓的。1955年9月开学后，天高气爽，徐鲁溪

图4 徐鲁溪（左一）在育英小学时和同学合影。左二是冯延玲，她也是初一四班的同学。

与说不利索中国话、归国不久的林晓霖，给我们全班同学一个大大的惊喜！9月27日的《人民日报》上，异样的通版排版，出现了中国人民解放军的授衔将帅名单，共和国十大元帅的照片赫然亮相，个个威风八面，帅气英武！我们这才知晓，班上的徐鲁溪、林晓霖的父亲都是解放军的元帅呢！我们一群懵懂无知的女孩儿，傻不拉叽的，刹那间都变成狂热的"粉丝"，围着她俩问长问短，崇拜着，赞叹着，欣喜着……

回家后，我和父母吹牛，我们班有两个元帅女儿。父亲说：林彪元帅善于指挥作战的事迹，是家喻户晓的。其实徐帅也是很能打仗的军事家，他有一套独特的军事理论，打起仗来神出鬼没，人称"军中诸葛"。解放后，他很低调，也许是身体不好了吧？

在女附中，尤其是"反右"以前的女附中，众多高干家长填写学生履历时，在家长姓名栏里填写的往往都是秘书、司机、阿姨的名字。我曾好奇地打听毛主席女儿家长栏里填的监护人，姓名是李德胜。这是毛主席转战陕北用过的化名。当然，那会儿，周末也有来小汽车接孩子回家的官员，把车停在远离校门的旮旯里。

热闹的徐鲁溪、安静的窦仁芳是一对亲密的同桌，她们出身经历截然不同，却都是灵透绝顶的中华女儿，日后，她们都为国家作出了不凡的贡献。

窦仁芳高中毕业后，考取了哈尔滨工业大学。毕业分配到湖北重型机械厂，后任总工程师，是多届湖北省人大代表，九三学社委员。现在跟随孩子在加拿大生活。

那天，我与她通话，这位功成名就的女专家、湖北重型机械的"半边天"，声音依旧清晰好听。她说，退休后的生活是更劳累了：她帮孩子带大了孩子，老伴又病倒在床。大大眼睛、依旧瘦弱的老太太豆豆，天天要挪动胖大的老伴进进出出，吃喝拉撒，早已是力不从心！听豆豆说，她妹妹在北京也病了，她焦虑地想回国看顾病人，又离不开身边的病人。这位对国家对人民有着特殊贡献的专家，如今仍旧过着伺候老伴、养育儿孙、一地鸡毛的生活！

我和鲁溪今生有缘，初中混在一个班上淘气，高中又分在一个班里。此后，大半辈子没见，半个多世纪过去，混到老了，托福现代科技，我们几十个女附中年近八旬的老太抛家舍业、重拾青春，又团聚在微信群里，"鸡一嘴鸭一嘴"地每天热闹，领袖还是老班头刘彬媛和陈小凤，爱说爱笑的徐鲁溪依旧笑料不断，花样百出，如今她是我们班上最有成就的科学家了，却从没听到她自己说起，我只好去百度查了：徐鲁溪是中国科学院物理所研究生，女计算机专家，国家信息中心数据库部主任，曾经主持我国改革开放后第一次人口普查……

鲁溪和她父亲一样，十分低调。我与徐鲁溪几十年的接触中，唯有从丝丝缕缕的信息里，知道她在"文革"初期担任过社会科学院物理所革委会主任，曾有一个老"右派"打扫卫生时，碰碎了毛主席塑像，吓得面无人色，鲁溪安慰了他，让他赶紧收拾进垃圾箱，公开表态袒护说：我就不相信，群众里有那么多反革命！

在物理所时期，青春的徐鲁溪出落得楚楚动人，爱上了留苏学习的青年科学家张相公（张元生），这是个工人家庭出身的普通青年。婚后，夫妇感情朴实深厚。

如今，年近八旬的徐鲁溪老太童心不泯，玩心出众，家里不请保姆，一日三餐皆是自己动手，她在群里常常显摆张相公做的野菜叶子贴饽饽、红米煮的红曲饭；徐老太的衣服都是自裁自做自穿，屋里备有各式型号大小缝纫机，做时装，做内衣，一天几换几洗；她老人家不但养狗，养猫，而且养猴，徐老太太追着几个爱物儿，搂搂抱抱，卿卿我我，自甘为主为奴，爬高下低，扫屎抹尿，不亦乐乎……

大几年前，徐老太便起血来，根据北京电视台养生堂介绍的知识，自我下诊断得了癌症，在张相公的陪同下，悄悄跑到医院，立马被请进手术室动刀，一年动了两次大手术，割除癌毒。

前不久，猴精敏感的徐老太发现勤快好动的张相公变得蔫头耷脑，懒得动弹，却问不出个所以然，老太太急吼吼地，驾

图 5 徐鲁溪（后左）在育英小学时和同学合影。前左是冯延玲。

车带去医院将全身查个底儿掉，结果是脑血管轻微出血，由于夫人敏锐发现，可不用手术，张相公服药后已经痊愈！

不安分的徐老太，又一次为自家化险为夷！

她的后妈是叶群

我升入初二年级的深秋季节，我家大咪咪怀孕啦！老爸老妈好高兴啊，就像伺候产妇坐月子，颠颠地忙前忙后，忘乎所以。

秋凉了，雨多了，老妈为了省钱，请来了邻居帮忙砌墙，准备把三面漏风漏雨的牛棚改造成有四壁围墙的严实居室，绝不能冻坏了咪咪和宝宝。

中午老妈备好酒菜，请邻居吃饭，几杯二锅头下肚，邻居涨红了脸颊，歪歪扭扭地路都走不稳了。本来砌墙就是"二把刀"

图 6　我的父亲和母亲

的邻居，下午再砌砖墙，手里乱了方寸，高墙越砌越陡，却不设标线矫正，越砌越歪，忽然间，整壁墙砖哗啦啦倒下，砖块泥浆全部砸在蹲在棚里做晚饭的母亲身上，母亲惊狂惨叫！瞬间发生的祸事，把"二把刀"吓蒙了，情急之下，用力拽出砖块压身的老妈，这野蛮的拖拽，使老妈二度受伤，人早已疼得昏死过去。

　　"二把刀"闯下大祸，顾不得叫人救命，一溜烟吓跑了，至今也不见踪影。

　　老妈在重压下，昏死在冰冷的泥水血水里，秋风瑟瑟，无人知晓。天已经完全黑了下来，老爸送奶归家，家中狼藉一片，只见咪咪的大眼眶里流出泪水，低声哀嚎着。老爸看见老伴昏死在地上，大惊失色，急把老妈送往西四牌楼人民医院抢救。一周里老妈昏睡不醒，待苏醒过来，老妈留下性命却已是高位截瘫。

半月后，老爸才赶至学校，告知我家中实情，刹那间，我五雷轰顶，不知所措！老爸还告诉我，住院十五天的抢救费、手术费、输血费、医药费、床位费……已高达八百元人民币，这在 1955 年是天文数字，惊得我惶恐乱心，真不知晓老爸如何去面对！

我从快乐无忧的云端跌到深不见底的地狱！

我家的祸事，牵动了初二四班每一个少先队员的心。我们每个班级的屋角里都设立了一个红领巾信箱，每周开箱一次，集中解决大家反映最多的问题。每个队员的意见、建议或是需要解决的重大问题都可以投票入箱、开箱讨论，商讨解决办法。

那周初二四班的红领巾信箱紧急提前开箱，商讨如何帮助我走出不幸的深渊。那个晚上，我看完妈妈从医院返校，远远地看见教室里明亮的灯光，全体同学都出席了会议，几个走校生也没有回家。她们在讨论我家的危难，我停步在教室门口，正在发言的是一个操着卷舌音东北话的同学，那是林晓霖："我常陪爸爸去医院看病，有很多穷人都去医院卖血换钱，人的鲜血是很贵的，咱们大家都去卖血吧！可以换回很多钱，帮助徐礼娴的妈妈。"话音未落，响应的人很多，顿时，教室里沸腾起来。

我哭了！蹲在教室门口站不起来……

这个情景一直到几十年后的今天，仍历历在目。

后来，父亲卖掉家产，向亲友借贷，终于还清妈妈住院半个月的费用。一个家庭瞬间就这样破产了！

班主任谢蕴慧帮助我申请了每月十二元的甲等助学金，让我衣食无忧。直到大学毕业，都是人民在哺育我成长。

在班上，林晓霖是令人关注的女孩。当然，这也因为她是林彪的女儿，会引起大家好奇。林晓霖是个很有特点的学生，很沉闷，不爱说话，一开口呜里呜噜的，就是土豆炖牛肉的俄国味道。尤其是那两道浓厚的短粗黑眉，一看就是林彪的孩子。

林晓霖的母亲叫张梅，在延安抗大学习期间的她才十八岁，青春活泼，美貌异常，人称"陕北一枝花"。嫁给追求她的抗大校长林彪后，头胎生了男孩，幼稚的女孩子突然间做了母亲，不懂喂养婴儿，饥一顿饱一顿，男娃娃得病早夭，林彪很是痛心。平型关大战后林彪负重伤，张梅陪他去莫斯科疗养，在苏联生下女儿林晓霖。父亲对她倍加珍视宠爱，亲自给她喂食，四个月大时，女孩子长得圆圆胖胖的咿咿呀呀，像极了父亲。此刻，林彪奉召回国，从此失联。无助的张梅只好把幼小的女儿送到苏联保育院抚养。

小姑娘林晓霖从小没有父爱也没有母爱。保育院里，常来年轻夫妻领养孩子，晓霖每回都乖乖地坐在小床上，伸长脖颈，巴巴地望着有家庭将她挑走领养。有一次，晓霖床前来了对年轻的工人夫妇，很喜欢这个圆圆胖胖的中国女孩，晓霖喜出望外，拿起心爱的布娃娃，跟着就走，谁知院长告诉客人，这个孩子有父有母，是有监护人的。

林晓霖在异国他乡的儿童保育院孤独地长到九岁，那时的张梅已另组家庭，有了自己的儿女亲情，准备把晓霖送回中国与父亲团聚。

初中时期的林晓霖，住在学校很是孤独。她下课看书，上课也偷着看书。她的情感和寄托显然都是在那些精装本的俄文书籍里。

在班上林晓霖没啥好友，只是常有外班的同学找她，几个女孩子都是从苏联保育院归国的干部子弟，亲热地叫她"晓霖奇卡"！林晓霖被熟悉的气息、亲热的爱称，激荡成活泼的小姑娘，扑过去搂抱在一起，叽里咕噜的有说有笑，蹦蹦跳跳。

图7　林晓霖

我家里出了祸事，林晓霖主动亲近我，时刻关心着我母亲的危难。元旦开联欢会时，她送给我一只比柚子还大的黄梨，渐渐地，我们也成了无话不谈的好朋友。

林晓霖告诉我，当年她从寒冷的苏联回到中国时，被接到东北暂住，等待送往北京与父亲团聚。回国后的女孩子，不适应气候，不服水土，头上长满了脓包疖肿，到北京见父亲前夕，张梅妈妈特意打扮她，给女儿剃了个光瓢葫芦头，显得干净利索，穿一身花哨的连衣裙，乍看之下就是个不男不女的光头小姑娘。她怪模怪样地站在父亲面前，怯怯地不敢抬眼看人，旁边是后妈叶群亲自做翻译。

后来，小姑娘住在爸爸家里了，无奈、胆怯、孤独，看见爱打扮穿高跟鞋的后妈，非常反感。恰恰异母妹妹林豆豆也不喜欢妈妈，姐妹两个悄悄跟在叶群后面搞怪，叶群也就更加厌恶她了。

林彪爸爸是看不见的亲人，是小姑娘靠不住的唯一依靠，因为爸爸是忙人，也是需要隔离静养的病人。晓霖好不容易看见爸爸一次，急忙拿出早就精心准备好的一张照片给爸爸，那是张梅妈妈的近照，照片后面写着：爸爸，你还记得她吗？这是晓霖久藏在心底里的问话，爸爸显然是有感慨的，也只是淡淡地说了一句：哦，她也老了！爸爸是啥意思呢？小姑娘不能明白，但这并不是小姑娘期待的答案。

晓霖曾跟我说：让我去恨父亲，我恨不起来，我知道父亲是爱我的，但是父亲无情地抛弃了母亲，我永远也不能原谅他！

帅府家庭的生活自然是富裕优越的，但对于一个成长中的女孩，她最需要的是父母的抚爱与温暖，需要的是调教和管束，而这些她都没有。她被迫离开了熟悉的异国环境，不知何时，爱她的母亲又成了他人的母亲，派给她的母亲阴险刻薄，她生活在一个完全陌生的充满敌意的环境里。

林晓霖是在苏联环境下出生长大的孩子，血肉思想里汲取了、也消化了俄罗斯民族的狂热与浪漫，她有很强烈的英雄情结，也极浓烈地追求心灵深处的友谊与爱情，她在渴求感情温暖的年华里，渐渐长大成为孤独的少女。她对我说，她最崇拜的就是苏联英雄奥斯特洛夫斯基、卓雅和舒拉，中国英雄黄继光、董存瑞。如果祖国需要，她也会像那些英雄一样献出自己宝贵的生命！

我想，她正处在追求爱情的妙龄，一定还有许多不能出口的情感渴望，因为她比别人更孤寂更落寞，更缺少那种真心实意、刻骨铭心的甜美情感。

初三时，女附中少先队过队日，请来电影《董存瑞》主演张良作报告。报告结束后，疯狂的女孩子挤到台前，抬起张良犹如抬起英雄董存瑞，敲锣打鼓地围着操场疯跑，转了一圈又一圈，群情沸腾，久久不能平息。后来女孩子们又都情不自禁地追到张良驻地，有的还狂热地写了示爱的长信……

那个年代的女孩儿与现代女孩子的价值观截然不同，然而少女的恋情迷狂是一样的疯癫、赤裸、开放！记得林晓霖也是疯狂迷恋张良中的一个。

初三毕业时，聪敏的林晓霖顽强地克服了中国语言与文字上的重重障碍，成绩不输任何"英雄好汉"，她同样获得了金质奖章！

当年，班上获此殊荣的学生只有四五个人。

美丽的李宁先生

教授我们初一文学课的李宁先生，是刚刚留校的女附中毕业生，不到二十岁的年纪，活泼泼的美丽，齐耳的黑发，宽边的眼镜，穿一件普通又普通的深色列宁装，精彩的是：她在肥大衣服的腰间系了一条宽宽的皮带，立即凸显出女性丰满的胸部，强调出身材的曲线，让自己亭亭玉立地站在讲台上，她不同一般的审美意识，使她的青春气息扑面而来！

李先生声音圆润而富有磁性，神态活跃灵动，尤其是她的板书，一笔一画，竟是工整清晰的仿宋体，犹如书本印刷，精致帅气。

李宁老师的亮相带给了我们阳光与朝气，第一堂课，我们就喜爱她了，她是我们的老师，也是我们美丽的大姐姐。哦！她的确是我们的姐姐，她妹妹李铎恰在我们初一四班，每天瞪着两只亮眼，崇拜而虔诚地听着讲台上姐姐熟悉的讲课声。

李先生的授课是与众不同的。她熟悉每个学生，在课堂上调动起每个人的积极性，参与她的讲授。书本上的课文，她叫起学生朗读，遇到对话内容，教室里呼啦啦站起一片，每人分担角色，装女做男，装粗做细，犹如表演戏剧，热闹非常。她

图 8 四班同学游长城时合影。

富有表演才华，记得在讲《江边工人打夯歌》的课文时，她扎起头发，摘下眼镜，高挽衣裤，犹如苦力，扬声给我们唱起了深沉悲情的劳动号子。她的这番即兴表演，让我们兴奋不已。

美丽的春天来了，她出的作文题目是"寻找春天的消息"。她用两节课，把我们带到校园四处游逛，感受阳光下的春风拂面，她说，没有春意涌现的欣然快感，你怎能写出春天的丝丝意境？

我们最喜欢的就是李先生的坦诚，她跟我们说：她的志愿就是做一名儿童文学作家，她放弃了考大学的机会，教授中学生，了解少年儿童心性，扎根于生活。我们打心眼里佩服这位充满理想主义的未来作家。

不久，美丽的李先生谈恋爱了。

我们也正是些步入青春期的女孩子，充满了对爱情的向往与好奇，天天关注着讲台上享受甜蜜爱恋的李先生。她面如春花，每天不重样地换穿着衣服：剪裁合身的连衣裙、白色的丝绸衬衫胸前绣满花朵……将本就光彩夺目的她衬托得越发靓丽出众。

此时正值20世纪50年代中期，政治运动的风暴即将来临，社会上的极左情绪蔓延进校园。我们初一年级有个班的班主任张先生，二十出头的年纪，还是个大女孩，爱穿时尚衣裙，足蹬高跟皮鞋，尤喜打把西湖花伞，袅袅婷婷。对此，尖锐的学生早就看不惯了！有一天，大家恶作剧地将教室清扫得一尘不染，又用清水把讲台泼洗冲刷，裸露出木质纹路，最后用毛笔大字在教室门口写着：请脱光鞋袜走上讲台！

大家脱了鞋袜，兴奋不已，静静地坐在教室里，恭候张先生光临。果然，张先生气得扭头就走。这个班级很快就换了班主任。

不久，李宁先生担任班主任的初一三班的李以洪给李宁先生贴出一张大字报，指责她讲究衣着穿戴，像个资产阶级小姐，给学生带来不良影响。极"左"的旋风直向我们初一四班刮来，有人在红领巾信箱投递信笺，质问李先生资产阶级生活方式的奢华穿戴，苛责她带给学生资产阶级的腐蚀影响！星期六下午，初一四班红领巾信箱按时开箱，全体少先队员各就各位，屏住呼吸，等待李先生的到来，等待她的回答。

我低下头，无处躲藏。我打心眼里喜欢李先生，不愿意看到她当众被人责难！

教室门推开，李先生一头黑发飘飘，着剪裁合体的连衣裙，如约而至。她没有忸怩，也没有恐慌，但她的眼圈是红红的。老师站在我们面前，应对我们的指责。记得她说，她用自己劳动所得养活自己，且不用负担年轻力壮的父母的生活，生活是足够富裕的。她还说：她恋爱了，男朋友也是一个语文教员（一〇一中老师江山野），他们都忠诚于教育事业，也有共同的高远理想——做儿童文学作家。江山野已获得初步成就，中篇小说《同桌》问世后，深受社会欢迎，她感到无比幸福！她愿意为她所爱的人，为每天的甜蜜，穿得更美丽，生活得更美好。最后，李先生还是向我们道歉了。她说，她从来没有意识到她的日常穿戴，影响了学生的情感。

李先生是诚恳的，也是坦率的，捧出的是一颗单纯的真心。我们为什么要用种种刻薄的刁难，去责备这个真诚爱美的大姐姐？我不服气，偷偷地流着眼泪。

很快，李宁与江山野喜结连理。我们委派班上的吴黎阳（极有绘画天赋，后考入中央美院）画了一幅山川风景，送给幸福的新婚夫妇，题款很费了大家一番心思——"江山野里（李）宁"。代表着我们的衷心祝福。

不久，幸福的新娘怀孕了。李先生兴奋地每天都记胎儿日记，她把日记的内容向我们报告：今天开始有胎动了；胎儿有劲头，踢得很厉害；是个男娃娃，还是女娃娃？我们每天都羞涩好奇地等待着李先生的新鲜体验。

两年里，李宁先生做了两个男孩的母亲，依然保持着姣好婀娜的身材，还是个爱美的妈妈。1957年，风云突变，青年作家江山野被打成"右派"，下放劳动，妻子忠于爱情，也随他去了。从此，美丽的李宁先生离开了我们。

"反右"运动过去了，"文革"也过去了，我们也都长大成家，成为母亲，懂事了。我离开了北京，我的思念常常回到北京，渴望得到母校的信息。

后来我听说，80年代初期，原初一三班的李以洪从外地回到北京时，买了许多营养品特地去探望平反归来、回到女附中的李宁先生。跟随丈夫受尽苦难的她，不过四十多岁的年纪，已是身患危重病症的妇人。李以洪虔诚地登门告罪，令在场的所有人动容。李先生流着泪说："我已经完全不记得了，你们都是我的好学生。"

不久，美丽的李宁先生逝去了。长久的肺结核以及痛彻心扉的体脑改造，无情地毁灭了这个活跃自由的生命，李宁先生在她美丽未逝的年华，永远地离开了我们。

田大猷先生，您在哪里？

我生性爱热闹，偏偏是个孤独的女孩，百无聊赖，只能去书里找寄托，文言的、白话的，囫囵吞枣，不管懂不懂，都看得上瘾：《红楼梦》《老残游记》《聊斋志异》《二十年目睹之怪现状》，乃至鸳鸯蝴蝶派张恨水的《金粉世家》、刘云若的《粉墨筝琶》……反正老妈枕边有啥，我就看啥，一双亮眼，初一就戴上了眼镜，但我每逢作文，大占便宜，文词儿不请自来，常被作范文朗读，令我颇为得意。

初二时，我改了心性，又迷恋上了代数和几何。哦，那是因为在我生命危难时刻，教数学的田大猷老师给了我巨大鼓励。还有他的家人，带给我们几个穷苦学生，在孤寂困顿中无比温暖的家庭感受！

初一四班有几个有家不能归、常年住校的苦孩子。我母亲高位截瘫后，住院长达三年时间，温暖的家庭没有了。那年秋天，母亲住院后，我家大咪咪产下了可爱的小咪咪，恰逢社会主义改造的公私合营运动，老爸带着两个产奶的宝贝加入卢沟桥国营农场，成为农场工人，从此养牛喂鸡，以场为家。老爸的起居吃喝，归宿在了农场集体宿舍的大通铺上。妈妈的医院不是家，爸爸的大通铺更不是家，我无家可归了。

班上有个小王，家长没有工作，生活困难无着。50年代中期，我国集中力量开发大西北，号召北京的困难家庭迁入宁夏、甘肃、青海等地安家落户，谋求生存。小王父母带领全家搬离北京，留下她独自一人住校念书，逢年过节放假日，小王孤独无依，对着空荡荡的宿舍，想念着远方的家人，悲悲切切地唱起印度电影插曲《流浪者之歌》："到处流浪，到处流浪，命运唤我奔向远方……"她边哭边唱，搅和得大家心里阴沉沉的，直想哭。

班上的茜儿，是困难生里头脑最聪敏、办事最果决的领袖式人物，父亲早早过世，依靠母亲抚养，茜儿为了减轻母亲的负担，常常带着小弟弟来学校和我们玩耍。每逢小王唱起"到处流浪"，茜儿就提议大家去打核桃吃。

寒假暑假，住校学生都回家了，留校生少，老师把我们都集中在宿舍二楼居住管理。院里有棵老核桃树，枝枝杈杈伸进二楼楼道，初秋核桃熟了，伸手就能够着。新鲜的核桃果儿，绿衣裂开，敲开浅褐色的壳，撕去果肉膜衣，嫩生生的白肉露了出来，嚼在嘴里，脆脆的，似有甜甜的汁液，完全没有苦涩油腻的味道，比街上卖的老核桃好吃多了。

吃够了脆核桃，沾一嘴巴黑汁液，抹巴抹巴，大家都忘了流浪，高兴起来，去教师宿舍田大猷先生家里玩耍。

田先生是教代数几何的数学老师，延安老区来的教员，圆圆胖胖的老人，头发微微卷曲，家族似有异域血统。田先生说一口浓重的陕北话，为人和气面善，见我们无家可归，常常领我们去他家里玩，他全家人都欢迎我们的到来：田妈妈拿出好吃好喝的尽大家吃够；田家大姐姐在香山八一射击场工作，田先生带着我们，倒车换乘，大老远地去找大姐的射击场练习打靶；田家大哥小白、田家小弟小黑寒暑假在家休息，陪着我们打牌、下棋、吵嘴、买票去看电影。田先生全家人给了我们浓浓的家庭温暖，假日里，我们像回家一样去田先生家里吃喝玩耍。

每逢田先生的数学课，我都不会走神，每次大小测验和考试，我都要争取五分，田先生总是用透着浓浓鼻音的陕北话夸奖我：可不敢马虎！可不敢骄傲！

升入初三毕业班，田先生已不再教我们了，可是一直都像个老爹爹般照顾我们。初三毕业考试前夕的紧张时刻，躺在医院里的妈妈尿道感染病毒，高烧不退，而爸爸远在卢沟桥的乡下，医院向我急报妈妈病危！我跑到医院，见到妈妈浑身水肿透明，双眼成了两道缝，脸庞肿得连鼻子都不见了，我从来没有见过形象这么可怕的妈妈。吓坏了，哭坏了，我魂不守舍地连连做噩梦，梦见妈妈死了，大哭着醒来。

考数学的前一天，我发起烧来，医务室的刘大夫给我开了感冒药、退烧药，还有睡觉药，千叮咛万嘱咐我多喝水，睡好觉，考试别紧张。可我哪能不紧张呢？我害怕考砸了，毕不了业，我害怕妈妈突然间死了！

考试前，我有过千百次的如意盘算：只要我的毕业考，数学卷全部答对，至多错一道填空，就算妥了。我初一初二连续两次获得学习优良奖章，这次毕业考顺利过关，至少可以得到一枚银质奖章，这样我会被保送直升高中。妈妈会因为我的优秀，脸不肿了，能吃饭了，妈妈会因为我的优秀，奇迹般地站起来自己走路。

　　我想得太美了，心思太重了！临进考场，我求胜心切，不知深浅，加倍地服了感冒药和退烧药。待发下试卷，忽然间，浑身大汗淋漓，心跳加速，眼花缭乱，我迷迷糊糊地挣扎着，极力睁开眼睛，脑子里却是糊涂涂的一团糨糊，我怎么一道题都看不清了？我竟然没算出一道大题，小题也错了！

　　之后在公布的保送本校高中的名单中，自然没有我，我急得大病一场。田先生到处找我，我害怕他，躲开他，绕道走。不过，田先生终于抓住了我，不断地鼓励我，告诉我内部消息："讨

图9　初三四班毕业合影。三排左十二为谢蕴慧；二排右一为田大猷，左二为窦仁芳，右八是我，右五为罗小玲；一排左五为林晓霖，左六为陈小凤，左十为李铎。

论保送高中名单时，对你争论最大，大家都想为女附中留下优秀学生。最后一致认为：你这次考试是特殊情况，不会再有了。你学习扎实，一定会考上母校的高中！"

我果然如愿考上女附中高中部。

在校园里见到了田先生，老头大老远就招呼我："刚刚看了你的数学试卷，本来应该是满分的卷子，错一道填空，丢了两分，太可惜啦！可不敢再马虎了。"他接我去家里，田妈妈犒劳我吃了顿陕北泡馍。

初中毕业后，很多同学都离开了女附中。为了减轻妈妈的负担，茜儿果断放弃了升高中考大学的前途，报考了北京师范学校，毕业后，分在北京郊区教书，为了讲课计时，天天提着马蹄闹钟上课，田先生知道了，把自己的一块怀表送给了她。

"三年困难"时期，茜儿从郊区背着一口袋粮食和白薯去看望田先生一家，几年不见，圆圆胖胖的田先生已变成一个苍老瘦弱的老爷子。

"文革"后期，我们去女附中看望田先生，他们一家人都不知了去向。（未完待续）

在知青农场那些年

胡　剑

在四川省蓬安县睦坝乡与南部县王家镇的交界处，即嘉陵江与西河汇合的地方，有一个约六平方公里的滩涂形成的小岛，它现在的正式名称叫做"白水滩"。其实，在20世纪七八十年代，当地老百姓一直称其为"中包"，因为每年汛期，嘉陵江和西河都会裹挟着大量泥沙把这片滩涂缠绕起来，使其突兀江中，成为一片孤岛，"中包"遂由此得名。而当时官方的规范名称是"蓬安县平头乡知青农场"，简称"平头青年队"。

我于1977年7月高中毕业。按当时的政策，我们家兄妹四人，除妹妹一人能留在城里外，其余都必须下放到农村去。我在家排行老三，平时家务活做得少，母亲担心我被下放到偏远山区，单家独户，既要下地干活，又要自己做饭，适应不了，就找到当时县知青办的廖阿姨，请她帮助联系到条件稍好的地方。廖阿姨说："正好，最近平头乡知青农场陆续有十几个老知青要招工回城，那里现在有空缺名额。知青农场过的是集体生活，有专门的知青宿舍和伙食团，劳动、生活很有规律，他肯定喜欢去！"就这样，我就与同年级的几个同学以及其他几所学校的十几个高中应届毕业生，来到了离蓬安县县城最远、

图1 一批知青下放到农场，迎接他们的是不算隆重但很热烈的欢迎仪式。

但离南部县王家镇最近的知青农场。

平头乡知青农场是当时蓬安县乃至南充地区最大的知青聚集区，鼎盛时期知青人数达二百三十多人。我下乡那一年，农场还有一百八十多人。到农场的第一天，一些老知青说：农场的条件确实不错，依山傍水，交通方便，敲钟开饭，盖章领钱（当时县知青办给每人每月发八元钱的生活费）。但知青农场很不平静，是一片有争议的土地。前几年，知青与王家镇的农民发生过多次冲突。有一次，王家镇两百多个农妇借割草之机，偷掰农场玉米，农场的知青全部出动，将她们的背兜收缴后付之一炬。还有一次，守护甘蔗林的知青抓住三个偷砍甘蔗的小伙子，将他们剥去衣服，在树上捆绑了半天才放走。事态最严重的一次先是口角，继之拳脚，最后那些被激怒的农民还动用刷子枪（猎枪）打伤了两个知青。此事惊动了南充地区知青办，上面还专门派了一个工作组下来协调处理，用了近半个月时间，才将事态暂时平息。

关于中包这个孤岛的争议，以及由此引发的权属纠纷，一直是我们知青和南部县王家镇农民难以解开的结。

客观地说，从地理位置来看，中包并不在蓬安的土地上，它的北岸是嘉陵江，东岸是西河，与蓬安的平头乡、睦坝乡不存在任何陆地上的连接点，而它在枯水季节却与南部县王家镇的土地紧密相连。所以，多年来都是南部县王家镇的农民自发在中包上种植一些农作物。

当时，南充地区行署为了使蓬安县的一部分知青有个栖身

图2 农场负责人讲述知青农场发展历程。

图3 加固岛上的防洪堤，是每年冬季的主要工作。这些女知青干活从来都不服输。

之所，就以行政命令的方式，将这个孤岛划拨给蓬安县作为知青农场，并规定南部县王家镇的农民不得再上岛耕作。在农业生产力水平低下的特殊年代，本来就人多地少的王家镇的农民并不买账，他们说："不让我们上岛耕作，那我们就上岛收割。反正中包是我们的！"这样，关于知青农场这个孤岛的权属纠纷，从20世纪70年代初知青农场成立之日起就没有停止过。

在知青农场有个惯例，每当有新知青来，都要由"农龄"在三年以上的老知青对他们进行传统教育。记得有一位老知青在会上异常亢奋地对我们说道："中包虽然是个孤岛，却是我们知识青年施展才华的广阔天地，在这里是可以大有作为的。我们一定要铁心务农，扎根中包一辈子！"他同时告诫我们："现在王家镇那边一些别有用心的人，唆使不明真相的贫下中农跟我们作对，企图把我们用血汗浇灌的这片土地分割出去。其目的就是妄图破坏伟大领袖毛主席亲自发动的'知识青年上山下乡运动'。这是阶级斗争的新动向，我们要擦亮眼睛、提高警惕，坚决捍卫我们中包的主权！"

他铿锵有力的讲话，使我们这批初出茅庐的新知青个个激情满怀、热血沸腾，可是这个信誓旦旦"扎根中包一辈子"的老知青，没几天就招工回城了。从此，"捍卫中包主权"的神圣使命便落在了我们这些留在农场的知青肩上，我们日复一日地在孤岛上挥霍青春，为这个孤岛的权属进行着没完没了的抗争。

图4 花生，是农场的主要经济作物。为了来年的丰收，女知青正在选留良种。

由于我们和王家镇的农民一直为中包的权属处于对立状态，所以凡是到王家镇赶集必须结伴而行。有一次我去赶集买东西，因当天没有同路人，只得独自前往。为此，我专门找了一顶破草帽戴在头上，并把帽檐压得很低，生怕被人认出我是知青，但在回来的路上我还是被王家镇的几个农民围住了。

他们七嘴八舌，唾沫四溅："中包是我们的，你们早点滚回蓬安城里去！"

我理直气壮地说："我们是响应毛主席的号召下来的！"

"毛主席叫你们蓬安知青来占我们南部县王家镇的中包了

图5 孤岛上的拔河比赛。用捆甘蔗的绳子拔河，这是她们在劳动现场的即兴创意。

图6　除了劳动生产，每周一次的政治学习，是知青农场的例行常规。

吗？"一个农民厉声质问我。

"中包是上面划给我们蓬安知青农场的！"我竭力辩解道。

"咦！这家伙嘴壳子还硬。看来需要松一下皮了！"一个肝精火旺的瘦个子挥着拳头向我逼近。

"算了算了！这个知青看样子是新来的，还没作过孽。叫他带个信回去，如果他们再敢在这里称王称霸，就走不到干路！"

终于，我逃过一劫。如同惊弓之鸟的我在一群捡柴的小孩"打倒知青！蓬安知青滚回去！"的呼喊声中悻悻地回到了农场，从此再也不敢独自去赶集了。

每年汛期大量泥沙堆积，使得中包这片土地异常肥沃，加之土质疏松、水源充足，很适宜种植经济作物。因此，我们便大面积种植了甘蔗、花生、玉米和一些瓜果蔬菜。每到收割季节，便是我们与王家镇的农民发生纠纷的多事之秋。

我们知青的宿舍全部集中在西河东岸，每天出工收工都要乘坐渡船。记得在一个收花生的季节，为了确保丰收的果实颗粒归仓，我们只得昼夜轮流到孤岛上去值班。

一个月黑风高的晚上，我们几个人手拿木棍，在几十亩花生地周围巡逻。为了壮胆，我们用五音不全的嗓子高声唱着当时流行的《南京知青之歌》。转了几圈，觉得没有什么动静，大家便钻进工棚里吹牛。吹得兴致正浓的时候，忽然发现地里黑压压的一片人正在偷花生。于是，我们挥舞着木棍一起吼道："抓贼哟！"可是几十个偷花生的人不但没有退却，反而也拿着早已准备好的木棍向我们冲将过来，并理直气壮地说："我们在自己的地里收花生，有你们球事！"我们一看寡不敌众，大事不妙，吓得屁滚尿流，落荒而逃……

随着"文革"的结束，知青运动开始引起各方反思。上千万知青下放农村，失去了进入院校接受高等教育的权利，他们在人多地少的农村与农民争工分、争口粮，严重影响着社会安定团结。

1978年10月，一封盖着云南西双版纳三百多名知青指印的《给邓小平副总理的公开联名信》，拉开了终结中国知青运动的序幕。从1978年12月起，有二十一个省、市、自治区相继发生了下乡知青和支边青年要求回城的集会、请愿活动。1979年，全国形成了声势浩大的知青"回城风"，几个月内，上千万知青陆续返回城市。

当历史按照它自身的规律不断前进的时候，那场轰轰烈烈

图 7　在嘉陵江与西河交汇处的孤岛上，女知青留下了青春的倩影。

的知青运动终于尘埃落定。

1982 年，我从部队退伍回到地方，被安置在县劳动局。非常凑巧，上班第一天见到的人竟然就是当年介绍我去知青农场的廖阿姨。原来，知青办撤销后，全部人员都合并到了劳动局。她告诉我，1980 年底，农场的所有知青都已回城安置了工作，中包的权属纠纷也得到了妥善解决。上级有关部门考虑到蓬安的知青曾在这里奋斗了整整十年，便确定以中包的中心线为界，蓬安县和南部县各占一半。

2002 年 8 月，我在蓬安县委办公室任职时，曾陪同南充市

图8 2004年5月，农场的部分知青在嘉陵江畔聚会。

图9 笔者在知青农场唯一的留影。

图 10　笔者（右一）1982 年 4 月在县劳动局工作期间，与当年知青办的廖阿姨（右二）在一次下乡途中合影。

政协的领导到中包调研农业产业化情况。踏上这片阔别二十多年的热土，我思潮起伏，感慨万千。当年知青们在西河东岸的宿舍、伙食团、生产蔗糖的作坊和养猪场等设施，已被岁月的风尘湮没得无影无踪。在这里，那些无谓的纷争早已烟消云散。如今的中包已分别由南部县和蓬安县的业主们承包经营，映入眼帘的是一望无际的良种桑园。

　　嘉陵江和西河依然昼夜不停地奔流着，它仿佛在向人们讲述上个世纪蓬安知青在这个孤岛上战天斗地那段难忘的岁月……

1968 年：蓟县抗旱之忆

齐国利

　　1968 年，天津市 1967 届和 1968 届中专毕业学生面临分配。6 月初，京津制革厂技校组织学生和老师去蓟县下营公社（今蓟州区下营镇）劳动，全体人员乘火车到蓟县，集中在独乐寺内，等候厂里的汽车分批送至所去的山村。由县城至下营公社驻地是五六十里平坦路，可是由下营至西大峪是很难走的石子路，十几里的路不宽也不平，且只有一个车道，汽车勉强能通过，到了村庄后才能够调头。这条路平时只走毛驴车，从未走过汽车，为了迎接我们，西大峪的农民拓宽了这条路。送我们进山的是辆老雪佛兰卡车，是 1945 年日本投降后从美国运至天津的，一直放在厂里使用。雪佛兰卡车慢悠悠地从杏树、核桃树下穿过，已成熟的杏和刚刚坐果成绿壳的核桃擦过我们的头顶。又经过十几里石子路的颠簸，男同学到达杨木鞍村，女同学则去了另一个山庄。

　　这可能是汽车第一次开进杨木鞍村，村里的人们热情而惊奇，尤其是没见过汽车的孩子们都围在汽车旁，七嘴八舌地议论着这辆美国老爷车。六十多名师生自带被子，分别安置在各农户家。当年自春天始，天旱少雨，村子几个用来蓄水的水池

图1 化学老师许永昌。1964年天津轻工业技术学校毕业后，到技校当老师。

都已见底，生活饮用水需用小驴车到十五里外的下营水库去拉来，山路崎岖难行，往返一次需用半天时间。我们到杨木鞍村的主要任务就是帮助村里修建一个更大的蓄水池，又称为水窖。新修的蓄水池设在两山之中，用火药炸开了一个大坑，周围用石块和水泥沿山体砌成坝体。由池底向上修筑石阶直到池沿，方便村民在不同水位的情况下取水。这个蓄水池的规模超过了以往，可满足全村人生活用水。我们到达时已有数名石匠在施工，学生们负责用木架背大条石，将搅拌好的水泥和石料送到脚手架上。几天下来，有的同学成了小石匠，和师傅一同砌石块。

下营历史悠久，建镇已有一千五百年历史，现在是个满族村落，西北与北京市和河北省兴隆县交界。杨木鞍村位于下营西北端，与北京市平谷县搭界，抬头向北望去，用石块筑成的北齐长城垒砌在巍峨的山脊上，雄伟壮观。当时村中共有十八户人家，计一百零八口人，分散而居，错落在山坡上，户与户之间相距较远。每一户的房子都比较宽敞，一般都是大三间，也是由石块砌成。屋后是山，屋前是院子，中屋两侧有灶台，两边的屋子都有很大的砖炕，我们五个人睡在一张炕上还有富余空间。在山坡和山沟间，每户都有一小块平整的土地，用来种植作为口粮的玉米、杂粮等作物。漫山遍野的都是杏树、核桃树、山楂树和柿子树等果木，当年人们忙着抗旱，杏熟了都掉落在山坡上也没有人收。因为干旱没有蔬菜，我们只有吃咸菜和炒西葫芦。伙房设在一家农户的院内，锅灶用具是由天津厂里拉来的，同时还拉来了一桶食用油。制革厂每日接收食品厂的牛皮、鲜猪皮制革，厂里常用猪油调换植物油，所以用油比较方便。每日三餐必有小米稀饭、玉米粥，这样能补充身体所需的水分。有时也烙油饼，放上盐和山上产的花椒，吃起来很香。改善伙食的时候，我们用油炸果子吃，村里的孩子们便围在伙房旁好奇地观看，然后跑到父母那里比划着他

图2　同学胡荣。摄于1968年8月。水池修建结束后，我们十几个人又留下做了十几天的收尾工作，胡荣是留下来的同学之一，其他还有李建伟、张兆英、孙志川、贺记准、董树华和作者等。

们从未见过的像锅盖那么大的果子。果子太大，我们两个人才能吃掉一个，最后留下一个完整的带回去给房东。

为了节约用水，早上出工时，我们便去工地的大水桶旁用毛巾沾水擦一下脸；下工时，用湿毛巾擦去脸上和身上的汗水，不用肥皂，生怕把水弄脏。工地上的水是从下营拉过来搅拌水泥施工用的。伙房的人每天送一桶绿豆汤到工地，供大家饮用。同学张常明至今还记得，房东家的大婶早上总会叮嘱孩子不要洗脸，上午没空去拉水，缸底仅存的水只够中午做饭用；到了晚上，房东家的老奶奶去村中各户收敛起当日的鲜鸡蛋，煮熟了分给学生们吃……山里没有电，晚上点煤油灯。村里也没有商店，生活所需的煤油、火柴、盐等都要到下营供销社购买，

图3 1968年7月，我们在杨木鞍村山顶合影。胡荣摄。前排左起依次为姜维新、崔兆贵、作者，后排左起依次为张兆英、林吉才、张常明、李建伟。我们脚下是倒塌的长城基石，散落在周围的长方石块是长城石砖，身后远山的山梁上依稀可见北齐长城。

有时也去平谷县靠山集采购，路途比去下营稍远，山中小路更难行。

　　天气炎热时，我们会休息半日。大家偶尔会分批结伴去逛那神秘的靠山集，地方虽小，但在当时的地图上却有其标记。我和许永昌老师同行，他还特意拿了一根木棍怕不常走人的小路有狼。由杨木鞍村向西翻山，崎岖小路陡峭而险恶，小驴车是无法同行的，沿途能看到松鼠、野山兔、大山鸡等。出蓟县进入平谷县后地势平缓，大山渐渐远去，前方是此起彼伏的坡地。我们去的那天不是集日，又逢农忙，街上很平静。一条公路从街中穿过，在十字路口集中了多家店面，有饭馆、供销社、百货商店、新华书店和邮局等。我将事先写好的家信寄出。许多同学来此是为了到小饭店改善伙食，而我和许老师不舍得花钱，没有进饭店。百货商店里的东西全部都是北京产，这与平谷县地属北京有关。商店内空荡荡的没有顾客，售货员看到我便主动与我搭讪。在回来的路上，我们路过小菜园，向正在用井水浇地的菜农买了几棵菜，并亲手摘了黄瓜带回去，与大家分享。

晚饭后，在果木树下乘凉，村里的老人聊起往事，他们指着背石块用的井字形木架说，这就是当初修长城时用的工具，一千多年来沿用至今。修长城时，当地还驯养了一种大山羊，役使山羊将石块驮上山梁。有时候，我们还被邀请到新婚的年轻人家里做客，主人特意给我们泡茶，在院子里乘凉聊天喝茶，这对干旱缺水的山村来说，已是奢侈的事情了。

经过一个多月的施工，蓄水池项目开始收尾，我们留恋这里的一切。那个年代，这封闭的小山村没有大字报，没有派系争斗，人们为了生存辛勤劳动，日出而作日落而息。我们来时，老师们还担心同学之间的派系斗争会在这里重演，不过这种情况丝毫都没有发生。我们都意识到美好的学生时光即将过去，从此我们都要走向社会，去面对人生新的选择。每日午饭后，我和程德全老师躺在大杏树下休息，吃着从树上摘下的香甜大白杏，交谈人生，畅想未来，这使我忘记了家庭的遭遇。

在这些抗旱劳动的日子里，我的同学胡荣、张兆英用照相机为我们留下了青春的瞬间。

一次意外的"出镜"

孙家骐

20世纪70年代末80年代初，中国新闻社打破了银幕长期的"英雄模式"，第一次讲述"聊斋"故事，拍摄彩色影片。我们济南市吕剧团有两个女演员被借到电影《精变》剧组，扮演两个丫鬟。拍片后期这两个年轻演员写信给领导，请剧团的人到剧组的驻地苏州交际处，签订合同并且索要报酬，要求一定派得力的人去，说剧团现在需要她们，如果不给报酬，就要撤出去。于是，剧团领导把我派去了。

我到了苏州交际处。一进剧组办公室门，就见挺瘦的一个女人，四五十岁，戴着一副眼镜，从床上颤颤巍巍地爬起来。

引见的小伙子介绍："这是我们的导演，也是我们的编剧。"

我自报家门："我是济南市吕剧团的。"

"老师您来什么事啊？"

"我是剧团的编剧，领导派我来谈我们两个演员的报酬问题。"

她听了，好像非常出乎意料，忙着为我让座倒茶："好好，我们商量一下。"接着她便说起这次拍电影的遭遇。前期还比较顺利，谁想到了七八月，苏州闷热难当，她的丈夫、导演谷

图 1 我在片场扮演公差。

雷鸣突然在片场中风，脑溢血，送到医院也没抢救回生命。

她看了一下床头摆放的骨灰盒，那里面是她丈夫的骨灰，上面镶着一张小照片。她说自己是这个片子的编剧，决心继承丈夫的遗志，硬着头皮再扛起导演这副担子，"我们剧组已经停机四个多月了。老谷走了，这一走就把剧组放下了。"她不时地掐自己的腰，我问："你不舒服？"

她说："肝区疼，不是什么大事。"又继续介绍："我们一共投资四万元，用的进口伊斯曼胶片。几个月下来，剧组吃住消耗花费了不少，我们制作这个片子已经非常困难。这几天，我们才勉强开机。"

我被眼前看到的景象和听到的事实震动，有些不知所措。我来之前完全不知道真实状况，但是不能忘了我这次来见她的初衷和使命，只好板着脸把演员要报酬这个意思跟她说了。她

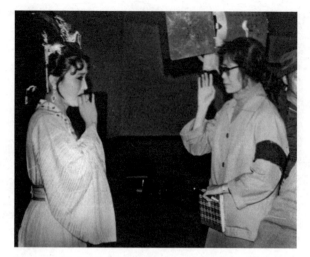

图2　韩兰芳在片场给演员说戏。

说："当时我们住在济南交际处，你那两个演员找我非要进这个剧组，说一分钱不要，只要拍电影就行。她们来了以后，我为了加强她们的形象，给她们买营养品，给她们请武术教师，让她们学习，真没想到俩孩子这样！"

晚上剧组要去公园拍夜景，我跟着去看拍戏。她戴着黑袖章站在摄影机前，一丝不苟地向两个主演说戏，还不时地掐腰，我知道那是肝病又发作了——她那弱不禁风的瘦小身躯到底有多少能量？我被她的表现征服了，她的确是位女强人，又是干编剧的同行，所以我对她既同情又敬佩。

多少年之后，我听一位对她知根知底的老朋友说："韩兰芳，年轻时非常漂亮，是山东师范学院出了名的校花，被雷鸣导演看中了，穷追不舍。虽然年岁差距大了许多，却终成眷属。可是谁也不会料到，事业如日中天之际，丈夫竟撒手人寰，只

图3 小翠扮演者、山东京剧院演员魏慧丽。

给她留下一个十岁的女儿相依为命。"

　　韩兰芳丈夫去世以后，她把泪水吞进肚里，供着骨灰盒，戴着黑袖章，重孝上阵，夜以继日，全身心投入电影摄制中。我觉得，真想搞事业，就应该这样前赴后继、不计个人得失，才能出好作品。果不其然，《精变》与观众一见面就火了，还推出了两位主演魏慧丽和徐少华。后来两位主演接了许多片约，在《西游记》中分别得到了高小姐、唐僧的角色。

　　韩兰芳的精神感动了我，虽然出发前团长、书记给我打气，到了那里狠要钱，不如意就把演员撤回来，可是我终于有辱使命。改革开放初期，人们多重名而不大重利，甚至羞于谈劳务费。有一天晚饭，饰演狐狸精小翠的魏慧丽坐我对面，悄悄问我："你听导演说给我多少钱？"我说："知道，你们主角每月三百元。"

导演却迟迟拿不定主意给我们那两位演员多少钱，她再三向我说明经费实在太紧张，我说："价码随你定，我听你的！"

她对我说："我们剧组与财务一块儿商量商量，你在这儿再等两天。"她见我背着一架老式苏联135照相机，便说："请你抽空给我们拍点工作照，好吗？"我爽快地答应了。后来剧组研究决定，给我们剧团的演员每人每月一百六十元，并给团里写了一封信，函封起来给我，跟我说："你别看，也别跟那俩小学员说多少钱。"可两位演员非得要我这封信，我坚持着："那不行，我答应人家的事，这个合同是给剧团团长看的，我不能给你们看。"从那时起，她们对我有很大的意见，说我把她们卖了。现在想想对这两个年轻的演员也有些不妥之处，她们在《精变》中的表演非常到位，而所得报酬却不高。这期间我拍过一些现场照片，较好的照片都被韩兰芳派她的剧务专门到吕剧团找到我要走了，包括底版。幸好有几幅因为偏色没有被挑中，留给今天的读者追忆过去。

其间，韩兰芳为了节约开支，有时就地取材抓几个人"当差"。有次实在找不着人了，就问我能不能帮个忙，扮演一个送礼的公差，我欣然应诺。我对摄影说，给我个大特写。他的确拍了，可是等我在银幕上看时，却只剩下个后脑勺。

不管怎样，我总算上过银幕了！我的朋友看过《精变》后都笑着对我说："一看背影就知道是你。摇头晃脑，是个不听话的公差！"

图说泰山山轿

王　凯

　　泰山登山盘路蜿蜒曲折，更有十八盘这样的险要地段。游客如果没有勇气和体力，还真难以到达顶峰。早在宋代，苏辙就发出过"天门四十里，预恐双足废"的慨叹。在宋代已经出现了泰山舆夫的记载，明清大盛，成为仕宦登岱最常用之交通工具。至清末民初，"泰安业此者，不下数十家"。

　　据泰安清真寺街老人讲，山轿有硬轿和软轿之分，颠与不颠之别。所以，从前轿夫要问坐轿的，是坐硬的还是坐软的，或者问坐颠的还是不颠的。价钱自然也不一样。硬轿与软轿或颠与不颠的区别，轿杠最关键；不颠的山轿，轿子两侧的轿杠是圆木杆，颠的山轿两侧的轿杠则是扁担。而一般硬轿近似一个没有腿的扶手椅，有靠背，座位是木头的，空间小，不适于走盘路上山顶（图1）。

　　软轿则近似一个篮子，人坐在用绳编结成的半圆形网上，兜着屁股。在座位的前横框上有脚踏，在轿子的两侧各有一条扁担（或两条扁担捆绑）做轿杠，轿杠的前后端，各有一条用牛皮做的"轿袢"，把它斜挎在肩上，用来保持平衡或做辅助用力（图2）。

　　清代袁枚的《登岱歌》这样描述乘坐山轿登山："土人结绳木为篮，命我偃卧同春蚕。两人负之若走蟹，横行之上声喃喃。"此诗用"木篮""走蟹"形象生动地描绘了山轿的形制、轿夫登山的"之"字形攀登路线。黄炎培先生在1916年版《泰山·弁言》中也说道："络索以坐客，两人舁之，横行如蟹，山顶寒甚，中秋夜步，已御大裘，他时可想。"两个轿夫在陡峭的盘道上，以"之"字形的路线攀登，这样既省力，又使客人感到平稳。"横行之上声喃喃"是指抬轿行山中，将沿路山谷平夷，吟为歌诀，以为协同照应。譬如在桥上遇人时便喝"人在桥上走""水在桥下流"之类。游客可以在山顶"御大裘"，

　　图1　这是日本20世纪20年代出版的明信片。四个人抬硬轿的方式很少见。这明显是一张摆拍照，坐轿人很神气，而轿夫并不轻松，特别是前面抬轿的小个子，看样子还没成年，压得肩膀不舒服，用手臂扶住杠子，以减轻肩头压力。图中的两座石头房子面积不小，颇类西洋建筑。看后面的小山应该是蒿里山，泰安火车站就在西洋建筑位置。路边树上刷上了石灰，说明民国时期对泰山树木也采取了保护措施。

图2 这张民国时期的照片，为了突出轿子里的外国妇人，把轿夫放在镜头之外了。山轿中的妇人特地铺了自己的一件大毛巾或者毛毯，既为了干净，又为了保暖。她手上戴着一副白手套，高跟皮鞋踩在了山轿的脚踏上。穿着高跟皮鞋，不适合登山，看来她从山脚下，甚至从城里就坐上山轿了。

而轿夫一年四季,只能一身短打,以避免影响视线而踏空石阶,也防止踩到裤脚而绊倒。即便冬季的棉裤,也必须挽过膝盖,以便于迈步。轿夫们大多懂一点外语,能和外国人做简单交流。在抬轿过程中,遇到景点,还要给客人做介绍,轿夫实际还兼有导游的职能。轿夫里面还有女轿夫,专门抬大户人家的家眷、小姐的,力气不输汉子。

客人要下轿欣赏风景或用茶点,轿夫这时也往往乘机解下煎饼包和水壶,喝点水垫垫饥,稍事休息。休息后起轿,后面的轿夫先把皮裢斜挎肩上,前面的轿杆着地,这样前低后高,以利客人落座。然后,前面的轿夫起身,轿子随之抬高,平稳

图3 20世纪二三十年代日本人拍摄的山轿在十八盘的照片。那时的十八盘岩石裸露,显得十分荒凉。从照片看,应该在春夏之交,坐轿的还戴着礼帽、穿着长衫,而轿夫已经光着膀子了。坐轿的人体重较大,兜子下坠很明显,轿夫一前一后走得稳当,但明显有疲劳的感觉。傅斯年当年坐山轿上泰山,因为体重,轿夫跟他索要了双份的工钱。

图4 这是20世纪20年代经日本第三师团审定、大桥发行的《曲阜泰山绘叶书》明信片，反映从五大夫松到朝阳洞段坐山轿上山的情景。这一段山路陡峭，而山轿已经占满盘道，这种情况必须有人指挥，轿夫统一行动才行，否则，一旦一个人脚下被绊，坐轿的就会出现意外。

前行。

　　轿夫的来源，一部分是泰安城东胜街、清真寺街的回族居民，约有百人，以沙姓、林姓居多；一部分是泰安城东关、北关一带的汉族居民，也近百人。这是专业轿夫的基本队伍。每年从大年初一到三月底，是各地的善男信女上山进香还愿的高峰期，也是轿夫最为繁忙的季节。年初一到正月十五，惯例是给双倍的工钱，甚至更多。不少穷苦的轿夫要等过了十五后才能回家"过年"。尽管轿夫的轿资不算太低，但由于太不稳定，所以他们的生活都比较贫困。在20世纪二三十年代是市价每人每天大洋一块五毛。如客人在山上过夜，要另加工钱或赏钱、饭钱等。

图5 这张民国时期照片的拍摄地点，据泰山管委会赵波平先生考证，应在四槐树。目前，那里是个很陡的盘路，看盘路的地基，的确有一块是从房基的基础上建的。照片里，西装革履的外国人与光着膀子的轿夫形成了鲜明的对比。在外国人身后正在吃煎饼的轿夫，脖子上挂着一个小葫芦水壶，而另一个轿夫在很愉快地在与外国人合影。

图6 这是一张美国《国家地理》1945年6月号刊登的玛丽·奥古斯塔·马利（Mary Augusta Mullikin）描写泰山的文章中的插图，拍摄地点在十八盘下。从图片看，马利在山轿里休息，而在一旁不但有休息的轿夫，还有等活儿的轿夫，如果拉不到活儿，这家人的晚饭可能就没有着落了。

图 7 这是《支那事变画报》的一张插图。日本侵略者安逸地坐在轿子里，轿夫脸上明显有惊恐的神色。

泰山轿夫没有严格的行业组织，只有一个大家推选出的"头儿"。据清真寺街耆老法德宝（2019年九十七岁归真）九十四岁时回忆，民国时轿夫的头儿叫沙永春（一说叫沙有财）。他负责轿行与外界、官方的联络，以及召集轿夫、组织发排"官轿"、负责修配山轿上损坏的零部件等事务。"头儿"的下面有"轿头"，再下面还有"分头"，他们也都是大家推举的，主要负责敛"头儿钱"（揽到活儿的轿夫，每天需要交一角钱）。轿夫觅活儿，

Tai shan　　　Der heilige Berg von Schantung

Tien.- M. KRIPPENDORFF *-Tsin.*

　　图 8　这是一张反映清末外交活动的明信片，拍摄地点在云步桥。据泰山学院田芬老师初步考证：这张明信片是德国驻华领事的助手（现在叫一秘）MKrippendorff 寄给意大利 Genova 地区的 R.M.Manfredi 的，时间是 1911 年 11 月 17 日，这个人一直到 1922 年还在天津。从照片看，MKrippendorff 的布棚明显比其他山轿大，他坐在前面，后面还有一人，估计是翻译。轿子外面站有一人，明显是随从。泰安知县及夫人、县衙的一干人在观看云步桥飞瀑，总兵在一旁严阵以待。再往上看，轿夫很多，兵也不少。其中有一个光着膀子的黑人很扎眼，估计是 MKrippendorff 的随从。这张照片不仅让我们看到了不同的山轿，还较为直观地了解了清末泰安外事活动的场景，十分难得！

少量的由"头儿"分派，大部分是自己到火车站附近客店比较集中的地方招徕，还有的在岱庙门前等客雇轿。轿夫之间也是互相帮助、互相接济，很少有因抢活争利而吵嘴打架的事。所以，泰山轿夫赢得了人们的尊重，也受到广泛的同情和赞赏。清朝末年，泰安知县徐宗干曾写过一首诗《山舆行》，有"我今复记泰山铭，舆夫之功数第一"句。

泰山轿夫是泰安人自强不息的缩影，他们吃苦耐劳、勇攀高峰的精神给泰山写下了浓重的一笔。陡峭的山路上，轿夫抬着游客，不紧不慢，坐轿的随着轿子一颠一颠的节奏欣赏着美景。这种慢节奏的坐轿登山，想来应该十分悠哉，但坐山轿毕竟有欺压人之嫌，冯玉祥先生在20世纪30年代作《山轿》诗一首，抒发对轿夫的同情和对坐轿逍遥者的不满："一劳苦，一逍遥，抬的坐的皆同胞。"并作出了构想："大名山，电车造，凡事都应用科学。"如今，泰山索道凌空飞渡，冯先生的梦想已变成现实。但泰山轿夫1929年抬蒋介石宋美龄上山、1932年找回国际联盟代表李顿爵士镶有宝石的珍贵手杖、1957年苏联专家坐轿上山引发的外交风波的种种故事，是不会随着时间的流逝而被人遗忘的。

今天的泰山已然没有了山轿，但我仍然觉得泰山有保留几顶山轿的必要：盘道之上，有体力不支的老人，也有扭伤脚的游客，如果有山轿，他们就能得到必要的休息和保护。既然泰安能保留挑山工，为什么就不能容几顶山轿存在呢？

20世纪30年代的北京协和医学院

锐 明

　　北京协和医学院是由美国洛克菲勒基金会出资，在原英美几家教会合办的协和医学堂的基础上筹建的，肇始于1916年。包括教学医院（即北京协和医院）在内的医学院新校舍，乃是1917年动工，在原清豫王府的旧址上，历经四年的大兴土木，于1921年6月始建成并投入使用。对此，在由民国大总统黎元洪题名的《协医年刊》中，有这样的记述："收买豫王府旧址，计面积六十余亩，建筑新屋十四座，外则画栋雕梁，玉栏碧瓦，集中华建筑术之大观，内则设备周密，器械精良，收集西医医学之精粹，聘请英、美、德、奥、加拿大、俄国、荷兰等国名医任教，施诊给药。"

　　在硬件建设方面，为了达成创立"世界一流医学院"的目标，主办方真是不计工本，"考虑到现代医学教育、医疗和科研的需要，从病房、教室到试验室，都是当时最考究的西式设备，甚至水汀管、门锁、抽水马桶都是从美国运来的"（见讴歌编著：《协和医事》，三联书店2007年10月版）。以至于学校建成之所费，竟超出了最初预算的三倍还多。

　　当然，协和医学院的"一流"目标更体现在她的办学方针

医院保洁人员的合影。摄于1929年4月4日。

护士学校的学生在打篮球。协和医学院开风气之先，在国内医学院校中率先招收女生。摄于1930年12月13日。

与临床实践上。这所兴建在古老东方的医学院，几乎原封不动地照搬了当时美国国内最先进的约翰斯·霍普金斯医学院的教学理念。像注重医学生综合大学的预科（包含物理、生化、数学、生理、英语、国语、社会等课程）教育，强调临床医疗、教学、科研的三位一体，让学生尽早接触病患，全程实行英语教学，以及对医院的标准化管理，等等。使得协和与国际上最先进的医学教学实现了无缝对接，颇得国际同行们的青睐。由胡适题名的1931—

9738A

　　协和医学院注重面向社会，开展公共卫生教育与服务。在一处古老的戏台上，左侧有临时挂上的视力表，中间有医生在问诊，右侧则有人在称体重，像是医院组织的一次面向民众的查体活动。而后面背景中的孙中山像和"怡情""游于艺"等字幅，大概是此前什么活动的残留吧。至于这个戏台是豫王府里原有的还是别处的，就不得而知了。这张照片没有标注拍摄时间。

26842D

医院的护士在主楼前合影。拍摄日期不详。

1932 年度《协医校刊》"引言"中说道，"创设协和医学院于北平，教授则历聘欧美各国著名之医师，设备则搜集各国最新之仪器，不惜费多数之金额，以教授吾国少数之青年，一时誉满人口，谓与国外著名之医校相颉颃，迄今开办十四年，历届毕业者共得

结业仪式后，学员手持证书合影。拍摄于 1931 年 6 月 4 日。

公共卫生护士的一次走访活动。摄于 1934 年 3 月 23 日。

10475B

中外人士在校园里留影。摄于 1929 年 5 月 15 日。

"人类救星"之匾，感谢他拯救了自己病危的妻子，其曰："庚午夏，内子绥箴患……春。诚人类之救星也！特志一言，以感不忘。"从照片中人物关系看，站在左侧的……子，中间的男孩或为他们的儿子。马士敦时任协和医学院妇产科主任，是中国妇产……摄于 1930 年 10 月 22 日。

照片上是一次结业仪式。主席台前的条桌上堆着卷起来的证书，台下端坐的是清一色□
功，同志仍须努力"，正是那个时代的特有标志。可见即使在美国人开办的医院里，也难□

事》一书里也收录了这幅照片，但远没有云志艺术馆收藏的这张清晰。在书中，标注为 1921 年 9

此为北京协和医学院在主楼前的全体人员合影，照片上没有标注拍摄时间。《协和医

6/4/31

……的女性，或为接受某项培训的工役人员。台上两侧的孙总理的遗言"革命尚未成……样以摆脱所在国主流意识形态的风行。拍摄于 1931 年 6 月 4 日。

13688A

　　一位名叫张笃伦的病患家属向马士敦（John Preston Maxwell）博士敬献
血症数月，群医束手，几濒于危。幸马士敦博士自欧返平，一经疗治，着手成
外国人当为马士敦博士，右侧没穿白大褂的两人，应是献匾的张笃伦与他的妻
科的奠基人，1931—1932 年度《协医校刊》里称其"年高硕学，中外闻名"。

5/15/29

22519 B   6/26/34

　　在一次集会中，照片里的孩子们被要求高高扬起了自己的手帕。这应是医院面向孩子们组织的一次爱清洁、讲卫生活动吧。摄于 1934 年 6 月 26 日。

12549B

　　从他们身后立柱上的标牌获知，这张照片是会计室与稽查室同仁的合影。拍摄日期不详。

七十余人"。应邀撰写这篇"引言"的，是担任过清华大学校长的著名教育家周诒春先生。对于"开办十四年"才培养了七十余名毕业生，周先生接下来解释说："盖以吾国人而习西医，应先于彼国之文字，为数年之预备，故不能期其速成。"

协和的全程英语教学，的确是增加了学习的难度，而本着培养高端医疗人才的宗旨，协和医学院对学生的严格要求则是多方面的。在协和，考入了预科，还不算是正式入学，三年结业后须通过毕业考试，方能进入医学本科阶段的学习，而这一门槛的通过率通常不足 30%。著名泌尿外科医生吴阶平回忆说，

"双十节"那天，医院某科室中国同仁的合影。只是不知他们拍这张合影，与这个特殊的日子有没有关系？摄于 1929 年 10 月 10 日。

这张合影，有可能是因为端坐中间的这位西装革履的中国人的到来。谁能辨认出这位人士？看架势，似乎来头不小。拍摄于 1935 年 9 月 21 日。

他 1933 年考入了协和设在燕京大学的预科班，班里共有五十二名同学，到 1936 年考协和时，只有十五人被录取。即使有幸跨过了这个门槛，进入了本科阶段，依然随时面临着被淘汰的可能。学校规定，期末考试一门不及格的补考，两门不及格的留级，三门不及格的开除，而及格线并非 60 分，而是 75 分。所以最终能毕业的，可谓凤毛麟角。1924 年，协和的第一届毕业生只有三个人，其在各个环节被陆续淘汰的不知凡几。不过，为了弥补毕业生员的稀少，学校通过常年举办各种进修，面向社会

一次针对儿童的公共卫生服务活动。拍摄于 1938 年 1 月 12 日。

协和同仁的合影。背景中的雕梁画栋典雅端重，引人遐想。此为这宗照片里拍摄时间最晚的一张，时在 1939 年 7 月 13 日。

开展医师培训，多渠道培养医疗人才，以满足社会之需。

前人栽树，后人乘凉。如今，几经时代转换，协和这所有着百年历史的教学与医疗机构当仁不让，犹执国内医学、医疗之牛耳，泽惠神州，源远流长。

这里刊出的一宗协和老照片，品质优良，实属罕见。系由云志艺术馆收藏并提供。

遗憾的是，照片没有随附相关背景信息，大部分只标注了拍摄时间，为准确解读与呈现它们造成一定困难。此宗照片中，最早的为1929年所拍摄，最晚的拍摄于1939年，即太平洋战争爆发之前。一俟战事爆发，1941年12月7日以后，这所由美国出资创办的"世界一流"医学机构，便大祸临头了。先是被迫停止了诊疗与教学活动，后又被日军强行占领并接管。时任院长胡恒德（Henry Houghton）等三位在协和工作的美国人还被日军关押了四年，直到战争结束方获自由。而学校经此一难，则元气大伤。

回顾起来，整个30年代，可以说是北京协和医学院的黄金时期。从这组珍贵的照片里，读者应不难睹见她八十多年前的鼎盛与风采。同时，也期待着照片刊布后能为方家所留意，对里面的信息给出更详实、更精确的解读，以资观赏。

注：此篇文字参考了讴歌编著的《协和医事》，谨向作者致谢。1929年，国民政府教育部将北京协和医学院改名为私立北平协和医学院。为防读者误解，本文统一为北京协和医学院。

（照片由云志艺术馆提供）

火车风情话

周　车

百多年前，伴随着利弊之争，火车在神州广袤的大地上逐渐扎根延展，更把世世代代生于斯、长于斯的广大民众，从原有生活方式中连根拔起。被引擎带动的火车，以震耳欲聋的轰鸣、前所未有的速度，使身处相对静止的农业社会的人们，惊愕于"千里若邻"的同时，跟随着滚滚车轮快速流动起来。火车上，彼此完全陌生的人长时间面对面，共处在一个封闭的车厢内，审视着各自的身份、社会的角色以及相互的关系……

"铁牛"还是"异龙"？

传统的中国乡民，勤劳朴实，易于满足，几把稻米、几只蛤蜊或一点点鱼和猪肉，就可以完全满足一个人的饮食需要。他们中的大多数人几乎每时每刻都在劳作，直至困顿不已，方才睡上几个小时，且不分昼夜，觉醒后继续干活，即使是顶着刚刚泛白的星空。他们从来不懂得一周里还有什么休息日，也不是很关心一天的时刻变化。直到那一天，一种能喷火的庞然大物突然出现在他们眼前，打破了这块土地上世代日出而作、日落而息的沉寂。

十里八乡的人们争相在通车日那天涌到铁道边看"西洋景"，沿着铁路路基挤满了人，大家都惊异地打量着这辆崭新壮观的"怪物"，尤其是前面喷火的火厢。而当火车向大家驶来，乡民们无不大惊失色，在这个轰隆隆的庞然大物面前四散奔逃。沿线乡民进城赶集的时候，都会顺便去火车站看看。站前站后，人山人海，对火车这个怪物品头论足。有的推测火车是"神牛"化身，否则哪有那么大的力气，车头喷火的火厢能起着如同挽畜的作用；有的说火车是驯服的"异龙"，喷云吐雾就是证明。可当"神牛"或"异龙"真的大吼一声，刚才还听得津津有味的乡民无不惊恐万状。

图1　20世纪初，观看火车开通的民众。

图2　20世纪早期，乘坐棚车的旅客。

　　随后几年，乡民的畏惧心逐渐减小，火车这种新式交通工具逐渐被大家接受。每天清早，乡间小站总会陆陆续续走来三三两两的乡民，有的扛着大大小小的包袱，一看就是奔走于乡间的货郎；有的雇着大车，拉来了两大车鱼，应该是发到沿途的货栈；还有的提了三大篮行李，估计是要出门做大生意的商绅。坐车赶早的乘客，拿着不同的银元或制钱，通过站长室隔墙上的格窗购买去往沿途的车票，随后在候车室里两排坚实厚重的连椅上等着，喧嚣和嘈杂声充满了这座小站。

　　听到站长的摇铃声，乘客们背着包袱、提着行李，一个挨一个地走到站台上，水果商和餐饭商大声地叫卖着。火车停稳后，列车员招呼车上的乘客依次走了下来，站台上等待上车的乘客也耐心地排着队。虽然上下车只有很少的几分钟，但没有混乱和争执，也很少有人询问或叫喊，更不会有乡民在最后一分钟跑来，他们有的是时间。

客车上的座位分为三等，普通的中国人只能坐三等车，但许多乡民不放心他们的行李、买来的商品或要带到市场上出售的货物，不愿独自去乘坐三等车，所以把箱子和行李包拖到货车上后，或坐在地板上，或坐在自己的行李上，鱼肉蔬菜也杂乱地放在那里，发出一股刺鼻的腥臭味。

"八仙过海"谁有本事？

20 世纪二三十年代，坐火车出行已经成为当时人们最常见的长途交通方式，但对大多数人来说却绝不轻松，甚至要有像关云长那般"过关斩将"的本事才行。

要过的头道关是在售票窗口抢票。大车站一般开车前两小时开始发售车票，开车前十五分钟停售，小车站开车前一小时开始发售，列车进站停售，而且只发售当日当次车。低矮的售票窗口外，围着一道木栅栏，栅栏外乘客一个个伸长着脖子盯着那个小孔，焦急等待着售票开始的那一刻。突然，小孔打开了，大伙一拥而上，你推我挤，争着把钱往小孔里塞，乱作一团，气力稍微虚弱的甚至还有性命之忧。有的乘客不识字，有的乘客不知道自己要到的车站处于哪些车站之间，只能穿梭于各个窗口，挤进挤出，来回打听，生怕被别人抢了先。但个别的售票窗口却极少有人去，那是专售头等和二等车票的，价格要贵两三倍，一般人哪里买得起！贩票的"黄牛"等着窗口一卖完，

101

图3　20世纪三四十年代，等待上三等客车的旅客。

他们就会上前找没买到票的人搭讪了。

　　在大城市，有的旅行社开办了代售车票业务，乘客不需要多掏任何手续费，还能提前三四天拿到票。旅行社代卖三等车票可以获得百分之五的佣金，但卖一张三等车票必须同时附带两张头等车票，单独售出三等票一律不给佣金，一般只有携带仆人出行的有钱人才会这么买票。再就是旅行社卖三等票所得的百分之五佣金，只限于所售头等票额三分之一加上二等票额二分之一总额之内的部分，超过部分一分钱佣金铁路也不会给旅行社。旅行社不会赔本赚吆喝，所以代卖三等票很不积极，大多数乘客购票也只能选择火车站。

接下来的一关是进站上车。头等车厢和二等车厢有专门的候车室，进站验票也和三等车厢分开。当时坐火车不实行对号入座，票面上只有站点、票价和车厢等级等信息，没有座位号，乘客们只有从争先恐后的人群中杀出一条"血路"上车后，一面喘着气，一面像老鹰抓小鸡一样，目光炯炯地寻找车上的空位，看见哪里有空，赶紧一屁股坐下。还有的乘客买到了票，却挤不上车，只能再等下一班，甚至要等到第二天。

抗战胜利后，各条铁路出现了人山人海的情况，所有车厢都变得一样拥挤，即使有钱人也无法通过多花钱买到更舒适的乘车环境了。有的乘客实在上不去车时，就站在车厢外的踏板上，为防止车开了以后摔下去，便把自己绑在车门上，戏称为"绑票"。火车晚点成为一种常态，有的旅馆推出了替乘客"看车"的服务，即派一个人专门在火车站盯着，看到火车快进站的时候，立即跑去旅馆通知客人上车，避免客人在火车站傻等。迫于这种局面，多条线路推出了对号入座的列车，加收"对号车费"，热门线路票价要比原来高出八倍之多。

你的"位置"在哪里？

火车出发了，旅客从四面八方聚拢，又向四面八方散去，行色匆匆间，没有听戏品茶的悠闲，有的是算计的人生。社会众生相在不同的车厢上演，你的座位也许能够让你看清自己所处的社会位置。

从舒适度来说，头等车厢最舒服，设备华丽，座位宽大，还有地毯、化妆室、卫生间。头等卧车一间只有两个人，分上下两铺，垫褥装有弹簧，床面用皮毯或绒毯，卧具有毛毯、

图4 20世纪三十年代，停靠在山东坊子站的列车，右侧为头等车厢。

被单，用具有毛巾、拖鞋等物，凡日用必备物品一应俱全，到了冬天还有暖气。二等车厢也是软垫椅，座位较为宽敞，车里温度和头等车厢一样，只是睡铺要窄小，弹簧也不大软。头二等车厢的乘客可以使用抽水马桶，厕所里纸巾、毛巾、肥皂齐备，有人及时清扫。而三等车厢车座硬板，厕所简陋，大都在板上挖一圆洞，遗粪经常沾在边上，臭气难闻，遇到人多的时候，乘客也只能是随地大小便了。晚上灯暗人多，没法看书报，更没法睡觉。人最多的时候，坐在椅子上都算奢侈，一条腿抬起来就放不下去，无论踏在那儿，都是人家的脚背。夏天三等车厢靠近机车，乘客一路灰头土脸，而头等车厢一般在列车后面，几乎不会受此影响。而到了寒冬，客车排列又反过来，车

图5 20世纪三四十年代，乘坐三等车厢的旅客。

厢通过机车锅炉供暖，头等车厢最靠近机车，夜间温度能达到三十八九摄氏度，还能不舒服？而三等车厢人最多，却没有暖气，大冷天到处都是咳嗽的乘客，像在医院中候诊一样。车上不少查票员的态度也分等级，夜间查票的时候，在头等车厢一般会轻声细语，生怕吵醒别的乘客。到了二等车厢，嗓门就会提高一些。而在三等车厢，不光是大吼大叫，还会粗暴地推醒坐在位子上熟睡的乘客。而车上的茶房收了二三等车厢乘客的小账，有时会抱怨给的少了，想多要点儿，但在头等车厢，乘客给多给少他都会老老实实接着，从不敢说半句闲话，谁知道得罪的会是什么大人物。

　　如果你第一次坐火车，出发的头天晚上会兴奋得一夜睡不

图6　20世纪早期乘车的男子　　　图7　20世纪早期乘车的女子

着，想着天亮后自己的身体会被装在一个大木箱中，用机械拖着这只大木箱狂奔。上车后，拣个靠窗的位置坐下，眺望着窗外广袤而变化无穷的风景，一定会觉得兴味无穷。站台上，汗流浃背扛行李的人、喘息狂奔赶火车的人、急急忙忙背着箱子下车的人、拿着红绿旗子指挥开车的人，在你眼里仿佛都干着饶有兴趣的游戏。下车时，你也许会嫌火车到得太快，觉得十分可惜，巴不得乘火车的时间越长越好，感叹乘火车真是一件愉快不过的乐事！

　　但以后坐厌了，就只会盼望车子快点到办事的地方。以前上车总要拣个靠窗的好位置，现在只要求有得坐。以前在车中不眨眼地观赏车内窗外的人物景色，现在觉得这些千篇一律的景物也没有什么看头，一上车就趴着睡觉，不顾环境如何嘈杂，只管打着呼噜，直到火车到站下车。有时候忽然醒了，还埋怨火车走得太慢，睡了一大觉才走了两站。看见在车窗上指点谈笑的小孩子，都会觉得没出过远门的人少见多怪。再后来坐火车不习惯睡觉了，看着车上的男女老少挤来挤去，可笑的、可悲的、可怜的，总感觉那就是自己。车厢就是一个人间万象的小社会，其实就是人的一辈子！

"舌尖"上的旅程

在同一列火车上，不同等级的车厢不仅设施、温度和态度差别大，旅客吃饭也大有不同。头等、二等车厢的乘客可以到饭（餐）车点餐，大都是西餐，有三文鱼、沙丁鱼、牛扒、猪排、咖喱鸡饭、番茄鸡丝饭等；酒水有威士忌、白兰地、啤酒、苏打水、

图8　20世纪三四十年代，饭（餐）车内景。

图 9　20 世纪三四十年代，小贩在南口车站站台售卖土特产。

柠檬汁等。有的车上，连菜单都是英文的。

持三等车票的乘客不能进饭车，而且饭车里的饭价钱昂贵，就算能去他们也大都吃不起。有的铁路局营业课（科）还为此提出过改进客车餐务提案，说本路饭车供给乘客饮食，还是沿用西餐习惯，价格昂贵，不适于普通乘客。提议饭车兼售简单中餐进行调节，增添三等简单饭车，以方便普通乘客。这个提案经过路局议决，饭车这才预备简单中餐，兼售包子、馒头、稀饭等餐食。虽然增添专门三等饭车的建议，因为难度太大没有实行，但在三等车内增添了开水壶，由饭车代售沿线产的廉价茶盅，还在几个停靠的大小车站增添了水炉，以方便供应车

图 10 20 世纪三四十年代，售卖土产的小摊。

上开水。

　　三等车厢的乘客大多是自带干粮，或者向沿途各站小贩买。那时候，火车站月台没有栅栏，小贩可以自由进入月台兜售食品。虽然三等车厢乘客大多没钱，但毕竟人多，小贩们大多喜欢聚在三等车厢前兜售，一个铜子一只大鸭梨，十五个铜子一只烧鸡之类。津浦线乘车，在德州站可以买到扒鸡，外带两个发面火烧，拿上车来，烧鸡还热气腾腾的，皮肥肉嫩得很！平绥线坐车，在宣化买一筐葡萄，过沙城买一瓶青梅酒，过南口买一篓白桃，真是好吃！有时在站台买到一份兔肉，同车的人说这实在是猫，买者觉得恶心不想再吃，都摔到窗外去了。

谁比谁"难"的窘途

俗话说："在家千般好，出门万事难。"那时坐火车往往是一路窘途！

乘客进站携带的行李较多，到了火车站后都是由脚夫负责搬运。乘客给的小费是脚夫的额外收入，要是不给或者给得少了，他们会不停地要，对于贫苦乘客态度冷淡，也就是乘客常抱怨的"脚夫慢客"。但只要给的小费多，有些脚夫可以为乘客向行李房谎报行李重量，以减少行李运费。脚夫虽然由铁路招募，但并不是正式铁路职工，待遇非常差。比如铁路职工的子弟可以免费读铁路办的扶轮学校，他们却享受不到这份福利。脚夫的工资也不在铁路列支，而是靠着辛苦和力气挣出来。虽然有不少脚夫向乘客勒索钱财成性，但他们干的确实是一份苦差事。

在车上，同是买一张票，有的一人占了五六个人的位置。看见寻找座位的人来了，把头扭向里面，故作鼾声，或者装作病了，或者举手指点那边，嘴里说"前面很空，前面很空"。老实巴交的乡下人听信了他的话，背着行李向他指的前面去另找"很空"的位置。有的人用行李分占了其左右的两个位置，当作自己的"卫队"，把方皮箱当作茶几。有的人没有行李，把身子扭转来，用屁股和大腿占据两个人的座位，悠闲地靠在窗边吸烟、看报。碰到找座位的人来了，把报纸堆在大腿上，把头伸出窗外，充耳不闻。还有一种人，用一册书和一个帽子放在身旁的座位上。找座位的人请他拿开，就回答说"这里有人"。对方如果不客气地向他提出："对不起，先生，请把你

图11 20世纪三四十年代，下车出站的旅客。

的箱子放在上面，大家坐坐！"他会指着远处打官话拒绝："那边也好坐，你为什么一定要坐在这里？"说过又自顾自地看报了。

车厢中人多得无法立足，火车中的茶房会利用这个机会收费出卖空着的厕所，得一份外快。还有的火车贼，一拨预先埋伏在隧道内，一拨在车厢里事先看好值钱的包和行李，一见火车进入隧道，趁着光线黑暗，立即来偷财物，丢出车窗外，隧道里的同伙很轻松地就扛走了。火车每一站开出后，车上的检票员就开始逐一查票，乘客每过一站就被骚扰一回，搞得检票员累，乘客不胜其烦。有时候车都进站了，验票工作还没结束，造成列车晚点。

图12 20世纪三四十年代，天津站台上的苦力。

　　乘客下车时，站台上搬运行李的脚夫，看见衣着阔绰的乘客，都笑脸相迎，趋之若鹜；如果是三等车厢的乘客，他们往往不理不睬，如果再碰到问出站口的，一般努努嘴说一句："那不是有字吗？"出站后也大不一样，乘坐慢车的乘客，到站后往往提着一大堆行李，人力车夫却懒得上前揽客。而乘坐特快列车到达的乘客，出站后人力车夫立即簇拥上前，百般殷勤地招揽生意。而搭乘对号列车到站的乘客，一般都会有汽车接站，接到人立刻就会疾驰而去。这个时候，无论你这一路是什么样的境遇，大多会长出一口气，感叹："终于到站了！"

大姨夫杨汝楫

龚玉和

　　我的外公李升伯有四个女儿，母亲为老三，杨汝楫（1917—2004）教授是我的大姨夫。外公、外婆及母亲的其他兄弟姐妹早年在国外定居，从小到大，母亲就把上海的我大姨妈家作为娘家，逢年过节，母亲就带着我往大姨妈家跑，仿佛在大姨妈家能找到父母的温情。所以，我对姨夫再熟悉不过了。20世纪80年代，我在中国银行上海办事处做事，虽说住旅馆可报销，但我嫌旅馆人杂、太吵，就搬到大姨夫家去住，因此，常常有机会聆听他的指点。

　　可以说，在我一生的事业中，受到大姨夫特别的影响。

　　姨夫与我父亲不同。父亲在政治运动中吃过太多苦头，只要有一份安定的工作，就谢天谢地、心满意足，可姨夫对后辈要求甚严，在与他的谈话中，他常常有意无意地流露出，仿佛人生一世，一定要做点成就才对得起自己，否则，枉度一生、虚度光阴，不值得了！

高邮杨家的传说

　　大姨夫是江苏高邮人，杨家也算得上高邮城里的一个大家

图 1　右一为作者。摄于 20 世纪 50 年代。

族。在城西北角，有一处地势隆起，居于全城之巅，人称"天地坛"的地方。坛下有条深巷直通承志桥边，旧时巷中段有个门楼，三层青石台阶，两旁为雕花石鼓，气派不凡。这是光绪年间显赫一时的杨氏族人的聚居地，至今仍叫杨家巷。相传，杨家祖先由江南迁徙到高邮，在东头街（今人民路）开了一家东升泰米行谋生。生意渐渐兴旺，便想买一处宽绰点的房子。听说天地坛南坡有个李姓大户，家道中落，子孙坐吃山空，卖完了田产市房，又要拿祖房贱卖。过来看房的人不少，人们多从北边过来，站在坡上往南一瞧，宅子北高南低，步步向下。风水先生见了，摇头道："地势不吉利，难怪李家一代不如一代！"

　　杨家听到风声，也过来看了。他们碰巧是从南边上来的，举头一望，几十间房屋，依坡而筑，一进更比一进高，最北的一进，高踞坛坡巅峰，宛若楼房顶层。

杨家长老大喜,说道:"这里的房势分明是'步步高升'之意,好风水呀!"二话不说,就做成了这笔交易。等到房屋交割的日子,李家倒也爽快,把锅碗瓢盆、家具什物搬运一空,却将嵌在堂屋的祖宗龛子扔掉了,拉着马车,头也不回,不知去向。

　　杨家搬进后,将各个房间收拾停当,首要的是供奉祖宗牌位。当然,没有供奉别人祖宗的道理,便动手拆这些龛子,先撬开四周的墙砖,然后说了声"得罪",用力一拉,龛子"哗啦"一声,扑倒在地,带出一大堆碎土,满屋尘雾散尽后,在场的人惊呆了,一条黄灿灿的金扁担横在砖堆上。

　　一夜之间,杨家成了全城数得着的富户。

　　那年头,商人居四民之末,就算腰缠万贯仍是低人一等。

　　自此,杨家不惜重金聘请饱学之士,督促子弟苦读诗书,几代传承下来,果然成为高邮一个书香门第。随着岁月的推移,

图2　学生步行团合影。前排居中者为姨夫杨汝楫。

115

到"汝"字辈时，家道衰落已经显露。不过，长辈对子孙的学业仍十分注重，形成了一套"株守祖业为耻，志在四方为荣"的家训。因此，"汝"字辈大多获得高学历，分布在各地的文教科技界。姨夫杨汝楫就是杨家的长子。

青少年时代的姨夫

1930 年，十三岁的大姨夫离开高邮，到江苏省立扬州中学读书。

次年，九一八事变爆发，日军侵占我国的东三省。他想，日本人之所以敢欺负中国，无非是倚仗飞机、大炮的优势，想要打败日本人，首先是要有强大的空军部队，于是萌生了长大后当一名飞机设计师的梦想。由此，1936 年高中毕业后决意报考清华大学航空系，为进一步深造打下基础。

只是在上清华大学的第一个暑假，日本人大举进攻，学校被迫南迁长沙。不久，又迁到了昆明，合并为西南联合大学。

迁校时分成两路，一部分师生由海路经越南到昆明，另一部分徒步经湖南、贵州入滇，大姨夫报名参加步行团，行进三千里，历时六十八天到达昆明。

西南联大毕业后，姨夫进入中央航空研究院，先后担任助理研究员、研究员。在此期间，他成为中国首届试飞研究员，负责首次空中气动力学试验，这次试验后来载入《中国航空史》。

1943 年，受研究院选派，姨夫取道印度前往美国学习航空技术，在联合飞机厂当工程师，实习飞机设计。1946 年，又到美国密执安大学研究院进修机械，取得单飞合格证书，成为当时中国唯一能飞上天的研究员。

图3　姨夫在美国留学时留影。

在大学期间，他结识了我的大姨妈李佩贞。抗战胜利后，大姨夫在美国结婚，由一个洋牧师为他们证婚。说到当年在美留学时的情形，大姨夫神情振奋，有一次，他拿出一张学生时代的照片（图5），说道："那是1946年12月29日，旅美中

图4　姨夫（左二）与姨妈（左三）结婚时留影。

国同学会在纽约人旅馆举行的一次联谊会。"

　　我眼尖，在黑压压的一大群人中，马上认出了年轻时的大姨妈夫妇。他们是照片中的第一排右起第三和第四个人。照片中，大姨夫身着中山装，大姨妈则穿着短袖的中式旗袍，胸前佩挂着作为贵宾的彩花。从整张照片来看，虽然只是一次旅美中国留学生的普通聚会，不过，男生大抵西装革履，女生多数穿着传统旗袍，个个容光焕发，人人端庄亮丽。

　　大姨夫神采飞扬地说："那年，抗战胜利不久，中国由战火的伤痛中奋起，一举成为联合国五大常任理事国之一。人逢喜事精神爽，留学生闻讯，精神振奋，跃跃欲试，无不发愤读书，准备学成后报效国家。"

那天，大姨夫眯着眼睛又端详了好一会儿这幅照片，不无感慨地说："我的那些同学，当今不少人已成为知名学者了。"他指着照片中的一些人说道，这个人，现在是美国某大学的终身教授，那个人，成了一家大银行的总裁，这位，现在是航天局总工程师了。可惜的是，言者谆谆，听者漠漠，竟然忘掉了这些人的名字。现在大姨夫已经作古，也许只有他们的后人才能辨认出其中每一个人的名字与身份了。

无纺织布第一人

1955 年，大姨夫、大姨妈学成回国，分别在华东纺织工学院和上海第一医学院教书。

不久，大姨夫受命筹组华纺的纺织机械系。这个学系当时

图5 1946 年，旅美中国同学会的一次联谊会。前排右三、右四为大姨妈夫妇。

图 6 前排右一为作者。20 世纪 50 年代摄于西湖边。

在国内外尚属首创，系主任是夏承祐，他是副主任兼纺织机械教研组组长。"无纺织布"是二战后的产物。1958 年大姨夫被任命为刚建立的上海无纺织布研究组组长，主编无纺织布理论与实践奠基性的著作《无纺织布概论》。此书阐述了非织造布生产原理和方法，成为全国纺织院校的教科书，他也成为我国非织造布理论创立的第一人。

20 世纪五六十年代的大姨夫

到学校放假时，他们带着两个孩子佳美和佳玲，一起常到杭州来探望我们，大家在一起游湖、登山。我们在西湖边玩时拍了一张合影（图 6），前排右起第一人就是最顽皮、最不用功读书的我。1956 年，我妈与大姨妈夫妇带着孩子们一起上莫干山避暑，这是当时留下的一张合影（图 7），我们在一起度

图 7　在莫干山度假。上左一为作者。

过了最快乐的时光。

　　后来，父亲被划为"右派"，两家往来就少了。

　　1961 年，父亲摘帽返回杭州，大姨妈夫妇仍然到杭州来探望我们，图 8 是妈妈陪着大姨妈夫妇游西湖时拍的。

　　时至"文革"，大姨夫被送到江苏大丰农场劳动。那年我

图8 左起依次为杨汝楫、大姨妈和母亲。20世纪60年代初摄于西湖游船上。

图9 在大丰农场合影。右起依次为作者、大姨夫、大姨妈、杨佳美。摄于1961年。

图 10　姨夫的全家福

与大姨妈、佳美一起到乡下探望他。我们在他大丰农场的房门
前拍下了这张至为珍贵的照片（图9）。这幅照片也许能窥探
到他当时的精神面貌：虽身处逆境，仍保持着惯有的坦荡微笑。

　　1968年，我表妹下乡到吉林去插队落户，全家佩戴着毛主
席像章到照相馆拍了这张照片（图10）。

　　不过，到20世纪90年代后，我很少见到大姨夫了。

　　有一次，大姨夫到杭州出差，见了我，问道："我在大丰
农场劳动时，你都赶过来看我，现在怎么过门不入？"我闪烁
其辞，说道："现在忙，到上海当天打来回，买车票不容易，
预先买了回程票，办完正事，时间赶不及了。"大姨夫信以为真，
说道："你们年轻，要多做点事。"

　　其实，这些话我是言不由衷的，当时只为了点小事，心理

上有了障碍才不愿前去看望他。记得每次见到大姨夫时，他对晚辈总是"谆谆劝导"，他说：一个人一生做事一定要有事业心，活着，要做点成就。每次见到他时，大姨夫都会有意无意地提到，某人（熟悉的亲友）读到了博士，某人成为一家大银行的主管，某人写成了一本名著，某人弹成一曲或谱成一曲而走红天下……佳美、佳玲夫妇也许就是受到他的影响，80年代以后，先后到国外求学，在学业、事业上颇有长进。久而久之，我听多了他的那些话，让人总有"自惭形秽"之感，心想，姨夫长年待在大学，哪知人间寒暑？

机关里，一个人的升迁，查血统，看背景，讨上司的喜好，我一概不会，哪能得到拔擢？由此，到了上海，虽然总想去姨夫家，可想到工作多年仍只是一名小职员，有"一事无成"之感。

若干年后，我终于也创立了两门"学问""国际商务单证""旅游文创"，也编撰了几本书，成了文史作家。我觉得，我可以满怀信心地去见他了，孰料时间不等人，大姨夫谢世了！

常常想，这些年来，我锲而不舍地努力，遇到了再大的挫折也能挺过来，甚至退休了仍笔耕不止，无不是得益于他当年的"谆谆教诲"：一个人活着，不仅仅是养家糊口，更要有事业心，做点成就！

父亲的故事

张 军

　　父亲张步前生于 1921 年，1937 年赴延安参加革命时只有十六岁，1938 年 9 月毕业于中国人民抗日军政大学第四期。父亲曾在太行一分区、抗大六分校、一二九师三八六旅、六十军一八一师五四一团及军教导团任职，荣获三级独立自由勋章、三级解放勋章和独立功勋荣誉章。在朝鲜作战期间记二等功一次。

　　父亲生前时常给我们讲他战争年代的故事，有抗战时期穿行于太行山打击日寇的艰苦经历，有解放战争攻克太原的战斗过程，有抗美援朝期间与朝鲜人民军联欢的情景……听得我们浑身热血涌动，老人在讲述中坚定、执着的神情给了我们诸多的感悟。

　　抗战前期，父亲在八路军一二九师三八六旅直属队任职。连日作战加上难以想象的艰苦条件，父亲不幸染上了可怕的伤寒，因得不到及时治疗，几天后竟至奄奄一息。在旅部紧急转移时，陈赓旅长带人来到父亲跟前，看了一会儿说："留下些钱，这小家伙如果真不行了，请房东给他买一口好一点的棺材。"部队和群众刚转移不久，日军便扑到了村前，因急于寻找八路军主力，随着阵阵狗叫擦村而过。不省人事的父亲就在这空无

125

图1 1947年秋，父亲（左）与战友合影。

一人的村落里没吃没喝地待了三天，人烧得从炕上滚到地下，上衣被自己撕得稀烂。下雨时，生存的本能使父亲爬到门口，仰脸张嘴喝房檐滴下来的雨水……房东三天后回到家中，惊讶地发现父亲竟还活着，于是从灶洞里找出卫生队长留下的半茶缸大米，每次数出几十粒来，掺上野菜做成粥喂给父亲，房东的照料加上自身的抵抗力，父亲的身体慢慢好了起来。数日后，父亲返队，陈赓旅长拍着他的肩膀说："小鬼，大难不死，跟着我好好干吧！"这一难过后，父亲炮火连天地一路打下来，

图 2　父亲摄于 1951 年 3 月。

别说挨一弹，就连轻伤也没负过。

　　1949 年 4 月，淮海战役、平津战役相继胜利结束，解放太原时机成熟。据父亲回忆，总攻任务中，一八一师担任太原城大东门以南地段主攻任务，他所在的五四一团在总攻炮击前进入突击攻击位置。24 日晨，"前指"（前沿指挥所）一声令下，一千多门大炮同时开火，地动山摇，敌阵地一片火海，硝烟弥漫处十几米远都看不清楚。五四一团准时发起攻击，利用云梯、短梯勇猛攀登，乘敌还没有从炮火打击中缓过神来，以凶猛的火力将其压制在壕内和工事里，边打边冲，不到二十分钟，首先占领了大东门，又连续打退敌人三次反冲锋，保障了后续部队迅速投入延伸战斗。突击部队随即入城，直取既定目标，四连、五连分别直插到敌守军警备司令部和保安司令部，活捉了一名少将总队长。不到一天就结束了全城主要战斗，全歼守敌。父亲说，太原之战，战役进程之曲折、时间之持久、敌情之复杂、攻坚之惨烈，是一场大恶战，古今战例中所罕见，部队伤亡数字也很大，但受到了极大的锻炼。

1950年底，父亲所在部队（六十军一八一师五四一团）集结，在河北青县待命赴朝作战。解放战争期间缴获的国民党军队的步兵轻武器一律换装成苏式装备，包括莫辛纳甘步枪（俗称"水

图3 志愿军战士在出征前集合，听父亲（站立者）作战前动员。摄于1951年初。

图4 志愿军战士列队进会场。摄于1951年2月。

连珠"）、波波莎冲锋枪、转盘轻机枪、郭留诺夫重机枪等。除了换装，部队进行了全面的出征动员。全体官兵士气空前高涨，纷纷表示：英勇作战、不怕牺牲，保家卫国、再立战功。部队在集结期间还开展了以美军为作战对象的军事训练，提高军事专业技术水平和武器装备性能的掌握水准，同时进行了独立作战的生存补给训练。1951年3月中旬，按照中央军委部署，父亲所在部队作为二轮作战部队向朝鲜战场开进。

赴朝作战的第二个年头，父亲所在部队在朝鲜东线的平康郡莲浦洞休整待命，正巧与朝鲜人民军的一个工兵联队（团）住得很近。他们住七岩洞，相距志愿军只有三四里左右。由于住得近，经常走动，两个部队的关系处得非常融洽。

那年 8 月底，朝鲜国庆日前，人民军工兵联队专门派人来到志愿军团部，热情地邀请父亲他们到人民军驻地参加庆祝活动，父亲高兴地如期前往。正值初秋，山林尽染，秋色怡人。在七岩洞的小树林中，大伙儿把从朝鲜老乡家借来的小炕桌连在一起，你做一个菜，他凑一个碟，不一会儿就把桌子上摆了个满满当当，有朝鲜狗肉、生鱼片，有牛肉罐头、山鸡蛋，还有炖山蘑菇和缴获的美国盒餐等，十分丰盛。庆祝活动开始前，双方部队的领导即兴致辞，称颂中朝友谊，赞扬两军团结，庆

图 5　出征大会现场，父亲（主席台上挥拳者）在作出征动员。摄于 1951 年 2 月。

图6 父亲所在部队与人民军联欢。右侧举杯者为父亲。

图7 父亲（二排右一）与战友在缴获的美军坦克上合影。摄于1953年7月29日。

图 8 父亲回国前在缴获的美军战利品上留影。
摄于 1953 年 8 月。

贺战斗胜利。随即大家边进餐边观看部队自编自演的小节目，有活报剧、朝鲜舞、小合唱、胡琴独奏等，人人情绪高涨，不时发出一阵阵的欢笑。场面格外热闹，父亲与人民军工兵联队长相互敬酒的情景被随队记者抓拍了下来。联欢结束后，两国部队的指挥官与翻译人员还在山坡上合影留念。

听父亲说，他所在的志愿军三兵团六十军一八一师是一支有着光荣历史、英勇善战的老"皮旅"（皮定均旅）部队，享有盛誉。在朝鲜战场上第五次战役及 1953 年夏季进攻战役中战绩突出。当时任五四一团团长的王子波（后任南京军区副司令

图 9 父亲与我在济南合影。摄于 1978 年 6 月 1 日。

员）在战斗间隙中撰写的《对坚固阵地进攻的战术和战斗动作》
被军推荐到"志司"（志愿军司令部）后，受到彭德怀司令员
的赞赏并在阅后批示："只有认真研究情况，总结经验，才能
写出这样生动有用的阵地进攻的战术和战斗动作，应当介绍给
全军普遍研究之。"

父亲戎马一生，经历不凡。在 1950 年初至入朝作战前还
参加了四川剿匪和新中国建立后的第一条铁路成渝铁路的修
建。他的记忆力很好，战争年代的许多经历他都如数家珍，只
可惜我们那时天天忙忙碌碌，没有拿出时间把父亲的故事记录、
整理出来，现在想起来很是遗憾。

我的姥姥和父亲母亲

朱继光

姥　姥

　　1975 年春节，我们回家探望父亲母亲。在即将返回呼和浩特上班前，母亲招呼我们去照了张"全家福"。这也是父母及弟妹们落实"不在城里吃闲饭"政策，回城后的第一次全家团聚，也是我们结婚后与姥姥和父母及弟妹们的第一张合影（图1）。

　　我的姥姥其实是母亲的婶子。她的一生是很不幸的，年轻时就守了寡，守着一个儿子靠祖辈留下的祖产和几十亩沙地为生，后来过继收养了我的母亲。土改时已没落得只剩几十亩沙地，但还是被高划成了地主成分，地被没收。舅舅和我母亲各自成家后，姥姥就随着儿子在一起生活。命运多舛，造化弄人，1959 年的一天，走在街上的舅舅突然发病摔倒在地，因当时家里穷得拿不出钱去及时医治，于当晚就去世了。这让姥姥遭遇了一生中的又一次重大打击。在痛失儿子后，她和寡妇儿媳带着三个年幼的孩子祖孙三代相依为命，两个小脚老人含辛茹苦地维持着一个孤儿寡母的家。从照片中姥姥憔悴的面部表情，足以看出她饱经摧残、历经岁月的艰辛磨难后刻在脸上的沧桑，同时也能隐约地看出我的父母经历过生活的穷困后所呈现在脸上的沉重和欣慰。

姥姥走了四十余年后的今天，最可告慰她老人家的是其孙辈们及后代，现今都过上了幸福安康的生活，人兴业旺。

父 亲

我的父亲朱立业，20世纪20年代出生于河北省冀县（今衡水市冀州区）前朱瓦窑村。大约是在1942年，日本鬼子进村

图1 全家福。前排左起依次为：笔者妻子王雅琴、母亲边庭凤、大妹大女儿李颖、姥姥边门余氏、父亲朱立业（怀抱着的是我大女儿朱晓娟）、笔者朱继光；后排左起依次为：小妹朱静宜、弟弟朱继华、大妹朱秀兰、大妹夫李润和（转业兵）。摄于1975年。

抓了村里的青壮年，要押去给鬼子当劳工，被抓后陆续押在了村前的场院上集中，父亲也在其中。这期间，鬼子要找水和吃食，父亲谎称去给他们找水拿鸡蛋，借机逃出了鬼子的看押，藏在了村后两个院落房子山墙之间的夹缝中，上面、前后都是封死的，下面是出水沟留的出水口。他就是从下面的水沟钻进去用两脚和两手左右撑着墙攀了上去，使劲撑住了待在上面，下面什么也看不到。过了好长时间，鬼子没见他回去，就派了两个小鬼子去找，当找到他的藏身处时，还蹲下往水沟里看了看，又用刺刀伸进水沟去划拉了几下。庆幸的是，正在此时，不知什么原因鬼子急忙召集队伍押着被抓的人走了。这样父亲才躲过了一劫，否则他如被找到抓回去估计就没命了。鬼子走后，直到晚上他才在家人的寻找中悄悄地从水沟里爬出。为了提防鬼子再次进村抓人，在家人及乡亲们的帮助下，父亲连夜逃出村子，后经张家口来到了京包线上的塞外小城——丰镇（今属内蒙古丰镇市）。这里有两个大爷，早先因家里闹饥荒带着爷爷在家给凑的六十块现大洋，经朋友帮忙引荐在丰镇平安街经营"老三顺京鞋店"。

平安街位于丰镇火车站附近，昔日的平安街（也叫盛记巷）是丰镇城里繁华热闹的商业一条街，分东西平安街及平安横街（南），尤以西平安街为最。街的两侧铺面鳞次栉比，从南往北有全顺居饭庄、聚源泰茶庄、华昌自行车专卖、大德新百货、恒利魁布庄、老三顺京鞋店等多家买卖。所有的门脸铺面均是砖瓦结构，且外立面装饰新潮气派。经商者大都来自平、津、冀、晋，经销品种繁多精美。

父亲来到这里后，就和二大爷朱立盈共同经营鞋店（前店后作坊）生意，此时大爷朱立珍即返回了冀县。父亲家里弟兄

图2　母亲年轻时，摄于约1946年。　图3　笔者周岁照。摄于1948年。

四个，他是老四，街面上人称"四掌柜"。平时他除了关照店内作坊的制鞋和柜上的经营外，大多时候是跑外推销、收账及采买制鞋的原料，所以经常来往于平、津、张（家口）一带。为了采买到便宜且好的皮货，他不辞劳苦，经张家口去后草地土牧尔台（今内蒙古察哈尔右翼后旗北部）周边的牧区，收购或以鞋换取牧民手中的生皮到张家口再加工制作成做鞋的各种皮料制品。父亲没上过学，可他的小九九心算很快，记忆力也好，来往账目都在脑中，平日里买卖的进出算账全靠脑记心算。

　　日本人投降后，各商铺的人们并没来得及享受停战后的兴隆和安宁。这一带经常有国民党军队出入，隔三差五还有土匪出来打劫，搞得街面上人心惶惶，不可终日，生意很难做。一天后半夜，有几个土匪在抢劫过别处后来砸我家铺面门窗，没

图4 母亲在北平时。摄于1948年。

砸开（门板很厚又有铁皮包裹）就爬上房顶跳入院内。提着枪逼着父亲要大洋，因凑不够土匪要的数，土匪仗着手里有枪，在店里胡翻乱砸。土匪虽狠，但看到父亲和几个店里的伙计手里拿着棍棒在旁，也多少有些畏惧。父亲那时年轻，性情刚烈，脾气也急躁，有时急了做事不计后果。僵持到快要天亮时，土匪一听街面上开始有了行人及车轮碾压的动静，就留下一句狠话：钱赶快筹齐，过几日来拿，不然就烧了你的店。临出院门转身冲着父亲一侧放了一枪，算是再次恐吓。

眼看生意不好做，二大爷先回了老家。没过多久，父亲便带着母亲几经周折，经张家口到了北平，在前门附近住了下来，以做小买卖为生。1949年初北平和平解放，绥远丰镇一带此前也已解放。父母再三考虑后，带着只有一岁多的我又返回丰镇继续经营"老三顺京鞋店"。

1956年，几乎一夜之间，一条街的商业店铺大都关门歇业了，至此平安街再没了往年的繁华与喧闹的人声。各家店铺的老板大多去了公私合营后的百货公司或是糖业烟酒、土产门市等当了职员。而"老三顺京鞋店"，由于父亲用人不慎，遭人算计，加之他性格执拗，失去了营业执照的所有权。所有货物及制鞋工具悉数交公后，他和伙计们各自回了家或原籍另谋生路了。"老三顺京鞋店"就此也彻底关了张。

父亲在后来一直没有啥像样稳定的活儿干。他从小在老家务农，后出来经商，没有任何赖以为生的手艺（技术）用来养家，除了能做点小本生意就是干点简单的体力活了。可那时在小城里想找个养家的临时工干些体力活都非常难。在亲戚朋友的点拨下，父亲靠着双脚和双肩走村串户地做起了小本买卖。他虽说当过些年的掌柜，但天生就有肯吃苦的劲头和对艰苦生活的极强适应能力，最初又是从农村出来，又有经商跑外走过几天后草地的经验，更为了我们这个家，他肩挑步涉、行走叫卖于乡间村落。他性格直爽，办事做买卖敞亮公道，爱结交朋友，时间长了他所走到的地方又都有了新朋友相互帮衬，走到哪都能解决吃住，生意虽小总还是有利可图，能勉强养家。

父亲时而担惊受累地去大同，把从农村换来的鸡蛋卖掉。那时物资匮乏，鸡蛋在城市里更是紧缺食品。丰镇距山西大同

图 5 父亲晚年在种植杂粮和蔬菜的地边休息。摄于 1983 年。

市仅四十公里，且大同煤矿工人多，工资高，舍得吃，东西好卖。虽说坐火车去大同只三站地，但为了不被市场管理所的人查到，用当今话讲就是"躲猫猫"，父亲夜里带着易碎的鸡蛋，摸黑顺着铁路线步行到下一小站堡子湾（属山西，这里没有市管人员查）车站再上车。否则不小心被市场管理人员抓到，不但东西要全没收，搞不好还得被扣上"投机倒把"的帽子。艰辛之外还有内心的恐惧与担心，现在是难以想象的。

1958 年"房屋经租改造"时，老三顺的门脸房和三间作坊被经租。起先每月还有几角的租金，再后来不但没有了租金，连房子的产权也给卖了。1964 年家里最困难时，父亲为了要回

图6 父亲在呼市看病期间与他的孙辈们在一起。前排左孙子朱嘉、右外孙李臻，后排左起依次为二孙女朱晓敏、二外孙女李瑾、大外孙女李颖、大孙女朱晓娟。摄于1985年。

东屋两间作坊以解生活的困境，还受了不公正待遇。

因父亲没有正式工作，在70年代初遵从"不在城里吃闲饭"的号召，父母和弟妹都去了农村，好在"文革"后期落实政策又得以返城。

改革开放初期，政策变了，个体经营也可以正大光明地干了，人们的生活一天天在变好。父亲还曾想再搞点经营，改善一下生活条件，给刚结婚成家的弟弟买自行车、电视机，再攒点钱回趟几十年没回过的老家，看看侄男外女，给老人们上上

图7 父母在一起。摄于1982年。

坟。可是岁月不留人，1985年父亲走完了他坎坷的一生。因生活拮据，父亲自四十多年前离开家乡来到内蒙古，其间我的爷爷奶奶及大爷相继离世，直到他去世前再也没能回过老家冀县。这成了他此生最大的遗憾。

母　亲

母亲边庭凤，生于戊辰年（1928）农历八月二十六。母亲在本家大排行（边姓叔伯兄妹排行）中是老六，小名"六六"。小时家中较为殷实，但命运不济，她年幼时先后失去了亲生父母，后过继给了她的婶娘收养。据说那时家中有铺面祖产，兄妹们都有股份，特别是她的三个同胞哥哥对她仍爱护有加，虽说她已过继给了婶娘，可每逢年节兄妹间所分红利照样有她一份，这些在她来说就是平时的零用钱了。所以年少时她基本衣食无忧，花钱大方，周围有好多姐妹相处，直到老年都还在走动。母亲由于娇惯和任性，到了开始缠足的年龄，她拒不听从。好在当时社会上已提倡废除缠足，几经折腾和反抗，最终还是姥姥做出让步，任由她解放了自己的双脚。

她对娘家人从不忘恩，从感情上特别是对我的姥姥和舅母一家尽到了女儿和小姑子的情义，对三个同胞哥哥也是兄妹情重。人生苦短，世事难料，她最亲的三哥"文革"开始时受到冲击，自杀身亡，留下舅母和五个儿女（最小的是一对双胞胎姊妹）。后事没人敢出面帮着料理，是她（那时父亲也不在家）和她大哥、堂弟及大侄子边安（他二哥的长子）怀着割不断的亲情与悲痛，硬着头皮，深更半夜里避开造反派，用借来的排子车，一路月黑风高，心惊胆战悲悲戚戚，深一脚浅一脚地连拉带推，偷偷地把三哥遗体拉往城外的荒郊野地里草草埋葬。1972 年，他二哥来呼和浩特看病做手术，她放下家里的一切和她的大侄儿前往陪同，手术前住在大妹刚成家临时租住的家里伺候病人。她的大侄子边安比她小不了几岁，但自小就和我母亲走得近，每当老姑家有点难事他总是跑前跑后的。事后他也最能体谅到老姑的亲情和付出。

因家里的生活每况愈下，在最困难时家里值点钱的该卖的都卖了，其中有母亲用来做针线活儿的缝纫机和她年轻时的一些衣料。记得小时家里有台留声机，每逢过年时节搬出，那时我最爱玩的就是它。嘴里吃着糖果等年货，听着那时也不太懂的京戏等歌曲，不时手握摇把给留声机上弦。后来母亲把它也给卖了，为此我不高兴了好几天。至今想起来都很惋惜，剩下的几十张黑胶唱片也当"四旧"给砸碎处理了。日子过得艰辛，

图 8　晚年母亲还在缝缝补补。摄于 1998 年末。

她逐渐在适应，渐渐学会了节俭持家。她从前不会针线活，有点缝缝补补的活都用缝纫机代劳，后来慢慢学会了缝补拆洗。母亲爱体面，特别是我们兄妹四个出来进去衣帽从不邋遢，衣服再旧总是穿戴齐整干净，衣服上的每块补丁也是有派有样。她起早贪黑地缝补拆洗，衣服大的穿过了改成小的穿。母亲从一个衣食无忧的女子到劳累辛苦一生养育了我们兄妹四个，尝尽了苦日子的甜酸苦辣，她省吃俭用地维系着我们这个六口之家。为了节俭，每日炉火烧剩的灰渣，她总得过一遍筛子，把没烧透的煤核拣出，掺和在煤里用来封火。

　　母亲是个非常要强而有自尊的人，她再苦再难都尽力去克服，从不怨天尤人，从不去伸手求人包括她的至亲，生怕拖累别人让人笑话。再说那年月亲朋好友大多数人家也都是紧巴巴的。

"三年困难时期"，为了能吃饱肚子，春季母亲常结伴出城去挖野菜，秋天则去收完菜的地里捡菜叶子回来腌酸菜，这能吃到来年开春。当榆树上有了榆钱，她还叫父亲带着我一起去摘。最难忘记的是，摘杨树上刚出来的嫩叶，回来母亲把它煮过，再放在凉水里泡（消除苦味）一到两天，然后和上少许面用以充饥果腹，吃起来非常苦涩难以下咽。冬天我和父亲去火车站货场，扫人家卸车后撒下的用作饲料的甜菜渣（甜菜压榨提取糖液后剩下的粗纤维多的残渣），回来母亲用它做菜团子，过年吃的饺子也是用它做的馅。由于营养跟不上，家里人腿脚都浮肿了，特别是父亲除了腿脚，脸也是肿的，手指一摁

图9 母亲和孩子们在看《电影作品》杂志，享受天伦之乐。摄于1980年。中间为母亲、后右为她的小女儿朱静宜、后左为她的大外孙女李颖、前左为二外孙女李瑾、前右二为大孙女朱晓娟、前右一为二孙女朱晓敏。

一个坑。

为了帮父亲一起维持这个家，1958年她和街道妇女一起去做过临时工。从乡下回城后，她又申请上街去卖冰棍（那年代卖个冰棍还得几经周折取得居委会主任批准才可）等。

母亲打小受家里的影响就乐善好施，有段时日我们几乎到了有上顿没下顿的境地了，偶尔来个要饭的，她总要想法给他们找点吃的。"文革"中的一天，母亲刚干完活从外边回家来做了午饭，还没等她忙活完顾上吃呢，有个年纪四十左右、蓬头垢面的男人进院来要饭要水被拒后，走到我家门下，母亲看那人既没带一般要饭人所带的棍杖家什，也没有盛饭用的盆碗，只是肩上挎了个灰色的、类似当时红卫兵挎的军用小挎包。那人举止沉稳有礼，面带羞涩，小心翼翼地说：他婶能给口水喝吗？母亲咋看这人也不像要饭的，便毫不犹豫地进屋给他倒了碗开水，随后好奇地和他聊了几句，不但再次给他倒了热水还把留作她午饭的两个窝头给了他，又干脆叫那人进家坐在炕边上吃。那人出了门后感激再三，并连连点头致谢。或许是看到母亲的善良，一时感动，最后悄悄和母亲说：他本是山西某县的领导，被造反派批斗关押后逃出来，要去上访。

因为助人行善，她也受过委屈，被人冤过，但她仍能信守"宁可人负我，不可我负人"的准则。也是"文革"中，对门被抄家时，其女主人趁抄家的不注意悄悄地把一个小布包和两沓十元钞交给母亲，并拜托给其藏好了。母亲为此很是为难，吓得不知该往哪里藏好，生怕被抄家的知道了，那可是罪责难逃的事啊！最后决定把小布包拿出去，寄放在横街西头大洋井院平时要好的姊妹魏家，因魏家姨夫出身好，是个回乡老八路，在部队时给大首长当过警卫员，人品也好，老实憨厚。当时就原封没动地连夜拿着去了魏家，魏家姨夫二话没说就给藏在了他家的烟道里了。而那两沓钱，母亲则贴身放了足有两个月，昼夜不敢离身，就怕有个闪失。"文革"过后，母亲便去了魏家，人家费了老大劲从烟道里把那个小包给掏了出来，母亲原样送还了回去。结果两天后，对门家儿子找来，非说少了一个小戒指，还出言不逊。到这时，母亲才知道包袱里原来是几个金戒指等物。因在当时那种情况下，既没打开看过，也不好开口问包的是啥？更没想到会有此事发生。为此母亲很无奈地去魏家找，也没找到。到底咋回事？已说不清道不明，而那家人非但不感谢危难时的帮救之恩，还不依不饶。真应了那句古语"大善即大恶"。她要强自尊了一辈子，此事办得却让她心里始终是个结。她很无奈地说："凭良心去吧，天不欺善！"

平日里，母亲会因穷困有时晚上愁得睡不着而失眠，父亲却是个乐观不知愁的人。他大大咧咧，天大的事好像都不放在心上，白天能放下身子干活，到了晚上躺下就能入睡。为此，母亲总是说：你咋就不懂得愁呢？此时，父亲只是嘿嘿一笑。

2004年母亲离开了我们，母亲从小失去了亲生父母的爱，可她和父亲却用一生的辛劳与爱抚育了我们兄妹四个。如今，父母已远去。逢年过节或大家在一起时就会想到他们，儿孙们都不忘老人们的艰辛与抚育之恩，每到清明节，都会想着他们，用心灵去祭奠对他们的思念之情。

一生献身教育的父亲

郑云龙

　　戊寅年（1998）腊月二十八晚上 11 时 30 分，八十三岁的父亲永远地离开了我们。子欲养而亲不待。那是让我们肝肠寸断、撕心裂肺的一个晚上。父亲安详地走了，留给我们无尽的哀思和永久的怀念。

学生时代

　　丙辰年（1916）六月初二，父亲郑骥出生在福建省惠安县涂寨镇顶郭村的一个贫苦农民家庭。祖父不识字但为人豪爽，喜交朋友。祖母为人善良和蔼，勤俭持家，是个"贤内助"。年幼聪慧的父亲深受一位当私塾先生的远房堂亲的赏识，他告诉祖父说："令郎聪颖，是读书的料，悉心培养，将来必成大器。"当时家庭虽然很困难，但因文盲受人欺负而吃尽苦头的祖父仍决心送子入学。当时交通闭塞，年仅七岁的父亲在祖母的陪同下徒步到惠安县城的时化小学就读。他天资聪慧，勤奋好学，喜欢运动，爱好绘画写字，考试成绩总在班级前十名，常受到老师的表扬。小学毕业后，他以优异成绩考入泉州著名

图1 1934年，父亲高中毕业合影。第二排左一为父亲。培元中学由英国基督教长老会创办于1904年。

中学培元中学就读。中学时的父亲成绩一直保持在班级的前几名，而且多才多艺，爱好体育和艺术，被选为班级里的文体委员，负责出版每周的班报。他擅长打篮球、排球和踢足球，是培元中学篮球校队的主力队员，曾代表晋江专区篮球队与莆田队争夺冠军。父亲在初高中的六年里，四年作为工读生在校半工半读（边上课边做刻蜡纸印刷试卷和敲钟等杂活），并以优异的成绩毕业。我国著名的科学家、中科院院士张文裕是他的学长，他们是同乡又都在培元中学就读。当时，在著名中学高中毕业的青年在整个涂寨镇乃至惠安县都是凤毛麟角，爷爷奶奶为有这样争气的儿子感到自豪。

因培元中学实行美国式教育，除了语文外，其余的学科全部都是英文课本，老师大多是外教，所以父亲的英语口语和写作非常好。六年中，每个周末他都是徒步来回于家里和学校。后来无论在时化中学（创办于1948年的私立初级中学。1952年政府接办时化中学为公办学校，改名为福建省惠安第三中学，1956年始办高中）、惠南中学、荷山中学教书，还是在县政府上班，他都一直保持徒步来回的习惯。这个习惯伴随着他老人家一生。

热心教育，投身抗日

正当父亲踌躇满志准备考大学时，二伯父遭土匪绑架勒索，祖父祖母四处借钱求人帮忙说情，虽救回了二伯父，但也从此债台高筑，家徒四壁，无法继续供父亲读大学。当时惠安县政府创办了公办惠安区立涂寨小学，年仅十九岁的父亲应聘担任首任校长，是涂寨镇首任公办小学的校长。在办学经费十分紧缺的情况下，父亲带头少拿甚至不拿薪俸，大家团结一致，同心协力，学校办得很出色，学生成绩在全县统考中进入前列，而且田径运动和篮球、排球也很出色，成为全县小学教育的先进学校。父亲从此开始了他一生的教育教学生涯。受父亲的影响，四叔高中毕业后也从事教育工作，担任涂寨镇培青小学校长。

1937年抗日战争全面爆发后，父亲和许多追求进步的爱国青年一道，组织抗日宣传小分队到泉州各地宣传抗日，保家卫国。他们先后到泉州的安溪、永春、德化等地开展活动。父亲曾担任《永声日报》的记者，深入社会各阶层采访，宣传抗日。后又受惠安友人的邀请，担任惠安乐安小学校长，同时也结识了一批追求进步的青年，其中有他的挚友和结拜兄弟、后来成

图2 父亲的毕业照。摄于 1934 年 5 月。

图3 父亲在涂寨小学的学生，身穿童子军服装。

为中共华北分局派遣到闽南开展工作的特派员张强。张强的夫人是延安抗大的八路军指导员朱文鉴。乐安小学从此就成为中共地下党的据点。这期间，父亲阅读和收藏了许多当时国民党当局的禁书——埃德加·斯诺的《西行漫记》（又名《红星照耀中国》）、艾思奇的《辩证唯物主义》和毛泽东的《论持久战》等许多进步书籍。这些书我读小学时在父亲的书架上都看到过。

1946 年，国民政府招募一批文化教育工作者到台湾工作，让台湾恢复中华文化和语言的教育。父亲和中共地下党厦门大学负责人、原中共泉州特委宣传部长、惠安暴动领导者之一蓝飞凤等一大批青年应招到台湾工作。后来四叔和堂侄炳煌也一道去台湾省桃园市农业中学任教国文。台湾发生"二二八事件"时，当地人捕杀大陆赴台工作者，祖父获悉此消息后

图4 父亲摄于1946年。

连续拍发多封加急电报，要父亲和叔叔赶快返回大陆。随后国民党情治部门加紧捕杀大陆派去台湾的地下党员，此时的白色恐怖笼罩着整个台湾岛，地下党负责人蓝飞凤等决定迅速撤回大陆，父亲、四叔他们先后返回。回大陆后，父亲先后在福州三民中学和惠安时化中学工作。四叔在惠安前林小学任校长，直到新中国成立。

新中国时期

新中国成立后，父亲从时化中学调到惠安惠南中学和惠安荷山中学任教。新中国新气象，他全身心投入中学的语文教学工作。他在抗日战争期间欲投笔从戎，奔赴抗日前线，因福州厦门先后沦陷，交通中断，他就继续边工作边学习，考入大学读本科，但因家庭经济困难读到大二就辍学了。解放后，他边工作边学习，考入福建师范学院中文系汉语言文学本科专业，毕业后回到荷山中学任教。父亲担任荷山中学语文教研组长，负责语文学科教学教研工作，学校的办学成绩斐然，荷山中学成为全县中学文科最好的学校。"文革"前，在惠安县荷山中学是与惠安一中并驾齐驱的名校。校友遍布海内外，很多人都是各行各业的精英和骨干。

"文革"中，像许许多多知识分子一样，父亲也被当作"臭老九"和反动学术权威被打倒，遭受了他一生中最大的难。他被开除公职并被勒令到农村生产队劳动改造。一个七口之家几乎失去了全部收入，只靠大姐微薄的补贴艰难度日。这期间，父亲的许多学生和乡亲们的同情和关心给了父亲温暖和勇气。从1969年落难以后，父亲就一直不断地向省市县有关部门申诉，直至向周总理办公室申诉。1973年3月，父亲终于获得平反并重新恢复工作。凤凰涅槃，浴火重生，全家人终于迎来了转机。

1973年4月，惠安县政府决定在惠北的南埔新创办一所完全中学。由惠安县人大常委会副主任卢书祥挑选全县教育界的一批骨干教师和精英去新校工作，父亲服从组织需要，随同卢校长一道到南埔太白峰创建新校。在那里，父亲夜以继日地全身心投

图5 毕业班师生合影。摄于1964年5月。第四排右三为父亲。荷山中学是福建省重点侨校。

图 6 父亲与得意弟子合影。摄于 1964 年 5 月。

图 7 父亲在天安门前留影。摄于 1966 年 12 月。

图8 1985年7月6日，父亲、母亲与作者（右）和作者五岁的女儿曼丽合影。

入工作，争分夺秒地把过去的损失补回来。1978年，他所教的学生高考考出了全县最好成绩，受到市、县教育局的表彰。周末他常下乡家访，与学生和家长建立了深厚的感情，家长激动地说：郑老师是学校首位经常下乡家访的好老师！退休后，他留校负责高中学生毕业工作多年。漳州一所中专学校领导慕名前来请他到该校工作，请他传帮带青年教师。父亲不顾年迈，毅然应聘。

父亲把最宝贵的年华都无私奉献给了教育事业。受他的影响，我们三代十几个人都从事中学的教育教学工作。父亲在惠安教育界芳名远扬，口碑极好。以父亲为榜样，我们在各自的岗位上努力工作，先后成为各中学的领导或骨干教师，在教书育人方面为社会作出奉献。1998年，我们家被泉州市人民政府授予"教育世家"的荣誉称号。这是涂寨镇首家获得此殊荣的家庭，也是我们整个家族的光荣。

两张上海美专老照片

杨正纯

  20世纪50年代初,在我家堂屋墙上横挂着一个一米多长的相框,里面装着一张近三百人合影的大照片(图1)。照片上方的标题自右向左写着:"上海美术专科学校二十五年秋季全体职教员暨学生摄影 十月二十六日"。这是父亲杨德祥当时在这所学校上学时拍的一张大合影。

  我和弟妹们常在墙边支把椅子,爬上去仔细观看。照片中

图1 上海美专全体师生合影。摄于1936年。照片原版尺寸1272mm×256mm。

的人物，着装时尚，风姿潇洒，神情欣然。我们总喜欢在人群中认出父亲，看看他学生时代是什么模样。而父亲却把我们的目光引到前排中间位置的一个人身上，这人就是上海美专的校长刘海粟。父亲说，刘校长是一位非常了不起的人，他十七岁时就在上海创办了这所学校。几十年，在上海复杂的社会环境中克服了重重困难，把上海美专办成了一所中外驰名的学校。

刘校长对艺术事业的顽强、执着，以及他的热情开朗和善于交际、真诚处世的性格，成了父亲学习的榜样。

我们对父亲说："怪不得您以刘校长为榜样，现在也成了一名校长（当时父亲任昆明市明德第二小学校长兼美术教师）。"父亲风趣地说："我仅仅是棵区区小草，怎能与参天巨松相比？"

父亲自幼热爱美术。上初中时，画的画在当地就很有名气。1935年，从云南昭通到了上海，考入了上海美专中国画系。当时正是刘校长代表中国赴欧洲举办中国现代绘画展览会后，回国不久。记得父亲说，上海美专的学生多为江浙沿海和内地的，

从云南考去的学生非常罕见。当刘校长得知国画系新考进一名云南籍学生，才一进校就特别关注地召见了他，对他说："你从那么远的地方来到这里，可真不容易啊！听说云南的山水风光很美丽，是个好地方。"对这个从西南边疆来的学生，在生活上、学业上特别关照。后来看了父亲的画作，并知道他是班上的尖子，更是加倍鼓励和赞赏，并多次亲自指导他作画。刘校长每次举办讲座，父亲总是早早地去选个前面的座位，认真地听。

父亲从小不仅热爱美术，而且热爱音乐。上初中时，他就

图2　父亲在上海美专与同班同学及老师的合影。前排右三坐者为父亲。

学着作词作曲，创作的《中华穆士林》等歌曲被民间传唱。考入美专后，得知这学校不仅是美术专业，还设有音乐专业，使他喜出望外。在完成好美术学业之余，父亲常抽时间去旁听、选修音乐课，听音乐讲座。因此，在音乐方面，特别是乐理方面，父亲受益匪浅。刘校长知道后，特别高兴地鼓励他说："美专是一所教授多门艺术的学校，我们最喜欢像你这样多才的学生。"

正是因为这张照片和父亲给我们讲的故事，在我们幼小的心中才知道，中国当时有名的画家，除了木匠出身、画虾最有名的齐白石和穷苦人出身、画马最有名的徐悲鸿，还有这位年纪轻轻就被国内外公认为艺术大师的上海美专校长刘海粟。

我家保存下来的另一张上海美专照片（图2），是一张两英寸大的小照片，是父亲和一小群人在美专校舍内圆拱头的门框前、转圆弧扶手楼梯处拍摄的。这张照片，我们小时候没有见过，是70年代初清理父亲遗物时发现的。照片背面，有父亲写的"上海美专"四个字。从父亲进校时间和人物穿着分析，应当是民国二十六年（1937）夏天拍摄的。家人不解的是：照片中，看起来比别人年轻的他，为什么会跷起二郎腿坐在前排的柱墩上？这成了一个谜。其他又是什么人呢？也不得而知。只是照片背景的校舍建筑显示出一种独特的建筑风格，非常别致，给我们留下了极其深刻的印象。

2005年，中央电视台"探索·发现"栏目播放了《照片背后的故事》，当刘大鸿教授考察顺昌路美专旧址时，这个造型独特的门框和楼梯忽然在屏幕上出现，使我非常震惊，这处美专的校址，竟然还在！顿时，我产生了一定要去那里瞻仰的念头。

图3 侄女陪作者瞻仰了上海美专遗址。

2009年5月下旬至6月初，我在百忙中抽出时间，专程到上海了却了这一心愿。喜欢画画的侄女杨家吉（其父亲杨正敏是云南昭通名画家）在上海工作，她陪我到顺昌路瞻仰、考察了这处我国近代美术教育史上第一所正规美术专科学校的遗址（图3）。经历了八十多年的风雨沧桑，校舍的主体建筑还如此完好，只是里面非常拥挤地住满了居民，院内停满了自行车和小机动车，窗口外的铁条上晾晒满了衣物。一些大间的房子被隔成小间，楼梯下和屋檐下搭建了一些棚子，外墙上每个窗口下均安装了空调箱。门道内的木质楼梯及扶手磨损严重，被居家炒菜的油烟浸得油腻腻的，图2中那楼梯扶手下的混凝土栏杆被用混凝土砂浆粉填充为板状。但几幢校舍房屋外墙上的各式门窗框边和装饰线条图案，都基本保持原样。

大胆启用裸体女模特，开创男女同校，新创野外写生和探讨画学，介绍西洋美术，进行西画评议等新风；尊重个性发展，培养创造能力，主张学术自由；举办画展，创办刊物和开展社团活动等新美术运动；以及抗日学潮和书画义展募捐等。身临实景，一幕幕涌上心头，使人感慨万分！

我们参观了上海的刘海粟美术馆，瞻仰了海老的雕像和油画陈列室，国画展厅因在举办其他临时性画展未能看成。我用了几天时间到上海市档案馆查看了美专的档案，之后拜访了刘海粟美术馆研究部主任沈虎先生。

沈主任看了我们带去的照片（图1）喷绘样，感到非常高兴，说他从未见过这张照片，认为保存得相当好，而且比较清晰，是他看到的（美专师生合影）最清楚的一张。沈主任拿出了《百年沧桑——刘海粟艺术人生图片集》（以下简称《海老图片集》）给我们欣赏。

此次上海之行，最有幸的是，经沈主任引介，我有幸拜望了师奶奶夏伊乔老人和刘蟾老师（图4）。在师奶奶膝下，我紧紧握住她老人家的手对她说："奶奶，我是刘爷爷30年代国画系云南学生杨德祥的儿子，今天特意来拜望您老人家。"师奶奶已年迈迟钝，清秀俊俏慈善的脸上虽然已没有什么表情，但她老人家呆呆地看着我，点了点头。我将照片大样展开，刘蟾老师和她的几位朋友一眼就认出海老，大家喜出望外，都说过去从没有见过这张照片，是第一次看到。

根据上海市档案馆和上海、常州两地刘海粟美术馆（含海老家藏照片和《海老图片集》）珍藏资料来看，美专师生合影（非工作照）按照标题和内容不同，可分为以下四类：

第一类：是美专建校周年纪念暨届时毕业式摄影。这类照片很少，以《海老图片集》32页中1923年《上海美术专门学

图4 作者拜望夏伊乔老人和刘蟾。

校十一周纪念展览会开幕暨西洋画科十二届初师科七届毕业式在第二院摄影》为代表，这是保留下来的美专最早的教职员与学生正式合影照。照片中，共计有八十九人，女士仅七人，站在人群左侧前面。这张照片相当清晰、完好，在乍浦路二院内，斑驳的校舍墙面和人物的打扮穿着相对应，很有时代感，是美专早期最有代表性的集体照。

第二类：是美专几个系不同届的教职员和毕业生合影，人数数十人到一百人左右。这类照片为数不多，如1932年《上海美术专门学校新制第十届西洋画系中国画系艺教系音乐系毕业摄影》共八十四人，其中女士十四人；1936年6月《上海美术专科学校新制第十八届暨附设成美中学高中第二届毕业摄影纪念》（上海市档案馆藏）共八十四人。

第三类：照片是某个系某届某班或毕业同学和职教员合影，

人数为十多人至五十人左右。如《海老图片集》第 54—55 页、第 56—57 页中 1933 年至 1936 年新制十二届、十九届毕业生摄影和美专毕业纪念册中相关合影。此类照片是数量最多的，而且背景几乎都是选择顺昌路校址"海澄斋"西侧转圆弧扶手楼梯处。

第四类：是美专师生在写生期间，或某一工作之间休息时的合影（非工作照），人数可达数十人至百余人。如《海老图片集》第 39 页《上海美术专科学校学生旅行写生队小景》、第 52—53 页《旅行虞山写生队小景》和上海档案馆所藏的西湖写生合影等。十七届西画系的师生与人体女模特合影也属于此类。

由上述情况分析，我们家保存下来的这张二十五年（1936）十月二十六日由上海南京路启昌照相馆拍摄的上海美专职教员与学生的大合影（图 1），是美专所有师生合影中，唯一被称之为"全体职教员暨学生摄影"的照片。此照片中共计有二百七十九人，是美专所有照片中人数最多的。其中女士七十三人，所占比例也是所有美专照片中比例最大的，这也是美专主张男女平等的具体体现。因此，我家珍藏的这张照片，是美专师生合影中最正规、格调最高、阵容最壮观的照片。

从照片拍摄时间来看，正是海老代表中国出行欧洲举办中国现代绘画展览会载誉回国后，举办筹款画展，还清了学校巨额欠款，克服了美专经济上山穷水尽、债台高筑、薪资枯竭的困难局面。同时是海老委托谢海燕负责整顿美专和出任教务长后，校园学术风气转好，师资阵容扩大，教学质量提高，为在当时的教育部立案而进行长达五年的申报工作，即将获得正式批准之时。美专的全体教职员和学生，莫不欢欣鼓舞。

在这张照片上笑得最开心的，莫过于刘校长的第三任夫人

图5　前排左二为成家和

成家和（刘校长右第十五人）（图5），她的面容、发型和衣着跟同一时期与丈夫的双人照片（《中国名画家全集——刘海粟》第17页）中的很相像，但仔细对比，她这一身暗底亮点花的旗袍与双人照片上穿的那一件酷似而不相同，前者花密，后者花稀。

　　这时的她，一方面为自己丈夫的事业和声誉"如日中天，红极一时"而高兴；另一方面，新婚仅三年，她就为这位生命活力极强的优秀丈夫连生了首位千金英伦和第五个儿子刘鳞而感到自豪，所以她格外开心、格外高兴。然而，此时的她，并不知道在她右边与她相隔十四人距离的丈夫刘海粟（图6），心里又在想着什么？

刘校长穿的好像也是《中国名画家全集——刘海粟》第17页中双人照上的那件西装，打的好像也是那条领带，坐姿也与他在其他师生合影中常有姿态相同，左腿压在右腿上，双手掌交叉扶在膝上。本来此时此地的他，心情和表情也应当同妻子一样高兴，但严肃的脸面上，却皱着一对眉头。他组织了那么一场规模空前的大合影，但为何又是这般表情呢？此时他究竟在想什么呢？这位"先天下之忧而忧，后天下之乐而乐"的爱国志士，很可能已经预料到，一场中华民族的灾难即将来临，这不得不使他忧心忡忡。

果然，这张照片拍摄后才九个半月的时间，"八一三，日寇在上海打了仗，江南国土遭沦亡……"美专的大批外地师生都纷纷离校。

图6　前排中为刘海粟

图7 二排左三为杨德祥

我们在上海档案馆美专档案中可以看出，"八一三"以前的师生名录是正规的铅印版本，且"人丁兴旺"。而之后（1937年底以后）的名录，是手写而成用手工刻蜡纸印的，每班所剩的学生寥寥无几，有的班只剩了一两个人。当然，无论是留下的，还是走了的，大多从不同渠道以不同方式投入抗日救国的大业之中。

当时，我父亲离开了上海，同他的三哥、四哥和六弟在抗日兴军的形势下，投笔从戎（图8），被他的二哥杨德亮（黄埔军校第三期毕业，当时任国民党四十二军军长）统统叫到他的部队中去了。

在上海市档案馆，我们查到了上海美专档案中父亲学籍的档案。在二十五年度（1936年）第一学期各系级学生成绩总册（二十五年冬十二月）中记载，父亲在中国画系的班里共有十四名同学，其中女生两名。父亲以总平均分数81.46分，居全班第一名，操行等第为甲等。在我家珍藏的那张小照片（图2）中，正好有十四名学生，其中两名女生站在楼梯最上方。这时才知道，这是父亲一个班的同学和三位老师的合影。查了此档案后，在那张小照片上，年轻轻的父亲独自一人"翘起二郎腿"坐在前排中央的谜，才被解开了！原来父亲

图8 20世纪40年代，父亲投笔从戎参加抗日着军装的照片。1950年参加中苏友好协会，在办证时，特意将带青天白日标志的纽扣裁弃，照片上盖有中苏友好协会的钢印。

当时在班里是多么得意，连坐姿都学刘校长。右边三位年长者，应当是老师。其中，中间那位是中国画系主任王贤教授，他剪了一个时髦的寸头，与他早先的一张留着胡子、戴着金丝眼镜照片中的老学究相貌相比，显得要精干得多。他腰上系了一块长长的围腰，好像是正干着裱画或者什么活儿，临时被学生们请来合影的。在他身边戴墨镜的，可能是中国画系讲师潘乐三。

1959年，我们家在1958年"私房改革"时，"申请"交公而未被"私改"仍留为私房的一大院房子，被人民公社用来办幼儿园（1963年又归还），全家人挤在一间小屋中居住，那堂屋中装大照片的相框就被取掉了。

在十年动乱中，父亲收藏的画和他画的画，以及教我和弟

弟画的画，连同很多的画册、书籍、照片统统化为灰烬。

20世纪80年代初，听到在上海、南京举办上海美专七十年和海老从事艺术教育和美术创作七十年庆祝活动的消息时，我问母亲那张美专的大合影还在不在？母亲回答，早同那些画、那些书一起被人家给烧掉了。后来，每提起海老，提起美专，我都为那张照片被烧而感到深深的遗憾。

但奇迹出现了！2000年的一天，我和我表哥李长敏（昆明师专美术副教授）谈起海老和美专，当我讲到那张美专的师生大合影被烧毁太可惜时，我弟弟的儿子杨洋（当时才上小学）听到后，忽然拿出一个发黄的纸卷问："大爹！你讲的是不是这张照片？"我接过来展开一看，这照片居然还在！这使我高兴得两眼泪水夺眶而出。

在国内，政府为海老建的刘海粟美术馆有两座，20世纪80年代，海老生前按海老"魂归故里、埋骨桑梓"的遗愿建成的常州刘海粟美术馆和90年代海老去世后建设的上海刘海粟美术馆（2013—2016年又由虹桥开发区迁址延安西路新建更宏伟的馆）。虽然两个馆在规格和规模上不同，但各具特色。最终，我们决定将这张照片的电子版捐赠给常州馆，向观众公开展出。

一张被遗忘的合影

刘晓岚

　　这张照片难得一见，在众多的摄影史著作中均未见有关记述。说其难得：一是这个培训班是新中国最早的"暗室技术"培训班，专业性和级别都是最高的；二是参加培训的人都是我国响当当的摄影家，目前可以确定的参与者有前排左二陈石林、左四高粮、左五卢学志、左六石少华、左七魏南昌、左九杨子颐，以及中排右二的女士，也就是后来大名鼎鼎的给领袖拍过很多照片的侯波，当时还站在角落里，默默无闻；三是照片中的多人被打上叉，是因为他们曾经被打为"右派"，不失为那个特殊岁月的某种见证。

　　照片里有两个关键人物，一个是后来成为新华社摄影部掌门人的石少华，另一个就是坐在他旁边的魏南昌。魏南昌也是这次培训的主讲老师。石少华大家都了解，他除了担任过新华社摄影部主任，还当过中国摄影学会主席，出任过新华社副社长。而魏南昌在中国摄影界却比较尴尬，1958年以后就从摄影界消失了，在收录了10428位五四运动以来中国摄影界有影响摄影家的《中国摄影家大辞典》里，也未查到魏南昌的只言片语。我循着中国摄影史的发展脉络，想看看魏南昌是不是可有可无的存在。这一查阅居然发现了一位被湮没的摄影家。

1930年7月，上海柯达公司创办了《柯达杂志》，杂志从次年8月开设了"柯达月赛"，直到淞沪会战爆发才停办，前后整整开办了六年时间。经常在柯达月赛中获奖的摄影者有吴中行、杨子颐、刘旭沧、吴印咸、金石声、吴寅伯、冯四知、敖恩洪、魏南昌、魏守忠、郭锡麟等人，后来他们都成长为我国著名的摄影家。而魏南昌更是其中的佼佼者，其摄影作品屡屡夺魁，成为国内仅有的获奖专业户，在民国年间他就是神一样的存在。

1937年6月24日至30日，北平举办过一次规模宏大的"北平第一届摄影联合展览会"，当时国内的摄影名家如张印泉、李黎轩、魏守忠、蒋汉澄、方大曾、魏南昌、郎静山、刘旭沧、叶浅予、高岭梅等都参加了这次展出，可谓高手云集。而魏南

昌展出的多幅作品，更是引起了不小的反响。

魏南昌不仅有好的作品，还有扎实的理论基础，还更善于总结，在民国仅有的几本摄影刊物上，经常能看到他发表的摄影理论文章。抗日战争胜利以后，魏南昌曾在国民党某部门担任上校干事，其实就是一位专职摄影师，即使用照相机的文职人员，没有任何劣迹。但这段经历为他日后的遭遇埋下了伏笔。

1950年1月，新中国成立了新闻总署，旗下设有新闻摄影局，新闻摄影局下面有新闻摄影处，其工作就是拍摄和发布新闻照片。石少华当时任中央新闻摄影局副秘书长兼新闻摄影处处长，他很重视摄影研究工作，在新闻摄影处下设立了摄影研究室。那时摄影人才奇缺，而民国就蜚声摄影界的魏南昌自然属于稀缺的专家型人才，被新闻总署摄影局抢先吸纳，安排在摄影研究室从事摄影研究方面的工作。1952年新闻总署撤销，将新闻摄影处划归到新华社，成立新闻摄影部，石少华任主任。研究室也就自然而然地成为摄影部的一个部门。

1954年3月，魏南昌根据自己几十年在暗室的实践经验，撰写成《暗室技术》一书，由新华社摄影部编辑出版，该书作为新华社的内部摄影记者、编辑的摄影必学教材，对总社及分社从事摄影工作的同志迅速提高专业水平，起到了至关重要的作用。这本书影响很大，被誉为"中国摄影圣经"，一时洛阳纸贵。1958年7月，《暗室技术》一书由上海人民美术出版社出版对外公开发行，该书开本为大32开本，页数为538页，共34000字，首次印刷4000册，投放市场后，很快销售一空。为满足市场需求，上海人民美术出版社又于1959年3月再版印刷了16000册。该书出版时，因为他已是"右派"，不能用真名，只能用笔名"达军"。至此魏南昌开始慢慢淡出人们的视野。

1956 年 10 月，魏南昌又完成了《人像摄影》一书的写作，由上海人民美术出版社出版。该书图文并茂、通俗易懂，详细阐述了人像摄影是对人物形象的摄取，并通过摄影再现人物形象的道理，对新闻采访和人物拍摄起到了划时代的指导作用。由于出版社对其声望早有耳闻，所以一开机就印了 22000 册。

1956 年 11 月，魏南昌完成了姊妹篇《图片剪裁》一书的写作，由上海人民美术出版社出版，第一次印刷 8000 册。该书着重强调"剪裁"是摄影的第二次构图和再创作，许多看似报废的废片，按照魏南昌的理论和方法，通过剪裁取舍，可以从不同的角度合理地调整摄影思想的表达，突出图片的主题，使结构更趋完整，同时还加强了图片的表现力和感染力，强调了二次创作的意义和价值。该书在国内摄影界具有长盛不衰的影响力，教育和培养了几代摄影人，其功效至今还在。1956 年 12 月 19 日，在北京文联大礼堂举行了中国摄影学会成立大会，会议选出理事四十三人，魏南昌被推选为首届理事。可以说魏南昌的事业至此也达到了一个新的高度。

1956 年以后，魏南昌醉心"画意""美感"的照片，追求和探索摄影美学，而他的追求和整个时代的方向显得格格不入，这也是他日后不幸遭遇的思想根源。1956 年至 1957 年魏南昌四次下乡，面对轰轰烈烈的农业合作化运动、热火朝天的集体生产场面，他不为所动，只在北京西郊拍摄了《古塔与毛驴》《雄鸡报晓》《牧羊老人》等几幅唯美的照片。没承想这些作品日后都给他带来了麻烦。

1957 年 4 月，在中国摄影学会召开的座谈会上，魏南昌就摄影创作方向问题，谈了一些观点，就摄影的专业性说出了"外行不能领导内行"的话。其后在新华社摄影部召开的整风座谈会上，魏南昌又一次给领导提了一条"戴着有色眼镜看他"的意见。他还不合时宜地画了一幅漫画贴在墙上，上面有一个戴有色眼镜的人，指领导不要用有色眼镜看人。反右运动来临，魏南昌逞一时之快在"大鸣大放"时说过的话，被一些人牢牢地抓住了小辫子。

1957年第9期《新闻摄影》刊载了题名为"批判摄影界右派分子魏南昌的反动艺术思想"的文章。从此摄影界批判魏南昌的文章如雪片般，每期都有，一直刊发到1958年年初。文章对他的每幅照片逐一进行了分析批评，指责他"脱离生活""脱离实际"，说他的镜头并未对准新农村和新农民，不愿表现社会主义的新面貌，只对落后的东西感兴趣，并用古塔、毛驴等丑化社会主义新农村。更有甚者把他在民国拍摄的《牧童》《农家乐》等照片也挖了出来，进行解读和严厉批判。而他曾就职国民党的经历自然成了他的原罪，1957年列入"右派"也就顺理成章了。

1957年年底，他随新华社一批"右派分子"被遣送到河北唐山柏各庄农场劳动改造，直至十一届三中全会，活下来的"右派分子"均被平反，只有魏南昌杳无音信。按照常理推断，魏南昌可能在十一届三中全会召开之前，就长眠于柏各庄农场了。

在中国摄影史的长河中，许多往事如过眼烟云，随着时间的久远渐渐淡出了人们的视野，但新华社摄影部研究员魏南昌的名字，始终是淡去又浮出，浮出又淡去，时常被人们提及，其原因之一是他撰写的《暗室技术》《人像摄影》《图片剪裁》三本书，影响和培养了几代摄影人，让后世受益无穷，今日仍在发光发热泽被后世。

泥泞的春天

金殿利

哥哥逝于那个泥泞的春天。

那时节，积攒了一冬的残雪正在融化，在地面上汪成一片。农村的土路上，人们跳跃着选择下脚的地方，那也免不了弄脏鞋，鞋面上布满了泥点。到了夜晚，这些雪水又冻上一层薄冰，踩在上面，发出"咔咔"的响声，踩坏的冰层下泛上来一股泥水。

哥哥下葬那天，坟地里的黑泥黏黏的，送葬人的鞋上都沾满了厚厚的一层黑泥。人们都小心地挪动着每一步，稍有疏忽，就可能把鞋子落在泥里。送葬完毕，大家走回公路上，第一件事就是要把鞋上的泥甩掉。黑黑的泥巴，污染了一段公路。

回顾哥哥的一生，也如同这泥泞的春天般地艰难，使人无奈。哥哥是甲申年（1944）九月三十日生在抗战的动荡年月里。这个生日，很多人都说不好。因为这个日期不是每年都有。在他的生命中，大概有三分之一的年份没有这个日期。他时常过不着生日。可能是他的生日时辰不好，决定了他一生命运多舛吧。

哥哥的童年是在战火纷飞的年代中度过的。风雨飘摇的日子，生活极不稳定。父亲是一名普通工人，纯粹的无产者。在

174

这样的环境里，哥哥不合时宜地患上了一种要命的病——天花。为治病，父母倾尽了全力。哥哥的命是保住了，但落下了一个病根：支气管哮喘。从此，这个病折磨了哥哥半个多世纪。经常见到哥哥喘着粗气，走路时不能快走，不能干重活。剧烈活动后，他的脸色异常苍白，呼吸更加急促。

解放后，我家的生活相对稳定，哥哥也到了上学的年龄。他从小学到中学，学习成绩一直优秀。当他升高中时，却因为身体检查不合格而落榜。人生的基础就这样定下了，他尽管努力奋斗，也无济于事。

从我记事起，就看见哥哥每天喘着粗气，嗓子里总像在拉风箱。每年入冬后，他的病情加重，整天咳嗽不止。晚上睡觉时，经常被他的咳嗽声唤醒。他遭罪，别人也不得安宁。随着年龄的增长，他的病情也在不断地恶化。我刚转业那年，一天的半夜，

图1 哥哥金殿荣（前排左起第一人）的初中毕业照。摄于1962年。

图 2　右一是哥哥金殿荣。摄于 1966 年。

突然电话铃响起，电话里急切地传出妹妹的声音：哥哥现在急救中心抢救呢，你快来。放下电话，我急切地赶到医院，看到哥哥在担架上昏迷着，微弱的呼吸已很难感觉到。经过医生的抢救，这次又活了过来。妹妹告诉我，这几年，已是第三次抢救了。

　　20 世纪 60 年代，父亲响应号召下放回乡后，哥哥已到了青春期。在农村，这样的年龄已到了谈婚论嫁的阶段，但他因为有病而找不到对象。那时，他在生产队当通讯员兼理发员，是一份很好的工作。在这期间，村中有一女青年对哥哥产生了好感，有一段时间，他们频频接触。旁人也看出了一些端倪。结果，还是因为哥哥的病而散了。最后，哥哥直至三十多岁才结婚。

　　哥哥为了与命运抗争，一直在自学文学。他利用业余时间写小说。我看到他的小说稿，厚厚的一大摞，可是，寄出去几次，都退了回来。他对此并不气馁，仍坚持写下去。为了学习文学写作知识，他订阅杂志，购买书籍。每天晚上，他借着昏黄的灯光，看书学习至深夜。他仅有的几本书，在一天天地变旧，有的书已看飞边了。那套四卷本的《红楼梦》已被翻得稀烂，拿不上手了。他订阅的《收获》杂志也被翻得不见了前后书皮。他就是在发病期，也是手不释卷。孜孜不倦的追求，辛辛苦苦的劳作，没有给他带来任何希望。他的文学梦一直做到生命的终点。

图3 左为哥哥金殿荣。摄于1968年。

20世纪60年代后期的一天，我放学回家，一进屋就看见哥哥伏在桌子上画画。他画的是样板戏《沙家浜》的剧照，郭建光在芦荡里思考敌情时，左手掐腰，手腕上缠着白纱布，右手平伸的姿势。郭建光的表情严肃，眉头紧锁，背后是无边无际的芦苇荡，天空阴沉。整个画面格调低沉，表现了日寇大兵压境，我方新四军伤病员危在旦夕的意蕴。我当时看了，顿时眼前一亮，立刻产生了强烈地想画画的愿望。我向哥哥请教画画的方法、技巧。随后，我就开始学画画，兴趣甚浓，竟然一发而不可收。我也因此而取得了成就，然而，哥哥却没有在这方面产生什么成果。

那些年，农村缺医少药，家庭生活又十分困难，无钱治病。

图4　哥哥金殿荣（前排左二）与文艺宣传队成员合影。摄于1969年。

哥哥曾一度想自己种草药，给自己治病。他买来《中草药实用手册》，用以辨别草药的种类，买来《汤头歌诀》，自学中医知识。那些中医的书籍，他买来一本又一本，最终还是没有出现奇迹。

改革开放后，哥哥决心要创建一番事业。他根据自己的条件，选择了养鸡项目，当了村中第一个养鸡专业户。他过去没有养过鸡，只能是边操作边探索。养鸡方面的书籍，他看了一本又一本，从饲养、产蛋、管理、防病治病等环节，完全按照科学方法进行。其效益也是不错的。可是，正当他的事业不断深入取得辉煌成绩之际，却在别人的怂恿下，掉入了传销的陷阱，把养鸡挣来的钱都投入传销之中，最后是血本无归。一夜之间，他老了许多，病情也在加重。此时他已年过半百，再加上病体难支，老天已不允许他再重整旗鼓继续创业了。

哥哥的最后岁月已完全丧失了劳动能力，他的病也发展到了极点，心情低落。他唯一的儿子结婚后，媳妇嫌弃公婆累赘，毫无理由地搬出去住了两年多。最后虽然搬了回来，但也是"身在曹营心在汉"。家庭的不睦，对他的精神是沉重的打击，生活中缺少了阳光。

哥哥的病情在不断加重，但他已无能力再去医院治病。他是那么孤独、无助、凄凉。我看到他的无奈，带他去医院做了全面检查，其结果是大家预料到的，他的病情已到无可救药的程度，从单纯的支气管哮喘，发展到严重的肺心病，专家也无

图5　哥哥金殿荣（前排右三）担任民办教师时与毕业班合影。摄于1978年。

回天之力。我找的是最好的大夫，他明确地告诉我：病情已无法再治，开一些好药，尽量延长生命。

丙戌年（2006）二月初八，我刚下班就接到哥哥病危的电话，急忙赶到他的住所。他坐在炕上，背靠在墙上，由于呼吸困难，已不能平躺在炕上。我看到他呼吸困难，就立即呼叫120。此时，他已到了弥留之际，眼睛时时盯着窗外，口中喃喃地说着他儿子的名字，大家都在屋里看着他，他却不看大家一眼。嫂子告诉我，在这之前他去上厕所，回来后就说：不行了，要找他的儿子。口中不断地念叨他儿子的名字。他儿子风风火火地从外面赶了回来，他看到了儿子，眼睛似乎亮了一下，可能看到了生的希望。救护车赶到时，他立即下了炕，要往外面走，刚走到椅子跟前，就坐在上面。我正在外面接应救护车，看到哥哥往外走，就急忙喊道：不要动，等担架抬。突然，他一伸胳膊，从椅子上掉了下来。医生进屋后，紧张地进行抢救，但为时已晚。哥哥在大家的注目之下，走到了他生命的终点。哥哥舒适地躺着，安详地闭着眼睛，如同睡觉。在哥哥的生命中，这种状态是很难见到的。哥哥这辈子太累了，平时他不能像正常人那样呼吸，即使睡觉，也不能平躺着。贫困的生活全靠自己的病体去支撑。他完成了养育一双儿女的重任，孙辈也曾围绕在他的膝前。他的使命都完成了。他该歇歇了。

哥哥的一生，始终在泥泞中跋涉。最后，还是逝在这泥泞的春天。按照农村的风俗，三年内都要在逝者的忌日上坟祭祀。在这三年里，每次上坟时大家都是踩着泥泞的土路，双脚沾满了黑泥巴。这常使为他祭祀的人忆起逝者的命运，为之叹息。

其实，每年春天都有这短暂的泥泞期，但很快来到的是春风拂面、阳光明媚的美好时节！

父亲的送别照

张圣明

1981年，我在淄博矿务局石谷煤矿任机电工程师。6月初，我和局领导一起去四川成都，向煤炭部领导汇报矿井延深工程设计的情况。任务完成后，顺路回了一趟皖北农村老家——宿州市闵贤村。

在家的那几天正值农忙，目睹年近七旬的父母还终日繁重地操劳着，联想到虽然粮票还在正常使用，但自由市场上已能买到各类粮米，只是价格略高些，生活负担相比从前轻了许多。于是，我告诉父母："我打算回去和吴振英（我妻子）商量一下，接您二老到淄博一块儿生活吧！"父母很高兴，但又有些担心："好是好，可家里还有三个孩子正在上学，俺俩再去吃闲饭，怕你俩负担太重。"我向父母解释："'文化大革命'十年没涨工资，加上粮油全按计划供应，那时接您二老去淄博的事连想都不敢想。现在工资几次上调，自由市场上也能买到粮食，我们两人都有工作，没什么大困难。"

回矿后，我和妻子谈及此事，妻子很爽快地答应："你是独子，给父母养老是咱们的责任，我完全同意。咱家现有三间半卧室，也能住得开，这事你就看着办吧！"妻子的大力支持，令我十分感动。于是，国庆节后我又请假专程回老家接父母。

虽然穷家破产，可搬一次家绝非易事。处理房地产，看望、宴请亲朋好友……忙活了七八天，我和父母才坐火车返回了淄博。

我父亲张振纲，字仲三，一生好交友，待人至诚。临别前，他同我三叔张振五和多位至交去曹村镇照相馆合影留念。这便是父亲这张送别照的来历。

临别的时候，众多乡亲依依不舍，一直把我们送过了村北的锁龙桥。王运丰老先生流着泪特别嘱咐我："圣明，你在我们照片的背面替我写上八个字——相对无言，情何以堪！"我赶忙答应："好！一定照办。"

我十二岁就去五十里外的符离集上初中，毕业后即考取了淮南煤矿学校读中专，1957年被分配到淄博矿务局黑山煤矿工作。

后排左起依次为：张占武、赵学文、孙兴泰、张振五、宋子民、王邦礼，前排左起依次为：么开兰、王运丰、张振纲、武正举、孙兴镇、武德纲。

由于少小离家，所以对照片上这些老者的情况也仅是略知一二。这些老者大多出生于民国初年，由于20世纪初皖北农村尚无新式学校，所以他们幼年多在路楼村很有名气的路三先生处读私塾。

1940年，为了让乡里子弟接受现代教育，父亲与几位朋友共同努力，克服重重困难，创办了闵贤小学，并由父亲任校长。么开兰先生也曾在该校任教，张占武、宋子民、王邦礼、张振五都是他们的学生。解放前，宋子民和张占武也从事了教育工作。宋子民还在闵贤小学当过老师，我就是他的学生。

抗日战争胜利后，在闵贤村乡长王惠民（国民党人）的威逼下，我父亲曾担任了两个月的副乡长。据此，在1951年底的"镇反"运动中，父亲被处以"人民管制"，解除公职回家务农。

1957年的"反右"运动中，么开兰、张占武都被打成"右派分子"。么开兰曾在黄山头采石场劳动改造多年，平反后享受离休干部待遇。

武正举后来被划为"破落地主"成分，但因家中地少，最后还分到了几亩地。"文革"中，他女婿为了表示与老丈人划清界限，还痛打了他一顿。

孙兴泰是中医世家，听说在"文革"中也受到冲击。"文革"后落实政策，成了县政协委员。

2013年春天，三婶母病故，我立即回闵贤为她送葬。到家后得知，年已九十八岁高龄的赵学文老人因大腿骨折卧床在家。我去看他时见其精神尚好，便留下一百元钱，叮嘱他儿子给老人买点可口的东西。不料秋后就接到老家的电话，说赵学文老人已经病故。

至此，父亲送别照上的十二位老者均已过世，但他们的音容笑貌仍镌刻在我的记忆之中。

一张 50 年代的全家福

赵明凡

1955 年我十岁，我们家搬迁到父亲工作的重庆生活，母亲和妹妹先去，我和姐姐等一学期结束，由外公送我们过去。我们住的是四川一个小山村，没有公路，大概是凌晨 3 点钟，外公挑一副箩筐，我和姐姐各背一个背篼，姐姐在前，我在中，外公在后，黑漆漆的天什么也看不见，全凭感觉走，有时走错了，外公在后面纠正。当时是腊月天气，快要到过年了。就这样从凌晨走到天亮，过乡村经山林，后来走到重庆飞机场（白市驿），从那里到重庆有公路，但我们没有坐车，仍然继续爬坡上坎往前走，最后走到天黑到了沙坪坝，又到了嘉陵江边，坐渡船过江，一路问人。直到晚上八九点钟，终于到了，外公在路边问人地址，母亲正好出门来打水，听见声音就叫了我们。听说从我们山村到重庆有一百多里地，也就是说，这一天十岁的我走了一百里的路程。

我们陪外公玩了一两天，外公说家里有事要回去，其实他是住不惯城里。第三天一早我们送外公去沙坪坝小龙坎汽车站，怕他不坐车又走路，母亲去站里买了到白市驿的车票。虽然坐车三十里，但剩下有七十多里的路，还要步行到家，挺辛苦的，而且这次是他一个人。我们都恋恋不舍地目送外公上了车，车开了才走。

一年一度的春节到了，父亲带着我们玩，给我们讲重庆的事情，因为他到重庆很多年了。后来走到离家不远的嘉陵江边的石门小街，虽然是一条老街，那时可算是一条大街，有商店、饭馆，周围有重庆搪瓷厂、电线厂、纺织厂等。江边有渡船，当时重庆嘉陵江上还没有一座桥，人过江要坐船，所有重庆市的汽车要从江这边去到江那边都得从这里乘专门运车的船过去。一辆辆车有时排成队，船过来以后车从船上开下，这边的车再一辆辆开上船，待船装满车又开过去。另外从上游磁器口开来的客船也要在此停留载客，再开到化龙桥、牛角坨、朝天门，所以这码头很是热闹。我们先是随父亲来到这个码头，看江上来来往往的船只，父亲指着对岸右边的山坡说那边就是重庆大学。现在嘉陵江上架起了一座座大桥，如嘉陵江大桥，还有就是石门大桥，两岸来往方便多了。江边有许多被江水冲击而成的沙粒和鹅卵石，有一年我们还在乡下时，父亲探亲回去给我带了两枚又白又透亮的鹅卵石，晚上放进被窝里用手拿着两块石头敲打，发出耀眼的光芒，很是让我激动和快乐了一阵。后来直至现在我也没找着和见到这样的鹅卵石，看来要捡到这样的石头不是件容易的事。看着江边的风景，我们都玩得十分高兴，我和姐姐刚到重庆城，一切都感到非常新奇有趣，心想：重庆——以后我就要在这里生活了。

时间已不早，我们开始往回走。走到石门街上，看见有一个照相馆，父亲说进去照个相吧，留个纪念，或许以后是件很有意义的事情。父亲真是有远见，让他说对了，现在这张照片确实是太珍贵了！每当看到这张照片，不仅会想起那时的情景，

50 年代的全家福

还能看见当时我们的相貌，比凭空回忆好上千百倍。进了照相馆，摄影师很热情，看见我们一家人其乐融融，就为我们安排位置，移动灯光和布景。前排右边是父亲，四十岁，中间是妹妹，五岁，她穿一件白花上衣，这张照片就显得亮了，左边是母亲，三十八岁，还扎着两条小辫子。父亲、母亲、妹妹都穿的是胶鞋。现在想：要是父母永远这么年轻多好啊！后排右边是姐姐，十五岁。我和姐姐很少在一起照相，幸好有这一张照片，还能让我想起姐姐来。在农村她上的小学离家有十多里路，不论刮风下雨都是一个人从早晨天不亮去，到晚上天黑才回家，不上学时就在家帮助母亲干活。左边就是我，十岁。我们几个孩子年龄正好相差五岁。我和父亲上衣兜里都插着一支钢笔，也可看出那时都兴这个，表示有点文化。后面的布景有天空、云彩、树、楼阁。摄影师安排得非常好，真是很感谢摄影师为我们一家拍下了这一张 50 年代的全家福。

铁蹄下的"家运"与"国运"

冯克力

关于百多年来个人与家庭的逢遭遇际，坊间已汗牛充栋。《老照片》里也所在多有。晚清以降，社会动荡，战乱频仍，挟裹其间的民众颠沛流离，不得安生。然相较之下，其危害之烈、波及之广，则无过于日本的侵华战争。日本长达十四年的军事入侵，对中华民族的伤害，可谓是罄竹难书。

本辑方生《一位邮局职员的人生》，讲述了她父亲为改变自家命运的勉力跋涉。其父出身卑微，家境贫寒，幸得幼时半工半读，在私塾里借读了几年，打下了些许古文根底，后来又读了小学。他的求学之路，虽因家境窘迫不得不中辍，而他所接受的这些微不足道的教育，却成了他职业生涯的奠基。他先是通过了邮局的招工考试，成为一名汉文拣信生，从此每月有了十几元的收入。但他并不满足于这一岗位，遂利用业余时间跟当地教堂的牧师学习英文，几年后又考取了英文拣信生，旋又升为二等邮务员，并在入职十年后升职为基层邮局局长。他完全凭借自己的努力，完成了职业生涯中由蓝领向白领的转变，家庭的经济状况和社会地位也蒸蒸日上。然方家的好日子，终为日本人的野蛮入侵所打破，每况愈下。而这样的家庭，在当时的中国，何止是千千万万！

同样被日本侵略者的铁蹄残暴终结的，还有美国人在华创建的北京协和医学院。目睹照片上协和战前的鼎盛与风采，真是美轮美奂，令人惊叹。然而这样一所根植于古老东方的顶尖医疗与教学机构，到底也没能逃脱侵略者的魔爪。

还有战时西南联大的弦歌不辍，每每为人们所乐道，殊不知，假如没有日本的入侵，避免了迁播流亡之累，这些高等院校在发展国民教育方面必然会有更骄人的成就。

至于，说到日本的侵略对中国当年已然开启的文明进程，亦即"国运"的祸害，更是无论怎么估量也不为过。

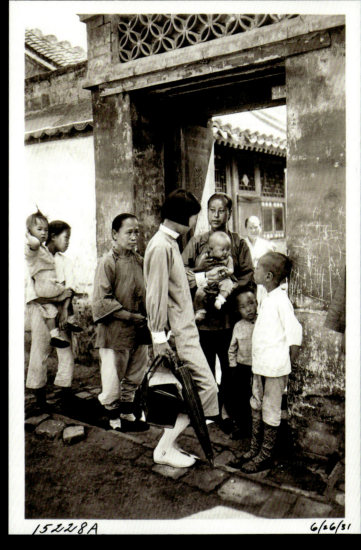

15228A 6/26/31

走街串巷的公共卫生护士

　　在北京协和医学院公共卫生学教授兰安生（John B.Grant）的大力倡导下，协和注重预防、注重"面向民众"的医学理念，他的名言是"一盎司的预防，胜过一磅的治疗"，学校还专门开设了"公共卫生护士"专业。图为在北平走街穿巷，进行访视的公共卫生护士。拍摄于1931年6月26日。

（云志艺术馆　供稿）

国内订阅：全国各地邮局

邮发代号：24-177

地　址：山东省济南市英雄山路 189 号 B 座（250002）
E-mail：laozhaopian1996@163.com
网　址：www.lzp1996.com

责任编辑／赵祥斌

装帧设计／王　芳

扫码听书　　　　《老照片》微商城

微信公众号　　　　《老照片》网站

ISBN 978-7-5474-3540-3

定价：20.00 元

老照片

OLD PHOTOS

定格历史　收藏记忆

主编　冯克力

山东画报出版社

广东留日学生合影

　　这幅摄于壬寅年（1902）的粤籍留日学生合影，其中有苏曼殊（后排左一）、冯自由（中排左三）、苏维翰（中排右二）、冯斯栾（中排左一）等革命学生。（参阅本辑《作为革命者的苏曼殊——国家图书馆藏苏曼殊历史照片考辨之二》）

（张萌　供稿）

OLD PHOTOS

老照片

主编 冯克力

山东画报出版社

执行编辑 赵祥斌　杰

特邀编辑 张东　杰

　　　　 丁建

　　　　 邵芳

美术编辑 王玉者

特邀审校 王健杰

　　　　 赵

图书在版编目（CIP）数据

老照片.第132辑 / 冯克力主编. —济南：山东画报出版社，2020.8
ISBN 978-7-5474-3639-4

Ⅰ.①老… Ⅱ.①冯… Ⅲ.①世界史—史料 ②中国历史—现代史—史
料 Ⅳ.①K106 ②K260.6

中国版本图书馆CIP数据核字（2020）第125229号

老照片.第132辑
冯克力主编

责任编辑 赵祥斌
装帧设计 王 芳

出 版 人 李文波
主管单位 山东出版传媒股份有限公司
出版发行 山东画报出版社
　　　　　社　　　址　济南市市中区英雄山路189号B座　邮编 250002
　　　　　电　　　话　总编室（0531）82098472
　　　　　　　　　　　市场部（0531）82098479　82098476（传真）
　　　　　网　　　址　http://www.hbcbs.com.cn
　　　　　电子信箱　hbcb@sdpress.com.cn
印　　刷 山东临沂新华印刷物流集团有限责任公司
规　　格 140毫米×203毫米　1/32
　　　　　6印张　106幅照片　120千字
版　　次 2020年8月第1版
印　　次 2020年8月第1次印刷
书　　号 ISBN 978-7-5474-3639-4
定　　价 20.00元

目 录

林则徐曾孙林轼垣

——大时代里的家族往事

林冠珍

闲读《清末民初政情内幕——〈泰晤士报〉驻北京记者、袁世凯政治顾问乔·厄·莫理循书信集》，看到一封 1918 年 3 月 19 日"林轼桓"在新西兰惠灵顿写给莫理循的信。本书编者、澳大利亚国立大学教授、华裔学者骆惠敏先生为"林轼桓"做了一条简注：

> 林轼桓系中国外交官，是焚烧英国鸦片，使英国以此为理由发动第一次鸦片战争（1839—1840）的广东总督林则徐的曾孙。［……］马尾船政学堂毕业，此时在新西兰任领事（1917—1922），以前他在温哥华任领事（1914—1917）。

他是福州人，我的前辈老乡，还有更多的故事吗？骆先生的注里有"［……］"符号，表示翻译时有删节，我很想知道被删节的内容是什么。到福建师大图书馆借来英文原版《莫理循书信集》，一比对，发现被删的只是林则徐的生卒年"1785—1850"这几个数字，没有其他新内容，令我非常失望。只好用

1

百度搜索，跳出一行字："很抱歉，没有找到与'林轼桓'相关的网页。"

林则徐曾孙、名门之后、清末民初领事级外交官，就没一点痕迹吗？找来《林则徐世系录》，查得，原来林则徐的这位曾孙名叫林轼垣，怪不得查不到呢。"垣"（yuán）与"桓"（huán）字形相似，读音却完全不同。骆先生在英文版中很明确写的是 lin Shih-yuan，不是骆先生的错，而是中译本的笔误。

从《林则徐世系录》得知，林轼垣的独养女林子东先生还

图1 1926年，福州三坊七巷三官堂。右一林轼垣、右二林子东、右三钟锦棠的母亲、左一钟锦棠的妹妹、左二林轼垣夫人钟锦棠、右三妹妹的女儿。

图2 1919年，林轼垣在新西兰中国领事馆官邸。

健在，让我十分惊喜。她曾任福建人民出版社总编辑、福建省社科院副院长、福建省社科联专职副主席、全国政协委员，是新四军老战士、老新闻工作者、出版人。她与中国共产党同龄，今年虚百岁。历史原来离我并不遥远。

百度搜索林轼垣，终于有了零星的线索。网上看到的信息，多数内容重复，或语焉不详。很意外地看到郑芳著、福建教育出版社出版的《16个福州家族的百年家史》，封面赫然是年幼的林子东与父亲林轼垣等家人的合影（图1），内文中还有一幅林轼垣的个人照片（图2）。林轼垣的形象一下子立体鲜活了起来。

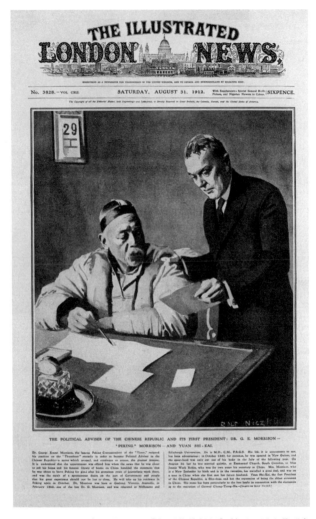

图3　1912年8月31日《插图伦敦新闻》封面，图注是"中华民国第一任总统的政治顾问莫理循博士和总统袁世凯"。这是为了强调莫理循的知名度和重要性，媒体伪造的照片。莫理循对这张照片评述说："许多图片新闻刊载我的画像，最有趣的是伪造我站在袁世凯身旁并以一份文件请其过目的那张画像。这是总统和他的秘书蔡廷干的快照，不过蔡的头被我的头取而代之了。"

莫理循是谁？林轼垣为何给大名鼎鼎的莫理循写信呢？

莫理循，澳大利亚人。他从 1897 年任英国《泰晤士报》驻北京记者，1912 年被袁世凯聘为政治顾问（图 3）。袁世凯去世后，他仍任北洋政府顾问至 1918 年，在中国生活了二十一年。这二十一年的历练，使一名医学博士成长为了闻名中外的"北京的莫理循"。1917 年 11 月到 1918 年 5 月，他休假回澳大利亚和新西兰探亲、访问，受到官方和民间的极高礼遇，一路上"充塞着访谈、演讲、午餐、晚宴、欢迎"，他很享受这种在聚光灯下的名人光环。他在惠灵顿参加一次活动后，在日记中写道："如果没人邀请，或者没有头面人物出席我的演讲会，我倒会感到烦恼。"这是他生前最后一次回他的故乡澳大利亚。他在 1918 年 12 月，受总统徐世昌之邀，以中国参加巴黎和会代表团技术顾问的身份前往欧洲，离开北京。巴黎和会期间，他因病到英国治疗，至 1920 年去世，再也没有回到中国。

林轼垣何时结交莫理循，已无从考证。但从林轼垣写给莫理循的这封信中说"收到你上月 10 日的来信"（骆先生说此信没有找到，不知写了啥），"你还曾慨允为我设法在各方面相助"来看，他们不单有通信，可能还见过面。这封信的主要内容是恳求莫理循帮助，请新西兰政府废除有损中国人尊严的人头税。林轼垣说："你最近访问新西兰时受到的隆重欢迎，证明你在这个国家和它的政府官员中所享受的崇高声望，没有人比你处于能够更好地为我帮忙的地位了。"

林轼垣作为中华民国驻新西兰领事，努力为保护本国侨民利益，据理力争。这封信写得有礼有节，不卑不亢，情真意切，令我肃然起敬。当时第一次世界大战尚未结束，中国加入了协约国，与英国（新西兰是英国领属国）是同一战壕的战友，共同对抗同盟国。林轼垣还试图说明中华民族为盟友做出的牺牲和奉献，以博得新西兰政府的同情。他写道：

> 我拟在新西兰召开下届议会时，向新西兰政府提出交涉，以使愿在新西兰永久定居的中国人，无论哪一类，除必须通过一次教育测验之外，都无须再缴一百（镑）人头税。自从议会于1908年通过法案，对中国移民施行教育测验办法以来，只有十五个中国人进入新西兰（已在新西兰入籍的华人的女眷及子女不在此例）。这个小小数目足以证明，教育测验在过去十年中，已成为防止华人大批入境的坚实壁垒。如果新西兰政府担心一旦取消人头税会引起华人大批入境，我相信我的政府准备同自治领政府商谈限制每年中国人移居新西兰的数目。我的主要愿望是维持我们国家的尊严。
>
> 唯独对中国人抽征一百（镑）人头税，显然是不公平地歧视我们中国人，而中国目前在战争日益紧张的时刻，已经并且正在继续使用种种物质办法对大英帝国在目前这场战争中的事业表示同情，新西兰政府更应废除这种有损中国尊严的税法。

新西兰的排斥华人立法开始于淘金热时代。当时，中国人是新西兰唯一来自亚洲的移民。新西兰为此制定了纯粹是针对中国移民的法律。自从新西兰于1881年开始对每一个中国移民抽征十镑人头税以后，那些知名的新西兰政治家几乎都是排华法案的倡导者和支持者。1893年，甚至有人主张应把人头税从十镑提高到五百镑，最后确定为一百镑。除去人头税之外，

图 4　1919年，林轼垣和家人在新西兰中国领事馆官邸。墙上挂的肖像，一幅为林轼垣，另一幅为当地华人妇女。按习惯，官邸要挂主人夫妇的像，当时林轼垣夫人还没到新西兰，没有照片，就找了一幅当地女子的照片挂上。可见他在生活上不拘小节。

1908年又推行了"限制中国移民"法案，这项法案建议"实行教育测验制度，要求每一个入境的中国人，必须能阅读一百个由执行测验的海关收税官随意选择的英文字"，以进一步阻拦中国人入境，以"有效地实现维护我们国内的种族纯洁性"。

　　莫理循是否曾应林轼垣的要求向新西兰政府游说，不得而知。但可以肯定的是，这个忙没有帮成。"种族歧视"在西方世界里是一个难以清除的痼疾。经过几代外交官和当地华人华侨的努力，新西兰人头税直到1944年施行了其他更巧妙、更隐蔽的限制中国移民法律时方才取消。到了1947年始有中国人获准在新西兰永久定居。

图 5　1919年，林轼垣夫妇与侄女希嘏在新西兰中国领事馆官邸。希嘏陪同林轼垣夫人从中国去新西兰，并留在新西兰读书。回国后在江西一所中学教书。

　　承蒙北京外交学院郑启荣教授、复旦大学马建标教授、福建省地方志编纂委员会卓亦明老师等方家的悉心指导和帮助，查阅了1918年印行的田原祯次郎编《清末民初中国官绅人名录》、故宫博物院明清档案部和福建师范大学历史系合编《清季中外使领年表》、"中华民国驻纽丝纶（惠灵顿）领事（1912—1939）年表"、张德彝著《八述奇》等资料。综合各种资料，笔者尝试为林轼垣做个小传：

　　林轼垣（1876—1955），字蔚岑，福建侯官（今福州）人，林则徐第三子林拱枢之孙。清末民初外交官。北洋水师学堂毕业。历任驻英公使馆随员（1901.10—

1906.3）、福建洋务局翻译委员、分省补用知县、驻温哥华领事（1911.10—1917.10）、驻新西兰领事（1917.10—1922.5）。归国后，怀抱"实业救国"的理想，与林灏深、林步随等兄弟投资兴办实业，终因时局动荡，且不善经营，没有成功。1938年后避居上海法租界当寓公。1955年逝世于上海，安葬在复旦墓园。

所查资料中没有明确林轼垣何时任"福建洋务局翻译委员"。"福建洋务局"存在时间很短，只有十年，档案资料鲜少。鸦片战争后，清政府开放五口通商，厦门、福州均为五口之一。福建设招商总局，专办英、法等国通商事务。1866年，设福建通商总局，承办对外通商交涉事务。1899年，福建通商总局改称福建省洋务局，1910年裁撤。以此推测，林轼垣任此职应是在他从英国回来、赴温哥华任职之前。

"分省补用知县"不算实职，只是个身份。我对林轼垣在任温哥华领事之前有个"分省补用知县"的身份很好奇。"分省补用知县"是取得做知县资格后，经吏部铨选，被分配到某个省，待有空缺后补用，相当于现在的"后备干部"。知县在全国的名额是固定的，只有当某知县去世、调职、致仕或被革职等情况发生时，才有空缺出来。获得"补用知县"的渠道有两个：一是考取，二是捐纳。每有实缺，通常是进士优先，举人次之，拔贡更次之，捐纳最后。有的人要熬十几年才得补实缺，而一任只有三年。林轼垣受过西式教育，又出使英伦多年，开眼看了世界，会对这后备的七品芝麻官感兴趣吗？他是通过考取，还是捐得的"补用知县"的身份呢？一切已湮没在历史的尘埃里了。

图6 英国《名利场》杂志系列漫画中的张德彝。图注为"他被召回北京，担任天子的英语教师"。

想起严复，曾留洋多年，他在北洋水师学堂任总办时写的《送陈彤卣归闽》中的一句诗"当年误习旁行书，举世相视如髦蛮"，自悔由于学了横向书写的英文，在社会上被看作如同洋人般的异类，心生悲凉，深感失意。他三次科考落第，连捐带保才"以道员选用"。严复是近代维新派的代表人物，大力推举西学，但是在那个时代，人们仍然视科举为正途，期望通过科举晋身，以实现自己的人生抱负。林轼垣的上司、驻英公使张德彝（图6），毕业于北京同文馆，一生八次出国，在国外度过二十七个年头，是职业外交官，曾当了光绪皇帝五年的英文教师。他晚年却并不为自己的经历而自豪。他教导他的子孙："国家以读书能文为正途……余不学无术，未入正途，愧与正途为伍。而正途亦间貌与为伍。人之子孙，或聪明，或愚鲁，必以读书为要务。"他为自己学了英语，没有走八股入仕的正途而遗憾。严复、张德彝尚且如此看重"正途"，我们也可以理解林轼垣对"分省补用知县"身份的眷念。

1911年10月，林轼垣被任命为驻温哥华领事时才三十五岁，任期跨清帝国被中华民国革故鼎新，经袁世凯、黎元洪两任总统。这期间国内时局多变，国外波谲云诡。第一次世界大战期间，日本帝国主义趁欧美各国无暇东顾，1915年1月18日，日本驻华公使日置益向袁世凯总统递交了妄图灭亡中国的"二十一条"秘密文件。消息传出，震惊中外，举国哗然，人们强烈抗议，呼吁不得与日本签约。1915年6月10日《东方杂志》以"救国储金活动遍布各省"为题，报道：

> 我国国民对于此次中日交涉愤慨特甚。各省长官屡次联电外交部请责，各地人民多结合团体，迭次开会讨论，其最著者，如国民对日同志会、劝用国货会、救国储金团等。或上书政府，请勿退让，或唤起国民，实行爱国，其热诚皆有足多……
>
> 救国储金之计画，系劝国民自行输款，存储国家银行，俟额满五千万时，由存款人议决用途，作为设立兵工厂训练陆海军振兴国内工业等需。先是，有人投函上海各报，

发表意见，即有多人赞成，遂在上海设事务所，以计画告诸政府，亦表同意。四月九日，中国银行开始收款。现上海一埠已达五十万元，各省皆闻风继起，事务分所之成立者，已七十余处，北京亦于五月八日成立。人民之储金者，均极踊跃。

侨居世界各国的华人华侨积极响应祖国号召，募集军费驰援祖国。据《中日"二十一条"交涉史料全编》统计，收到海外声援电报多达二十四封。如，1915 年 3 月 12 日中国外交部收檀香山少年演说社电："大总统暨各部及报界鉴：日妄要求，请拒绝，宁死战，愿筹饷。"

林轼垣积极发动华侨筹款，1915 年 4 月 29 日，中国外交部收到他从温哥华发的电报："外交部：十码。据域多利中华会馆爱国团长李梦九禀称，已募集军饷二十万元，为决定，恳密示，转请电呈大总统钧鉴等因。理合电闻，并恳代呈。……林轼垣叩。二十七日。"其身居海外，情牵中华，可见一斑。

据石晓宁在《一战中加拿大国民党支部"党禁"事件始末》中披露，1916 年，林轼垣还被卷进了加拿大华人社区的激烈党派之争。

加拿大的华人在辛亥革命前，支持孙中山革命，尤其是加拿大的洪门致公堂，将堂所抵押，筹款捐助。民国建立后，洪门与本地华人社区始终认可袁世凯以及后来的北洋政府的合法性，认为民国伊始，排满革命任务已完成，国家要共和宪政、稳健建国。"二次革命"后，孙中山的再度革命、再造共和的主张使得国民党与加拿大以洪门为首的华人社区产生了激烈的冲突。冲突首先表现在报端。洪门机关报《大汉公报》与国民党机关报《新民国报》形成了拥袁与反袁、宪政与革命的论争。洪门一方批评革命党人"知破坏而忘建设，只爱党而忘国家"，国民党"要唤起民众，推翻现政权"。党争不断，造成了加拿大华人社区的分裂与敌对。林轼垣由于多次寻求加拿大警方与司法部门参与，要求禁止《新民国报》，与国民党矛盾日深。1916 年 12 月，以温哥华大同阅书报社社长身份示人的国民党支部总理陈树人等人，向中华民国外交部状告林轼垣曾在袁世凯洪宪时期"庇护帝制党派，辱国殃民，请速撤换"。同时罗列了许多林轼垣"贪赃渎职"的行为。袁世凯去世后，黎元洪执政，国民党此次倒林行动，是向新政府清算旧官员。党争双方都告到北京外交部，尤对于林轼垣案"或控告，或保留，所执理由，判然各异"。当时的外交总长伍廷芳，遂令加拿大总领事杨书雯前往查清真相。

一直没有在相关史料里看到对林轼垣案的调查结论，想必是"查无实据"，不了了之，否则不可能在事后，又任命他为驻新西兰领事。

外交官就是这样在大风大浪里成长起来。

我微信联系到了林轼垣的外孙、林子东的儿子孙海丁老师。他很热情地发来了家里仅存的林轼垣的照片。这几帧照片历经磨难，极为珍贵。曾在郑芳所著《16 个福州家族的百年家史》一书里见到的那张林轼垣个人照，原版是有林轼垣娟秀的小楷亲笔题识的（参见图 2），而郑芳书里用的没有，这令我十分兴奋，读其题识，似听到他对亲朋的低语笑谈：

　　　　择业不慎，滥厕外交。冲风涛，跋险阻，桴浮四海，辙绕二球，侣与黄须碧眼儿相激战，日散精于敦槃壇坫间，不觉衰朽催迫，鬓毛凋落。盖自三出国门，迄今又八稔矣。此八稔中自新大陆辗转来南，各去中州一二万里，前则昏旦殊时，今则寒燠迥异，叹萍踪之无定，怅岁月之如流，建树毫无，私心媿赧。退思古人，长枕大被，华萼相辉之盛，感慨益难自已。东归何日，北望怅然。拍兹影自怜笑，爰书数语，以抒胸臆。

己未仲秋蔚岑识于纽丝纶官舍

"择业不慎，滥厕外交""建树毫无，私心媿赧"，虽是自谦，可否也有与严复、张德彝辈同感没有进入"正途"的遗憾？"敦槃""壇坫（坫）"，都是指代外交及谈判场所。"侣与黄须碧眼儿相激战，日敝精于敦槃壇坫间"，展现了一位弱国外交家舌战群儒、长袖善舞的万丈豪情。"激战"二字，浓缩了当年外交场上的多少刀光剑影和弥漫硝烟。披泽"长枕大被，华萼相辉之盛"，兄弟友爱、手足情深的温馨，是林轼垣一辈子的感念。"东归何日，北望怅然"，虽贵为外交官，也与常人一样，饱含着海外游子的思乡忧伤。

这张照片拍摄于"己未"年，即1919年的新西兰（纽丝纶）官邸，从1911年任驻温哥华领事，1917年转任新西兰领事至1919年，正是"八稔"。1922年任职期满回国后，林轼垣再也没有涉足职场。这帧照片，林轼垣冲洗了多张，都题了同样的款识，个别字有差异，可见是经他反复推敲的。这是林子东家里仅存的林轼垣墨迹，可以说是林轼垣职业外交生涯的真实写照。

带上鲜花，带上祝福，在海丁老师的陪同下，拜访了世纪老人林子东先生，倾听她讲述林轼垣和家人的故事。

老人精神矍铄，思维清晰，说要走进 5G 时代。她与我一见如故，侃侃而谈，毫无生分之感。老人在南方虽已生活了八十多年，一开口还是地道的北京口音，里面分明镌刻着她童年的烙印。

从林则徐儿子林拱枢那一代起，就开始在北京发展。林子东 1921 年出生在北京。十四岁前基本都在北京东四四条的一个大四合院里生活。爷爷是林拱枢的长子。子东从没有见过爷爷奶奶，不知道他们的情况。林轼垣兄弟八人，没有姐妹。他排行第七，林步随排行第八。

北京的大宅院里住着三兄弟：她生父林步随一家，养父林轼垣一家，还有三伯父林灏深一家。林灏深是光绪二十一年（1895）的进士，曾任分部学习、学部右参议、学部左参议、弼德院参议等职，是朝廷的正四品官员。他挽张之洞的对联，"时事多艰，如见独居深念日；风流未尽，怅望后来继起人"，一直被后人视为金句。他有三男三女，长大后大部分都出国了。晚年他迁移上海，单身独居，后在上海去世。

林轼垣从新西兰回国时，已年近五十，膝下无子女，林步随就张罗过继一个孩子给他续香火。林子东兄妹六人，她与二姐是双胞胎。传统观念，过继一般要男孩，1923 年弟弟出生后，原想把小弟过继给林轼垣的。可是弟弟太瘦小了，林轼垣夫妇怕养不好，对不起林步随，转而看上了双胞胎。二姐小时候爱哭，就选了较皮实的小子东了。这时子东约三岁。

"您养父没有孩子，为什么不纳妾呢？这在旧社会是很正常的事啊。"我想八卦一下林轼垣。老人笑了，说："他大概受西方思想的影响，懂得尊重女性。我养母比养父年轻十二岁，

很漂亮的,他不会再去想别的女人了吧。再说,养母也是厉害的呢,他不敢。哈哈。"（参见图 7）

　　关于林轼垣的外交生涯,都是林子东出生以前的事了,她极少听养父母提起,所以不知其详。郑芳的《16 个福州家族的百年家史》封面照片,是子东约五岁时,大概是 1926 年,林轼垣夫妇带子东回福州暂住时所拍摄的。当时租住在福州三坊七巷的三官堂(参见图 1)。海丁老师又给了我一个惊喜,这张照片,原版是有衬卡的,上有"二妙轩"照相馆的标识。研究中国近代摄影史的爱好者一定会视其为珍宝,现已难觅得有"二妙轩"标识的老照片了。"二妙轩"是福州城较早开张的照相馆之一。

图 7　1919 年,林轼垣美丽的夫人钟锦棠在新西兰。

标识的设计很有现代感，有福州、南门兜的花体英文拼写，电话号码也已是三位数，可见当年福州的近代化程度。从照片上可看出，林轶垣租住的房子是很洋派的建筑，有西式百页门窗，家里已装了电灯。福州是中国第一批拥有市内电话、电灯、自来水等近代化设施的城市。全家福里，个个绫罗绸缎，衣冠楚楚。林轶垣脱去了西服，穿一袭长袍马褂，虽年已半百，仍器宇轩昂。养母钟锦棠是福州大户人家的千金，此时也把洋裙换成了唐装，挽着传统的发髻，端庄而典雅。子东穿着小皮鞋，戴着长命锁，一派小公主范儿，可见是爸妈手心里的宝。看来当时他们家的生活品质还是不错的。

"养父母对我很当回事哦，你看我还健康着呢，独女，从小养得好。"老人说起时，脸上还漾着甜甜的幸福感。林子东虽然过继给了伯父，但养父母仍让她与同胞兄弟姐姐们一起玩，一起读私塾，兄妹们感情很好。家里请了先生教授国学，林轶垣和林步随亲自教授英文。所以兄妹几个国学和英文都非常好，没有进过正式学堂，可以直接考上中学。林子东考上了福州三山中学，二姐考上北京女一中，小弟考上北京男二中。

林步随（图8）小林轶垣四岁，和三伯父一样，是进入"正途"的。他是清末最后一代翰林，任翰林院编修。曾被派往美国任留学生总监督八年。这期间，他进入美国西北大学学习英语，攻读法学，并结交了顾维钧、颜惠庆、施肇基、王宠惠等中国外交官。北洋政府时代曾任国务院秘书长、铨叙局副局长、币制局副总裁、税务专科学校校长等职。他还担任过袁世凯的法律顾问古德诺的翻译，将他著名的《共和与君主论》，由英文译成中文在《亚细亚日报》发表，在当时产生了巨大影响。北伐战争以后，他弃官从商，想走实业救国之路，和林轶垣、

图8 林轼垣的弟弟、林子东生父林步随。　　图9 林步随的夫人、林子东生母傅璇漪。

林灏深一起，把多年的积蓄几乎全部投资实业。他先后开办过山西汽车运输公司、通州电力公司，担任过天津聚兴诚银行经理等。但在军阀混战、政治动荡的年代，他们不断地被劫受骗，加上身为书生也不善经营，最终血本无归，家道中落，沦为寓公。林步随晚年常和陈宝琛等清朝遗老轮流在各自的家里举行诗会。

在北京大宅院里，年幼的子东印象很深的是，生父家里的敲木鱼声和养父家里的麻将声。生母傅璇漪（图9）是湖南人，道台的女儿，在京城有几门显赫亲戚。她三姐夫瞿鸿禨，是军机大臣。她大姐的儿子朱启钤，曾任北洋政府交通总长、内务总长、代理国务总理。她是个虔诚的佛教徒，家里有她专用的佛堂，只有她有钥匙，每天上下午两次雷打不动地净手、点烛、焚香、翻读经书、在跪垫上敲着木鱼念经，一丝不苟，毫不含糊。二哥原名佛心，可能是她的精神寄寓。养父家却是高朋满座，三天两头就有亲朋好友来家里搓麻将。

　　林子东关于战争的记忆是从十岁时开始的。1931年日本侵华，有亲戚从东北带着家眷逃难到北平，兵荒马乱的恐惧感刺痛着她幼小的心灵，也播下了她爱国的种子。1935年，为避战乱，林轼垣夫妇带着子东回到福州。1938年，日本人的飞机也开始轰炸福州了，林轼垣一家又逃往上海法租界。子东从福州三山中学转学到了上海华东女子中学。一家人颠沛流离，居无定所，

　　图10　1938年家族合影，摄于上海。坐者中林轼垣、右林轼垣三哥林灏深、左十三叔；立者右一林轼垣夫人钟锦棠，左二林子东，左六林子东大姐林圣观，右二林子东三伯父的三女儿林婉宜，右三十八婶，右四十三婶，左一、左三、左五十八婶的儿女，左四十三叔的女儿。林子东说，家族太大了，还有二十四叔呢，不过都不记得他们的名字了。

成为"高级难民"。那时家里可能还有一些老底，虽没置房产，温饱还是没有问题的，不至于沦落街头。那一年，子东的生母去世了。当时她的大姐在上海红十字医院工作。在上海的族亲有一张合影（图10），林子东和大姐都佩着黑纱，是为生母戴孝。从照片上看，养父林轼垣这时已没有风流倜傥外交官的精气神了，完全成为一介布衣。

1940年，林子东考上了沪江大学。第二年暑假，她到北平看望生父及兄弟姐妹。正逢燕京大学夏季招生，见二姐和弟弟都在燕京大学读书，她征得养父林轼垣的同意，就应试转学燕京大学，被录取了。在燕京大学读了不到一个学期（图11），1941年12月太平洋战争爆发，日本人把校长司徒雷登逮走了，封闭了燕大，"华北之大，容不下一张书桌"，她又回到上海养父母身边，重上沪江大学。那时生父半身不遂卧病在床，不久又双目失明，于1944年去世。

"您与养父生活在一起，印象中最深的事是什么？"我问。林子东说，她印象最深的是，有一次放学回家，见父亲情绪有些激动，气呼呼的。原来，当时南京汪伪政府的"行政院院长"梁鸿志与林轼垣是福州同乡，知道林轼垣的外交才干，派人送了一封信到上海给林轼垣，请他出山，到汪伪政府任"外交部部长"。林轼垣当场把信掷还给了送信人："我是文忠公（林则徐）的后代，绝不当汉奸！"字字铿锵，铁骨铮铮。林则徐"苟利国家生死以，岂因祸福避趋之"的名言，一直是世代相传的家训。

1942年，林子东受进步思想的感召，瞒着养父母，放弃了学业，参加了新四军。虽然怀有对年逾花甲老人的牵挂和愧疚，于心不忍，但自古忠孝两难全，挡不住年轻人投奔革命的满腔

图11 1941年，在北平合影。左林锦双（傅秀），右林玉偶（子东）。一对风华正茂的姐妹花。从小娇弱的锦双这时改名傅秀，此时已是中共地下党员。傅，是母亲的姓，锦，即为绣（秀）。"文革"时期，她蒙冤入秦城监狱七年，身心俱损。玉偶，参加革命后改名子东，取紫气东来之谐音。

热情。

　　参加革命后，为了安全，与老人的联系极少，偶尔通过地下交通员送封信，报个平安，其他不便多写。养父母也不知孩子的地址，没法给她写信。1946年，林子东与《新华日报》淮阴版的记者孙明相爱，在淮阴根据地结婚时，写了一封信告诉养父母。养父母不能前来祝福，是两位老人的莫大遗憾。直到上海解放后，林子东随部队进入上海后，才请假回家探望了养父母。1949年后，林子东被派往福建，新中国刚建立，百废待兴，无暇照顾养父母。老两口相依为命，仍生活在上海。林轼垣1955年去世时，林子东因工作太忙，没能去上海参加葬礼，一直是她心中的痛。林轼垣去世后，林子东把养母接到福州身边一起生活。"文革"开始，林子东两口子就被当成"走资派"

图12 1934 年，林子东的兄弟姐姐在北平合影。左起依次为：李良（林曾同）、林兴（林佛心）、林圣观、凌青（林墨卿）、傅秀（林锦双）。

打倒了，还被抄了家，并连累了养母。后全家下放到农村。养母因长期居城市，不习惯农村的生活，就倔强地一个人在福州租房住。直到林子东被"解放"重新回福州工作，全家人才团聚。养母于 1978 年去世，享年九十一岁。

林子东参加革命后，不方便与北平的兄弟姐姐联系，互相不通音信。1945 年林子东调到淮阴新华社华中总分社任记者。日本投降后，国共开始谈判，在北平成立了"军事调处执行部"，简称"军调部"，向各地区派出观察小组，执行停止内战的任务，禁止双方军队的战斗接触，妥善处理双方军队的相处与整编问题。有次林子东负责接待一个观察组。观察组里有一美籍日裔观察员叫有吉幸治，是位记者。在闲谈中，这位记者说，他来中国后结识了不少中国朋友，在延安有凌青，在冀东有傅秀，在北平有"军调部"的翻译林圣观。林子东惊呆了，这几位都是她"长枕大被，华萼相辉"的亲姐弟啊！

林子东的兄弟姐妹，除了大姐在"军调部"工作时遇过一位德国教授，相爱结婚，1947年随他去了德国外，其他几位都在20世纪40年代脱离了没落的封建官僚家庭，投身了革命洪流。

大哥，李良（1917—1969），原名林曾同。就读于北京大学。1946年参加中共地下党。1949年后，仍在秘密战线工作。"文革"期间被诬为"国际间谍"迫害而死。

图13　1979年出版的《烈火真金》书影。封面是李良烈士画像，为著名画家沈尧伊所作。林子东认为，像画得很好，神形兼备。李良，原名林曾同，因与曾祖父同生日，故名。后为纪念一位李姓共产党员同学引领他参加革命，改姓名李良。

1977年12月31日，李良被追认为烈士。1978年7月18日，公安部发出"向公安战线的英雄李良学习"的号召。1979年4月，公安部把他的事迹编成一本书《烈火真金》（图13），罗瑞卿大将题词："李良同志称得起公安战线上一名英雄！他在毛主席的路线指引下，同党内外、国内外的阶级敌人都作了宁死不屈的斗争。"海丁老师送我网上淘来的这本书，读得我唏嘘不已。

二哥，林兴（1919—1993），原名林佛心。就读于辅仁大学。1945年参加革命，后入伍解放军。

二姐，傅秀（1921—2001），原名林锦双。就读于燕京大学。

1941年加入中共地下党，后参加八路军。

林子东，原名林玉偶，就读于沪江大学、燕京大学。1942年参加革命。1949年8月17日，是她发出的第一条《新华社福建前线十七日电》，向全国宣告福州解放的喜讯。2007年，她和老伴就共同立下书面遗嘱："不举行追悼会和遗体告别仪式，谢绝送花圈，骨灰撒入闽江。"老伴原是福州市副市长，2014年，九十四岁高寿过世时，她为老伴完成了"遗体捐献"的愿望，她自己也在福建省民政厅做了承诺"遗体捐献"的登记。

小弟，凌青（1923—2010），原名林墨卿，就是那位差点过继给林轼垣当儿子的瘦小男孩。就读燕京大学。1941年参加革命，在延安时期就任老一辈革命家毛泽东、周恩来等人的英文翻译，后来走上职业外交家的道路。1985年6月12日，时任中国常驻联合国代表的凌青，代表中国政府向联合国递交了《中英联合声明》。1997年香港回归之际，凌青写了一首七绝《庆祝回归，缅怀高祖》，以告慰先祖林则徐："粤海销烟扬我威，但悲港岛易英徽。国耻家仇今日雪，只缘华夏已腾飞。"

林轼垣弱国无外交的职业生涯，为中国人争取尊严的"中国梦"，定格在了1922年。他的子侄们和中国人民一起，经过艰苦卓绝的奋斗，续写了炫丽篇章。

作为革命者的苏曼殊

——国家图书馆藏苏曼殊历史照片考辨之二

张 萌

　　比起谜一样的出身和疏离的家庭关系，苏曼殊的交友圈倒是颇广。从赴日求学时期开始，他留下的照片以与友人的合影居多。

　　苏曼殊的故乡在广东省香山县沥溪村，这片土地在清末民初的中国具有重要意义。香山县不仅是中国第一个留美学生容闳的故乡，也在其影响下洋务派选派出了一批留美幼童。此后越来越多的留洋者从这里走出去，这里也逐渐成为中国的华侨乡，侨居和留学在这里是普遍现象。留学生们在国外甚至可以组成广东香山县同乡会。尤其是在1895年甲午战争失败后，北洋水师的全军覆没让清廷中改良派的官员们感受到了奇耻大辱。19世纪60年代，中日两国都开始寻求强国之路，中国发起了洋务运动，日本推行明治维新。三十多年过去，日中社会的发展在这几十年间拉开了显著的差距。甲午一战的失败，让朝野一致开始关注身边这个弹丸之国，1896年第一批赴日中国留学生才十三人，至1906年这个数字就变为了一万两千余人。留日风潮在国内十分火热，不仅有清廷派出的大量官费留学生，民间也有很多自费留学生赴日学习军事、技术等，渴望学成后

图1 苏曼殊（右）与从兄苏维翰合影。摄于1912年。

回国效命，为中国富强寻求出路。

1898年，苏曼殊随表兄林紫垣进入横滨的大同学校学习，时年十五岁。这所学校虽然设在日本，但实际上是一所华侨为教育下一代而开办的私立学校，教授中、英文预科。苏曼殊在这里度过了四年的学习时光，国内局势也与他的留学生活紧密相关。这所学校的名字是康有为起的，里面任教的中英文教师也是康有为推荐的，其时他正在国内积极地参与变法，先是公车上书，又是百日维新，严重威胁到保守派的利益，中国驻日外交官唆使横滨的华侨社团首领破坏大同学校这个滋长维新思想的温床。1902年，大同学校的存亡进入紧急关头，林紫垣把苏曼殊和其从兄苏维翰一起送去东京读书。虽然二人不在同一学校，但是联系较为密切。1912年，苏曼殊从噉班归国时曾在香港逗留，与苏维翰见过面，二人留下合影一张（图1），馆藏同底版照片有三张，其中一张背面有柳亚子钢笔手书"曼殊与其从兄墨垒合影　季春摄于香港　原片藏曼殊从弟维骇处"。

1902年对留日中国学生来说是不平凡的一年。是年4月，革命党人章太炎在东京召开集会，积极宣传革命。七八月份东京发生了震惊留学界的成城学校入学事件（朝廷视自费生为乱源，限制其进入培养陆军士官的成城学校，最终事件上升到抗议的留学生代表"以死上谏，换取留学生民权自由之思想"的地步。在清驻日公使的请求下，此举被日本政府制止，并将其遣送回国。其根本还是革命党与清廷之间的矛盾）。这年冬天，留日学生和青年革命志士便成立了中国青年会。苏曼殊进入成城学校后也加入到这个具有鲜明革命色彩的群体中，秦毓鎏处藏有一张青年会在当时拍摄的合影（图2），曼殊位于后排左数第五个。这里面大多数人都是早稻田大学的学生，比如秦毓鎏、冯自由和苏曼殊。他们也积极参与留日学生运动，钮瑗、秦毓鎏和张肇桐在成城学校入学事件中就曾作为学生方代表，对运动的推动起到一定的作用。合影中也有中国共产党创始人之一陈独秀。国图馆藏此照片背面钢笔手书如下文字：

　　　　壬寅冬青年会摄影　在日本东京（秦毓鎏藏）　自左而右　先上后下　1胡景伊（文澜）　2金邦平（伯平）　3□□　4汪荣宝（衮父）　5苏子谷　6萨端（韵坡）　7王嘉驹（伟人）　8蒋震方（百里）　9华鸿（裳吉）　10嵇镜（涤生）　11吴绾章　12□□　13钮瑗（翔青）　14□□　15□□　16谢晓石　17潘赞化　18秦

图2　壬寅年冬青年会在日本东京合影。后排左五苏曼殊，前排左四陈独秀。

毓鎏　19陈由己（仲甫）　20熊慕蘧　21周宏业（伯勋）　22张肇桐（叶侯）　23□□　24董鸿祎（恂士）　25董伟堂

　　此外，馆藏亦有这年留下的广东留日学生合影一张（见封二），照片背面有柳亚子先生钢笔手书：

　　　　壬寅年广东留东学生摄影（后排从左至右）"香山苏子谷即曼殊""鹤山冯瑞岐""鹤山黄润贵""香山杨梦波""鹤山王霈霖"（中排从左至右）"鹤山冯斯栾""香山郑华星""南海冯懋龙　自由""南海罗籍刚""香山苏维翰　墨垒""香山唐玉书"（前排从左至右）"鹤山黄锡权""香山张文渭""花县汤时敏"

　　时间和空间恰到好处的碰撞，促成了苏曼殊卷入这个改写了中国历史的革命群体。首先他是广东香山县人，赶上了甲午后的留日热潮，而同乡兼革命之积极推行者孙文把寻找革命新生力量的目光放在了留日学生身上。1900年，随着义和团事件、自立军起义和惠州起义的爆发，清政府的统治摇摇欲坠，激进分子多流亡到日本并群集东京。革命思想在日本留学生中间迅速蔓延，使他们成为革命的新兴火种。这其中诸多革命人物都与苏曼殊有交集，如宫崎寅藏、邵元冲。1916年，他们同在西湖二我轩留有合影一张，图书馆藏有这张合影的翻拍照片，原照为裱卡照片（图3），原照上有毛笔手书如下：

　　　　左立倚栏者黄君真民　托腮而坐者曼殊大师　坐中座

者邵君元冲　右坐者白浪滔天宫奇（崎）寅藏氏也　四君
皆我旧友　民国五年宫奇（崎）君应同人之约来游卤（"西"
的异体字，下同）湖　曼师邀其至二我轩留一小影　丌时
余以他事不及陪　此照系寅藏氏临行贻我作纪念也　丙辰
新秋　徐忍茹识于卤湖工程局之人倚楼。

通过这段文字可以获得一些信息，照片上左侧靠栏杆的人
为黄真民，托腮者为曼殊，坐在中间的是邵元冲，坐于右侧的
是宫崎寅藏。这张照片为时任浙江西湖局局长的徐忍茹所题记，
但他自己并未出现在照片上。这次西湖之游系宫崎寅藏应约而

图3　苏曼殊（左二）与邵元冲（左三）、宫崎寅藏（右三）等合影。
摄于1916年。

来，其间苏曼殊邀请同游的几个人一起到二我轩（杭州老牌照相馆，创建于清光绪年间，位于杭州湖滨路至平海路，专门从事黑白人像拍摄与人物写生绘画。1909 年至 1936 年间在《申报》上刊登过广告，1933 年在上海开设分馆）合影。民国初期，日本政府沿用对清末留日学生的积极接受、消极教育和利己管理政策，又要面对该政策带来的负面效应：留日者反日。这与其培养留日学生"亲日倾向"和借此扩大日本在华势力的目的相反。与此同时，北京政府希望日本政府协助监管留日学生的反复请求。因此日本政府以自身利益最大化为目标，既暗中调查、秘密监控留日学生中的政党势力、政治活动等，严防他们的"反日"活动，又同时采取选择性监管，以被动、配合性的管理游走于留日学生与北京政府之间。1912 年 12 月 2 日，外务省收到密报：国民党在日本东京设立支部，派遣夏重民到日活动，且已于 11 月 27 日在牛込区西五轩町清风亭召开支部成立大会，参会者百余人，经过几轮演说，选举冯裕芳、黄真民为正、副部长，余祥辉任干事长等，并在 决议宗旨、政纲后散会。12 月 9 日，外务省又接到密报：中国国民党东京支部各省代表六十余人，在清风亭开会，重点讨论该支部关于《俄蒙协约》应采取的对策和方针。密报中提及的国民党东京支部选举出的副部长即为此次合影中的"黄君真民"，可见他也是留日学生群体中政治活动的积极参与者。宫崎寅藏是日本的改革家，一直很向往中国革命，也是黄兴与孙中山初识的主要牵线人，他于 1897 年即已主动结识孙文，深受其革命情怀的感染，暗中筹资支持革命，并把他引荐给日本的政治家们。可以说辛亥革命的胜利，离不开他的帮助。同游者邵元冲是中华革命党人，他于 1911 年留日。苏曼殊在日本时就和该党派的几个重要成员关系交好，这其中便有邵元冲。在拍摄这张照片时，苏曼殊已不再是那个沉浸在"海天龙战血玄黄，披发长歌览大荒"（见苏曼殊1903年离开日本时的诗作《以诗并画留别汤国顿》）情绪中的青年革命者，但是他与这些早期革命党人一直维持着亲密的友谊。

纵观苏曼殊的一生，革命思想在其1903年出家前有较为显性的表现，尤其是在他的旅日求学期间，这种思想很大程度上受到了当时环境的影响。虽然出家对苏曼殊来说是思想上的一个转折点，但是也不能断言他在这之后对革命就漠不关心了。陈独秀看他看得透彻，认为他的癫狂是装出来的，"若信了，就真的上了曼殊的当"。这件事也可以从苏曼殊的信札中得到证实，在嗑班时期他仍关注着国内革命的动向，况且他的故识多为革命党人，只是受到了刘师培叛变，以及刘师培与章太炎关系交恶等事件的影响，对革命的希望一时间有所幻灭。

（图片由国家图书馆提供）

我和北师大女附中（下）

徐礼娴

毛主席给女附中学生批日记

1957年秋天，高中生活开始了。

记得是初三最后一年的三八妇女节，班主任谢蕴慧老师站上讲台，说的第一句话是："祝贺全班同学——三八妇女节快乐！"大家听了"妇女"二字，感觉太过别扭，竟然异口同声地一致嚷叫："我们不是妇女！"还有人嚷说："我们不当妇女！"谢先生哭笑不得地看着我们。

唉！我们都不情愿地长大了。当我们从少年迈步成长为青年，初中三年与高中三年的生活发生了天翻地覆的变化，对我们一生的发展具有极大的影响。

1957年下半年，轰轰烈烈的反右斗争开始了。我们都是些单纯幼稚的中学生，根本不能了解阶级斗争对我们的意义。政治大浪席卷而来，全社会和女附中完全被卷入政治化的日常生活。女附中有十二名老师被打成"右派"。我们熟知的李宁先生的爱人是"右派"，班主任谢蕴慧先生的爱人是"右派"，女附中出色的语文教师、学生极为崇拜的丁斐若先生也是"右派"。丁先生是著名诗人、翻译家肖三的侄女，肖三翻译了最初的《共产党宣言》《国际歌》。我们无比崇拜的英雄董存瑞的饰演者演员张良，竟也成了"右派"。

化学教研室洪绍麟老师被打为"右派"后下放至苦寒的边远地区，妻子与他离婚，并带走儿子，从此不得相见。平反后，他虽然回到女附中教课，因再婚的妻子没文化，性格暴躁，常常吵架动手，洪老师常常苦闷地抽烟喝酒，后得癌症不治而去。

政治大浪席卷而来，再好的学生也不能以学习为主业了。我们参加"双反运动"（反浪费，反保守）、红专交心思想运动、总路线宣传、"大跃进"、整团运动、打麻雀运动、大炼钢铁赶英超美、庆典操练游行、沿街夹道欢迎外宾、"五一"和"十一"游园活动，等等。老师们就更忙了，除了指导学生的思想教育、劳动教育等，更要忙自己的教改、自我交心写材料、狠挖个人主义一闪念，等等。

女附中有个教授俄语课的老师马新云，是鲁迅先生的儿媳妇，上下班骑着一辆电动摩托车，来去风驰电掣。这是女附中所有老师和学生里唯一的一辆摩托，让人侧目而视，特别扎眼。学生们纷纷议论，说这是资产阶级化的动向，急得马老师一个劲儿地向大家解释：这是她先生周海婴用普通自行车改装的。周海婴是个钻研机械原理的专家。马老师家里有四个儿女还有年老的婆婆许广平，家务劳动琐碎劳累，没请保姆，周海婴心疼瘦弱的妻子，便自己动手改装成这辆省时省力的摩托，和资产阶级享乐作风根本扯不上。这件事，也就悄悄地过去了。不料几年后，这辆组装的摩托车还是出了麻烦，被一个高三的"小将"蛮横地抢走了。

也是在1957年的秋天，女附中高三学生的一篇日记偶然传进了中南海。

毛泽东主席的大女儿李敏，高我们几级，当时是高三毕业班的学生。她和林晓霖一样，都是在苏联儿童保育院长大的孩子，接回国后，李敏说着打嘟噜般的中国话，在生人面前很害羞，是个憨厚实在的人。她学习中国文化和语言困难重重，夏天经常看见她穿着蓝色衣裙，坐在操场的篮球架下背诵课文，她学习比别人更加刻苦，人也温厚谦虚。同学们都很喜欢她。

一天下午，高三团支部组织到北京郊区参加劳动，去菜地捆大白菜叶子。忽然狂风大作，下起雨来，班上的王桂芹有一本参加劳动、改造思想的日记，她担心被淋湿，顺手放在了地边的自行车把上的书包里。自行车恰是李敏骑来的。暴风雨里急急收工，李敏无意间把王桂芹的劳动心得日记带回中南海家里，被父亲看见了。

王桂芹的老家在河北阜平太行山区，每年暑假都回山区干半个月的活，记下的劳动日记风趣生动，是真实的劳动体会。主席一篇篇顺手翻看，颇有兴味，边看边写批语，修改错别字，万把字的日记，主席在三十多处画了圈，一个圈的，两个圈的，画三个圈的地方多达十九处。最后主席用铅笔写了两行批语："每年暑假回乡一次，极为有益。此文写得很好。住半个月不够，最好住一个月。"除去批语，还有给两个女儿的话，写的是让李敏、李讷必须看日记两遍。最重要的是，毛主席在日记的开篇首页，发出了指示："此文可在报刊上发表。"1958年，这篇日记在《中国青年》上发表了。后来又成为中学语文教材，规定中学生作为课文学习。

毛主席的亲切关怀，让女附中上上下下热血沸腾起来了。学校责无旁贷地掀起了教育为无产阶级政治服务的高潮，教育

图1　胡志涛

与生产劳动相结合的教程安排有：女附中带头白手起家搞起了校办工厂，如酒精厂、硫酸厂（但北京市委说没有原料供应，中途流产）；校内劳动发展到与附近工厂挂钩，到西城低压电力厂、强生电器厂、广播事业局的工厂参加劳动，与厂方订立了劳动合同。后来，广播事业局的部分车间迁入我校，同学像工人一样，分班参加劳动，我们都学会了给电视机生产精密零件。

　　1958年"大跃进"开始，学校积极响应。我们在老师带领下，到顺义县深翻土地，为赶进度，分片包干搞起竞赛，个个手握沉重的铁锹，玩起命来：一片片深深翻起的泥土，没过了膝盖，眼看土质都变成了浅黄色，还不罢休。没干两天，女孩子病倒一半以上，不得不送回学校。我们得不到表扬也罢，竟然遭到老农民的激烈反对："你们这些学生，把生土都翻上来了，种下粮食不长，到了秋天，大家吃什么？"

　　胡志涛校长是延安来的老干部，头脑清醒，看见学生丢盔卸甲败兵似的回到学校，她冷静地改变了方针，从此不让我们再去农村，改让我们在学校东楼后边开辟的农业劳动园地大搞深翻土地，还在地里种了小麦、蔬菜。至于秋天有没有收成，就不重要了。

　　大炼钢铁开始了，学校动员学生到郊区挖来胶泥砌高炉，在宽广的操场上安装鼓风机，遍布土高炉群。顿时，大操场上黑烟滚滚，煤渣四溢。高三毕业班，日夜不眠，晚上炼钢，白天照常上课，许多同学过度疲乏，累得趴在桌上睡觉。其他班级夜晚轮流值班，累了，干脆就睡在炉子旁边。我们心中充满新鲜的自豪感！可不知占了学生多少学习时间，浪费了多少优质燃料，炼出的都是一块块一堆堆板结的铁疙瘩。老师判断：不像钢，还是铁。

上级领导却要女附中总结先进经验，四处推广。女附中领导心知肚明，不愿献丑，只能软磨拖延，再三地修改经验，最后不了了之。

那些年，在庆祝"五一""十一"的全市大型艺术体操活动里，绝对少不了女附中的集体表演。1959年逢建国十周年大庆，是个隆重的盛典，决定在首都召开第一次全国运动会，毛泽东主席及很多政要都会出席典礼。女附中的艺术体操自然要承担开幕式的亮点。彩排的关键时刻，偏偏有些人出了情况，跟不上音乐节拍，脚下乱了节奏，影响了队伍的美观，被点名批评。骄傲的女附中群体，自感奇耻大辱，回到学校竟都痛哭起来。这点芝麻粒儿大的小事，传扬开去，惊动了中央领导。一天，大家正集合在操场上紧张排练，不想贺龙、陈毅出现了，他们是专门给大家鼓劲儿来的。两位元帅风趣地一唱一和，称赞女附中的体操图案清晰，步伐一致，整齐划一，表演精彩。听到他们的现场鼓励，女孩子们群情激愤，斗志昂扬，高喊：一不怕苦，二不怕累！决心以鼓足干劲、力争上游的精神，全力以赴地排练好这场艺术体操。

这场表演，果然在全运会盛典上获得交口称赞和雷动的掌声，女附中又一次在全国人民面前出尽风头。

这一学年，我们的学习成绩普遍下降，高二某班的外语成绩四十五人中有三十二人不及格，另一班也有二十二人不及格。还有的同学，三门功课都不及格。一个班上有如此众多的同学参加补考，这在女附中的历史里，是从没有过的。

几十年过去，如今老迈的我竭力回忆，竟然丁点儿都想不起来高中三年里我们在课堂里学了什么，同桌是谁，同学之间发生过什么趣事，班上有啥动人故事。

母亲逝去了

就在我忙着上街迎候苏联贵宾伏罗希洛夫的紧张时刻，接纳老妈住院的西四牌楼人民医院传来消息，医院正在搞"双反

图2 首届全运会开幕式的盛大举行，也有我们的功劳。

运动"，通知我们立即将病人接出医院，回家休养。

我和老爸都慌了手脚。老妈已经在医院住了三年，高位截瘫病人是无法恢复健康的，理应早就出院了。老妈的骨科病房里住有二十多个残疾病人：突遇车祸的、掉进井里的、摔伤难愈的……都是人生突遇意外引发的命运逆转，个个生不如死，拖累着家人，消耗着财富，都是无解的生存难题。这往往引发出诀别生命的绝望和轻生，病房里竟有过量服安眠药的和割腕大出血的情况发生。而五十多岁的母亲读过女子师范学堂，这一生起起落落，经历过太多的人生变故，是个有思想的知识女性。病房里她常给大家讲故事：《红楼梦》的无常悲欢、《西游记》的苦难跋涉以及《太上感应篇》的今生来世、因果报应，等等。她用家长里短的日常道理，将大家个人的苦难纠结化解消弭。病房里逐渐安静下来。医生和护理人员因之对十八床的老太太，生出许多信赖与依靠。恰逢北京各大医院接治了一批受伤致残的朝鲜少年儿童，妈妈被医院转至国际友人住的特等病房，陪护一个高位截瘫的朝鲜姑娘，为她舒心解忧，还教她钩织编结的谋生手段。

几年里，母亲成了医院不可多得的有用之才，得到各方面的器重与照应，与母亲感情甚好的是位四十多岁的女护士长，她有个和我同龄的女儿，她很羡慕我能在女附中读书。我对母亲一直是很依恋的，无论刮风下雨，每天我都会在下午课余时间从位于西单的学校跑步去位于西四的医院看望母亲。我坚信：母亲只要能见到我，每天就会快乐，只要她快乐了，就会慢慢好起来的。我偷问胖胖的护士长：妈妈的病，能治好吗？啥时能下地？护士长总是友善地回答我：快了快了，等你考上个好大学，她会高兴的，自然就会出现奇迹的。

图3　年轻时的母亲

　　严寒的冬天，我光脚穿棉鞋，不懂得买袜子，也不懂得戴围巾、戴口罩。每天光着头、光着脚来看妈妈，护士长就偷偷地把袜子、口罩、棉手套塞在我的书包里，妈妈都看在眼里，心里感激，手里干活，加紧给医生和护士们钩桌布、书包和帽子，回报大家的恩情。医生和护士都是善良单纯的人，对我们一家人的遭遇，充满了同情与怜惜。

　　在医院的安排下，妈妈住了三年院。出院时，除去医药费，她的护理费、床位费，甚至三年的饭费全部被免除。

安排妈妈出院居家，生活又是一番天翻地覆。城里的家是早就没有了，老爸在卢沟桥农场的村子里，他在养鸡的宿舍旁租了一间廉价的老乡存粮的库房，把老妈安置在内，白天他去鸡舍上班，早晚回来照管母亲的吃喝拉撒，清理小便大解。妈妈住的库房里的耗子个个拖着长尾巴，大白天公然出来啃噬妈妈的馒头干粮；院子里禽畜粪便、脏水垃圾招来的绿头蝇子，嗡嗡地爬满了妈妈的早饭晚饭。老爸无奈，只好把食物都装在篮子里，吊在仓房的房梁上。骤然变换的农舍环境和医院的无菌病房天差地别，妈妈终因吃不洁食物患了急性中毒性痢疾，在出院三个月后，再次被送进西四牌楼人民医院抢救。

那天下午，全校师生集合在大礼堂听总路线的报告，广播器里忽然传出催促我去传达室接母亲病危的电话，班长陈小凤不顾一切，跟着我跑到医院。

妈妈在急症室里躺着，人已昏迷，脸色煞白，枯瘦，颧骨凸起，没了模样，身子下面都是污秽的粪便。我大哭着摇动妈妈，妈妈没有反应。陈小凤冷静地跑出医院，买来大包草纸，帮我翻转妈妈的身体，擦拭粪污，粪污止不住地从妈妈的身体里流出，妈妈身体逐渐僵硬冷去，她没有能跟我说一句话，没能给我留下任何嘱咐，默默地走了！守在她旁边的是我和我的同学。

陈小凤是生活班长，戴着副高度近视眼镜，为人忠厚诚恳，谁有困难，她都会站出来帮忙。平时不爱说话，就爱钻图书馆，是个有思想的女孩子，在学校各项繁杂琐碎的运动中，她是班主任的帮手，也是大家的依靠。

小凤是我初中到高中的同班同学，从小孩子牵手到少年、青年，六年里混在一起嬉笑长大，互相的存在如同每天接触的空气阳光和水。可是，我从来都不知道她爹妈是干啥的，而且

图4 年轻时的父亲

也不需要去知道。只记得初中开学时，她穿着育英小学统一的花点衣裙的校服，安静而羞涩地站在队伍里，鼻梁上架着副小眼镜，那时戴眼镜的小姑娘还很少，所以挺招人稀罕，并注意到她。直到今天，我们经历了半个世纪的世态炎凉、高低尊贵、处世冷暖，我才知晓小凤的父亲是新华社的领导干部，姥爷在延安时期曾任马列主义学院副院长。

　　母亲临终，父亲已处于政治运动的颠簸里，没有自由了。

那天，小凤紧紧握住我冰凉的手，责无旁贷地站在母亲面前，帮我冷静地处理后事，助我度过生命里最黑暗、最沉重的悲哀。那时，她还是个孩子，最多是我的班长。这份厚重的情谊藏在我心里，几十年里，我会无缘无故地流出感恩的泪水！

为什么我是另类？

1958 年，校方按出身成分将学生划分为三类：出身革命干部和工人贫下中农的为一类；出身职员教员家庭的为二类；资产阶级高级知识分子和五类分子出身的为三类。

1958 年，老校长苏灵扬被调走，接替她的新校长同样是个和蔼亲切的人，也是位领导夫人，常常到班上听课，关心大家的衣食住行。某次，我趴在桌上写作业，新校长来到班上看望大家，对几个干部子弟问长问短，发出感慨："我们这些革命家庭出身的孩子，明显是比社会上的那些子弟单纯得多。"这句表态，像钉子般直扎进我的心窝。我羞愧地埋下头，忽然觉得自己很耻辱。我终于伤心地明白了：原来，我不是女附中单纯的好孩子，我被划入的是另类。

我和大家同受一样的教育，同样获得女附中奖励的学习优良奖章。家庭变故后，国家供养着我，同学们伸出臂膀帮助着我。当我生病孤独地躺在宿舍而不能参加元旦晚会时，同学们轮流背着我赶到热闹的会场……

我是个要强的人，现在我更要努力地前进了！因为我明确了我必须面对我的家庭：父亲早年在"一战"欧洲战场做过英法军队的翻译；与我家往来密切的亲朋故旧，像晏阳初、林语堂、盛成等，都是当时被认为臭名昭著的资产阶级反动文人，父亲

图 5 我们的数学老师王明夏正在辅导功课。

和他们有着说不清道不明撇不清的关系；父亲又曾是国民党政府盐务机构的高级官员。我怎能说自己不是另类。我必须与资产阶级家庭划清界限，必须改造自己！

学年结束时，学校给学生的操行评级分出了三等：优、良、中。我自然只能是个三等"中"，我入团的要求，从此泡汤。

50 年代末期，女附中将学生分类划等的举动，应该说还是温和与冷静的，学校对此并没有公开展示，没有引起大家的对峙与攀比，也就没有严重伤害学生的心灵。少年人同室成长，日积月累的深厚情谊纯洁而善良，并没有受到太大的污染与摧残。

在我家庭的悲情变故里，同学和老师们都无私地帮助过我。除陈小凤，学习班长郎樱长期帮我补课与长谈，抚慰我的哀伤，数学尖子薛文叙主动给我讲解落下的课程，高三语文课老师吴芝圃将我的作文屡屡当作范文，在班上讲评诵读，给了我勇往直前的学习自信……

最让我感怀的是，母亲去世后的第一个中秋佳节，学校下午早早放假，让大家回家团圆，知我无处可去，蒋定粤请我去她家过节。

蒋定粤是广东人，大眼睛，高额头，气质超凡，是个美丽出众的女孩，尤其是那只古希腊美女型的鼻子，配着深沉的眼窝，越发显得挺拔而有魅力。她父亲是抗日名将蒋光鼐将军，哥哥在中央美术学院油画系学习，她也喜欢油画，热情地把俄罗斯风景画家列维坦的"秋日盛景"一张张装在镜框里，挂满了我们教室的四周。

蒋定粤还喜欢演戏，高一过年时，我们班排出了英语话剧《水晶鞋》，她饰演男主角英俊帅气的王子，穿着高筒大皮靴，顿时挺拔威武起来。赵莉娜饰演娇小玲珑的灰姑娘，姜琲饰贵妇人，我是剧里又丑又恶又刁又坏的大姐姐。

由于我同样喜爱文学艺术，很快和蒋定粤成为志同道合的朋友。

中秋节那天，蒋家的孩子和大人请来的客人都围在厅里的大台子上打乒乓球，等着吃团圆饭。老父亲在一旁观战，说笑加油，轻松热闹。我强烈感觉到，她家有一种开放民主的自由气氛。那天无论是父亲的客人还是孩子的客人，一律围坐在一

图 6　高三同学们集体出游。

张大长桌子上吃饭，两代人海阔天空地问答聊天，毫无拘束。

　　在饭桌上，我仍是小心翼翼地拘谨着，肃然起敬地注视着席间的各位长辈。蒋光鼐将军与我对席而坐，我仔细端详着他，他是个瘦小精悍的老爷爷，解放后任新中国的纺织工业部部长。挨在他身边坐着的平头老爷爷，是他的亲密战友蔡廷锴将军。这两位载入史册的英雄，此时已是白发苍苍的老人，他们像邻家长辈一样，亲热地向我问长问短，紧张得我诚惶诚恐，受宠若惊，胡乱地回答着他们的询问。

　　后来，我才知道，这时候蒋定粤的家庭已深陷痛苦，大哥蒋建国被美院划成"右派"，下放西北苦寒地带。他是个很有天分的画家，与我的丈夫邓家驹曾同在美院一班学习。

我在女附中大家庭的温暖里，很快走出母亲过世的忧伤，赶跑出身等级划分在内心的阴霾，我已经长大了，经历过不少人间苦难，我清楚地知晓：所有的生存难题，必须自己去正视，自己去面对、扛起。

我很快地振作起一贯的奋斗精神，情绪不坏地走进高三学年。是啊，不可懈怠、蹉跎，我们马上就要中学毕业了。

报考中央戏剧学院

高三学年开始了，教室前面贴出了大标语："站出来，让祖国挑选！"我们斗志昂扬地唱起："到边疆去，到农村去，到祖国需要的地方去！"

高考气氛明显地紧张起来，我们每天想的都是复习功课，考上理想的大学。当然，老师说了，每个人也要准备好服从国家的需要。

我从小是被妈妈看护长大的，妈妈的爱好就是我的教育环境：妈妈爱看闲书，我也偷她的书看；妈妈爱听戏、看电影，从小我被背着、抱着进出戏园子、电影院。在北京、上海、连云港、武汉、天津时，我常常去听京剧名角"四大名旦""四小名旦""四大须生"的经典剧目；我见识过名旦尚小云穿着女人时装，以胖大男人身躯，扮演妖娆女人的文明戏；在天津民主戏院，我欣赏过十六七岁的新凤霞演出蹦蹦戏（俗称评戏），水灵灵的小姑娘，穿着透明的仙女戏装，被铁丝吊着从天幕上悬下来，晃在半空里飞荡。

图7 叶向真

回到家里，我余兴不减，偷出妈妈的化妆品，满脸涂得七紫八花，拆了缎子被面，披在身上扭捏作态，咿咿呀呀，唱啊，扭啊，美得要命，过瘾极了。妈妈在一旁看书习字，笑吟吟的，从不管束我的兴妖作怪。上学后，不管是幼稚园、小学还是中学，我都是舞台灯光下的积极分子，唱歌、跳舞、演剧，甚至是演讲，我都能聚敛激情，投入角色，豪情万丈，嗓门极大地吸引住观众。爸爸妈妈平淡地对我做出评价：十足的人来疯！

我高三年级的同桌是叶向真。这是个机灵幽默的女孩子，生性快乐，与我志同道合，相处默契，她的气场强大，无形地潜移默化着我报考大学的志愿方向。高中分班，叶向真和我选学的都是英语语种，巧遇成同班，我和她同样长得瘦高个儿，胳膊长腿长，她穿在身上的校服，我错穿在身上，竟然比自己的校服都合身熨帖。如今，我们相邻比肩成为同桌。

其实在初中时，我就知道叶向真是叶剑英元帅的女儿。她引起我的注意，更是因为她的开放爽朗，脾气随和，一双圆圆的黑亮眼，灵动活跃，点子多。女附中很多课外活动都有她的忘情投入。她爱打篮球，虽然个头不算矮，但在篮球场上就不显高了，靠她的灵巧多变，成为一个进攻高手！她有架墨绿色的袖珍手风琴，背在十三四岁的女孩子身上，玲珑好看。这架手风琴被她长年搁置在教室后面，谁爱拉谁拉，结果她们初一三班的女孩子，有一半人都学会了拉手风琴。

向真最喜爱的是演话剧。她演过抢救国家财产的英雄人物向秀丽，而最成功的还是女扮男装演一名男记者，她夸张地穿了一套花格子呢西装，戴鸭舌帽，背照相机，一招一式，一言一笑，浑身上下都是戏。后来她被推选为女附中的话剧团团长。

当年女附中的话剧团，可谓人才济济。学姐王好为是女附中话剧团的老团长，人长得漂亮且机敏，后来她考上了北京电影学院导演系。80年代，由她导演的电影《瞧这一家子》，红遍中国，家喻户晓，使她一跃成为中国改革开放初期的著名导演。紧接着的是叶向真（笔名凌子），她拍的电影《原野》禁播多年，开禁后，立即获得中国电影百花奖和国际赞誉，后来拍的《风吹唢呐声》也获得国内外影坛的一致好评。

高三的课程相当紧张，但我的旁边偏偏坐了位话剧团团长，天天花言巧语地动员我参加话剧团，勾出了我日益膨胀起来的表演欲。响应号召，我们经常演出自编自导的时事活报剧。女附中没有男学生，男角色只能靠女扮男装。叶向真一下子就瞄准了我的麻秆儿形象，苦口婆心要我登台出洋相。

在中学前几年，由于家事羁绊多，我几乎没有时间参加学校的任何业余活动。自妈妈去世后，自由时间很多，登上舞台表演，也是我自幼痴迷的事。我很快就顺从地加入了话剧团，以后活报剧里凡是高瘦丑陋的形象，几乎都由我一人包揽。我一开口，用尖利的女高音代替美帝开口，引出不男不女不伦不类巨大反差的丑态，果然逗得观众哈哈大笑，高潮迭起，掌声不断。每次大幕闭合，叶同桌都兴奋地抱着我在舞台上飞旋。

到高三报考志愿的关键时刻，我按照妈妈生前的愿望报考了北京大学新闻系。谁想，却有一个巨大的诱惑出现在面前。

高三阶段，学校将我们分为理科班、文科班，当时话剧团里的高三学生几乎都报考了艺术院校，足有十几个人，学校爱才，又成立了投考艺术院校的艺术班，请来中央戏剧学院的老师为我们做考前辅导。话剧团的熟人都聚在了一个班上，她们极力鼓动我投考艺术院校，其实我是早存此心，只不过不敢行动。

妈妈死后，管束我疼爱我的亲戚都站了出来，我那些姨母、婶母多在晚清出生，满脑子还是皇权时代的荣辱观念，听说我要投考戏剧院校，老太太们联合起来对我指责不已：一个姑娘家家的混到舞台上，又哭又笑，蹦蹦跳跳，做个千人指万人看的戏子，徐家都跟着一起丢人。

就在我万分纠结焦虑时，跟我一样在舞台上扮演高瘦丑陋

图8 高三二班毕业合影。后排左六为蒋定粤、右二为郎樱、右四赵莉娜、右七姜琲，三排左一为徐鲁溪、右六是我，一排左二为陈小凤、左四为薛文叙。

角色的同学曹年裕，给我指出了一条路。她报考了中央戏剧学院戏文系。戏文系是戏剧学院新设立的学科，学的是戏剧创作与戏剧评论，与我嗜爱文学的志向相投。这打消了长辈们对我站在舞台上丢人现眼的顾虑。关键是，我的决定得到了老爸的支持，老爸对我是极其溺爱的，他一向思维宽广、为人豁达，在家庭落难的几年，我的吃苦耐劳，让他对我更有信心了。

图9 大学时的我。摄于1961年。

　　我如愿地报考了中央戏剧学院戏文系。然而，1960届的高考是讲究成分的，我们那届许多成绩优秀的同学都不能如愿进入大学。如初中班班长刘彬媛，成绩优秀，但出身不好，又在高中的红专辩论会上提出过不同观点，被学校录入档案，致使高考后，她久久接不到大学录取通知书。当年这样的优秀学生，升不了大学实在可惜，北京市匆匆忙忙成立了师专和工农师范学院，收留了这些人。

　　庆幸的是，我意外躲过了，顺利被中央戏剧学院录取。事后我渐渐得知，当年戏剧学院是面向社会招生，报考的有高中学生，也有社会青年，考生成分很是复杂，像我这样单纯的中学毕业生，家长有历史问题不清的瑕疵，也许就不算什么了。

　　我的六年中学生活，叙述至此，告一段落了。记得女作家林海音说过：我们是吃饭长大的，也是读书长大的，更是在爱里长大的。在我六年的中学生活里，我曾贫穷得吃不饱肚子，我差点被父辈友人资助读书，但是女附中始终紧紧拥抱住我，让一个孤苦无依的孩子衣食无忧，茁壮成长。在学识与思想的哺育里，成长为一个有独立见解的女性，诚实有为地活在这个历经磨难、浮躁复杂的人世。

在我生命里不能忘记的是：女附中从老师到同学，给了我所有的人性之爱和人世间的美好情感，温暖着我，鼓励着我，让我孤寂悲戚的心灵从没有受过丝毫创伤，让我一个年近八旬的老人，今天心中仍然充溢着饱满的阳光与理想，努力奋斗如初。

我感恩母校，亲爱的师大女附中！感恩她慈母般海深山重的恩情！（全文完）

（注：本文的叙述参考了女附中同学王桂芹、吉敬容的日记。尤其敬佩吉敬容坚持几十年写日记的毅力，使这一段回忆有了真实宝贵的细节。）

山医附小，我心中的桃花源

鲁　安

　　我上小学的时候，山医附小的全称是山东医学院附设小学，简称山医附小。好友艾牧从1956年山医附小毕业的老同学的亲属——一位年已八十五岁老者处获悉，山医附小源于八十年前齐鲁大学的西人小学和私立济南崇德小学，由两校合并而来。所谓西人小学，就是齐大校园里的教职人员和附近基督教神职人员的子弟小学，它位于齐鲁大学校园西侧女生宿舍一带，与崇德小学合并后称"齐鲁大学附设小学"，简称"齐小"。在20世纪50年代初，随着齐鲁大学院系调整，改称山东医学院附设小学。2000年，山医与山东大学合并，又改成了"山大一附小"。

　　而究其本，山东医学院源于齐鲁大学。八九十年前，齐鲁大学可是鼎鼎大名，"北燕京，南齐鲁"，指的就是北平的燕京大学和济南的齐鲁大学。在中国近代史上，这两所教会所办的大学在那个时候就已经和国际上著名的大学比肩齐驱了。趵突泉之南，千佛山脚下，圩子墙外济南南郊一片沃土之上的齐鲁大学，人杰地灵，吸引了众多的中外著名学者专家和教授。

　　基于这样的历史渊源，山东医学院附设小学也可以说是中西文化交汇的硕果了。

我说它是心中的桃花源，并非凭空想象。因为进入小学的大门，在甬道两侧翠绿的冬青树的东侧，确实有一片树皮紫红透着油光的毛桃树林，门口的传达室和后面的开水房就隐掩在这片桃树之中。一到春天，满树桃花，灿若云霞；夏季，满树的小毛桃晶莹可爱，让人流连忘返，在桃树下信步、读书，确有"杏坛桃李"的感觉……到了七八月份最热的时候，林间的蝉"知了知了"地叫着，仿佛在祈愿学子们已经"知了，知了"。桃树上自然分泌的乳白色桃胶，好像就是专为我们这些男孩子们粘知了准备的天然材料，而李光同学是这方面的高手，他从家里带来长长的竹竿，竹竿的顶端末梢裹上桃胶，看准了正在叫的夏蝉背部，一粘一个准儿。

在两层教学楼的南侧正前方，是母校的大操场。靠近教学楼，有一个正方形的讲台，不大，在这个讲台两侧，是两丛绿油油的小月季，每个月都开出粉红色的小花，除了冬天；不过那时我们也都放寒假了，不妨让她们也"冬眠"一下罢。工友杨大爷总会赶在月季休眠前，让她们"吃饱喝足"了，确保她们来年春上能以盛开的花朵，再度装点新学期的校园。

大操场空地往南，是一片软枣树林。这种软枣，树叶很大，果实较小，在其他地方很少见到。当大地进入冬季，万木萧条的时候，软枣树叶开始掉落；眼看着绿色的软枣从硬变软，从黄色变成红色到最后变成黑紫色的时候，树叶已经全部落光了。整片软枣树林里，只有树枝上一串串、一点点紫色的软枣，恰似圣诞树上悬挂的一闪一闪的小灯笼，煞是好看又别致，正是"人间好诗句，天然去雕饰。愿君多采撷，此物最相思"。

这相思，已绵延了六十多年：我那心中的桃花源，我的母校山医附小!

一

　　那个时候，山医附小隶属于山东医学院，是学院的一部分。它位于山东医学院东村往北，东边和山东中医学院为邻，在两院的围墙之间，有一泄洪的沟壑。这条沟壑就是山水沟南端的源头，设有一个铁栅栏，东西向排列在文化路的南侧。每临夏季，南山的洪水便汇集到这里。大部分山水通过铁栅栏流向山水沟，汇入趵突泉北的护城河，然后经西门往北进入小清河；另一部

　　图1　1952年，山医附小老师们的合影。前排右一为杨爱群老师、右二为刘桦校长，后排右二为康老师、右三为刘桦校长夫人（后调上新街小学任教），右四为王天霓老师。

分则分流向西，沿着圩子墙外的泄洪明沟，经过齐鲁大学门口，流向青年桥。这股洪水和通过红桥沟壑南山下来的水，在青年桥附近汇合，然后再径流往西，在杆石桥附近北折，然后汇入小清河，流向渤海。

记忆中，西门附近，趵突泉正门东首往北一点，山水沟和护城河交汇的地方，应该是城中心最低洼的地方之一，拜我们的前人圣哲智慧之赐，即使1962年夏季的那场创下历史纪录的特大暴雨，也没有给济南市区带来重大的洪水灾害。

山医附小的西侧围墙之外，便是山东医学院的游泳池。这是济南七十多年前少有的符合国际标准的泳池，还安有三米以及五米高的跳板，只有黑虎泉旁的青年游泳池可以与它媲美。在那时的济南，大概也只有这两个露天游泳池罢。

在山医附小的西围墙上，有一个木门，可以从附小直通游泳池。门虽然很小，但进出还是非常容易的。就在1957年秋季入学的时候，我通过这个小小的窄门，成为这所众人仰慕的山医附小1957级二班的学生。那年我已经八周岁了，而我们同班的同学大都在六岁半到七岁左右。按照现在流行的观点，我已经"输在了起跑线"。好在学前通过爷爷私塾式的教育，让我从《三字经》和《朱子家训》的背诵中，获得些许启蒙；写毛笔字也是那时打下的基础，并成为一辈子的爱好。

1957级一班和二班基本上是根据学生居住地划分的。一班的同学都是住在山医大院里的，二班则都是住在山医大院之外的。记得一班的好友中有宁虹、刘棣、刘仲强等几位。由于居处不同，我与一班的同学课后相聚的时间少，而与院外二班的同学联系很多，尤其是那时候每天下午都有课外的学习小组，很自然地就进入了邻近同学的家庭，同窗间因此结下了深厚的友谊。

二

那就先说说我们同学的趣事吧。

刘新海，我心目中的英雄，据说他出生在解放战争时期的江苏新海连县（现为连云港），故名新海，父母都是老革命。忘了是哪一年，大概二三年级的时候，新海学兄突然在班上不见了，家里和学校老师急得不得了，到处找他。后来才知道，他突发奇想，自己要沿着铁路线，步行到北京去见毛主席。后来在京济铁路线上，当地的农民发现了已饿昏的新海兄……或许正是由于这种自小养成的胆略和闯劲，使新海在尔后几十年的商海中，畅游自如，打下了属于自己的一片成功的天地吧。

犹记 1960 年的六一儿童节，李光、新海和我，在大明湖北岸的大舞台上表演了舞蹈《游击队员之歌》，新海和李光因跟头翻得利落，赢得了阵阵掌声。我们还和四位小伙伴，为山医的大哥哥大姐姐演出的京剧《四郎探母》跑过龙套。一听到"叫小番"，我们四个便煞有介事，踩着锣鼓点，粉墨出场了。当时还留下过照片，有我和唐艾夫，还有谁已记不得，今事过境迁，照片也不知所踪了。

和我同处一片天地的，还有我的同学、挚友王福琪学兄。我和福琪从山医附小毕业后，又一起升入济南二中，仍是同窗。初中上完后，赶上"文革"，没学可上，就在二中里又挨了四年，这样满打满算，从小学起，我们同窗的时间竟长达十三年！我和福琪学兄有很多共同之处，他名福琪，我原名叫承福，名字里都有福字；其次他哥哥名福泰，我长兄名承泰；我们都有亲属在齐鲁大学读过书。更重要的是，我们都是中国近代民族工商业者的后代，祖上在济南都有过生意，而且在南新街都有祖宅。也是同命相连吧，风雨沧桑，很多事情，我们都是感同身受、心有灵犀。我们一生中经历过这么多的风雨坎坷，幸而平安度过了这么多年，俗语说"平安是福"，想来这也是祖上赐予我们的福分吧。

我们班的唐艾夫，看上去温文尔雅，模样像极了著名山东籍演员唐国强。他唇红齿白，很腼腆，一说话就脸红。他们家不仅国学深厚，还善于吸收不同文化的精髓，这从他们兄弟俩的名字上就看得出来。兄弟俩分别取名"艾夫"与"艾牧"，即英文字母的 F 和 M 的读音。他们还有一个小妹，叫唐艾英。他们家住在南新街省民政厅大门正对的省立二院（今齐鲁医院）职工宿舍大院。正门开在文化路上，大门右侧，是一个卖菜和副食品的生活服务部。唐家住在这个大院落后门右侧的一个独门小院落中，我们非常喜欢去他家做功课。他们家干净卫生，整理得井井有条。可能是做会计的职业习惯，唐妈妈讲话总是细声细语的。我们每次去做作业，她都有奖励，或是一块大白兔奶糖，或是一块点心，都是那么别致而有味道。后来我回乡探亲的时候，专门和艾夫通过电话。他在省政协《联合报》工作到退休，又被财政厅聘请去帮助工作。艾牧老弟告诉我，艾夫反而比没退休更忙了。我和他小学就一起学习书法，写毛笔字，他是那种一丝不苟、非常敬业的人。后来从事财务工作，很适合他，可惜积劳成疾，英年早逝。这篇短文，也权当是与艾夫同窗的一点记录，以纪念这位老学兄。

谈到书法绘画，不能不聊聊李涛和卢正同学。我非常喜欢李涛的字画，他的《秋菊图》"菊花如志士，过时有余香"，一如其人，既是咏菊，也是自况。的确，六十多年了，李涛还

图2 20世纪50年代，山医附小部分老师在教学楼入口处合影。前排中为杨爱群老师，左为王天霓老师。

是李涛，他还是那样，山东人的秉性，豪爽大气而不造作。他热衷草书，这是他的长项，也反映了他的秉性。看他的字，是一种艺术享受，一撇一捺，挥洒自如而不张扬，这很不容易。他的书法，源于自心和自信，也就是悟性。他号正觉，应该和同班同学卢正一样，从小就在心性上、修为上打下了坚实的基础。卢正画马简直是手到擒来，那时在班里，卢正同学随时随地都在画，有同学喜欢，他就送上一张。现在看来，虽然那时所画的马比例、线条看起来还很稚嫩，但这正是可爱和可贵的地方，因为这正是孩子们眼中的世界，童话般的。

我们班的小伙伴们，又何尝不是一个童话的世界。

魏广禹，应该是班里最小的同学，也是班里的小可爱和小调皮。他是山东医学院教职工的子弟，住在东双龙街。个子不高，但是机智灵活。记得90年代后期，我去东双龙街看他，他还是那么典型的济南"小末子""梭伊孩子"。记得他第一句问候话说的是，"俺老同学来到济南老家好几天了，明天就要走了，我们来个'滚蛋包'吧！"那顿饺子吃得真叫香。有感于那次重逢，我曾有诗为证："多年分别后，而今又重逢。握手相见欢，鬓白俩老翁。不问沧桑事，只及夕阳红。明日又远去，寒冬盼春葺。——诗赠小伙伴广禹兄，时于泉城重逢之际"。

三

接下来，说说我们的老师。

我在山医附小的启蒙老师，是刘桂兰和王天霓两位。记得刘老师教语文，王老师教算术。这两位女老师可真是绝配：刘老师稍微矮胖，王老师细高苗条；一位脸色较黑，一位白净；一位声音洪亮，干脆利落，一位吴侬软语，细细道来。但她们都是心地宽厚、待人慈祥、和蔼可亲的人。选择她们作为我们一二年级的老师，可见刘桦校长和教务主任的用心，因为老师最重要的职责还是通过自己的言传身教，让我们知道该做怎样的人。

小学一年级开始的时候，还学过旧式汉字注音符号和繁体字，但不久便全部改为简体字和汉语拼音了。不过，真得感谢两位恩师，她们的讲授让我们受用终生，后来面对古体字、异体字以及使用威妥玛注音符号时，并不觉得陌生。

小学六年，刘桦一直是校长。刘校长除了担负管理工作，还兼五六年级的历史课和政治课。他的板书，横平竖直，就如

图3 1956年，山医附小六年级毕业生与老师合影。第二排的领导与老师中有刘桦校长、杨爱群老师、康老师等。

他的人品，宁折不弯。听我家的邻居侯小妹（后来也是山医附小的老师）说，刘校长"文革"中没少遭罪，但他非常乐观，深信乌云遮顶只是暂时的，让我对刘校长更加刮目相看。1994年回济南探亲看望老母亲，顺便去了附小，写了篇《山医附小忆旧》，刊登在《齐鲁晚报·副刊》上。刘校长、刘老师和王老师看到文章后，还专门到南新街赵家老宅看望了我妈妈。

音乐老师杨爱群，课教得好，歌唱得也好，还弹得一手好风琴。音乐课不是每天都有，我最期盼的就是在每周的音乐课上听她授课、弹唱，那简直就是一种享受。上课时杨老师的脸

图4 20世纪50年代，山医附小的老师在备课。

上总是洋溢着笑容，而在这笑容的背后，有谁会想到杨老师因出身和在"反右"中受的委屈呢？其实，让杨老师蒙难后继续站在讲台上教书育人的幕后推手，正是令人敬佩的刘桦校长！

山医附小的工友杨大爷，在传达室一干就是数十年。他除了做传达，还负责烧开水和整理花圃。后来也是听侯小妹说，杨大爷因家庭成分不好，幸得刘桦校长的庇护才有了这份工作，而"文革"中这也成了刘校长的一大"罪状"。

我们三四年级的班主任有唐国香老师，后来还有两位崔老师。唐老师来自胶东，口音很重，但是教课很有责任心，我们给她起了外号，叫"糖果果香"，唐老师也不介意；两位崔老师，男崔老师个子很高，女崔老师个子矮，笑起来很甜。

教我们体育的是余秉礼老师，他还做过少先大队辅导员。担任辅导员时间最长的是刘敏老师，正是在他们的关爱培养下，我从小学一年级时的"一道杠"，当到了小学六年级时的"三道杠"。

我们六年级时的班主任是邢万同老师。如果记忆不错的话，他是山东长清崮山人，颇具君子之风。他住在山东医学院大院学生大食堂附近的单身公寓里，生活非常简朴。他写的板书和毛笔字，非常有韵味，可见是饱读诗书之士。他对学生们则怀有一颗赤子之心，常常利用业余时间走访学生家庭，了解他们的学习情况和生活的疾苦，有时候他在我南新街的家中和我爷爷盘腿一聊就是一晚上。因为我小姑也是山医附小高我两级的学生，他对我们家庭的情况比较了解。"文革"中他也受到冲击。据说他在长清上中学时，就参加了地下革命工作。而他深厚的古文基础，或许和长清一带多有殷商文化遗存、古风淳厚，多少有些关系吧。

四

那时候，山医附小的校园生活也是丰富多彩的。

我们一二年级时的课堂，不在山医附小教学主楼里，而是在山医东村北侧的两栋平房里。虽是平房，却很高敞，而且是木板地，冬暖夏凉，十分惬意。窗外就是绿茵茵的天然草皮小足球场，常常放学后和小伙伴踢球。踢完了，浑身是汗，夏天就走路到游泳池，花五分钱去游个泳。有时候游完泳觉得饿了，就走到东村小食堂，买个豆沙包或者小干酪面包，垫巴垫巴，再回家。

图5 20世纪50年代，山医附小的学生在进行课外活动。

　　记得在大操场东侧，山东医学院东围墙之内，有一片狭长的闲置地块。班主任老师就带领我们将其翻整出来，按照规划，培垄建畦，种下大蒜及其他蔬菜。于是，这里便被我们叫做了"实验田"。我们每天都去看看蒜苗长高了没有，新种的蔬菜发芽了没有，甚至在课间休息和课间操的空余时间，也忘不了跑去看看，适时给它浇水施肥。农田里，自然少不了蝼蛄等害虫的孳生，但各种昆虫，像蛐蛐、蝈蝈、蜻蜓和蝴蝶也相聚而来，很快这里便成了我们观察大自然的天然课堂。

　　收获季节，有时候每个人还能分到几棵蒜苗和蒜薹，虽然很少，但毕竟是我们的劳动成果，大家心里还是乐滋滋的。我特别喜欢和广禹一个小组，因为每次的收获都是满满的。广禹是个闲不住的小学弟，他侍弄的菜畦长得特别好。

昔日的山医，整个校园就是一个美丽的大花园。校友门（正门）左右两侧的八棵别具一格的洋槐，被修剪得如同盆景，格外吸人眼球。进入正门，主道两侧是两排终年绿油油的常青灌木植物，比肩而立，像是在列队迎送莘莘学子。一般我都是从传达室的侧边，穿过车队的小广场，然后路过办公大楼，再往东就是职工食堂和小礼堂，沿着小礼堂前面的路往东村，到了东村往北一拐，就是山医附小的大操场了。

图6　20世纪50年代，山医附小在上课，一位女生被请到讲台上示范。

我上学之所以爱走这条路，是因为这条路两侧是一片一片绿色的草坪，四季都有绽放的奇异花卉。冬有腊梅；春有杏花、桃花、樱花和油菜花；夏天的各种草本植物花卉，包括来自北美的草菱花、野薄荷、凤仙花；秋天的菊花、兰花草和五颜六色的大小喇叭花就更不在话下了。尤其早上，迎着初升的太阳，走在路上，空气中充满了各色花草的香味，尤其是扑面而来的夜来香，让人觉得连空气都是甜的。

记忆中，在原来的办公大楼附近有一排杏树。春天的杏花好好看，有道是："道白非真白，言红不若红。请君红白外，别眼看天工。"到了麦收时节的夏初，杏子熟了。金黄色的杏子，果实大，肥厚多汁，甜酸适度，看着就喜欢。此时走在这里，随时要留意头顶上，说不定时时刻刻，风一吹，树一摇，就会有熟透的杏子掉下来……

整个山医大院，就是一座顶级的植物园！

眼下正是春夏之交，我远在美国加州协和大学院落的家中。外面碧空蓝天，窗外高高的棕榈下，小松鼠在跑来跑去，院子里黄澄澄的枇杷也成熟了，待人去采撷；附近农场的草莓正是成熟季节，紫红色的樱桃也上市了。此时透过二楼的窗户，也能看到沿着西海岸连绵不绝的南山，但我心里始终知道，此南山非彼南山也。

花是山医好，月是故乡明。我的回忆，仍然经常定格在我入读山医附小的那些日子……

何年何日，我能再回到心中的那片桃花源呢？

（图片由山东大学第一附属小学提供）

我和弟弟的小学时代

周　建

　　我和弟弟只差两岁，从 1960 年至 1968 年是我们的小学时代。我在长春市平泉路小学，弟弟在父亲单位东北水利电力设计院的子弟小学。父亲是"右派"，爷爷是地主。那时我们不懂这两个称谓意味着什么。

　　小学经常要填表，在"出身"一栏，老师说要写爷爷的出身，还讲了地主、富农、中农、贫农和佃户的区别，地主如何残害贫下中农，等等。老师的讲解让我觉得最不光彩的是地主出身。我只听妈妈说过爷爷是"地主"，其他什么都不知。晚上把表拿回家，妈妈说填"革干"，但我没听老师讲过出身有"革干"。妈妈看我低头不语，就说："我和你爸早就离开南方老家出来读书、工作，你们都是吃爸爸妈妈饭长大的，你们连爷爷都没见过！"第二天老师看我空着爷爷出身的表说："必须填上爷爷的成分。"无奈和恐惧之下，我只好填上了"地主"二字。从此，便没有同学和我说话了。

　　记忆中有篇课文叫"大地主刘文彩"，刘文彩家中设有水牢，给交不起租子的农民钉铁钎。我的爷爷是怎样的？我不敢问父亲，只好问问妈妈，妈妈透露："爷爷家不仅有地，还有作坊

图1 我的小学毕业照

加工豆油，农民没钱，拿鸡蛋换就给油……"在妈妈的表述中，爷爷怎么不像书中讲的地主？

学校号召同学们收集树叶。为了改变同学们对我歧视的目光，在寒冷的冬天，我连续两天坚持十几个小时扫树叶，一气收了四麻袋树叶。父亲用自行车帮我把树叶送到学校，而同学们并没几个交的。

在我和弟弟印象中，家里是无声的，父亲整日写检查，信纸上满是整整齐齐像印刷的斜字体。只有在检查我们作业的时候，家里才有声音，父亲问："作业写完了吗？拿来看看。"并不忘说一句："学好数、理、化，走遍全天下。"可是，您大学毕业千里迢迢来东北，就是为了修自行车！

妈妈说："爸爸工资被扣，只给十五元生活费，原来每月给姥姥寄二十元，现在只能给十元。你们好好养鸡，就可以省下买鸡蛋钱。"从此，我和弟弟负责养五只母鸡，每天放学回来就切捡来的白菜叶和上少许玉米粉搅拌了喂鸡，一天能收四五个蛋，少则三个。每周清理一次鸡窝。

在这种环境下，我和弟弟很小就懂事了，我八岁学会做饭，并和弟弟帮妈妈做全家人的棉袄棉裤。先做好棉花饼，一片片压在裤片上，保持均匀的厚度，再附上里子绗缝。到做小学五年级的冬衣时，妈妈对我说："往后你的棉衣棉裤全部自己做。"

那年冬天全长春市人几乎都穿棉衣了，我冻得直打哆嗦，妈妈也没有帮助我。从此棉衣棉裤自己做，独立意识也由此萌发起来。

1966年某个下午，刚放学，还没走到家大门口，妈妈迎来，告诉我和弟弟红卫兵正在抄我们家，等走了再进家。围观的人不少，邻居孩子用幸灾乐祸的口气说："你们家被抄了。"那异样的眼光刺痛了我的心，像是我犯下了什么大罪。二十几分钟后，进家看到凳子反扣着，衣服散在箱子外，箱子下面的板缝上面还贴有封条。我问妈妈："他们找什么？"妈妈在厨房边做饭边回答："发报机。"我在电影中知道特务才用发报机。爸爸是特务？我发现从没见过的照片散落了一地，这些只有手指盖大小的黑白照片，足有上百张之多，背面写着"赠送穆医生"。等妈妈走进房门我又问，妈妈随口回应："抗美援朝志愿军战士养好伤，出院时送我的。"

从此，我和弟弟几乎没有了玩伴，走在外面"右派崽子、反革命、特务崽子"的骂声伴着石子飞过来，我和弟弟只有躲、跑。弟弟比我挨打要多，有一次几个男孩把弟弟推倒，边用树枝条抽边用脚踢，等我到时，弟弟脸上被打出了血，我拉起弟弟赶快回家，我们唯一能做到的是放学进家再不出门。甚至有一次，我们楼上的孩子们爬上我们家窗户，我和弟弟怕极了，躲到不足一米见方且无窗黑黑的过道里，紧紧相拥着，听到窗户玻璃被打得啪啪作响，待他们狂喊乱叫的声音远去，我和弟弟打开房门，窗玻璃已碎成放射状，有一块完全碎了。

长春冬天最冷时近乎零下三十摄氏度，就是在这种天气，楼上小孩把我们家门锁用小石子加冰堵住了，我和弟弟放学回家无法开锁，只好跑到楼道里避寒，直到妈妈回来才进屋暖冻

图2　我小学四年级、弟弟二年级时与哥哥合影。

僵的手脚。

　　我们家住的是日本人留下的房子，每家每户都有一小块地。春天到来时，父亲对我和弟弟说："今年咱家的地由你们姐弟俩种。"我接过父亲买好的玉米种子和弟弟商量起来，我们先刨地，将去年的玉米根铲除，之后破垄、挖坑，然后把家里窗户打开，用胶皮管将水引到地边浇水，接着点种、埋土。此后每天盼着出苗。学校距离家近的弟弟总是先到家，他先发现玉米芽长出来，领我到地头观察，看到自己的劳动成果，真是欣喜万分。

　　长春的秋天，每家每户都要晒白菜，腌酸菜。我们家一冬需要三罐爸爸腌制的微辣五香萝卜。腌制工艺至今我还记得，先将鲜萝卜洗净，不除皮切成直角扇形，放到太阳底下晒，待晒得有些卷曲，再放到盆中加入各种佐料，最后装到罐中密封一个月便可食用。而那年，萝卜干都让楼上孩子给撒上尿了，想补晒但时节已过，一冬天没能吃到特别下饭的五香萝卜干。

有一天，门外传来邻居小孩的催促声："走，快看你爸挨斗！"我没有去，晚上只见外屋挂有一顶高高的黑色帽子，上写白字"右派"两字，这深深地印在我脑海中。之后爸爸被关进"牛棚"，周五晚才允许回家，周日晚必须回"牛棚"住。年幼的我细心观察家里的一丝一动，可是怎么"侦察"，爸爸、妈妈的行为也不像是特务。可有一天爸爸失踪了，我们问妈妈："爸爸上哪里去了。"妈妈只说："小孩子不要管。"一周多以后，爸爸才出现，这件事在我心中困惑了很久。若干年后妈妈才告诉我："你爸不承认自己是特务，便去找他当特务的同学，那人刚解放时就向国家交代，当时早就是工程师了。你爸单位经过周密调查加上材料证明，所谓特务名单上你爸的名字是那位当特务的同学填上的，你爸并不知情，也未开过一次会，最终做出了你爸不是特务的结论。"

在人生长河中，小学是个懵懵懂懂的阶段，我和弟弟的小学时代是在"右派、特务崽子"大帽子下熬过的。我们习惯了独处，学会了等待。经过不断努力，我们在小学六年级前都戴上了红领巾。

谨以此文祭奠早于父亲故去的弟弟："我们的爸爸和妈妈都是建设祖国的勇士，是对祖国有贡献的人，你在九泉下挺起胸膛吧，弟弟。"

1983 年：苦聪纪行

王端阳

第一次听说苦聪人的情况，是从冯牧先生口中。那还是1974 年，他刚刚"解放"，便来到云南"散心"。我奉昆明军区首长的委托，陪同他先后去了瑞丽、腾冲、独龙江、中甸、西双版纳等地。一路上听他讲了许多云南少数民族的历史风俗，其中最令我着迷的就是苦聪人。苦聪人在 20 世纪 50 年代末仍然居住在深山老林，过着刀耕火种的原始人生活，地方志中曾记载苦聪"居山崖"，"居无定处，缘箐而居"。由于苦聪山又在最边远的边境地带，道路险阻，很少有"外来人"进入它的腹地，这就更增添了它的神秘色彩。

从那以后，我一直想进一趟苦聪山，可始终没能如愿，直到 1983 年，我终于有机会来到云南边陲金平县。县里有一位副县长是苦聪人，听说我要一个人进苦聪山，既高兴又担忧：苦聪山寨最近的也要走几天的山路，路上的危险不说，山外人恐怕连路也找不到，他讲，就是县里的一些干部，工作了几十年都没进过苦聪山。当他见我执意要去时，为了我的安全，他给我派了一名能讲汉话的苦聪向导。

后来的事实证明，如果没有这位苦聪向导，我即使不被野兽吃掉，也会在原始老林中困死。这位苦聪向导不仅熟悉这里的每一条小路，甚至兽路，而且有着极顽强的生存能力：在找不到一滴水的地方，他可以砍断一根藤条，从里面取出甘甜的汁液；在缺少食物时，他尽量把干粮留给我，自己挖些木薯吃；他还能根据树上砍下的痕迹，找到苦聪人临时搭起的"哈布耶"（一种低矮的用芭蕉叶搭的草棚）。进苦聪山的第一夜，我们就是在这种"哈布耶"中度过的。"哈布耶"的主人是位苦聪老人，面须头发覆盖了大半个脸，皮肤黝黑，只在腰间遮了块破布，如果在山道上碰到他，一定会以为他是个"野人"。他孑然一身住在这老林之中，我真不知道他如何生存。他不懂汉话，总是用一种陌生、怀疑的目光偷偷打量着我，当我的目光

图1 苦聪山寨

图2 苦聪女孩在水边洗漱

同他的目光一碰撞，他的目光又急忙躲开。向导同他讲了很多苦聪话，可惜我一句也听不懂，向导也不给我翻译，我只好坐在火塘边的阴影里，看着他们交谈。我突然感觉眼前这个画面特别有意境，于是偷偷取出相机，对准了那位苦聪老人。当闪光灯一闪，老人嘴中发出一种怪声，有点像狼叫，身子向后一仰，跌坐在地上。我急忙向老人表示歉意，向导也用苦聪话向老人解释，老人这才恢复常态，嘴中叽里咕噜地说出一长串苦聪话，还不时地朝相机望去。我把相机拿起来，想给他解释一下，谁知老人连连摆手，好像相机里装着一只魔鬼，我只好把相机装起来，以解除老人的不安。夜里我们都围着火塘席地而睡，后半夜，被一阵阵蚊虫咬醒，用手随便往身上一摸，就能弄死一片，可是白天走了十五个小时的路，实在太疲倦了，也顾不得这么多了。早上起来，身上咬了几百个包，而那两位苦聪人身上一个包也没有。他们的皮肤像黑缎一样光亮，我真怀疑苦聪山的蚊虫是不是只欺负"外来人"？

又走了三天，终于到了苦聪大寨。刚一进寨门，一群恶狗狂吠着向我扑来。向导急忙赶过来，用苦聪话大声喝斥了一阵，那些凶残的家伙才退了回去，可是仍然盯着我，喉咙里发出咕噜咕噜的威胁声。山寨并不大，十几个草房错落在山坡上。这种草房同其他民族不同，屋顶一直垂到快接近地面，竹笆墙上糊着和土地一样颜色的黄土，显得更原始，我不知道半坡（史前文化）的茅屋是不是这样。向导把我带进一座草房，屋内没有窗户，光线暗淡，刚一进屋什么也看不见，过了一会儿眼睛

图3 背水的苦聪妇女

图4 用竹筒喝水的老妇

才适应了这里的亮度。主人是一个典型的苦聪汉子，强悍、粗犷，头发像一蓬乱草直竖在头上。他一边听向导介绍一边看着我，不时点点头，我立刻明白了他就是这个山寨的"首领"，不过向导向我介绍时用了一个很现代的名词——生产队长。

趁他们谈话之时，我仔细观察了一下屋中的摆设，除了一些竹子编的器具和泥土烧制的陶罐外，几乎没有什么东西。屋里最显眼的就是门边的一长排碗口粗、一米半长的竹筒，不知做何之用。我正在疑惑，一个六七岁的小女孩背着两个这种竹筒进来。竹筒高出她头半米多，用一根带子顶在头上，进门时，她弯了弯腰，水从竹筒中洒出一些，我立刻明白了，这就是研究少数民族专著中所提的"竹筒背水"。不知为什么，我当时心里涌出一股说不出的滋味，是同情，是怜悯，还是哀叹？小女孩放下竹筒，将竹筒里的水又分别倒在一个个小竹筒内，然

图 5 两个苦聪女孩

后又顶上竹筒出去了。这时一个老妇人拿起竹筒喝水，我急忙按动快门，拍下了这个镜头。在以后的日子里，我又专门守在小女孩背水的路上，抓拍了她背水的镜头。

第二天苦聪人要进山狩猎。出发前，全寨的男人都集中到古藤树下，女人和孩子也纷纷出来送行，那阵式就像出征一样。寨子里的狗也都狂叫起来，互相追逐、撕咬，然后争先恐后地向寨门奔去，一种嗜血的欲望刺激得它们异常兴奋。我庆幸自己的运气不错，背上相机就随他们出发了。翻过一座山，来到一片开阔的峡谷中，苦聪人分成两队，从两边包抄过去。我和向导紧紧跟在"首领"的身边，生怕被他们甩掉。大约过了两个小时，前边传来狗叫，向导告诉我，狗撵上了麂子。"首领"停下来，根据狗叫声判断了一下方向，然后带着人朝一个隘口赶去。可是过了一会儿，狗叫声又停止了，向导告诉我，麂子跑掉了。队伍也停下来，继续按照原来的方向搜索野兽的足迹。

就这样在山里转了大半天，等两支队伍相遇时什么也没猎到。"首领"看了看太阳，大概是判断了一下时间，随后朝谷底的小河走去。我偷偷看了看手表，已是下午两点多了，肚子早就饿得乱叫，却丝毫看不出苦聪人有吃饭的迹象，也只好忍着饿随他们来到河边。河水不深，水流却非常急，撞在石头上，溅起一簇簇浪花。河中心有一条狭长的小岛，正好把小河劈成两半，形成一条河岔。苦聪人来到河边，纷纷跳入河岔中，我以为他们要洗澡，便找了一棵大树坐下乘凉。等我歇够了站起身来，我才发现他们用河床里的石头，在河岔的上、下游同时筑起了一道石堤，当最后一块石头将上游的石堤堵住，河水全部被逼向另一条河道。下游的石堤没有堵死，留了一个口，河

图6　放牛的男孩

图7 苦聪人住的"哈布耶"

图8 俯瞰苦聪山寨

图9 背水的苦聪女孩

图 10　打磨秋

图 11　劁猪

图 12 屋前小景

岔里的水从这个口里流走。一会儿的工夫，河床里的石头全都露了出来。我走过去一看，在口子的下面，苦聪人支了一个大鱼篓，此时篓里已经装满了活蹦乱跳的鱼。当河岔里的水全部流光后，苦聪人又去捡留在石缝中的鱼，这不禁使我想起一句成语，竭泽而渔。在河床中间有个大水坑，里面有几条大鱼，怎么也抓不到，一个苦聪人从山上砍来一大堆藤科植物，在坑边用石头捣烂，绿色的汁液慢慢流入水中，不大的工夫，坑里的鱼一条条仰起肚皮，浮出水面。"首领"告诉我，这叫"闹鱼藤"，可究竟属于什么植物，我始终没有弄清。这时有人砍来许多芭蕉叶，每个人面前摆上一张，我也没有例外。然后"首领"将鱼平均分在每个人面前，这大概就是马克思所说的原始共产主义吧。分完鱼，他们各自把自己分得的大鱼用芭蕉叶包上，装进背篓，将小点的鱼剥洗干净，揉上盐巴和辣椒，穿在竹签上放在火上烧烤。一会儿就闻到烤鱼的香味，这时太阳已经偏西，我已经整整一天没吃东西了。说真的，我还从来没有吃过这么香的烤鱼。在回来的路上，我一直在想，我们的先祖也是这么捕鱼的吧！

苦聪人的生活艰辛、原始、落后，但也充满乐趣。清晨，总是姑娘们最先来到山泉边，对着小镜子梳妆打扮，显示出少女爱美的天性。苦聪人也有自己的游戏，"打磨秋"就是他们最爱玩的一种。这有点像汉族的打压板，但它不是木板，而是一根长长的原木，不仅能上下摆动，还能飞快地旋转，比起压板可是危险多了。每逢他们的节日，都要进行打磨秋比赛，打得好的小伙子更能得到姑娘的青睐。

图13 吸烟的苦聪老人

图 14　拦河捉鱼

　　离开苦聪大寨，我又去了几个更边远的寨子。后来我莫名其妙地发了烧，不得不离开苦聪山。回到昆明，我的烧不治而退，没过几天，身上开始掉皮，每天晚上，夫人都要帮我揭皮，可以说，整整揭了一张人皮下来。

　　我不是一个专业摄影工作者，也从没想过拍出的照片要去发表，在拍摄技巧上也没有刻意追求过，我只是养成了一个习惯，不管到哪里采访，总是带着相机，把我觉得"有意思"的东西拍下来，作为一种"原始资料"，所以在拍摄中力求真实、原始。当时也有一些搞摄影的朋友去拍少数民族，他们往往从文工团找一位漂亮的女孩，穿上崭新的民族服装，再放到优美的风景中拍照。我不能说他们拍得不美，但那不是我所追求的东西，大概是对美的理解不同，我更喜欢那种原始的美、粗犷的美和充满野性的美。

20世纪30年代龙口金沙滩牌坊考

连永升

金沙滩牌坊之探微

民国时期，位于龙口河（龙口商埠北端龙口渠）北的商埠区静修庵山门外有一座金沙滩牌坊（见图），坐北向南，系三间四柱三楼式石制牌坊。牌坊楹联及额枋题字皆采用阴刻，其中三楼正间额枋题有"金沙滩"三个漆金大字；上款"民国辛未重阳月穀旦"，下款"栖霞刘理堂□立"。匾额上端饰以精美的莲花浮雕，底部镌刻着许多密密麻麻的小字，难以辨识。不过可以推断，这些文字记载当与牌坊的树立有关。从牌坊的额枋看，竣工日期为"辛未年重阳月"，即1931年10月。

牌坊二楼右间镌"玄旻殿"，落款"弟子泽修"；左间镌"天后宫"，落款"弟子梁修"。至于牌坊的匾额后面有无文字记载，无从得知。牌坊上所镌刻的"玄旻殿"与"天后宫"，均为静修庵的偏殿。玄旻殿系东偏殿，祀关帝圣君；天后宫系西偏殿，祀护航海神妈祖。静修庵的正殿，主祀南海大士。

牌坊正间两侧立柱的楹联，采用隶体书写。上联："金沙栋梁去旧复新期记辛未"；下联："银海玉柱由彼迁此时逢廿年"。

落款"玄中"。牌坊正间边柱的楹联，则采用行体书写。上联："飞鸾普化常常演"；下联："走马传玄字字金"。落款"伯泉"。牌坊的每根立柱前后均有抱鼓石簇拥，以增加其牢固性。抱鼓石用料考究，精雕细刻，造型古朴典雅，线条饱满流畅。牌坊身后左右各矗立一支高大旗杆，旗杆下方各有两块夹杆石。旗杆上各嵌一只斗子，斗子四面玲珑，面与面接合处起鼓上翘，各面斜仄，设计别致，生动传神。左右两个旗斗子每面各书一字，分别为"孝""悌""忠""信"和"礼""义""廉""耻"，八个大字特别醒目。

民国时期，山东黄县（今龙口）境内寺庙观庵众多。与其他寺庙相比，龙口静修庵虽然资历较浅，但其充当海庙老大的特殊地位却无可撼动。它不仅成为本地善男信女心灵皈依之所，

20世纪30年代龙口金沙滩牌坊旧影

而且为往来于龙口商埠的船家提供了精神庇佑。实际上，作为与静修庵浑然一体的附属建筑——金沙滩牌坊，不论立柱、额枋上镌刻的文字、楹联、浮雕，抑或是旗斗子上的八字箴言，无一不蕴含着浓郁的说教意味。

与金沙滩牌坊相关的主要人物

提起金沙滩牌坊，就不能不说到一个人，他就是龙口商界人所共知的刘理堂。位于河北静修庵前的这座金沙滩牌坊，就是在他的热心倡导下修建而成的。

刘理堂，名无考，字理堂，道号仁德，祖籍栖霞县，一生笃信佛教。刘理堂游走于龙口商界，与各行业公会名流非常熟络，热衷于龙口慈善救济事业，在龙口慈善会等社会团体中出力颇多。刘理堂还精通医道，自己配制丸药，专治大麻风病。据说，他在龙口街的住所门口就打出过"专治大麻风"的布幌。刘理堂早年与振泰栈经理马景周一起共过事，晚年刘理堂在振泰栈设有一间香堂，专供佛位。他痴迷书法，与黄县名门望族丁氏家族的丁佛言有过交往。时人皆知，丁佛言的钟鼎文炉火纯青，在黄县民间很受追捧。1922 年，曹锟贿选总统，丁佛言因拒绝贿选而身陷囹圄。1924 年，冯玉祥发动北京政变，丁佛言获释。出狱后，心情郁闷的他有一段时间寓居乡里，刘理堂就请他为自己写了春联，贴在龙口街住所的街门上。不料，春节没过完，春联就不翼而飞。于是，他就请人在街门上镌刻丁佛言先生的钟鼎文，于是再也不用担心夜间有人偷揭对联了。

刘理堂从擘画金沙滩牌坊之时，就开始物色金沙滩牌坊楹联题刻者的人选。他邀约龙口商会粉业同业公会知名人物徐溪，由其题写"飞鸾普化常常演，走马传玄字字金"之楹联。

徐溪，字伯泉，招远县口后徐家村人。龙口通泉成粉庄掌柜徐忠嗣（字俊臣）之长子。据招远市《宋家镇志》记载，"洪泰"是口后徐家的徐登庸及侄子、子孙开设的粉庄总号，其家族称为"洪泰"门里。咸丰十年（1860），招远出产的粉丝开始由龙口港集中外运。随着"龙口粉丝"声名鹊起，光绪六年（1880），徐登庸之侄徐春和在龙口开设通泉成粉庄，负责龙口粉丝的收购、包装及出口业务。龙口粉丝由龙口装船运抵香港，再转销南洋、西欧各国。通泉成粉庄由徐春和开办，到其子徐忠嗣时又开办分号慎记粉庄。后来，至徐伯泉名下为仁安号粉庄。龙口粉丝直销香港，是由徐伯泉首开先河。同时，徐伯泉也是龙口驻香港的第一批经营粉丝的客商。他不仅精通商道，而且国学知识深厚，酷爱书法。正是考虑到徐家粉庄在龙口商会粉业同业公会的显赫地位及其家族在龙口商埠的影响力，刘理堂才邀约徐伯泉为金沙滩牌坊题写楹联。

再说牌坊正间两侧立柱的楹联，"金沙栋梁去旧复新期记辛未；银海玉柱由彼迁此时逢廿年"，落款"玄中"。"玄中"何许人也？据龙口慈善会编撰的《壬申超魂录》记载，此人乃龙口驻军的一位李姓营长。李营长，名无考，字辅汉，道号玄中，1930年来龙口驻防。

民国时期，国家内忧外患，军阀割据，时局动荡，社会矛盾危机四伏。1914年9月2日，进攻青岛德军的日本军队悍然于龙口登陆。这一事件引起国际轰动。自此，龙口的军事地位开始引起军界注意。其后，各派军阀如走马灯一般，率部来龙口换防驻守。20年代末至30年代初，胶东战事不断。军阀刘珍年在击败张宗昌残余势力后，趁机收编人马，扩大地盘，拥兵自重，称霸一时，时有"胶东王"之称。他治理胶东时期，对龙口极为重视，指派部队进驻龙口。陆军兵营就驻扎在河北商埠区，距离静修庵及金沙滩牌坊不远。而兵营里的这位李辅汉营长，不但有文化功底，而且笃信教义，积极参与当地的中元节超度等法事活动。于是当刘理堂邀他营造金沙滩牌坊时，他欣然在金沙滩牌坊上题写楹联。

金沙滩牌坊与中元节道场

据《壬申超魂录》记载，自1928年始，每年农历七月十五日（道教称"中元节"），龙口慈善会都要在静修庵举行仪式，为水陆冤魂超度。其实，中元节设醮的鸾坛会是封建社会的一种迷信组织，多是愚昧无知的女性参加。旧时每村设一坛场，按期请神训词，会徒有法名，会首称"鸾坛头"。会徒之间，上下辈称师徒，同辈间称呼道友。龙口慈善会设在静修庵的坛场称"龙善坛"。龙口商埠设坛扶乩，不但龙口商埠区的善男信女参加，就连黄县境内的信徒也慕名而来。

农历七月十五日晚间，在龙口慈善会的主持下，众亲道友会在金沙滩前的北大河上面放河灯。礼毕，军警商学各界善男信女会择日在金沙滩匾额前合影留念。中元节晚上，金沙滩牌坊前遂成为龙口慈善会做法事的道场。基于此，重新审视金沙滩牌坊上"飞鸾普化常常演，走马传玄字字金"的含义，也许就不难理解了。扶乩，又称扶鸾或托箕等，是中国道教的一种占卜方法。鸾，本意是指凤凰的别称，此处引申为扶乩的工具。扶乩，就是用一只无底箕筐，贴帮绑上一根七八寸长立棍，两人抬箕筐把立棍下端插入沙盘旋转，划些圈圈杠杠之类的符号，谓之鸾字。说是神仙降临，命笔所书，字句似诗。说到底，不过是托箩者所操纵的一出把戏而已。

此外，笔者研究发现，在照片中静修庵正门之上，"龙口佛学研究社""龙口慈善会办事处"等字样清晰可辨。可见，在 20 世纪 30 年代，龙口静修庵已成为境内龙口佛学研究社、龙口慈善会办事处等机构办公议事的场所。从这个意义上讲，这张金沙滩牌坊照片也为当地文史学者研究当时的龙口佛学研究社、龙口慈善会等社团组织，打开了一扇窗口。

征　稿

《老照片》是一种陆续出版的丛书，每年出版六辑。专门刊发有意思的老照片和相关的文章，观照百多年来人类的生存与发展。

对稿件的要求：所提供的照片须是20年以前拍摄的（扫描、翻拍件也可），且有一定的清晰度，一幅或若干幅照片介绍某个事件、某个人物、某种风物或某种时尚。文章围绕照片撰写，体裁不拘，传记、散文、随笔、考据、说明均可。

编辑部对投寄来的照片，无论刊用与否，都精心保管并严格实行退稿，文字稿恕不退还，请自留底稿。稿件一经刊用，即致稿酬。

来稿请寄：山东省济南市英雄山路189号B座　山东画报出版社《老照片》编辑部

邮　编：250002

E-mail：laozhaopian1996@163.com

网　址：www.lzp1996.com

电　话：（0531）82098460（编辑部）（0531）82098460（邮购部）
　　　　（0531）82098479（市场部）（0531）82098455（市场部）

邮购办法：请汇书款至上述地址，并标明收款人"山东画报出版社有限公司"和注明所购书目。

邮发代号：24-177

《老照片》网站与微信公众号

官方网址：www.lzp1996.com

微信公众号：山东画报出版社老照片

青岛前世

——德国人拍摄的胶澳租借地

李 洁

青岛是我国重要的沿海开放城市，也是最早一座全然按西方模式兴建起来的近代化名城。早在百余年前，即德国占据青岛之时，在西方人的语境中，TSINGDAO（青岛的旧式英文拼注）就是令人向往的"远东模范殖民地"。

在 1897 年 11 月 14 日德国人强行登陆之前，本地名曰"胶澳"，隶属莱州府即墨县。"澳"的本义即海边弯曲的泊船之地，"胶澳"即胶州湾的泊船处。胶澳口上有个青岛村，其名得之于近海中的那座青葱之屿，即小青岛。"澳"乃书面语，当地人则称村前的那片海为青岛口。

1891 年暮春，大清国第一重臣，以文华殿大学士、直隶总督兼北洋大臣，再兼会办海军事务大臣（即海军副司令）的李鸿章，在授命襄办海军事务的山东巡抚张曜的陪同下，巡视他所辖的北洋海防。自威海卫乘军舰抵达胶澳后，李鸿章亲睹了此地战略意义之重要，回京后立即与张曜联名上书朝廷，建议在胶澳设防。十余年前，他即派员前来胶澳视察。数年前，驻俄、德、荷、奥公使许景澄意外获知德国人对胶澳颇有兴趣，也曾上书朝廷，力陈胶州湾屯兵设防之必要。所以，这一次，光绪帝收到奏折后，三天即朱笔批复"照所请行"。于是，翌年6月，登莱青镇总兵官（简称登州总兵）章高元便率四营官兵由登州（蓬莱）进驻莱州所辖的胶澳，在青岛村至海岸之间的空地上兴建了他的总兵衙门，在团岛、青岛口等地兴建了四座兵营，以安置他带来的广武前军、广武中军、嵩武前军和嵩武中军。同时，他在距青岛口数公里之外的下杨家村设置了电报房，使胶澳与外界有了最快捷的联络通道。而且，因青岛口滩平水浅，不足以泊大船，他还下令在总兵衙门以西修筑了一座长长的木栈桥。有了这座栈桥，这个城市就有了一个名驰中外的地标。

因正二品大员衙门的设置和两千多名官兵的常驻，让青岛口迅速繁荣起来。民国初期的《胶澳志》上有明文记述："青岛村初为渔舟聚集之所，归有居民三四百户，大都以渔为业，今之天后宫、太平路一带，乃三十年前泊舟晒网之所。章高元驻兵后，渐成为小镇市矣。"

章氏乃淮军宿将，曾随本乡的福建巡抚刘铭传赴台湾与法军激战，因功晋为澎湖镇总兵，复任登州总兵。移总兵衙门于胶澳之后的第三年，即甲午年（1894年），日本悍然发动了侵华战争。章氏奉旨率所部八营奔赴辽东半岛，在凤凰山阻击过日军的进攻。这样一个被朝廷授予"巴图鲁"（满语：勇士）的老将，却在胶澳任所遇上了天大的难题——光绪二十三年十月二十日（1897年11月14日），昨天停泊在青岛口的四艘德国铁甲舰上，有几个海军校尉自栈桥登陆，前来拜访他，告知：因山东曹州发生虐杀德国传教士的惨案，所以德国远东舰队奉德皇钦命自上海赶来，请他率所部于四十八小时内撤离本地，否则将以敌军对待之。

章氏有所不知，早在上一年冬季，德国驻华公使海靖即向

图 2　地处青岛口的总兵衙门全景

图 4　得意洋洋的水兵在清军营门前合影

Krupsches Geschütz

图 10 搬运克虏伯大炮的劳工

清廷交涉租借胶澳五十年事宜。清廷拒绝了德国人的要求。但是，因十几天前的"曹州教案"的发生，让一直等待时机占领胶澳的德国皇帝威廉二世瞅准了机会，立即下令德国远东舰队强占胶澳。

面对突如其来的德国人，章军门一面电报直隶总督兼北洋大臣王文韶（李鸿章已因甲午战争失败而调离）和山东巡抚李秉衡（张曜已病逝于任所），一面亲赴德营与棣特利谈判。谈判未果时，他欲自裁殉国，却被部下和德人拦阻。万不得已，他只得率所部退出胶澳。尽管章的不战而退遭到了鲁抚李秉衡的弹劾，但却得到了朝廷的首肯。16日，北京覆电济南李秉衡，命其"镇静严扎，任其恫吓，不为之动，断不可先行开炮，致衅自我开"。翌日，又电令章高元等："非奉谕旨，不许妄动。"

转年3月，李鸿章与海靖即在北京签订了《胶澳租赁条约》，

图1 青岛最高军政官署——登州镇总兵衙门

大清国将胶澳及周边地区租借于德国，为期九十九年。

之后数年间，青岛口的总兵衙门，便成了德国人的远东保护地总督府。1899 年 10 月 12 日，威廉二世皇帝下令，把"保护地"命名为"青岛"。从此，世间有了我青岛。

近日，在临淄刘云志先生处，亲睹了若干帧德占青岛初期的原版照片，且都是从未见诸报刊与网络的罕见写真。翻阅这些百多年前的老照片，史籍上的枯燥文字瞬间变为活生生的影像。笔者随手择出其中十四幅呈献于兹，期与读者朋友共赏之。

总兵官，为清国正二品武官，其地位仅低于一省之巡抚与提督，为镇守一方之军政大员。登莱青总兵，约相当于山东东部军区司令。1892 年 6 月，章高元奉旨迁移胶澳，并于是年开始兴建其官署。岂料，仅过了五年，德国人即逐走章氏及清军，将总兵衙门变成了占领军司令部和青岛总督府，直到 1906 年新建的总督府大楼竣工后，此地才终结了青岛地区最高行政机构的使命。

从照片（图 1）上看得出，这是一座全然中国官衙规格的建筑群。敞亮的南门外，有一座高大的照壁。照壁上，绘着麒麟一样的神兽"贪"。只是照壁之上，多了一个十字型的信号杆，上面垂着一面旗帜，那应该是德国人设立的航标之一吧。史料记载，德国登陆当天，即雇得中国人将相关的航标设施等立于岸上。

总兵衙门门前的马路，尚未铺设石头，但还算整洁。两个德国军官和一队士兵立在路边。一派宁静的气氛。远方的小山，即小鱼山。

德国人占领青岛以后，即按时价征用了青岛村及附近的土地，其原住民全部移居他处，家园被拆除，取而代之的是一栋栋欧式的大小洋房。占领当局只在青岛口保留了两座中国建筑，即这座总兵衙门和其西边的天后宫。

值得记住的倒是这座官衙大门外的两棵不起眼的小树。从照片上，看不出那是两棵什么树。但关心青岛历史的人都知道，那是两棵银杏，至今还在，已经是参天大树。倒是马路对面的那些更大的树，早就没了踪影。

没了踪影的还有这座中国正二品大员的官衙。1959年，被老青岛人称作"老衙门"的这座青岛历史上最早的公用建筑，被彻底拆除，其原址上建起了一座苏联建筑风格的青岛市人民会堂。当下，会堂是青岛交响乐团的驻地。

今天的人们，如果有心，走到青岛前海的大学路和太平路路口时，抬眼看看会堂院内的东南角，就会看到有两棵粗壮的银杏树默然挺立。这两棵大树，成了青岛百年前最大的建筑物的最后的见证。

摄影师从总兵衙门东南角的高处，大约是小鱼山南麓，即今金口路一带，拍下了地处青岛口的这组建筑群的全景（图2，见中插）。

这是一座青岛历史上规模空前的建筑群，自南而北，从大门到大堂，从主院到跨院，房舍层层叠叠，显示了传统官署的规格与气派。因竣工只有数年，所以，大小建筑一体簇新。

远处的前海栈桥，清晰在目。

那时的沿海一线，只有一条土路。后来，殖民当局把它规划并修筑成了青岛最美的风光大道，初名威廉皇帝大街，即现在的太平路。

衙门以西和以北，丘陵起伏，一片荒芜。远处山坡上几个影影绰绰的东西，似是德国人从船上卸下的货垛。

近镜头处的山地上，尚有小块农田。看上去，冬小麦长势喜人。有农田在，既显示了本地原住民的半渔半耕的生活状态，又佐证了德国人占领胶澳伊始尚未实施原住民动迁工程。

彼时青岛,只是中国北方沿海地区的一个再普通不过的海滩而已。

广武中营(图3)为清军驻扎胶澳的四营之一,其营房位于总兵衙门西北,德国人占据胶澳后,一部德军进驻其间,后在此新筑了成群的德式建筑,并以其下野的"铁血宰相"俾斯麦的名字命名了该兵营。这个地方,就是今中国海洋大学老校区。

为了拍照这张合影(图4,见中插),水兵们拉上了一大两小中国人与他们同框。只是不知道他们让中间那位中国人端的牌子上写的什么字。

从三个中国人的衣装来看,早期青岛住民的日子过得并不差。透过高大的营门,能看得清院内整洁的营房。

图3 清军广武中营的营盘

图5 另一座清军的营门

营门外，两个德国人与一个中国人站在一起，让摄影师拍下了这张照片（图5）。

早期青岛移民中，有聪颖好学者，马上学会了德语，成了第一批翻译兼买办。后来成为青岛首富的莱州人刘子山，人称"刘半城"，就是那批人中的一个。

这是某座营房内的场景（图6）。一群德军官兵，在院内的山炮前嬉笑着欲拍合影。显然，这是正式合影前的一次试拍，却真实再现了占领者的心态。因未发一枪而入主胶澳，所以，无论在场的三位中国人，还是反客为主进入此院的十几个德国人，表情都很轻松。

仅建好几年的房舍，确实很新。

本来德国占领当局是要拆除这座中国建筑的，因为这些信奉基督的"洋鬼子"根本不相信一个淹死在大海里的南方少女会在冥冥中保佑全中国的渔民的海上安全。不过，当地商民闻讯后，立即与德国当局进行了交涉，并做出适当的承诺，终使总督大人顺从了民意，妥善地保留了这座始建于明代的历史建筑（图7）。

天后本名林默娘，一个淹毙于海里的福建籍女子。在中国，凡有海的地方，必有天后宫。青岛的原住民，都是明代洪武年间从西南省份迁徙而来的移民。在黄海之滨，他们学着在海里讨生活，并繁衍生息下来，就不能不像南方人一样祭拜一位海上保护神。在德国人登陆之前，胶澳商民于同治年间两度重修

图6　营房内的德军官兵

图 7　青岛口的天后宫

过天后宫。

　　1902 年，青岛的华商自建"中华商务公局"，其办公所即设在天后宫里。

　　照片上的天后宫，其原貌一直保持到约三十年前。笔者少年时，遇上破旧立新时代，天后宫成为青岛市南区文化馆的场所，直至 20 世纪 90 年代，文化馆才迁出。但之后的"修复"工程着实令人沮丧，竟然被"翻新"成了一个全然新貌的旅游景点！有心人如在青岛太平路上寻找照片上的这座天后宫，必定会失望，因为现在的天后宫，不再是黑瓦青砖的明代风格的地方小庙，而是一座用金琉璃瓦与红柱子堆砌起的仿古建筑。

照片里可见，天后宫周围散落了偌多的雕凿得大体一样的花岗岩石块。老青岛都知道，这些石头，不是用来改换天后宫建筑材料的，而是普通的铺路石"马牙石"。

得到青岛以后，德国人像经营自己的城市一样，为城区铺设了坚固耐用的石头路。

在改革开放时代之前，青岛老城区的路都是这样的石头路，只不过，经若干代人的磨蹭，马路上的每一块石头都已油光发亮。

现在老城区高地的天主教堂周边的那几条马牙石路，是近年重新铺设的。

比"马牙石"路更让人记住的是，是德国人精心设计与施工建设的青岛老城区的下水道。即便在百余年后的网络时代，"青岛下水道"也时不时地被各地的网民拎出来，当作神话一样，吊打一下本地的排水系统。老青岛称下水道与污水井口为"古力"，这是地道的德语 Gully 的音译。

前些年，街头电线杆上盛行小广告时，"投古力"的小招贴不比莆田系性病医疗广告少。外地人见此，肯定不知所云，但青岛人知道，这不过是一条疏通下水道的小广告而已。

从照片（图8，见中插）上看，德国人修古力，真是下了大本钱。挖地不止三尺，砌石不止一层，雨水、污水分流，且污水要经过处理才能入海。

百年租期（九十九年），质量第一；不重表皮，只讲实际。难怪一个多世纪前，西方人都把美丽且整洁的青岛称作"东方的瑞士"。

因大规模开发建设整座城市，青岛急需大批劳工。于是，青岛原住民和附近地区的青壮年农民，便成了德国人辖下的第一代居民。

图9 *海边的纤夫*

为了便于管理，德国殖民当局把青岛划定为欧人居住区与华人居住区。即便设置惩戒罪犯的监狱，也分为欧人监狱与华人监狱。

青岛所有的市政与军事工程，都是华人经手完成的。

老照片记下了他们的身影。

在海边，他们照旧造船、修船、补网，现在又多了为德国人摆渡和为德国船拉纤的新活计。

从码头到山头，每一尊克虏伯大炮都是他们搬运的（图10，见中插）。从海岬到要塞，每一座炮台都是他们营造的。从大街到小巷，每一幢造型奇特的洋楼都是他们一砖一瓦垒起的。

他们的"家里的"（女主人），还像往常一样操持家务，相夫教子。从妇人打水的照片（见封三）上可以推测出，当时

图 11　洗海澡的孩子

图 12　工地一侧的剃头挑子

图 13　全然欧化的青岛

的青岛年轻一代的女人们，受德国人的影响，已经不再把脚缠成三寸金莲般的袖珍，而是丢掉了裹脚布，能够像男人一样正常行走，甚至能挑水而行了。老青岛把缠过又放开脚的女人，称作"小大脚（读 jue）"。

他们家的"小骚"（男孩子），一时还改不掉光着腚到海里洗澡的习惯——老青岛一直把到海里游泳说成"洗海澡"（图11）。

从穿戴上看（图12），早期青岛人，日子过得蛮不错。要不然，青岛怎么会从德占之初的 8.2 万多人剧增为 1914 年撤离时的 15 万人？

几年之后，渔村外的青岛口就成了这个模样，一座完全欧化的城市（图13）。

正因为有如此之多的异域风貌的历史遗存，建置只有百余年的青岛，才有资格跻身于"中国历史文化名城"。

（图片由云志艺术馆提供）

樊城山陕会馆的三张老照片

李秀桦

　　襄阳（曾称襄樊）位于湖北省西部，是雄踞汉江流域中游的历史文化名城，素有"南船北马""七省通衢"之称。汉江将城市分为南北两部分，南为襄阳古城，北为樊城。

　　明清时期，商业的繁盛让外地商人在襄阳大兴土木修建会馆。商界劲旅的山西、陕西商人就是最早在樊城修建会馆的商帮。樊城山陕会馆位于解放路南侧、皮坊街1号的襄阳市二中。会馆前身为始建于康熙三十九年（1700），康熙四十四年（1705）竣工的关帝庙；康熙五十二年（1713）增建拜殿、正殿及戏楼，扩建山门、增建门面，并重塑关帝圣像，改称"山陕庙"；乾隆十七年（1752），创置山门外石狮两尊（今仍保存于山门之外）；乾隆二十五年（1760）对"山陕庙"集资修整；乾隆三十九年（1774）新建了祭祀天、地、水诸神的三官殿；乾隆五十七年（1792），重修院墙；嘉庆六年（1801）重修山门、门面和戏楼，改称"山陕会馆"；道光三年（1823）重修山陕会馆，并于正殿之右新建荧惑宫、增建花园和香积禅寺（僧房）等。经过一百多年的不断修建经营，山陕会馆建筑群总面积达到了数千平方米，殿阁楼堂一百余间，形成史上最大规模。光绪十三

图1 20世纪60年代的樊城山陕会馆戏楼一角。徐信摄。

年（1887）"山陕两省众首士"又对正殿进行了修葺。百年之后，2002年至2004年，襄樊市文物部门对会馆主体建筑的前殿、正殿、钟鼓楼进行了抢救性修缮。

山陕会馆不论从格局还是结构，从不同建筑装饰手法的应用，处处雕梁画栋，精雕细刻，内容有人物故事、花卉飞鸟、兽头等图案，造型生动，足以体现会馆是不同于一般民用建筑的华屋高构。其建筑装饰特色是琉璃材料的大量运用，以及精湛的石雕、木雕工艺。

山陕会馆是襄阳规模最大、保存最好的会馆建筑，2002年公布为湖北省重点文物保护单位。

山陕会馆"祀神、合乐、义举、公约"四大功能齐备，建筑群由山门、戏楼、影壁、钟鼓楼、拜殿、正殿、花园等组成，现仅存影壁、钟鼓楼、拜殿、正殿，均为琉璃瓦覆顶。其中八字影壁的琉璃雕塑最为精美绝伦。牌楼内前部为两层飞檐戏楼，琉璃覆顶，雕花门罩，历年改建后已面目全非。

退休教师徐信曾在襄樊二中工作了二十三年，亲眼看到了这座古建筑群近五十年的沧桑变迁。"1961年我见到的山陕会馆，不仅是黄绿色的高浮雕，在瓦上还有一组一组历史故事的组雕。最令人惊叹的就是大门两侧的琉璃屏了，上面的图纹和人物也有其含义：左边是'日'，右边是'月'；左边立的是文官，右边是武将。另一精彩的建筑就是院内的钟鼓楼。两座钟鼓楼分三部分，1964年以前钟鼓楼的中下部是相通的，有木板相隔。可能是将钟鼓搁置在中部，下边是敲击钟鼓之处。那时中部四周钉有木板。四根粗大的圆木柱从地面顶托着上部的斗拱和顶部。亭的斗拱结构至今未变动过，斗拱下边的四块木雕：琴、棋、书、画没有变动，仍为原物。但斗拱上的亭顶部经这些年的翻修，已完全失真变样了！原貌是四角高挑，尖部各有一条鱼，显得轻盈美观，在其下部悬挂有风铃，微风吹动就可听到清脆的铃声。但那时会馆古旧残破的外貌令人感到凋零和沧桑。"他回忆说，"1964年市政府文化局曾拨款维修钟鼓楼。拆除了中部四周的木板，显露出四根大圆立柱；又考虑到年代已久柱子承托不了上部的重量，就在每根圆柱的内侧加上三十厘米粗的铁柱支撑。中下部之间用钢筋水泥固定。同时对已损坏的鱼图案等翻模复制；斗拱下的装饰木雕以粉绿色作底色，凸起的图纹涂上彩色；四根大柱刷上大红色。当工程完成后，人人都拍手叫绝，赞叹这次的修缮。因经费有限，只修缮了钟鼓楼。"

这张有人在钟鼓楼上下活动的照片（图3）拍摄于1966年夏。当时，史无前例的"文革"风潮席卷襄阳，山陕会馆也被扣上"四旧"这莫须有的罪名。1966年9月2日将近中午，当时的某技校的"串联"队来到二中，向在校学生介绍"革命形势"。在革命小将离校前有学生问他们，这些古建筑是四旧吗？此人答曰，你们看是什么？话音刚落，学生们就发疯似的架梯爬房攀上房顶，掀掉房顶屋脊上的一切装饰物。徐信亲眼见到钟鼓亭上的琉璃装饰物和戏楼大殿等顶部的琉璃装饰物都是从插在屋脊顶部长一米多的铁柱上一段一段拆卸下来扔下砸碎。亭上的四块木雕也遭重锤打击，因木质厚实未被击碎，后又企图锯断木雕，经劝说才作罢。当时房顶上一批学生在行动，地面上也燃起了熊熊大火，将几个月从学校周边搜罗来的"四旧"物品付之一炬。徐信面对此情此景，只有痛惜！

劫后余生的会馆一片狼藉，残破凋零，悲惨凄凉。学校也不成学校。喜欢摄影的徐信用学校的相机记录了这一时刻。

20世纪30年代当局曾利用山陕会馆办过一所"樊城第一中心国民小学"，即今襄阳市迎旭小学前身。1949年10月在山陕会馆内恢复襄樊第一小学，创办"襄樊市中学"。这是市人民政府创办的第一所公办普通中学，始称"联中二部"，其中学前身是民国时期的昭明学堂。1956年，襄樊市中改名为襄樊市二中。

胡卫平1951年生于武汉市，襄樊二中是他生活和工作过的地方，对这个地方他似乎有复杂的感情。每天，他都可以通

图2 1964年的山陕会馆大门。徐信摄。

过自家房间的窗户都可以看到山陕会馆黄色的屋顶。"1958年，母亲被打成右派，下放到襄樊，分到二中教书。当时对山陕会馆印象特别深，一开始还以为是个庙。我们是用板车从汽车站把行李拉到二中的。门口有一尺多高的石门槛儿，记得当时弟弟妹妹们过的时候还蛮吃力。有两扇大木门，现在还留下一扇。穿过戏楼下的通道就到了内院。戏楼中间是戏台，两边是厢房。从大门到钟楼铺的是石板，两边是鹅卵石。童年的记忆总是美好的，这地方不是石头就是琉璃瓦，当时就感觉到很新鲜，心里很喜欢。钟楼圆门左边进去是一个院子，钟鼓楼两边都是二层的办公楼。大殿的空间很高，当时隔起来一层，北边三间做

图3 1966年9月2日，樊城山陕会馆红卫兵"破四旧"。徐信摄。

图书室，南边做了女生宿舍。90年代又拆除楼板，恢复原状。大殿后面到教门街是一个操场，操场上有学校的气象站。那个时候大桥还没有修。整个学校既有古典美，又有田园情趣，每个老师还分了一块地做菜园。后来环境就越来越差，也不美了。"

一所满载了秦晋商人荣耀和骄傲的地标性建筑，做为"中俄万里茶道"的历史见证，屹立汉水之滨三百多年，在今天已经得到妥善的保护，这三张老照片是迄今为止可以一睹六十年前会馆风姿的唯一影像。

（图片由徐信提供）

滇缅战时影像钩沉

晏　欢

史迪威公路上的奇葩路牌

列多公路（Ledo Road）又译为雷多公路或利多公路，一般是指从印度的列多（Ledo）通向缅甸的密支那（Myitkyina）这一段，而滇缅公路（Burma Road）通常是指缅甸的密支那到中国云南昆明的一段。所谓的中印公路，也就是史迪威公路（Stilwell Road），则广义上涵盖了这两段，因为当年中文里常提及的"中印公路"却没有一个相对应的英文名称，而英文中不是以"列多公路（Ledo Road）"就是用"滇缅（Burma Road）"来表述，并没有统一的称谓。后来干脆用 1945 年初全线通车后蒋介石以史迪威将军名字命名的"史迪威公路"，书刊报章新闻电影中也多用此名。

史迪威公路全程都在崇山峻岭里，地形非常复杂，交通事故频发。当局为了保障安全和高效，制定了严格的规章制度。美国是汽车文化大国，美国人为维持良好的交通秩序，无奇不出，就是想象不到效果是否显著。

驾驶一辆道奇大卡车行驶在崎岖陡峭的滇缅公路上的美国

110

图 1 蜿蜒曲折的史迪威公路

　　图 2 史迪威公路地形险峻，修筑工作非常艰难，通车后车辆行驶其间险象环生，提心吊胆。

111

大兵一眼看见这样的警示路牌，到底是会兴奋呢，还是真能提高警惕而放慢速度？

图3、图4来自美国国家档案馆的照片，背面文字一模一样："1944年5月29日，缅甸。这是列多公路Ledo Road上的一块路牌。美军通信兵安德鲁斯（Andrews）摄。"

图3的路牌上写着："Speeders Beware！ Mark my words Wait and see. You'll Get Caught Just Like Me. 25 M.P.H"这句像是顺口溜的标语翻译成中文，大意是："开快车的小心啦！记住我的

图3　路牌上的英文标识

图4 路牌上的英文标识

话，耐心等，看清楚，否则你就会像我这样手忙脚乱，狼狈不堪。限速 25 英里。"

　　原文读起来是朗朗上口的押韵文字。文字旁边的漫画是一个性感裸体女郎在慌乱中想要用一块毛巾遮身，显得手足无措，顾此失彼。以此来警告司机们"一慢、二看、三通过"，保持限速行驶。

　　图4路牌上的文宣，遵循的同样是"有味"路线："DRIVE SLOW. CURVES ON ME MAY LOOK SWELL. BUT ON LEDO

图 5 另一处路牌上的标识

ROAD. THEY CAN BE HELL. 25 M.P.H." 中文意思是："慢驶！我身上的曲线看了能使你膨胀，列多公路的曲线（弯道）可要你命丧！限速 25 英里。"

另外一张同样"香艳"的照片（图 5），背面文字是这样的："1945 年 1 月 13 日，由印度列多开往中国的第一车队正驶过列多公路旁的一块警示牌，它提醒司机们不要超速。美军通信兵拍摄。"

这一面警告牌上写着醒目的字句："TAKE MY ADVICE
SOLDIER WHENEVER YOU DRIVE. DON'T BE FOOLISH AND
YOU'LL STAY ALIVE. 25M.P.H."翻译成中文大意是："兵哥哥
听我的劝告，开车时绝不犯傻，你能保住一条命。限速25英里。"

性感女郎形象出现在战场上其实由来已久，非常普遍。从
这张中缅印战区 CBI Theater 英国军队的"美女挂图医疗室"
照片（图6）中可见一斑。其背面的文字为："1944年12月
11—13日 SC 384935'英军三十六师二十九旅攻克印道（Indaw）

图6 两位士兵被挂图所吸引。

之前和期间的其他类照片'盟军东南亚总司令部摄影部队（美军）[SEAC Photo Unit（US）C109-1-C]：眼花缭乱的美女挂图装饰着皇家威尔士火枪团的医诊室，这里是英军三十六师进军印道途中安营扎寨之地，来自英格兰赫里福德（Hereford）的火枪团员罗伯特·切斯特（Robert Chester）和来自利物浦的火枪团员马斯特顿(J. Masterton)被挂图吸引，驻足欣赏'艺术品'。摄影师：惠特利·奥斯汀（Whitlay Austin）中尉。战地新闻管制处准予公开。"

令人费解的是，这些英国军人为什么要把人家美军总参谋长乔治·马歇尔将军的照片和这些性感女郎挂在一起？

追寻照片里的"洋大妈"

这是一张（图7）背面没有任何标注的档案馆馆藏照片。严格说是两张（还有图8），同样的人物，只是在不同的画面中。它们被混在一组"废片"之中，尺幅只有一张邮票大小，明显从未被采用，甚至从未被冲晒出来成片归档，在拍摄后的七十多年里仅仅是停留在试验相纸上。

按照当年在马里兰的美国国家档案馆复制中国抗战照片的工作经验，以及回国后的归档分类原则，这显然是一张试机扫描，也就是检验扫描仪工作状态的试片。这张照片被扫描后，并没有归入相应的文件夹当中，因此也很难引起人们的注意。

其实在此之前，我已见过这张照片（图7），但却摸不着头脑，因为照片除了画面中的告示牌上有十六个汉字外，再没有任何的文字信息。既不知照片中的人物是谁，也不知是在哪里拍摄的。对我而言，它一直就是个谜。尽管这张照片质量相当好，

图7 一位"洋大妈"与中国女童子军

画面对我也颇有吸引力，总觉得背后应该有故事，但由于对它几无所知，我从未挑选出它来参加任何的展览或出版，也没有在微博或微信中披露过。大概是当年洋人出于他们的视角，不觉得这张图片有什么值得发表的价值，又或许是摄影师冲晒出来小样后，觉得没啥意思，便把它当作废片丢弃了。

从照片上几个女孩子的制服，招牌上所画军人戴的帽子，以及身着军装的洋人和背景中的美国国旗，似乎是拍摄于抗战时期的大后方某地。而照片中唯一可以辨认的十六个汉字——

图8 "洋大妈"的另一幅照片

"日常用品 应有尽有 惠顾诸君 无任欢迎"——则很像是某个军人招待所的小卖部。我就女孩子们的服饰专门请教了一位年纪不大的军装收藏、鉴定大师某"匪",他一口答说是"童子军"服,而此前我还以为她们身着的是护士的装束呢。如果是专门接待外国军人的招待所,那么为什么招牌上只有中文,而无一个洋字码?

多年来,照片里的未解之谜一直困扰着我。

前些天,本是回应著名抗战照片收藏家邹德怀先生在朋友

图 9   "洋大妈"在观看雕塑。

圈里贴出的美国护士在昆明的珍贵照片，不料却把我引向了抗战期间美国人士在昆明这个大类别的搜寻。一次浏览电脑时，发现了数张美国记者在昆明的照片，突然，这位洋大妈的身影竟跳了出来！（图 9）

我一眼认出了：就是她！

感谢美军一六四照相连的摄影师路易士·瑞克佐科斯基（Louis Raczkowski）技术军士，他在照片背面留下的文字记录帮我揭开了这位貌似美军女兵的身份："CT—45—25310   1945年 6 月 26 日，中国昆明 *This Week* 杂志的玛丽·戴·温恩（Mary

图10　这大概就是她观摩到的实战演练。

　　图11　炮兵训练中心的学员们，一天训练结束，回到食堂准备就餐，背景中的房子有可能就有图7里的那个小卖部。

Day Winn）是为数不多的几位到访中国昆明的美国战地记者 War Correspondents，在她观摩了昆明的中美炮兵训练中心（Field Artillery Training Center）的演练后，在附近一个古老村庄的寺庙里欣赏具有两百多年历史的罗汉塑像。摄影师：路易士·瑞克佐科斯基。"

中美炮兵训练中心 位于昆明郊外的甘海子，先贴出几张图片给大家看看它的环境。

那张照片有可能就是在炮兵训练中心的小卖部前拍摄的。为什么照片里的招牌没英文？或许那个小卖部是仅供中国官兵使用的一个服务社，而美军教官自有他们的专属俱乐部。那栋用做小卖部的建筑物，或许就是这张（图 11）炮兵训练营地照片里的某一栋。而这几位女童子军应该是陪同"洋大妈"自昆明城里开车来远郊的训练中心参观采访的，看她们与玛丽大妈谈笑风生的模样，怎么也应该是喝过几年洋墨水的学生妹。可惜的是，我再没能找到这几位中国女童子军的其他影像和文字信息，但愿如今还有人能认出她们，最好是她们当中还有人健在——她们至少也是九十高龄的耄耋老者了——还能看见这两张清晰的照片中她们的装扮和面容。

腾冲光复后的抗疫

图 12、图 13 是记录抗战期间在云南边城腾冲中美两国共同抗疫的照片，来自美国国家档案馆浩如烟海的历史照片库。当下正是全人类共同对抗新冠病毒的关键时期，回看七十多年前的防疫场景，别有一番滋味在心头。

图 12 背面的英文说明译为中文，大意是："CT—45—

图 12　防疫前的准备工作

22240　腾冲　中国　1945 年 2 月 28 日，抗瘟疫小队出发前往附近村镇前，工作人员在聆听主管中方团队的邓医生（音译：Dr. P. H. Teng）和美军督导顾问约瑟夫·史密斯（Joseph B Smith）中尉以及富兰克林·罗达巴洛（Franklin D Rodabough）上尉详细交代任务。每一小队里有两位队员配备了显微镜、老鼠夹（笼），以及必要的喷雾器喷洒滴滴涕化学药品。肖普（Schwep）中尉拍摄。"

　　史料记载，1944—1947 年滇西曾流行鼠疫，1944 年 10 月底，国民政府调集大批训练有素的鼠疫防治专家和公共卫生专家，

图 13 正在进行防疫工作

奔赴滇西南地区，灭鼠防疫。而腾冲光复是 1944 年 9 月，光复后的数月时间里都在恢复重建。1945 年 2 月，曾与中国军队携手并肩从日军手中将腾冲解放的美国军队可能还仍然驻扎在腾冲或附近，此时两国防疫人员共同应对瘟疫，也是共同战斗的一种延续。

　　照片中那位穿白色上衣的中方负责人邓医生，他的衣着和发型以及架在鼻梁上的眼镜在这群人里特别显眼，算是那个年代有地位的医生的典型形象。蹲在地上的那位阿伯，头顶上的绒线帽是滇西的流行款式，在其他滇西同时代照片中经常可以看见。他有可能是这户人家的主人，好奇地打量着院子里一大堆奇奇怪怪的防疫器具。站在门槛上的小姑娘，大概是这个四合院人家的闺女或是孙女。从这些人的装束看，毁于战火几个月后的腾冲，似乎生活以及环境都已经趋于平静。女孩脚上的鞋子看上去十分时尚，像是一双皮凉鞋，应是舶来品吧。那堆了一地的防疫设备器材，看上去挺洋气，还有红十字标志，有些直到20世纪六七十年代都还在使用，并不觉得陌生；右边的容器盖上，还可以看见有一个仪表，可能是控制压力之用。

图13是从完全不同的文件夹里所发现，背面英文说明译为中文大意是："把毯子熏蒸以消杀带病毒的虱子。一九八师的工兵们把他们床上的铺盖被单以及衣物拿到这个防疫站点，在这里用氰化物进行消杀熏蒸。左起依次为：防疫委员会的邓医生（音译：Dr. P. H. Teng）、周先生（音译：P. C. Chou）、朱先生（音译：T. Chu）和约瑟夫·史密斯（Joseph B Smith）中尉。腾冲　中国　1945年2月28日。肖普（Schwep）中尉拍摄。"在这张照片里，正示范仪器操作的邓医生面部，可以看得更清晰了。

一九八师（师长叶佩高）是五十四军（军长阙汉骞）攻克腾冲的主力师，此刻滇西战事虽然已经结束，该师应该还没有调离腾冲。如今，腾冲县城里还耸立着一座一九八师腾冲战役阵亡将士纪念碑，去腾冲观光旅游的人仍然可以在参观完国殇墓园和滇西抗战纪念馆后，移步前往附近的这座纪念碑鞠躬致敬。

过去的十年里，对于腾冲这座抗战中第一个从日军占领下解放的中国县城，公众的目光总是聚焦在那些硝烟弥漫的腾冲之战的照片上，鲜有如此生僻的主题画面出现在人们的视线里。今将其公开展示，也算是对那段历史影像资料的某种补充。

（本文所有图片均来自美国国家档案馆）

我的母亲和父亲

杨衡善　李秋敏

我的外祖父马幼渔（名裕藻）于1913年始任北京大学国文系教授，讲授文字学、音韵学，1917—1935年任国文系主任，胡适接任系主任之后，他继续当教授，直至1945年去世。我母亲马珏是他的长女。1929年进北大预科（课），1931年在政治系本科读书，1934年初离校，因婚事未克毕业。

母亲马珏在北大小有名气，不仅因为她是教授之女，攻读的是政治，更因为她天生丽质。本来那时北大的女生就非常稀少，加上母亲固有的花容月貌，所以一时名重红楼。六十多年后她的一位老同学张中行念及此还写道："我1931年考入北大，选中国语言文学系，系主任马幼渔（名裕藻）是马珏的父亲；马珏在政治系上学，有一顶了不得的帽子——'校花'。人，尤其年轻人，常情，水做的怎么样说不清楚，泥做的都爱花，如果还大胆，并愿意筑金屋藏之。诚如我所见，上课，有些人就尽量贴近她坐，以期有机会能交谈两句，或者还想'微闻香泽'吧；以及她后来的文中所说，常常接到求爱求婚的信。我呢，可谓高明，不是见亭亭玉立而心如止水，而是有自知之明，自惭形秽，所以共同出入红楼三年（她1934年离校），我没有

图1　母亲父亲婚前照

贴近她坐过，也就没有交谈的光荣经历。"

　　作为小儿子，我长期与母亲生活在一起，她去世时，我五十四岁，数起来，在母亲身边的时光在四十五年以上。在我心目中，她只是一位极普通的母亲，因生活需要而办公持家，因命运安排而上下颠簸。我知道她的背景，但我感受不到北大的气息。后来有人想发掘她这座"宝库"，她却说："有什么回忆头啊？"当时我也觉得，我的母亲似乎很平常嘛。

　　史书，往往是伟人传加大事记。"一将功成万骨枯"，史书记载的是那些"将"的经历，"万骨"呢？群众的命运是不入史的。有的人，他的经历给历史留下了痕迹，以至于有的时代被称为×××时代。更多的人，芸芸众生，是历史在他们身上留下了痕迹。然而，从这芸芸众生身上的历史痕迹中也能折射出历史的真实一面，所以我想，从我母亲身上还是能寻觅出历史踪影的。

我母亲的中小学教育是在"孔德"接受的。孔德学校创办于1917年，1918年2月开学，我母亲即于此时入学。她在"孔德"上了近十年学，完成了现在所说的"义务教育"，1927年8月进中法大学预科，翌年，又考取北大预科。

母亲后来选读了北京大学的政治系。外祖父对子女专业前景的设想含有极大的民主革命热情，也充满天真的浪漫色彩，这热情与色彩在社会严酷现实面前显得十分软弱无力。母亲读政治系没有毕业，就是毕了业怕也不可能如外祖父所想去当什么公使。外祖父让大舅马巽去日本学经济，让三舅马节去德国学经济，大有振兴积弱民族，建设经济强国的气概，但舅舅们虽学有所成，却用武无地，旧中国不说了，新中国成立后，他们分别在科技情报所和外文出版社从事日文、德文翻译，用的仅是语言之长。二姨马琰在北大学法律，外祖父希望她能为争取女权做事，又说"就是离婚，也可保护自己的权益"，谁知一语成谶，二姨学的法律就只有了这点用处。时代与社会，没有提供有效的空间来发展，他们只有空怀才志。

母亲在1928年春天考入北京大学预科一年级。这是一次特殊的考试，入学者到秋天即可升入预科二年级。但母亲因考试太累以致病倒，所以一入学就休学，到秋天仍上预科一年级。1930年转入政治系本科，学到1934年离校。

北大分三院，一院在红楼，是文科和部分法科；二院在景山东街，叫马神庙，是理科，有一小礼堂，一般名教授在此演讲；三院在北河沿，译学馆旧址，全是法科，有大礼堂。政治系属法科，母亲在红楼上课，有时到二院听胡适的课（自由选择），外请学者讲演均在二院，如鲁迅先生讲演就在此。

母亲曾回忆她的大学生活："我记得第一天去沙滩上学，又兴奋又紧张。红楼从一楼到三楼都有教室，每层楼中间有教员休息室。教室的桌椅有分开的，也有在右手处有一扶手可写笔记的。必修课教室固定，选修课任选。同学中大多是男同学，女同学很少，1928年已由几人增至十几人。男女虽然同学，却不轻易交谈，互相不知姓名，因为注册室的人每堂课来点名是看椅子上有人即在点名册上画'到'。

"那时在学校学习全凭自己自觉努力，老师都是高水平的，图书馆藏书也极为丰富，就是刚一入学，觉得学校太大，摸不清如何利用这好条件去学习。

"北大课外活动特别活跃，可以学习乐器，包括钢琴、提琴，可以学摄影，可以学唱歌，可以学昆曲，还有体育活动，同乡会、同学会等等。我参加过钢琴和昆曲的学习，还曾受清华大学昆曲老师溥侗先生的邀请去合演过《游园》。到了春天有旅游活动，到了冬天，校方在一院的大操场搭起人工溜冰场，下课后同学们成群结队去玩。

"1928年秋季入学，12月是三十周年校庆（现为'五四'了），11月即有校庆筹备会来邀我表演节目。我很为难，因为我很少参加文艺活动，只在初一演过一次儿童剧《青鸟》，我扮演'牛奶'一角，就一句台词：'我觉得我要变味了。'这次我想拒绝，可他们再三动员，我只好勉强接受了，决定演一段单人舞，起名《倦鹤舞》。由我自己去找孔德学校教体育的女老师排练，这时离校庆只有两个星期了。记得演出在三院大礼堂。当时是隆冬腊月，生了几个大火炉也不管用，冷得我浑身起鸡皮疙瘩。我本来就没有舞蹈基础，简直不知怎么上的场，也不知怎么下来的，只见黑压压一片人头晃动，跳完后气喘吁吁，然而同学们非常捧场，掌声如雷，紧接着是我特邀女师大一位同学跳《燕子舞》，直到'燕子'上台掌声才停。《燕子舞》跳完掌声稀稀落落。我感到对客人太不礼貌了，心里很不是滋味。过了几天小报上登了一篇评论，说'《倦鹤舞》只会东窜西跳却掌声不停，《燕子舞》很有功底却掌声冷落，太不公平了'，我读了非但没有不高兴，反而很感谢这位记者说了实话，替我表达了抱歉的心情。

"六十年前我正好十八岁，当时女生很少，所以我显得很突出。记得上第二外语时课间休息，我从女生休息室回来，见我书桌上写着，'万绿丛中一点红'，我一见很生气，也不知谁写的，就用纸擦掉了。第二次再上课时又见上面写着'杏眼圆睁，柳眉倒竖'。我又擦了。不但有这种'题词'，还常接到来信。我当时的心里就是见信很不高兴，觉得别人欺负我，很难受，可见了信还光想看，看完了就又哭。日子长了父亲发现我情绪不正常，我如实反映了情况。父亲说：'他们写信给你，是对你有好感才写的，没有恶意，不是你想的那样，你不愿理他们，不看就是了，把信给我。'可我又不愿意不看，父亲就又说：'那么要看就不要哭。'父亲对我体贴入微，我有什么想法都愿向他说。来信绝大多数是普通信格式，大意是要求通信做朋友，充满敬慕之词。有一个装订成本的给我印象很深，一共两本，一本给马先生，一本给马小姐，内容从不知我的名，'珏'字怎么念说起，然后介绍自传，直至求婚。还有一个经常来信而不署名，发信地址又老变的，我也留下了印象。事隔多年，这些信一直留在我脑子里，我的看法可是大变了。我以前的看法是不对的，以致同学们普遍反映我骄傲自大不理人；还是我父亲的话对，可是我再没有机会向同学们说道歉的话了。"

再说说我的父亲。

父亲杨观保，字季鹗，光绪三十一年（1905）生于苏州老家，幼年方随母进京与父团聚，这时大约已到民国初年，他七八岁的样子。祖父杨赓元，字良孚，是清末副贡，任户部（后改度支部）钱币司小京官（民国后任金事）。祖父去世于1937年，我还没出生。祖母与父亲母子从苏州坐小火轮拖的航船到上海，换乘大海轮到天津，又改乘火车到北京，这是他人生第一次大旅行，印象深刻，不可磨灭。父亲在哪儿上的小学，言谈中曾经提及，但我记忆不深了，是不是北京高等师范学校附属小学，已无可考。但中学确是在北京高等师范学校附属中学上的，因为这时他与大舅马巽同学，此校即现北京师范大学附属中学前身，所以他们是师大附中校友。

父亲在附中毕业后即进北洋大学预科学习。北洋大学始建于1895年，原来由盛宣怀创办，叫中西学堂，1896年改称北洋大学堂（现天津大学前身）。父亲准备预科毕业后攻读土木建筑本科，但1924年一场学潮改变了他的命运。这场学潮目的是驱逐校长，校长是谁，为何被驱，未找到有关资料，但这位校长终于是被免职了。可上峰认为学生犯上似也不可助长此风，所以要求闹事学生写悔过书。年轻气盛的父亲拒绝做此事，愤而返京投考北京税务专门学校。

税专前身是清政府创办的税务学堂。这学校的创办可能是

图2　父亲母亲结婚照

洋务运动的延伸，"师夷之长以制夷"应是办学之初衷。父亲回忆，此校所设财政、经济、法律以及国际贸易等课程均由英人以外语讲授。因为清政府战败签订了不平等条约，海关行政管理权全由洋人说了算，洋员地位极高，而华员地位极低，其理由是华员水平低，所以培养高水平的海关人才就成了一种可以更多地取得管理权的手段与途径。事实上，税专毕业生后来逐步成了海关华员的中坚力量。由于海关管理相对封闭，可以"独善其身"，奉行的高待遇、高保险政策成了一般人为谋求稳定、富足生活而进行追逐的目标，号称"金饭碗"，导致税专成为当时最难考的高校之一。爸爸脱颖而出考取税专，为他前半生的生活轨迹做了基本的确定。

1928年，父亲税专毕业即在天津海关就职。

1933年，母亲与父亲结婚。母亲婚后继续在北大求学，然而终于没有完成学业，就此成为家庭妇女。她不是没有机会或没有能力走向社会，但当时的职业女性，当"花瓶"的居多，实际能做事的只是少数，加上父亲收入不菲，自然不愿太太出去闯荡，于是将母亲雪藏家中十余年。

再说天津海关的情况。海关本应设于海口，但通商口岸因不平等条约而增辟，所以海关也不仅设在沿海、沿边、长江各口岸，以至内地，均有设置，如蒙自、安东（今丹东）、苏州、沈阳等。天津为仅次于上海的第二大港，所以海关规模甚为可观。父亲在天津海关供职二十年，至1948年方调上海海关总署任养老储金股主任。这时他的级别已达超级帮办、代理副税务司和副税务司。

父亲税专毕业进津海关，一年后任四级帮办。抗战胜利时曾任津海关接收敌伪码头仓库办事处主任。这个办事处是怎么回事呢？试道其始末，所述均从父亲处听来。

天津市为华北最大的通商口岸，既是北京的门户，又是经济、贸易和生产的中心。19世纪中叶以来此地租界林立，主要有英、日、法三国（德租界自第一次世界大战后已成陈迹，俄意两租界发展有限）。因此，洋商所开的洋行、进出口公司及船行等不计其数。1937年抗日战争全面爆发以后，日商所经营的各色各种株式会社和商店以及进口的货物充塞了天津的市面。

1945年日本投降后，根据南京政府命令，凡是敌、伪产业和物资一律没收充公。那时，众所周知的事实是那些长期蹲在重庆的官僚、政客和奸商们都认为这是百年不遇的发财好机会，于是争先恐后地抢购飞机票飞向沿海各口岸来活动，头一任天津市市长张某，据说在重庆官场是有名的"标准小人"。此人一到天津，就命令手下爪牙把所有的敌伪的码头和仓库（一般船行的码头都建有卸货的仓库）贴上封条表示查封，然后打开后门，偷运物资，合伙分肥。老百姓们盛传"接收"大臣为"劫搜"大臣，如此可耻的勾当是家喻户晓的事实，所谓公开的秘密，不足为奇。

大概这混乱状态泛滥不久就被南京政府察觉，感到不妙，岂能让这样一大块肥肉落在他人口中。于是行政院院长宋子文就亲临北京要成立敌伪产业处理局，由南京自己派员掌握；处理局分设在上海、天津、广州、汉口四大商埠。华北总部设在北京（原日本使馆），任孙越崎为局长，顾毓泉为副局长。1946 年春，津海关（解放后称天津海关）接到上海海关总署转来南京财政部关务署指令，筹立津海关接收敌伪码头仓库办事处，协理处理局负责敌伪物资的保管事宜。宋子文是留美出身，据称洋派十足，了解海关的工作效率一直比较高。对照旧社会其他官僚衙门，海关的组织、制度和工作是比较正规化的。溯其原由，须涉及 19 世纪鸦片战争以来，以英帝国主义为首的列强为了使逊清腐败政府所订立的不平等条约赔款有所保障，由清政府聘请英国人赫德为中国海关总税务司，统管全国各口岸海关的实际工作。赫德一方面做的是中国政府的官员而实质上是中国海关的统治者。中国政府名义上可以任免总税务司，但所任命的总税务司，其国籍必须是与中国贸易额最高的外国，而那时贸易额最高的国家就是英国。同时，中国政府却无权过问海关内部的一切工作。于是赫德制定了海关的组织，决定华洋内外勤人员的任用、待遇以及工作运行的种种规章制度。这些是仿照英国文官制度制定的，其总的原则是以待遇优厚和纪律严格为手段取得较高的工作效率。其后在我国铁路、邮电或其他新式机构中都有相似的内容。清政府原设的海关监督公署一向腐败无能，直至民国以后，虽有机关，名存实废，每月只从海关领取该署经费而已。上述历史背景可能就是宋子文找到海关来协助处理局的用意所在。南京政府为了要从这批贪官污吏手中夺取抗战胜利的果实，当然要寻找一个可靠的看守者。

津海关税务司卢斌委派父亲（当时海关级别为内勤一等一级帮办）担任津海关接收敌伪码头仓库办事处主任的职务。不久，卢斌调任上海海关总署人事处税务司，来津海关接任税务司的卢寿汶继续委派我父亲担任办事处主任。父亲曾随同卢寿汶去北京处理局总部开过两次会议，与处理局孙越崎局长议定了双方办事的手段，主要内容如下：

一、海关只负责码头仓库中所存物资的保管，一切处理权完全由处理局掌握。有关普通商人存放的非敌伪性质货物另有规定。

二、海关方面进行是项协助工作的一切费用，包括海关正规职工的参加者、必须招收进来的临时内外勤雇员及每天现雇勤杂壮工等等的工资、待遇和其他有关开支，概由海关按月造册向处理局报销。

三、处理局在天津市应设立驻津办事处以便随时就地负责与津海关方面联系以便工作的进行。

父亲受命筹立接收码头仓库办事处，自感责任重大，并且所担任的职务并非海关内勤本身工作可比，毫无经验可以借鉴，经过考虑再三，向领导书面提出两则主要意见：

一、要有用人之权，办事处所需海关正规内勤人员及正规外勤主要负责人员必须由主任选用。其条件为，行为忠实可靠和工作能力胜任。

二、主任办事应该有职有权，上级应避免越权干涉，在具体工作中如遇争议、困难或其他重大矛盾发生时，主任除将有关情况汇报税务司以法裁决外，在商讨时应发挥民主讨论的精神以利工作。主任在处理办事处内部工作中，亦须遵照同样精神。

在整个敌伪物资处理过程中，情况复杂，争斗激烈，难以尽述，所幸处理局与津海关在是项工作中的合作情况是良好的，没有发生过任何矛盾。究其原因，一则在开始工作之前，双方业已召开两次会议，彼此了解较深，所订职权分明，避免误解，奠定了工作顺利的基础。二则处理局的工作人员技术人员较多，包括局长孙越崎在内。该局驻津办事处的组长、科长们，他们大都来自南京资源委员会，没有旧官僚习气，作风爽朗，实事求是，在工作中感到很好办事，彼此本着精诚合作的态度，省去许多繁文缛节，从而促进了双方的工作效率。

经过一年半的紧张工作，到 1947 年末，天津地区敌伪物资的处理工作基本结束。父亲因兢兢业业、廉洁奉公连升两级，调往上海海关总署。

这一段时间可算是父亲一生中的辉煌期，不仅学业、事业有成，家庭生活也很幸福、美满。1949 年以后，就逐步走下坡路了，甚至沦为阶下囚。这不是他个人的过失，时也，势也，摊上某个时代，大势所趋，在劫难逃。这样的沦落并非一日之寒导致的三尺之冻，它是一步步来的。

由于父亲的待遇趋于普通，母亲参加工作的话题又提起，那时，北大的牌子还是起作用的。1951 年，海关宿舍有位同楼

图3 母亲在枣庄工作证照

邻居谢为楫，是冰心的弟弟，他的妻子刘纪华是燕京大学"金钥匙"获得者，在宋庆龄领导的中国福利会工作。她知道母亲，所以一经提起，即联系她的工作对象上海儿童图书馆，很快就安排上班，成为隶属上海文化局的职员，从而参加革命工作，总算使荒废的学识发挥了一点作用。以后又调往济南华东煤炭管理局行政处任文书，调往枣庄矿务局安全监察局任文书统计，于1972年退休，时年六十二岁。这是后话。

再说父亲。先是被"留用"，从总署调到上海海关（江海关）任总务科供应股股长。接着是"三反""五反"运动，不明就里的父亲无法踏准运动的节拍，惨遭淘汰正是理所当然。怎么踏不准节拍呢？"三反"运动工作组指定父亲负责的供应股要打两只"老虎"。"老虎"指贪污犯，供应股连父亲共七人，父亲说，这六人一只"老虎"也没有，要有，我早就抓了，还要等你们工作组吗？结果以"打虎不力"罪名停职反省。工作组打出了两只"老虎"，运动后期又落实没事了，不是"老虎"。当然父亲也没恢复职务，而被送去"革大"（人民革命大学）学习。

半年的苏州革大学习后，来自山东济南的华东煤炭管理局党委书记何以端率员去苏州革大"网罗人才"，轻而易举地让父亲踏上了后半生主要生活的地域——山东。父亲先是在管理

图4 初至枣庄家庭合影。前排母亲父亲；后排兄杨膺善（左），
时在上海复旦大学物理系上学，我（右），时在济南三中读高中。

局的行政科里干管房产的活儿。此时他的工资莫名其妙地削去
了一半。再后来，支援枣庄矿务局，在机关食堂卖饭票，当了
会计。1962年调枣庄矿务局中学任英语教员，兼图书馆管理员。

　　1965年，把父亲从华东革大挖来的何以端担任了煤炭科学
研究院的党委书记，他还记着爸爸这个人才，电召他入京，但
北京户口之难办，使何以端也无计可施，爸爸终因无力坚持而
返回枣庄。

　　后来就摊上"文化大革命"了。其间，父亲遭受的种种磨
难，不说也罢。在经历了免予刑事处分，开除公职，重得矿籍，
父亲以一、二级工身份在更新厂（一个修旧利废的小厂）就业，

后又病保在家。落实政策后，还返校任英语辅导（辅导水准不足的教员）并充任政协委员，终于光荣退休。这时已到了父亲的临终岁月了。父亲的一生就这样伴随着 20 世纪的大半时光走过去了，他的经历深深地打上了时代的烙印，这是命运，谁也犟不得的。

父亲母亲的爱情生活是最为亲友称道、最为儿女们心仪的。这确是长久以来形成的一种定型的看法，可以拿出许多事实来进行佐证的。我的印象中，至少有三次重大的生活转折，是父亲毅然决然地做出了抉择，影响抉择的因素中，母亲总是占有首要地位的。第一次是抗战烽火乍起时，父亲有机会到内地去，

图 5 在枣庄拍的准全家福。前排左起孔涛（姐杨康善之女）、母亲、父亲、杨文勃（我的长子），后排左起姐杨康善、兄杨膺善、我。

图6 1984 年，父亲与伤腿卧床的母亲。

也确有一些他的同学、同事撇下家小到了重庆，后来以接收大员身份重返故地，爸爸做不到抛妻弃子，就在沦陷区苦守八年，但从未听他说过后悔。第二次是 1949 年，新旧政权更迭之时，可以走而未走，对国民党的彻底失望是一方面原因，不只身离开大陆是另一方面原因。第三次是奉何以端之召赴京搞翻译，本来没有户口也是可以坚持等待的，但母亲在枣庄颈淋巴结核复发，病中呼唤父亲回来，父亲义无反顾，自京返枣。这几件事可以看出父亲对母亲是情深意笃的。

　　早年也有一些事情很说明问题。小时候在天津我见过一本装订整齐的本子。纸张是彩色的，印有花纹，似乎还散发幽香，上面写着密密麻麻的蝇头小字，我刚一翻，就被母亲拿走了，说不许小孩看。这是父亲的情书集，珍藏起来的，母亲有时还翻弄。我还记得，有一次母亲发脾气，打开卧室窗户，把要吃的药一瓶一瓶地扔到了街上，父亲在旁一个劲儿地劝解，其他人都吓得不敢出声，连卧室门也不敢进。母亲的潜台词"我不治病了"，"我死给你看"，这是恃宠女人撒娇的通常方式，父亲全然包容。当然，这是自己成人以后方知晓的常识。没结婚前，父亲大学毕业在天津海关工作，每个星期都坐火车到北京见母亲，六年如一日，风雨无阻，这是传为佳话的，我听说过。精诚所至，金石为开，终于迎来了美满婚姻。小报报道，"北大'校花'今日下嫁津关职员"，我见过这张剪报。南社诗人、北大教授黄节先生撰写对联曰："好景良辰，冰盘同宴喜；交杯劝酒，玉立照新妆。"这勾画婚礼情景的对联毁于"文革"，但仍记在母亲笔记里，是美好回忆的记录。

父亲母亲的爱情与婚姻应该是无可挑剔的。但能说是始终不渝吗？我一直没想过这问题，因为一直没在这方面产生过怀疑。不过，大家都看到的事实是，晚年的二老争吵不断，可以说走到哪里吵到哪里。由于有几十年的深厚基础，大家只是以为这是老人心理变化，正常规律，不足为奇，因而没人去做深入的探究。二老从不向人敞开心扉，倾吐自己的苦闷，尤其是父亲，不仅口头，文字上也没留下任何记录。倒是母亲，在摘录的诗文里，在随手写下的感受里，透露了一些这方面的信息。可惜，我见到这些信息已是母亲去世近十年了。看来，他们的感情在最后的岁月里还是出了一些问题的。"文革"中父亲独自扛着外界的巨大压力。有一次，深夜将父亲抓捕监禁，一整天连送饭的也没有。母亲毫无思想准备，吓昏了头，不知所措。我被隔离别居，事后才知此事。这些事情，都在父亲心里留下了伤痕。他说过一句伤心话："《六月雪》里，窦娥的婆婆都知道给窦娥送饭。"这话记在母亲的笔记里，事后读来回味，尤为酸楚。

"文化大革命"终于毁了父亲母亲一生营建起来的美丽爱

图7 "文革"前父母合影。

情。父亲的痛苦始终藏在心里，只表现在和母亲的矛盾上及自我封闭的生活上。母亲不断向父亲解释以求缓解。我以为爱情是十分感性的东西，直觉主宰一切，没有道理可讲，什么时候爱情要进行理性分析来证明它存在，那肯定产生了问题。爱情是需要呵护的，再坚不可摧的爱情也经不起外在的无情折磨和内在的听之任之联合在一起的残害。"文革"给父亲带来的伤害是深入骨髓因而致命的，如果他在妻子和身边的儿子我这里得到应有的抚慰，这抚慰可能让他有更好的情绪的。可我这生活在父母身边的儿子对此的反应如此麻木漠然，难以宽恕。世上真没有后悔药卖。

父亲于1988年在枣庄去世，享年八十三岁。虽不为寿夭，但他可能更长寿些的。母亲六年后于北京去世。2014年枣庄《新视听》记者采访我，我仔细阅读了母亲零乱的笔记，发表了记叙母亲的长篇文章，其结尾写道："1992年，马珏被大儿

图 8　1986 年父母合影。

子、女儿接到北京。带着'人生成永诀，来世再结缘'的梦想，八十四岁的马珏于 1994 年在北京病故，与杨观保合葬在'让友人羡慕'的万安公墓，那里埋葬着许多名人学者，如李大钊、朱自清、曹禺、高岗、冯友兰……她来自这个群体，又回归那个世界。当年，他追了她六年。后来，她念了他六年。他用一生的宠爱兑现着男人的忠诚，她用一世的率性诠释着女人的爱情。两人又在一起了，在另一个世界……"

　　我立在母亲停灵的床前，感到自己忽然悟解了人生。一个曾经美丽永远美丽的女性，一个深得祝福又怀有理想的生命，一个云端女神、家庭主妇都来得的伟大的妈妈，一个我朝夕共处、甘苦与共而没能完全理解的人，走了，属于她的时间与空间过去了。这就是人生。我们每个人都这么走来，又这么走去，仅是占据的时间与空间不同，但都背负着自己的业绩，还有历史打上的烙印。这就是人生。

祖父和江西裕民银行

刘大力

祖父刘玉乾，一辈子在银行度过。

他这辈子有两件事值得称道：一是算盘打得快，二是字写得漂亮。打算盘是吃银行饭的看家本领，必需的。而一手好字，让他当上了江西裕民银行的书记。得说明一下，从前的书记跟现在的书记是两码事。秘书都谈不上，只是个抄写员。顾名思义，书记，就是书写记录。祖母跟我们聊过，年轻时，有个当会计的人想"挖墙脚"，勾引她说："你跟一个当书记的，有什么出头的日子？"

可想而知，书记在当时的地位了。

银行每个月照例要送份报告给省行，汇报当月的经营情况。报告送多了，有一天省行的总经理喊住了送报告的地方办事处主任（当年，县里是不设行长的），问他，报告谁写的？

不久，祖父奉召去见了这位省行总经理。他叫史世珍。

祖父年轻时堂堂仪表，还读过十三经，与上司见面时，应对自如。史世珍当即对他鼓励了一番。回去不久，就提拔祖父为某县办事处主任。

当了主任，人家就夸我祖母有远见。其实并非如此。奶奶

图1 祖父与祖母

跟爷爷是青梅竹马的表兄妹，一辈子都很相爱，无论天晴下雨，始终不离不弃。主任的月薪是八十元大洋，祖父全部交给精打细算的祖母，日子过得很周全。还供两个儿子上大学。

也许是史世珍有意要培养我祖父，让他当过好几个县的办事处主任，比如奉新、弋阳、乐安、铅山等地，以历练他。当地人都称银行的主任为"财神"，很尊重。我父亲曾经私下问他："国民党时期，银行能不能贪污或挪用公款？"他说，没有这个漏洞。上面经常来对账，点现金。不打招呼，不讲情面。点钱的都是高手，零票子都点得飞起来。

裕民银行是个半官商性质的银行，不是铁饭碗。职员们办事都很认真，高级管理人员是政府委派的。

裕民银行怎么来的呢？ 1926年，北伐军平定江西，在解决市场辅币和处理金融善后的同时，江西裕民银行的筹建工作也开始了。1927年8月，省财政厅厅长黄实邀集商界人士就金融问题一再商讨，认为非设立金融枢纽机关不足以流畅资金、繁荣市面。经各方同意，遂议定以"裕国利民"之意创设江西裕民银行。资本100万元，官商各半。最后实收现金50万元即行开办。总行行址设在南昌市。

江西裕民银行于1928年1月7日正式开始营业，初设分行两处，代理省金库。不过，以所见裕行纸币实物论，江西裕民银行在正式营业之前，业已发行纸币。1926年，使用江西平市钱局铜圆票加盖江西裕民银行流通，计有10枚、20枚、100枚；另外，在武汉印制国币辅币券5角一种，均主要在九江等地流通。

此后，江西裕民银行之营业逐步走上正轨，发展迅速，成为民国时期江西最具规模和经营时间最长的省级银行。法币发行以后，江西裕民银行的纸币以辅币为主，至1945年，抗战胜利前后，江西裕民银行获准发行100元、200元、400元面额的本票，可当现金流通。

省行总经理史世珍是什么人物呢？查有关资料：史世珍出身书香门第，自幼从父读书。后毕业于九江同文书院。1921年他远赴美国留学，初入俄亥俄州立大学攻读文学。1925年获文学学士学位。同年转往美国伊利诺斯州立大学研修经济学。1927年，获经济学硕士学位。史世珍学成归国回到故乡，受聘为江西省立第十中学（现波阳中学）校长。1930年，被聘任为中央陆军军官学校第十一期外语主任教官。四年后任职中央银行兼受聘于复旦大学教授经济学。并任国民政府行政院参事四年。

1942年借调接任江西裕民银行总经理之职，他为争取地方财力，发行纸币，以调节金融，增进全国抗战力量，及发展地方工商业，竭虑殚精。这期间，他还先后兼任南昌葆龄女子中学（今十中）、豫章中学董事长。抗战胜利后，他辞去裕民银行之职，转就中央银行顾问职务，兼任经济研究处专门委员、西北实业公司总经理等职。1949年去了台湾。

史世珍育有二女二男。长女史慧中获金陵女子大学理学士。次女史惠珠为美国麻州东北大学商学士，后又攻修医学，在美国行医多年。长子史怡中为美国南伊利诺大学哲学博士，先后任教于美国的大学和台湾及香港等地的大学。次子史台中先生为美国波士顿大学工商管理学系硕士，在美国等地从事金融贸易。

图2　1945年6月25日，江西裕民银行史世珍总经理莅任三周年纪念合影。摄于上饶。

1990 年，史世珍在台湾去世，享年九十一岁。

我家藏有一张 1945 年 6 月 25 日史世珍在上饶裕民银行与同仁们的合影。上方有小楷题识：江西裕民银行史总经理莅任三周年纪念摄影。照片已经发黄，但十分清晰，弥足珍贵。照片上前排十一人，后排十二人。史世珍神情轻松地坐在前排正中央的一把竹靠椅上，一副细金边眼镜，一身洁白的中山装，头发中分，面露微笑。我祖父则端坐在前排右起第三的位置，两手垂膝，深色的中山装，深色的宽边玳瑁眼镜，风纪扣严严实实，他一生都是如此。

2019 年，沉寂了半个多世纪的江西裕民银行又锣鼓开张了。但是，今人对以往的历史已经模糊不清。

这里不得不说一句题外话，江西裕民银行除了在金融上对社会的贡献外，在艺术上还产生过巨大的贡献。那就是在它众多的职员中出了一位伟大的艺术家——画家黄秋园。听我们家族中在裕民银行服务过的前辈说，黄秋园是裕民银行里一个普通职员。天热同事中有人买了扇子，往往很随意地跟他打个招呼："秋园，帮我在扇子上画两笔。"黄秋园笑笑就答应了，他处世低调，为人随和。

主人并不知道这扇子的金贵，打瞌睡的时候，扇着扇着扇子就掉地下了，甚至不知去向。掉了也就掉了，觉得没什么。现在，这些掉了扇子的人把肠子都悔青了。因为，黄秋园先生的画，现在拍卖价每平尺已经上了百万，还在不断看涨。

黄秋园先生去世后，遗作在北京搞了一次画展，一下就轰动了整个京城，震撼了整个中国画坛。一代宗师李可染先生叹道："国有颜回而不知，深以为耻。"1987 年中央美术学院追聘秋园先生为名誉教授，中国画研究院追聘秋园先生为荣誉院

图 3　祖父（右）与同事张卓伦的合影，为 1946 年 6 月 15 日祖父调离时张卓伦所题赠。

委委员。

　　我的祖父，将从弋阳裕民银行办事处调往乐安县办事处时，同事张卓伦先生送了一张合影给他作纪念。背书："相交十年，备承雅爱。今兄奉命调长乐安，行将暂别，无限依依，愿彼此精神永远合一，患难相共，不负初志，实万幸焉。此上玉乾主任吾兄。叩。三五，六，十五。张卓伦。"照片的背面，文笔、书写和钤印都很典雅。而题识者只是裕民银行一个普通职员。重视文化、爱惜人才是当时的风气。

　　祖父生于庚子年，死于 1973 年。今年是他一百二十周年冥诞。

怀念父亲孟继声

孟建新

父亲离开我们快三十年了，时间的流逝没有抹去我们对他的怀念。

外行变内行的"地质行家"

父亲孟继声是河北完县（现顺平县）人，1920年生，1937年参加革命，战争年代长期工作在根据地与敌占区之间，曾任中共完县县委书记，晋察冀边区三地委秘书长、宣传部部长等职。

父亲在中华人民共和国成立后与地质工作结缘，早在地质部组建之前即在张家口担任华北地质局副局长。这之后的几十年里，除"三年困难时期"中央组织百人调查团支援农业，被派往河北雄县兼任县委书记，又在"文革"中被造反派关押一年之外，直到1993年去世前，父亲一直都在为中国的地质事业呕心沥血。

父亲是师范毕业生。在战争年代一直从事党政领导工作，但他在建设时期能够根据工作需要，苦心钻研专业知识，使自己成为业内公认的"地质内行"。1956年调入地质部后，他先

图1 父母抗战时期在阜平的合影。

后担任过北方总局副局长，地矿司副司长，石油局局长，中国地质科学院代理党委书记、副院长，科技司司长，地质博物馆馆长，地质学会秘书长等对地质专业能力要求极强的职务。他的业务能力无论在部领导以及地质专家中都有极好的口碑，被大家称为"地质部少有的、懂专业的党政干部"。

在20世纪五六十年代的大庆石油会战中，父亲作为地质部石油局局长，与其他同事们一起，在松辽油田勘探找油的工作中做出了重要贡献。

1958年石油、地质两部在松辽盆地携手大规模的勘探，硕果累累。地质部首先发现了大同镇（大庆的原名）等十七个可能储油构造，为1959年9月26日大庆油田第一口油井出油奠定了基础。

因为大同镇与山西大同市同名，时任黑龙江省委第一书记的欧阳钦提议将大同改为大庆，以纪念国庆十周年前出油的大喜日子。从此，大庆油田扬名世界。

1959年春节期间，地质部、石油部的主要领导在地质部副部长、党组书记何长工家中研究部属松辽会战（即大庆油田开发的勘探时期）的合作事宜。我父亲参加了这次会议。

据因在大庆油田勘探中有突出贡献而被授予国家最高自然

科学奖的张文昭回忆说：由地质部何长工副部长、旷伏兆副部长、孟继声局长，石油部余秋里部长、康世恩副部长、沈晨副司长及张文昭七人参加的这次会议，是松辽会战中最重要的会议之一。

父亲没有对我们说过那一段工作的细节。但从1958年起，因为他经常出差到大庆油田，所以把我们几个孩子都陆续转到地质部子弟小学住校。

每当会战期间的钻探取得进展，父亲都要向地质部部长李四光当面汇报。有一年除夕，他到青岛向李部长汇报工作，软卧车厢里只有他一个人，餐车专门为他下了饺子。

父亲对地质专业很有研究，写过一系列地质论文，在地质界很有声望。20世纪80年代，中法联合组建西藏地质考察队时，年过六旬的他本不应参加这次在高原地区的野外考察活动，但接触过他的法国科学家却点名要他参加。于是，父亲领导并参与了为期两年的中法西藏联合考察，对北起申扎—那曲，南至聂拉木—亚东广大地区进行了大量的地层和古生物研究工作。

父亲的业务能力好，与他精力充沛、有钻研精神和记忆力超强有关。20世纪60年代他先后应我姐姐、哥哥所在的地质附中和北京男三中邀请给全校师生作报告，至今当年的听众还对他不用讲稿，生动通俗的演讲赞不绝口。

每年春节，他都会用记在脑子中带小数点的各种数据，给我们讲头一年的经济形势。我爱人多次对我说：你们几个孩子加起来也不如老爷子脑子好使。

父亲1993年去世时，地质部拟定的悼词中说：孟继声同志是"最早转入地质战线的党政干部"，"很快使自己外行变内行"，成为"地质行家"，"在担任石油局长期间，他参加并领导了地质系统的东北、华北石油大会战，为我国甩掉贫油

图2　1959年，地质部领导及苏联专家合影。地质部部长李四光（左二）、副部长何长工（右二）、副部长许杰（左一）、副部长旷伏兆（二排右一）、副部长宋应（二排右二）、办公厅主任张同钰（二排左一）、父亲孟继声（三排左四）。

的帽子做出了重要贡献。"

这是对他中肯客观的评价。

既是慈父又是严父

在我们孩子的心中，父亲既是慈父也是严父。

他诙谐、风趣、幽默，只要有时间星期天一定与家人围在一起包饺子，边包边讲各种笑话，诸如他第一次见到香蕉，竟然连皮一起吃，等等。

使我至今不能忘怀的是1993年，他过世前两个月，已经确诊癌症，我当时因骨折在家养伤，他偷偷从医院溜出来坐公共汽车跑回家看我。

在他临终前的晚上，我抱着他的头，弥留之际他平静地说了人生最后一句话：小岳(我的儿子)明天还上学，早点回去吧……

父亲在关爱我们的同时，对我们要求也很细很严。像杏子上火不能多吃、碗里的饭要吃干净等，是他当年要求子女的、至今我们还保持的习惯。

虽然父亲对我们很少发火，但他是个很有脾气的人，他会克制自己不当众发出来。小时候我在他办公室墙上见到过"止怒"的警语。

我们都知道，每当生气的时候，他都是用咬牙来克制自己。一旦他咬牙，我们便都不再吱声。记得1966年底社会上动乱不已，他听说我们去北京展览馆参加了"联动"的集会，就告诫我们不要参与这些事情。开始我们还想辩驳几句，但看到他开始咬牙，谁也不说话了，后来也就不敢再去了。

"文革"中，父亲也难免受到冲击。面对党内和社会上层出不穷的不正常现象，他心中自有一杆秤。他在雄县兼任县委书记时培养过一位全国劳动模范杨凤鸣，为"文革"中遭诬陷的事杨叔叔有一年多时间住在我家中，直到获得平反。父亲冒着风险保护了他。

1974年春节期间，他去参加中央国家机关的所谓"批林批孔动员大会"，回家后情绪很不好。他压低声音对我们小声说：这次运动像是冲着周总理来的，会上总理说国务院机关动作慢了，做了自我批评。但江青却趾高气扬，批这个批那个。

1976年10月初，我参军后从来没有给我打过电话的父亲却打电话叫我当晚回趟家。我不知出了什么事，急匆匆从香山赶回家去。原来是他从王震的秘书那里得知了"四人帮"被抓捕的消息（当时还没有正式公布），非常兴奋，急于想与家人

图3 20世纪80年代，父亲领导中法西藏联合考察，在高原野外的工作照。

分享喜讯。当晚我们聊得很晚，以致我没能赶上颐和园到香山的333路末班车，只好半夜步行走回部队。

改革开放以后，父亲因在地质学会任职，有多次出国机会。他目睹了当时发达国家的状况，经常对我们说，我们与资本主义国家在经济上差距太大了，不改革开放不行啊！

父亲很少对我们讲大道理，而是用他自己的为人处世给我们树立榜样。

父亲是地质专业部门党政领导出身的干部，但他与机关干部、知识分子关系十分融洽。上到李四光，下到刚毕业的大学生，都能与他和谐相处。

"文革"中地质部掌权的一派安排了一位年轻工程师一家人到我们本已拥挤的家中同住，其间的尴尬和不便是可以想象的，但父亲以宽容大度的心态和他们相处。多少年以后，早已搬走的那位工程师仍与我们保持家人一样的亲密往来。

父亲对他工作、战斗过的家乡有着特殊的情感。小时候他带我们回过一次老家，专程去看望一位双枪抗日老英雄，讲述哪里是日本炮楼，哪里是封锁线。

离休后父亲大部分精力用在为家乡做事上，北京家中几乎成了完县联络处，县里来人、老战友聚会都来我家。父亲通过地质水文部门为家乡无水的山区打井解决了吃水困难，还专程找曾在完县战斗过的聂荣臻元帅，为顺平县争取国家救济。直到 2018 年，顺平终于摘掉贫困县的帽子。

数十年来，父亲身上那种锲而不舍、诚恳认真、与人为善的品德，一直是我们效仿的楷模。

1993 年 5 月，父亲孟继声因病去世，享年七十三岁。一年后母亲也因病离开了我们。根据家乡政府及母亲的遗愿，家人将他的骨灰从八宝山迁往顺平烈士陵园，与母亲骨灰安放到一起。每年春节我们全家都去给二老扫墓。

我弟弟建平曾在自己生日时赋诗表达对父母的思念，特转录在此作为本文的结尾：

永遇乐·儿生日念父母

父辈当年，金瓯尽碎、铁蹄踏处。

燕赵人杰，从来慷慨，弃笔驱狼虎。

敌后英豪，青纱健影，烽火太行烟树。

江山易，心血抛洒、油龙万里腾舞。

蒙尘华夏，浩劫十载，肝胆一腔谁诉？

犹记凄凉，铁窗残月，风雪游街路。

林泉常叹、赤子未老，于今儿也垂暮！

问今夕：陵园松下，双亲知否？

（照片由大哥孟建国提供）

神气的表哥

陈开明

  2015 年，表哥明清在城郊盖了一幢三层的别墅。乔迁新居后，他回到搬空了的老屋，忽然发现地上躺着一个信封，里面有一叠 1983 年和妻子举行婚礼时的照片。由于保管不善，已经受潮，照片大都模糊不清，只有一张比较完整。表哥仔细端详着三十多年前风华正茂的自己，眼眶不禁泛起泪花……

  1968 年，姑姑一家六口人响应政府"上山下乡"的号召，从江西兴国县城下放到偏僻的茶园公社安营扎寨，支援农业生产，度过了十一年艰苦的岁月。1979 年春，姑姑全家人按照国家政策返回县城，租住在三间低矮潮湿的平房里。姑父曾是个铁皮匠，便重操旧业，在街边搭个棚子，制作、出售、修理铁壶和铁桶等白铁制品，以养家糊口。表哥那年只有十九岁，是家中的长子，为了照顾三个未成年的弟弟妹妹，减轻父母的负担，毅然从高中辍学，外出搞副业。当时正值党的十一届三中全会召开不久，国家开始拨乱反正，以经济建设为中心，表哥连续七天待在茶园公社茂密的大山里，砍下一堆又粗又圆的杉木，每根需交给公社两角钱的育林费。第八天早上，他肩扛一根百余斤重的木头，翻越崎岖不平的三十多里山路，直到黄昏

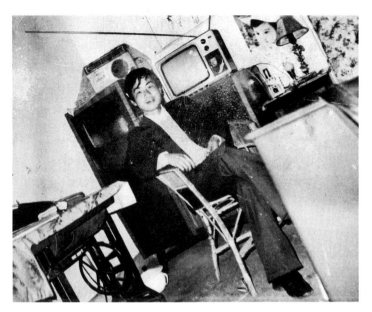

新婚当日的表哥

才到达县城，以一根七元左右的价格卖给了建筑公司或木器厂。有一次，都半夜三更了表哥还没有回家，家人焦急万分，姑姑站在家门口不停地眺望。直到天蒙蒙亮了，才终于看到他一瘸一拐、疲惫不堪的身影。原来，表哥为了多挣钱，采用了"交替运输法"，即一天贩运两根木头，从出发点扛起一号木头，走一公里放下，返回原地，又扛起二号木头走至一号木头存放处，扔下，继续扛起一号木头走一公里，如此交替往复。虽然能够多挣一倍的钱，但也耗费了更多的时间和体力。在深山密林里砍伐、贩卖木头，表哥吃尽了苦头。路上曾碰见山体滑坡、毒蛇猛兽，几次化险为夷。渴了喝一口山泉水，饿了啃自带的红薯干，累了就在破茶亭里躺一躺。

从 1979 年到 1982 年，短短三年时间，表哥挣到了四千多元钱，这在当时是一笔不少的收入。那时候，我母亲在商业部门工作，月工资才四十多元。表哥除了负责弟弟妹妹念书的学费，还斥资千元于 1982 年 8 月在城里买了一幢半新的二层砖瓦房，一家人过上了舒心的日子。

勤奋而英俊的表哥吸引了姑娘们的青睐。表哥和城西街做裁缝的王姑娘一见钟情，很快陷入热恋之中。筹办婚事时，表哥毫不犹豫置办了一套高档的捷克式家具：高低床、床头柜、木沙发、大衣柜、小衣柜和食品柜等。还有一车（一辆自行车）、二表（两块手表）、三机（电视机、收录机和缝纫机）。就说说这"三机"吧。杭州产的十四英寸"西湖"牌黑白电视机，价格四百多元，当年可是稀罕物，方圆几公里只有这一台，是我母亲好不容易托关系购买的。电视机刚买回来时，亲朋好友纷纷前来观看，一到晚上，四五十人挤满了表哥家的厅堂。收录机则是日本产的"三洋"牌，一位老华侨从国外捎回来的，表哥死缠硬磨，好说歹说，才从华侨的亲戚手里买到，花了二百八十元。而上海产的"蝴蝶牌"缝纫机，是表嫂的最爱，当年县里已经脱销了，恰好我家有一台。母亲 1980 年花一百七十元买的，当时还七八成新呢，她忍痛割爱，干脆当作贺礼送给了表哥。今天一提起这件事，表哥仍然对舅母感激不尽。

1983 年元旦，鞭炮齐鸣，唢呐喧天，表哥和表嫂举行了隆重的婚礼。表哥的朋友带来一台照相机，拍摄了不少喜庆的场面，可惜大多没有保存好，二十多张照片现在只剩下这一张。表哥斜坐在婚房的藤椅上，跷起二郎腿，耳朵上夹着一根"白沙"牌香烟，穿的是当时流行的西装、喇叭裤和皮鞋。这身服装还是表嫂加夜班赶制出来的呢，难怪这么合身。身后就是让我无比自豪的"三机"。瞧！表哥神气的样子，根本不像干力气活的人，倒像个意气风发、才华横溢的书生！

光阴荏苒。如今表哥已是两鬓斑白，一双儿女也成家立业了，但他仍旧在做着木材生意，不过早已不用自己上山砍树了。1986年，随着经济实力的不断增强，表哥开始雇佣当地的山民伐木，并买了一辆二手农用车专门运输木材。1990年，他在县城开办了木材经销部，长期收购、加工和销售新旧木头。2013年，又投资五十万元在山里租下了八百亩土地，用来种植速生丰产林。面对这张遗忘多年、搬家时偶然发现的泛黄的老照片，表哥无限感慨地说："多亏了国家改革开放的政策，才有今天的幸福生活。我要好好珍藏它，永远记住这段刻骨铭心的历史！"

·书讯·

定价：98.00元

晚清现象

王稼句 整理 点校

山东画报出版社 2020年6月出版

本书辑集晚清石印画报《图画日报》中凡属"现象"的专栏，涉及上海、北京、南京、苏州四地，内容包括风俗习惯、社会场景、日常生活等方面。图文对照，眉目清晰，能使读者略窥晚清世界，也能给研究者进入历史、体会浮沉、采撷花朵提供极大方便。

一张珍贵的全家福

王超和

我们一家到东莞工作、生活足足有二十四年了，想不到前年遇到了一件很有趣又十分有意义的事情。

那是 2017 年 3 月 30 日，我到东莞黄江镇上的邮局办事，柜台上另一侧的女服务员突然拿出一张汇款单问我："阿叔，你是住凤鸣路的吗？"我答应："是的。"她好像认识我似的，接着说："你有一张《羊城晚报》的汇款单。"我接过来一看，是《羊城晚报》近日汇给我的 60 元稿费，上面注明"羊城报 2017.02.06（B03），图 39524，珍贵的全家福"。这时才让我想起来一件事：那年一月中旬，我看到《羊城晚报》的老照片征集令——"一张珍贵的全家福"。当天，我就翻开了家里的老照片：一张五十年前在海南崖县（现三亚市）南滨农场红峰队照的第一张全家福。立即把这张全家福照片翻拍放大，然后按照网址发出邮件，几次邮件都被退回来。无奈之下，我第二天把相片和说明书封好，到邮局以传统的方式把这张全家福寄去《羊城晚报》编辑部。过了一段时间，报社没有回音，我也把这件事忘了。恰巧，我家中原订的《羊城晚报》也在这时中断了。

1967年3月
南汉一红兰

珍贵的全家福

　　外出一个多月，在外地也时常买《羊城晚报》翻翻，都没有看到照片被刊登，记忆正在慢慢淡去……30日那天，知道我家全家福照片刊上《羊城晚报》副刊后，即查找那天的报纸。遗憾的是单位的报纸早已回收归笼，不知去向。我只好当晚在网上搜索，几经查找才在该报网上2月6日老照片专版上，看到我所寄的我家第一张全家福，非常高兴。也许这是对我外婆、父母及家人的最好的回报。后来，通过朋友找到两份当日的《羊城晚报》细细观看，心情真的是五味杂陈、感慨万分……

"全家福"上有我外婆黄子秀和父母王德庆、梁秀裕，以及我们五兄妹。我当时只有十二岁，小妹不到一岁。外婆从1956年起与我们共同生活，在南滨的南雅、红峰队，含辛茹苦带大了我们五兄妹，可她在1977年生活即将好转的时候就离开了我们。她到海南的二十多年里都没有回过信宜老家，这对她是件十分遗憾的事，也是十分无奈的事。我听过堂舅家才讲过："她很早就丧偶，但人很大胆，夜里经常一个人到几公里山背后的田里插秧、放水、除草。"可是，我觉得这也是无奈和没办法的事，一个家没有顶梁柱，小孩又小，她不去谁去？外婆是我们这个家第一个过世的人，我十分难过和茫然。因此，我每次回到农场，我都去看看外婆的墓，我还为她竖起了一块像样的墓碑。

父母原在海南最南端的国营农场工作，一生辛勤为国家的橡胶事业做贡献。在我的记忆中，他们常常工作回来都是一身汗或一身雨的，皮肤晒得古铜色，从来没有退缩，也没有怨言。退休后与我们一块迁到东莞，住了十几年。他俩相继在2003年和2011年去世。在东莞他俩算是享了一点清福。他们兢兢业业、吃苦耐劳的精神永远激励着我们五兄妹。我在《乡愁》里写过一幕：冬天里，母亲把蜡烛烧热后，用火柴杆挑着熔开的蜡，填补脚板裂开的缝，为的是第二天能去挑水淋橡胶苗圃。父亲时常利用休息时间上山砍树木，备料盖房子（农场前期都是住草房）和做家具。他们任劳任怨、含辛茹苦，为的都是这个家。前几年我把父亲做的格木（红木）柜子拉到了东莞黄江家里，还撰写了《广州知青为我家做家具》的文章，纪念我父亲在广州知青刘广栋、何建明的协助下做家具的故事。现在我们五兄妹都已成家立业，有公务员、有教师，都有自己的事业，有自己的子孙，也慢慢变老了。此时此刻，更加怀念亲人，怀念父母，心情越加惆怅……

人生在世几十年，无非为生活、为生存奔波，有艰辛，有快乐，我更觉要有记忆，才是丰富的人生。我们这两、三代人遇上和平年代，尤其是享受着改革开放后的经济高速发展带来的生活的改善，感到十分的幸运和满足。当然，也十分感谢那个为我们照全家福的摄影师。记得他姓康，是三亚市港门村人，标致、帅气，那时他只有三十岁的光景。他每到星期天都骑自行车到农村生产队和南滨农场的各个生产队为群众照相，收入微薄。我长大成人后进入南滨农场照相馆工作，时而还见到这位老前辈，他的为人，他的敬业，永远激励着我。不然在偏僻的海南岛南部的山中，不会有人挂着120相机到处去跑，翻山越岭，下生产队、连队为农场职工照相留影。另外，更应当感谢我的父母。他们从粤西山区千里迢迢到海南农垦工作，本身就有先见之明，为我们后辈的生活和成长打下了基础，为了国家的热带橡胶事业和我们一家的生活付出了一生的辛劳。

父亲给我们起名

周世青

　　时光荏苒，再过两天就是 3 月 7 日了。这是父亲的忌日。每年到了这个日子，总会想起父亲对我们兄妹关爱、培养的往事。今年是父亲冥诞九十五周年，也是老人家去世十五周年，这种情思尤为浓烈。

　　父亲从小家境贫寒，勉强从师范毕业成为一名中学教师。老人家在世时，我并没有太多的感觉，待他去世以后，回顾老人家培养我们的点点滴滴，他的不少想法真是很有深意，不少做法也颇具匠心。

　　就说说父亲给我们兄妹起名的事吧。我们老周家的名字从父辈往上溯源，是严格地按照家谱起的，一代代地延续着。爷爷叫周锡铭，锡字辈；父亲松字辈，他和两个哥哥名字分别为松富、松贵、松寿。到了我们这一代，大伯、二伯家的堂哥、堂姐们起名时就一改旧规，不再以某个字排行了。这样，就为父亲给我们起名增加了空间。

　　我有两个弟弟、一个妹妹，同胞兄妹共四人。我是 1953 年 9 月生的，父亲给我起名"世青"。我问父亲名字的来历，他说：我出生时，正值当时的社会主义阵营在罗马尼亚首都布

父亲周松寿

妈妈高彭庆

加勒斯特举行第四届世界青年联欢节，于是就给我起名"世青"。以反对侵略和战争、倡导和平和友谊为主题的世界青年联欢节诞生于1947年，上世纪60年代以前每两年举办一届。当年的父亲是新中国的青年团员，以纪念世界青年联欢节给他的大儿子冠名，既是父亲起名的顺理成章、信手拈来，更体现了父亲那个年代的世界眼光。最近，我在整理旧照时偶然发现，在我九个月时的一张照片背面有父亲的笔迹："祖国在壮大着，世青在成长着。"饱含深情的话语，道出了个人和祖国的息息相关，父亲的家国情怀、爱子心切于此也可见一斑。蓦然间，我的眼睛湿润了。

在我人生的不同阶段，时常有人误以为周世青的青是带三点水的清，大概是因为在人名中用"清"字的比较多吧。还有人说用三点水的清，一世清白多好。而我总是不厌其烦地解释，

我九个月时

小弟世东小时候

"世青"乃世界青年联欢节的缩写，是为了纪念那个和平欢乐的节日。每当在某个场合或者某个文本上出现本人名字的时候，我总是担心"青"字是否又多了三点水。这不，在北师大读书时，好不容易求得启功先生一幅墨宝，老人家挺客气，可还是令人遗憾地在落款时把我名字中的青多加了三点水。

大弟世平生于 1955 年 10 月，父亲在给他起名时，仍然延续着在世界格局中寻求名字元素的思路。大弟出生的半年前，亚非国家在印尼召开万隆会议，通过了《关于促进世界和平和合作的宣言》。促进世界和平是当时我国处理国际事务的总基调，更是全球人民的美好向往。世界和平简称"世平"，大弟弟的名字应运而生了。老大世青、老二世平，从此形成了以"世"字排行的默契。世平弟小时候并不懂他名字的含义，还时不时地抱怨父亲给他起了个女娃的名字。长大后他愈发觉得这名字好，不仅意义深远，而且叫起来响亮、昂扬。

时间转眼来到1958年的早春，小弟即将出生，父亲又在考虑起名的事。当时在东西方阵营的博弈中，毛泽东振聋发聩的一句"东风压倒西风"的论断，让此时的父亲怦然心动，于是他便欣喜地选定了"世东"的名字，迎接第三个孩子的降临，尽管此时他并不知道这个孩子是男是女。"东"字很吉祥，日出东方，紫气东来。二十年后改革开放大潮兴起，人们常用"东方风来满眼春"来形容。"东"字永不过时，因为从东方升起的太阳每天都是新的。

20世纪50年代的年轻人，大概是受了苏联"英雄妈妈"的影响，各家的孩子至少三个以上。小弟世东四岁时，也就是1962年，父母的第四个孩子出生了。前面已有三个男孩，这回

大弟世平（右）、小弟世东和妹妹世娓

妈妈、小舅和小弟世东

总算盼来个女孩，他们也不打算再生了。父亲在给妹妹起名时，思绪从全球形势、世界风云回到家长里短、儿女情长。我妈妈姓高。父亲说，周高结缘一生一世，就叫"周世高"吧。于是，父母就以这个名字给妹妹报了户口。可是没过几天，父亲仔细想想不行，很多意思没表达，比如是个女孩，又是最后一个孩子，等等。此时暑假来临，刚刚在浙江美术学院（即现在的中国美院）毕业留校任教的小舅回到家中。因为外公外婆去世早，小舅从读初中开始一直和我爸妈生活在一起。他是我们家的重要成员。论年龄父亲比小舅大了十多岁，可他们情同手足，在一起亲密无间，无话不谈。依据父亲的想法，小舅反复用手在桌子上比划，女孩子，又是最小的（尾巴），这不是"娓"吗？娓娓道来、娓娓动听，"娓"有勤勉、顺从、美丽之意，用其形，闻其声，取其意。舅舅一字中的，父亲和在一旁的母亲连声叫好，妹妹世娓的名字就这样诞生了。时至今日，妹妹对她的名字仍十分得意。

考上大学的兄妹四人和表弟（后排左一）与爸妈合影。摄于1978年冬。

　　人来到世上，父母或其他长辈都会给其起个名字，太平常不过了。然而，我们的父亲却如此着意、精心，一方面在孩子的名字上体现了他的文化、修养和胸襟，更多地则是寄托了父辈对孩子的希冀和期待。好名字值得永远铭记，父亲给我们兄妹起的名字看似平易至简，实为寓意深长；看似云淡风轻，正是大味必淡。

　　古语说，名者，命也。我们兄妹还算幸运，经历了全家下放苏北的八年艰辛之后，1978年都考上了心仪的院校。我的父母亲都是老师，我们子承父业，兄妹连同配偶八人中有六人分别在中学、大学和部队院校从教。如今，我们都已退休，进入含饴弄孙的人生阶段，在晚辈的成长道路上虽然也很尽力，可父母亲当年培养我们的那种举重若轻、事半功倍的用心，却是我们难以企及的。

一位贫穷母亲的选择

亦　金

　　2001年夏，我们村里六十多岁的王世芳老人，带着在济南空军当兵的小儿子来到我家。我以为她是直接从村里来的，但她却告诉我是从关东过来的。时间久了，交流得多了，我才知晓了她那些不寻常的经历，对她肃然起敬。在她的手上，竟然像变魔术一样，改变了一家人的命运，真是一个果敢的了不起的女性。

　　她十九岁时嫁到我们村里。那时正值"三年困难时期"，自己娘家就比较穷，陪送的嫁妆只有一床棉被、两个布枕头、两个白柳条编的针线筐子，还有算不上嫁妆的一布袋子用地瓜干面做成的蒸熟的饼子。而她的婆家，比她家里还穷，兄弟姐妹六个，再加上三个老人，都挤住在一间半小破草屋里，少吃缺穿的。有不少人替她担忧，对她泼冷水说："你一个漂漂亮亮的大姑娘家，怎么找这么个穷得叮当响的一家子，到底图的啥呢？"她笑笑说："俺打听好了，别的不图，就图找的男人出身好，身板壮，心眼正。"她坚信一条：好日子不是熬出来的，那是过出来的。

　　1975年的时候，她已经三十五岁，在村里度过了十六个年头，生养了四个儿子和一个女儿，最大的十四岁，最小的才四岁。虽说自己的男人还是生产小队队长，领着社员没黑没白地辛苦劳作，但乡亲们的日子依然没有多大变化，过得比较艰难。她眼瞅着五个孩子一天天大起来，穷得手里连个称盐打油的零花钱都没有，孩子连学都上不起，饭都吃不饱，要是到了孩子成家的时候，上哪弄四套房子去，像小家雀一样，如果连个做巢的屋山头都没有，还不都得打光棍儿。她和丈夫越想越后怕，忧愁得睡不着觉，觉得不能再这样等下去，熬下去，便酝酿着另谋生路，要闯关东去。

她先找人写信给早已在关东多年的弟弟，弟弟回信说："东北土地多，树林子大，只要肯卖力气，饿不着。"她心里还是不踏实，又让孩子他爹先去踩个实底儿。丈夫去了，不久来信说："千万别来，冰天雪地的，冻也冻死了，就是饿死也不能朝这里奔。"她有自己的主意，觉得丈夫犹犹豫豫的，前怕狼后怕虎的，干不成什么大事。她决定带着孩子到关东去。她变卖了家里的三间房子，还有猪圈、磨盘、铁锅、鏊子……该卖的能卖的都卖了，开弓没有回头箭，断了再回来的余地。她手里攥着变卖家产得来的二百六十元钱，那是攥着半辈子的积蓄，攥着整个家当，也是攥着所有的希望，义无反顾地启程了。她怕路途遥远，五个孩子在路上走丢了，就到供销社里扯上了两角钱的头绳儿，按年龄排序把孩子手腕儿拴起来，一个一个连成串。她和孩子坐地板车，坐汽车，坐大火车，坐小火车，奔向心中希望的地方。在兖州和哈尔滨坐火车，她只买了一张火车票，把一串孩子藏在座位底下，过一阵子，放心不下，就用手摸一遍脑袋，清点一下是否够数。就这样，啃着地瓜干煎饼，用了漫长的四天三夜，历尽艰辛，到达了黑龙江省尚志县虎峰

王世芳和丈夫与大儿媳、小儿子合影。摄于 1984 年。

林场。但下了小火车，距离丈夫暂住的地方还有三四里路，需要步行前往。这时偏偏又下起了鹅毛大雪，在天地一片白茫茫中，一个弱小的女子牵引着一串孩子前行，呼唤着，跋涉着，搀扶着，一个一个全都滚成了雪人儿。

她的选择没有错，这正是她睿智的地方。虎峰林场是一个大屯子，不光有林场，还有运送木材的小火车站，有农业社，是一个创业的好地方。他们全家成了农业社的新社员。这里"土地多，林子大"，比起我们村人均耕地不足一亩来说，创造财富的舞台大多了。特别又遇上了改革的春风，他们如鱼得水，有了用武之地。她家除了分得的十亩责任田，自己又开垦出荒地二十多亩，几十亩地所种蔬菜、粮食，大多拿出去卖钱。在家中养马、养骡、养奶牛、养猪、养鸡、养鸭——像一个小型饲养场。在我们村里时，她就是出色的接生员，而在这个地方成了稀缺人才，经她接生的孩子就有三四百个，在人生地不熟的地方有了极好的人缘。为了创造更多财富，全家各尽其力。她白天炒瓜子卖，晚上给施工队加工煎饼。丈夫大年初一也不闲着，带着一帮伙计去小火车站装运木材，能挣平日里双倍的钱。孩子们放了学，就到森林里挖刺五加，卖给药材公司，有时一天能挣一百多元钱。孩子们还去森林里割架条，一天割八千多根，割多了农业社里有现金奖励。在最寒冷的日子里，别人家的大人孩子都守着屋里的火炕，而她两个大点的儿子却依然上山林里割架条。到了该回来的时间，孩子还没有回来，她知道出事了，跑到山林里一看，两个儿子已冻僵了，站在那里一动不动，成雕塑了，要不是抢救及时，都没命了。

　　有了巨大的付出，才有丰硕的收获，在短短七八年时间里，她家兴旺发达起来，被县里表彰为"勤劳致富"之家、"五好家庭"。她也扬名了，农业社里敲锣打鼓地送来了"好妈妈"的木质大匾额。找儿媳妇也不难了，一天之内就娶了两个大学生儿媳妇，就连林场书记的妹妹也愿意到她家当媳妇。农业社与县里的领导，还有一些记者，都对这个从山东来了没几年的致富农户投射出惊奇的目光，纷纷前来刨根问底。她的回答只有两句话："俺过日子有一个目标，就是朝着目标加油地奔。""全家拧成一股绳儿，一个汗珠子摔八瓣地干。"这就是她概括的自己创业兴家的真经。

别看她大字不识一个，却不乏见识。她不仅有致富兴家的方法，还有教育兴家的睿智，传统的忠孝观念渗透到她的骨子里。她要求孩子谁也不能偏离了忠孝这个大杠杠。她在大门口立着一根木棍，如果哪个上学学瞎了、走偏了、犯错了，二话不说，照着屁股就是三木棍儿，孩子们也争气，个个规规矩矩，努力向上。二儿子家的小子从澳大利亚的一所名校博士毕业后，还想继续在国外求学深造。她对小孙子说，国家培养你，说明国家需要你，应当尽快回来为国家尽忠出力。小孙子听了奶奶的话，及时回国，成了上海一所大学的副教授。她告诉孩子："能去当兵的，就去当兵，能上大学的，就去上大学，就是抛家舍业，砸锅卖铁，也不能向后出溜。"她三个儿子先后当了解放军战士。子孙中出了九个大学生，有的读到了博士。出了八个国家机关干部，出了五个教师，还有大学教授。

一个人的一生，大大小小的选择少不了，但只有踏在正点儿上，才会有光明的未来。

这张老照片拍摄于1984年，王世芳当时还不过五十岁。在一个星期天，她和丈夫带着大儿媳妇和小儿子到镇上，给大儿媳妇家买了一台当时在村子里还比较稀罕的十四英寸熊猫牌黑白电视机，也为自己和丈夫各买了一块上海牌手表。拍照时故意把戴有手表的袖子卷起来。他们高兴地拍下了这张照片，寄给了还在部队的大儿子，并且写信叮嘱儿子，不要挂念家里，家里生活越来越好，一定要在部队好好工作，为家争光。

名师荟萃：一张厦门大学老照片

钟安平

在我母亲何吉利的老相册里，保存着一张外公何励生在厦门大学的老照片。照片上的人我原来大都认不出来，最近我对这张照片进行研究，发现上面的人物竟然大都是当时的名师高士，值得分享给大家。

照片下部写着"重庆弥月纪念廿三年十二月十九日"。"重庆"是我二姨何大智的小名，廿三年就是民国廿三年即1934年，十二月十九日是大智出生四十天，"弥月"即"满月"之谓。照片背景是厦门南普陀大悲殿，是外公在厦门南普陀香积厨为次女大智做满月酒，宴请厦大同事，宴后在香积厨旁边的大悲殿合影。

外公何励生是诗人、作家、书法家、金石家，浙江瑞安人，1899年1月9日（农历戊戌年十一月二十八日）生于瑞安。后以瑞安中学毕业第一名，就读之江大学（今浙大）文科，曾任上海南洋高级商业学校学监和国文教员、国技学会出版部主任、时事新报编辑。1928年夏，厦大向全国延揽一批高级人才时，他经瑞安同乡、厦大国文系主任李笠教授介绍，到厦大任编译处编译员，独自主编《厦大周刊》，1930年任厦大秘书襄理，

175

1933 年起兼任厦大周刊委员会主席，干秘书工作一直到 1958 年退休，先后服务过四任校长。他与外婆叶月瑚 1929 年结婚，头两胎生了我母亲何吉利和大舅何大仁，大智是他们第三个孩子。照片上外公站在第二排左二，着灰色长袍，戴黑框眼镜，外婆站在第一排左一，身穿旗袍，前面站着四岁半的我母亲和两岁的大舅。大智才出生四十天，放在家里由湖南籍小保姆带着没抱出来。

南普陀临近厦大，20 世纪二三十年代就有素菜供应，厦大师生常往就餐。因为当时厦大所处位置比较偏僻，周边都是农田或乡村，师生若要去厦门市区消费，走蜂巢山上的小路不方便，一般是沿着海边走路到沙坡尾，再乘小舢板去市区码头上岸，而到南普陀用餐最为方便。鲁迅先生在厦大任教期间，常与朋友到南普陀用餐。据他的日记，1926 年 11 月 13 日"夜同丁山、伏园往南普陀寺观傀儡戏，食面"，1927 年 1 月 12 日"晚丁山邀往南普陀夜餐，同坐共八人"。所以外公为次女做满月宴请同事，选在厦大附近的南普陀是很自然的。

厦大 1921 年由著名华侨领袖陈嘉庚兴办，当时是私立大学。陈嘉庚先生认为教育是立国之本，倾家兴学，将他在海外发展实业赚到的钱都用来创办厦门大学和集美学校，在厦门选择南普陀附近郑成功过兵的演武操场建设厦大校舍。头两年建设了映雪、集美、同安、群贤、囊萤五座楼，第五年又建成理化楼和生物楼。厦大创办初期规模较小，只设文、理、商、法、教育五科，每年招收本科生不到一百人，1930 年改为五个学院，每年招收本科生两多人。由于受私立经费限制，没有政府稳定的资金支持，教师和职员十分精干，教学质量和管理效率较高。校主陈嘉庚和校长林文庆非常重视教学质量，不惜重金延聘名师,所以厦大各学科领军人物均为当时国内一流人才,大都三四十岁,年富力强,具有美英留学背景,有些是从北大、清华等公立大学聘来的。仅1928年夏天,厦大就聘来二十多位高级教学人才,例如杨武之(当时名杨克纯)教授一家就是当时来厦大的,其子杨振宁在厦大附属的模范小学就读一年多。外公也是与这一批教授一起到厦大工作的。因此当时国内私立大学之中,办学质量最高的是南方的厦门大学与北方的南开大学,培养了许多人才,享誉全国。当时厦大先建设博学楼、兼爱楼两座教职员宿舍,后又专门在东面白城山上建筑了七座两层楼条件较好的教师宿舍,给这些带家眷的教授居住。当时外公外婆一家也住在那里,与他们既为同事,又是邻居,来往密切,夫人孩子之间也经常来往,家庭之间友情深厚。外公诗书功底深厚,这些教授不论教授何专业也都有一定诗文功底,外公与他们以诗为友,经常以诗同乐。借次女弥月之机,外公外婆宴请他们同喜同贺,彼时高朋满座,机遇难得,便请人摄影留念,留下珍贵的瞬间。

外公几十年后辨认这张照片,写了一张不完全的名单,附在照片旁边。从照片左边算起,前排第三、四人是理学院院长兼数学系主任张希陆教授和夫人张淑贞,第五人是林文庆校长,第六、七人是教育心理学系主任杜佐周教授和夫人周德芳,第八人是陈子英夫人张涵初;二排第一人(着黑西装)是商法学院(1934年商学院与法学院合并)院长陈德恒教授,第三人是教育学院院长孙贵定教授,第四人是法律学系主任傅文楷教授,第五人是历史社会学系主任徐声金教授,第六人(前排杜佐周身后)是法律学系张庆祯教授;右上方长袍戴墨镜者为中国文学系缪篆教授,其左手边是生物学系陈子英教授,陈的左手边是教育学系李相勖教授；后排若以袖手白衣者为第一，第二人是银行学系冯定璋教授，第三人是中国文学系主任余謇教授，第四人是高教研究所钟鲁斋教授。

林文庆校长亲自前来赴宴，因为他与外公私交很好。他祖籍福建海澄，居新加坡，曾任孙中山大总统的秘书兼医官，1921年被陈嘉庚先生聘为厦大第二任校长，一直当到1937年改为国立为止，为厦大的初期发展做出很大贡献。其发妻为南洋闽籍华侨领袖黄乃裳的女儿黄瑞琼，可惜婚后十年英年早逝。林校长是一位精通英语的儒学大家，十分热心研究中国古文化，曾经将屈原的《离骚》全文翻译成英文出版，还收藏大量名人字画。他与外公有共同的爱好，因而对精通书文字画的外公十分欣赏，与比他小三十多岁的外公结为忘年交，不仅经常带外公出席公务活动，还经常一同参加业余文化联谊，赠送外公多张个人照片，并专门邀请外公全家到鼓浪屿他家别墅做客。

余謇教授古文、诗词、书法功底深厚，与外公同声相应，同气相求，经常赋诗唱和，互赠书法。他是江西南昌人，十八岁考中举人，京师大学堂（北大前身）毕业，1927年到厦大，任教二十六年，治学极勤，老而不倦，对于声韵、文学造诣很深。他曾与外公夜餐后书赠外公一诗："野蔬家酿送人行，饮罢谈余夜有星。明朝会趁晴风便，稳澹沧波看月明。"此件书法保存至今。后来他还专门为外公出版的诗集《山居集》题词。

陈子英教授与外公私交很深。他是美国哥伦比亚大学博士，我国遗传学先驱之一，在中国最先开展了现代海洋生物学研究，培养了许多杰出人才。1931年他在厦大组织成立中国第一个群众性海洋学术组织中华海产生物学会，并任该会主要负责人。1934年他又与秉志等三十人发起成立了中国动物学会。产于厦

1934 年 12 月 19 日，何励生次女重庆满月合影。

门同安刘五店海域的文昌鱼是世界上最古老的生物之一，是五亿年前脊索动物的祖先，陈子英对它进行研究，于 1931 年发表《中国文昌鱼一个雌雄同株标本的研究》，1932 年发表中国文昌鱼第一篇分类学论文《福建南部厦门文昌鱼的历史》。当年他曾请外公吃文昌鱼，外公即席口占两首七律，其中有"坐傍秋灯啖素鱼"和"味同鲈剑列奇蔬"之句。

张希陆教授为我国奥运先驱、南开大学创办人、校长张伯苓的长子。其夫人张淑贞是南开大学商学院院长张平群的胞妹，曾任天津私立普育女子小学校附属幼稚园教师。张希陆教授参加过五四运动，后来考取了庚子赔款留学资格到美国留学，回国先到南开大学，再到厦门大学任教，长期从事数学教学科研，与外公有同仁之谊。抗战全面爆发，他与其他几位教授离开厦大时，外公特地赋诗赠别，前半首为"客中送客别情牵，又是沧桑列眼前。著作等身堪寿世，论交异地亦奇缘"。

照片中的教授许多都是江浙人，与外公是同乡，乡情深厚。如陈子英教授是江苏吴县人，教育学心理学家杜佐周教授是浙江东阳人，会计学家陈德恒教授是浙江嘉善人，教育学家孙贵定教授是江苏无锡人，银行学家冯定璋教授是江苏武进人，缪篆教授是江苏泰州人。

说到缪篆教授，还可以多说几句。他在厦大曾与鲁迅同事，鲁迅先生1926年11月17日的日记记载："下午校中教职员照相毕开恳亲会，终至林玉霖妄语，缪子才痛斥。"其中的缪子才即为缪篆，时任哲学系教授。据说他嗜书如命，在乘海船赴厦大任教途中，坐在船头专心致志地看书，浑然不觉风高浪险，家人频频惊呼，他仍不为所动。传说他还有一个奇特的习惯，读完一书，就把最重要的几页撕下来，其他扔掉，可见其记忆超人。他专门为外公1932年出版的诗集《诒暑集》作过序。他还是当代画家范曾的外祖父。

捡来的一张合影

金　玮

　　2019 年 9 月 6 日，笔者的一位朋友去山里的老屋闲逛，见邻居家的老房子塌了一半，清理出来的废弃物堆满了垃圾箱。其随行的母亲突然在垃圾箱中看到了一个镜框，说有老照片。朋友一瞧镜框里只是夹着四张不起眼的一寸二寸肖像照，也没太在意，不过觉着镜框还不错，便捡回了家。当其打开镜框后盖板，竟然十分意外地发现了一张拍摄于 1945 年 10 月 10 日的浙江省铁工厂全体员工合影。该照片原先是反扣放置的，故会误认为只是镜框里的衬底纸。估计是照片主人有意为之，他既舍不得毁弃这张对其有特殊纪念意义的合影，也不想让别人甚至家人再看到。

　　朋友知笔者收集抗日战争时期的老照片，遂将其转给了我。照片图像幅面为 20 厘米 × 15 厘米，因已历经七十五年，且保管不善，照片多处渍痕斑驳，残破损坏，虽是如此品相，但其上方题写的"浙江省铁工厂全体员工摄影留念　三十四年双十节"文字仍能辨析得出来。笔者特意数了一下，参加合影留念的铁工厂员工共有 107 名，除个别人员因照片受损面目不清外，绝大部分人员的面目清晰可辨。

　　关于浙江省铁工厂的创建，据时任国民政府浙江省主席黄绍竑回忆："当民国廿六年（1937 年，笔者注，下同）十二月杭州快要撤退的时候，我下令要将杭州的工厂机器搬到金华，但以时间及运输的关系，搬出的不到十分之一，这些残缺不全的机器，最初还想不到一定的用途，只是搬出来再说。迨我决定制造兵器之后，就派黄祝民为铁工厂厂长，将这些机器搬到丽水的大港头安顿起来。……黄祝民对于机器制造很有经验，而且随杭州工厂退出的，还有许多技术人员与熟练工人。于是全部集合起来，设立一个浙江省铁工厂。……可是自厂长以致技术员工，对于兵器制造都是毫无经验，只是各有一些普通机械的知识和技能而已。我在一群散兵手里，缴了一支捷克式的轻机枪和一支比利时式的步枪同一个手榴弹，给他们看看，问他们能否仿造？他们为了抗战的需要与热忱的驱使，当时毫不畏缩的齐声答道：'能，能！'……经过两三个月时间的试验，才造出一支步枪与一挺轻机关枪。"但刚造出的兵器中看不中用，后经过不断地研究和改进，到第二年（1938 年）的七八月份，铁工厂的兵器制造才初步成功，只不过数量有限。为了增加兵器产能，满足前线部队的需求，黄绍竑遂对工厂规模进行了扩大："我们便在小顺（距大港头约二十公里）建造了一个新厂，专造步枪，在石塘（距大港头约十五公里）建一个新厂，专造新机枪，在玉溪（距大港头二公里）新建一厂，专造手榴弹、枪榴弹筒及各种爆炸品。大港头厂则专造各种工作母机。这种计划，于民国二十八年（1939）冬就先后完成了。此外还成立一个实验室，专门做研究与实验的工作。自此之后。规模相当完备，生产力量亦就逐日的增加了。""到卅一年（1942）的春天，各厂棚有四千多员工，上万的眷属。……机器由二三十

1945年10月10日，浙江省铁工厂全体员工合影。

部增至一千多部，每月可产一千支步枪，五十多挺的轻机枪，五六万发手榴弹、枪榴弹，还有许多零零碎碎的东西。它的产品，西边销到广西、贵州，南边到了福建、广东，北边到了安徽，一直销到西北的甘肃。"

　　1942年5月，浙赣战役爆发。6月24日，日军攻陷丽水后，进逼大港头一线。第三战区司令长官顾祝同下令，将分设的四家浙江省铁工厂立即炸毁，以免资敌。黄绍竑持不同意见，"我对他们说：'这些破旧粗糙的机器，在我们视为至宝，在敌人则视为废铁。……假使敌人不来，岂不是一个错误的损失？'

果然，攻到大港头附近的敌人，为我三十二师官兵英勇击退。然先行破坏的，已不可修复了。只有大港头一个厂，我愿负资敌的责任，不许他们破坏。"最终，实际只炸毁了位于玉溪的铁工厂，其余三家铁工厂均得以保全。

坐落在丽水偏僻山区的浙江省铁工厂是当年全省规模最大的一个企业，并在艰苦恶劣的抗战环境中创造了浙江省军工自主制造的先例和奇迹。铁工厂所生产的各类武器，为全省乃至全国的抗战提供了有力支援，功不可没。1939年4月2日，中共中央政治局委员、中央军委副主席周恩来以国民政府军事委员会政治部副部长身份到小顺与黄绍竑会晤。翌日，视察浙铁总厂，并在沉香庙发表了"工人阶级是顶天立地"的演讲。他说："按我的说法，工人两字合起来就是'天'字，工人阶级是顶天立地、创造世界的，谁也没有你们工人伟大！……你们来了以后，披荆斩棘，白手起家，办起了这样的工厂，试制成功了轻机枪，造出了大批武器，支援前方，打击敌人，为抗日救国作出了很大的贡献。"

1988年12月31日，丽水云和县石塘镇建设水电站，地处上游的小顺村和昔日周恩来演讲的沉香庙、浙江省铁工厂总厂旧址被水库淹没。

缘分如此难言说

周志跃

清至民国的老照片，历经战争、动乱等而留存至今，实属不易。一般来说，这些照片当时可能洗印不止一张，但能幸存下来的往往都只有一张，现在仍能见到同样两张甚至两张以上的，非常难得。

我藏有一张民国人物合影，后来发现我老师也藏有同样内容的一张。我们是从不同地方前后购藏这张合影的。这也印证出人与物的缘分有时真很奇妙。

2016 年 12 月，我在网上看到苏州一卖家的一张民国合影正在竞拍，照片如明信片大小，尺寸 14.2 厘米 ×9.7 厘米。四位男子在杭州"西湖十景"之一的三潭印月处合影，身后三潭清晰可见，远处是雷峰塔所在的南屏山。他们四人中，两人着长衫，一人着大衣，另一人则着时髦的皮夹克；两人双手插兜，两人将手背在后面，站姿随意，轻松洒脱。从人物衣着打扮和照片相纸判断，此片当摄于 20 世纪三四十年代，时令应该是秋冬或早春，树叶凋零，寒意萧瑟。观此片，给我以陈子昂"念天地之悠悠，独怆然而涕下"的苍茫之感。

因为是杭州老照片，加上照片的独特韵味，我一下子被吸引了。经过一番激烈竞价，如愿以偿被我竞得。

2019 年 10 月 19 日下午，我大学摄影老师、浙江大学视觉与传播研究中心学者、著名影像收藏家徐忠民老师微信给我发来了一张照片，开始我没细看，后来发现与我这张竟是同一内容的照片！

徐师惠示，这张照片的主人是左一男子。照片是在左一男子的一本私人相册内发现的。相册是徐师在杭州购得。相册内容丰富，除了这张合影，还有该男子个人、家人等照片。该男子非常喜欢拍照，其中有一张展现的是他正在仔细观看桌上一堆照片。

同样内容的两张照片，一张出现在苏州，一张出现在杭州。

民国年间，四位男子在杭州西湖三潭印月处合影。

片隔两地，却被我和尊师分别收藏到，这恐怕只能用"片缘"两字才能解释得通吧。我不禁暗暗惊叹缘分的奇妙了。

著名西湖影像收藏家韩一飞老师认为，从照片选景和没有衬版的特征看，这张照片为私人拍摄的可能性很大。那么，照片是谁拍的？一种可能是他们立三脚架自拍，另一种可能还有同游者，照片为同游者所拍。不管怎么说，从照片中出现四个人来看，至少应冲印了四张吧。

岁月悠悠，照片已度过了八九十个春秋。如今，片中人早已逝去，唯留下这两张照片，记录下了他们曾经同游西湖的情形。有时候，照片的命运与人的命运何其相似！不知另外几张还安然存世否？

一位功德无量的摄影家

冯克力

上个月，寓居美国的著名摄影家李振盛先生不幸辞世。痛惜之余，恍然觉得先生用相机定格的那个特殊的年代，随着他的仙逝，又远去了许多。毕竟，振盛先生因为自己留下的这些影像，已然成为那个可怖年代的某种标志性的存在。

久闻振盛先生的大名，但与他有所交集却始自编辑《老照片》。在第一辑《老照片》里，我选用了一组他1965年"四清"

时在黑龙江阿城县拍摄的照片，并请山东大学的王学典教授做了一番解读。这组题为《曾有一种"参照"》的图文，从一个独特的角度审视了彼时中国农村的政治生态，刊出后在读者中引起了不小的反响。见到样书后，振盛先生给我打来电话，除表达对《老照片》的由衷认同外，还提了个建议，希望摄影者能与解读者在篇首共同署名，只署解读者而不署拍摄者，显得有些厚此薄彼了。他的建议，我们曾认真考虑过，惟《老照片》里刊布的照片，因年代久远，大多已考证不出拍摄者是谁，为求体例的统一，只好作罢，仍沿用了照片的拍摄或提供者在篇末注明的做法。后还专门向振盛先生做了些解释，他倒也理解。

想想"文革"期间，中国各种媒体的摄影记者不知有多少，为什么只有李振盛先生留下了如此丰富的现场记录？这决不是偶然的。这些直面灾难的影像记录，已远远超出了当时"摄影宣传"的使命与尺度，所以他才没将其存入报社的档案资料，而是冒着相当的风险私下收藏起来。他所做的这一切，从拍摄到收藏，假如没有一种超越当下的自觉，是不可能做到的，他至少是充分意识到了这些现场定格的价值所在。无论对于当下还是历史，李振盛先生此举可谓功德无量。

犹记 2013 年，拙作《当历史可以观看》出版后，香港中和出版公司有意引进繁体字版，但基于推广的需要，他们打算将书名与封面照片都换一下，还想选已收入书中的李振盛先生拍摄的一张报道阿城县"四清"的照片用在封面上。他们提出，这事最好能取得作者的授权。振盛先生时在美国，我辗转与他联系上。先生听说了，很爽快，说："我那些照片，你想咋用就咋用……"

今斯人已逝，想先生风采、声情，能不泫然！

在河边打水的妇女（参阅本辑《青岛前世——德国人拍摄的胶澳租借地》）

国内订阅：全国各地邮局

邮发代号：24-177

地　　址：山东省济南市英雄山路 189 号 B 座（250002）
E-mail：laozhaopian1996@163.com
网　　址：www.lzp1996.com

责任编辑／赵祥斌

装帧设计／王　芳

扫码听书

《老照片》微商城

微信公众号

《老照片》网站

ISBN 978-7-5474-3639-4

9 787547 436394 >

定价：20.00 元

OLD PHOTOS

老照片

定格历史 收藏记忆

主编 冯克力

山东画报出版社

F. Kudo

KANDA, TOKIO.

苏曼殊与孙氏昆仲合影

后排从左至右依次为孙伯醇、孙天逸（字以同，安徽寿县人），前排从左至右依次为苏曼殊、孙景山。（参阅本辑《苏曼殊的友人圈及其出家始末——国家图书馆藏苏曼殊历史照片考辨之三》）

（张萌　供稿）

第一三三辑

OLD PHOTOS

老照片

主编 冯克力

执行编辑　赵祥斌
特邀编辑　张　杰东
　　　　　丁　建
　　　　　邵　芳
美术编辑　王者玉
特邀审校　王健杰
　　　　　赵　杰

山东画报出版社

图书在版编目（CIP）数据

老照片.第133辑／冯克力主编. —济南：山东画报出版社，2020.10
ISBN 978-7-5474-3589-2

Ⅰ.①老… Ⅱ.①冯… Ⅲ.①世界史—史料 ②中国历史—现代史—史
料 Ⅳ.①K106 ②K260.6

中国版本图书馆CIP数据核字（2020）第190496号

老照片.第133辑
冯克力主编

责任编辑 赵祥斌
装帧设计 王　芳

出 版 人 李文波
主管单位 山东出版传媒股份有限公司
出版发行 山东画报出版社
　　　　　　社　　　址　济南市市中区英雄山路189号B座　邮编 250002
　　　　　　电　　　话　总编室（0531）82098472
　　　　　　　　　　　　市场部（0531）82098479　82098476（传真）
　　　　　　网　　　址　http://www.hbcbs.com.cn
　　　　　　电子信箱　hbcb@sdpress.com.cn
印　　刷 山东临沂新华印刷物流集团有限责任公司
规　　格 140毫米×203毫米　1/32
　　　　　　6印张　130幅照片　120千字
版　　次 2020年10月第1版
印　　次 2020年10月第1次印刷
书　　号 ISBN 978-7-5474-3589-2
定　　价 20.00元

目录

2

美联社记者韩森的红色之旅

王　淼

　　1950年3月13日，美国参议院外交委员会听证会上，参议员麦卡锡（Joseph Raymond McCarthy）指控时任美国国务院官员的韩森（Haldore Hansen, 1912—1992）为"亲共产主义者""抗战爆发时在北平编辑共产主义刊物""长期与中国共产党游击队为伍，替他们撰写新闻报道和拍摄照片""在他的书中认为共产主义是解决亚洲问题的答案"。在罗列了一大堆罪名后，麦卡锡给韩森下了一个结论，"此人是肩负着向全世界输出共产主义任务的人"。此时，麦卡锡主义刚刚在美国兴起，一大批与中国有关的美国学者、官员被指控通共，而美国国务院则被麦卡锡炮轰为"共产主义大本营"。几个月以后，国会调查组洗刷了韩森的不白之冤，但他仍然在1953年被迫从美国国务院离职。作为麦卡锡主义的受害者之一，韩森最大的过错恐怕就是在抗战时期和中国共产党有直接接触。

　　作为少数几个抗战初期深入抗日根据地，采访过中国共产党最高领导层的西方记者，韩森留下了大量珍贵的照片和文字报道。在晋察冀根据地和延安，韩森不但拍摄了毛泽东、朱德、周恩来、彭德怀、贺龙、聂荣臻、王震、杨尚昆、罗瑞卿、萧劲光、

图1 韩森在河北阜平

徐海东、徐特立等中共领导层的照片，也留下了八路军战士、"红小鬼"、中国老百姓等普通民众的身影。其关于中国抗战形势与抗日根据地的英文报道大多发表在中外著名英文报刊，许多文章还被翻译成中文转载于国内报纸。美国学者肯尼斯·休梅克甚至称韩森为抗战前期最值得注意的与中共有深入接触的西方人之一。然而，令人奇怪的是，在此后的学术研究和一般的纪实作品中，韩森却奇迹般地消失了。无论中国还是西方世界，韩森很长一段时间似乎都并不存在于历史研究的长河里。

韩森所拍摄的珍贵照片，也只有一部分为世人所知。1983 年，韩森访问中国时，向中国人民革命军事博物馆捐赠了一百五十余幅照片，其中只有极少数公开展出过。1986 年，韩森出版了个人的回忆录《我在第三世界的五十年》(*My Fifty Years Around the Third World*)，其中收录了十几幅抗战时期的照片。直到 1992 年韩森去世后，其夫人将这批照片捐给韩森的母校卡尔顿学院，随后校方将这批照片数字化，并放在互联网上，韩森及其所拍的珍贵照片才逐渐被外界所知。2017 年，韩森出版于 1939 年的著作 *Humane Endeavour: The Story of The China War* 被翻译成中文，由解放军文艺出版社以《中国抗战纪事》为书名出版，书中将韩森捐赠给军博的照片公之于众。不过，无论是卡尔顿学院网站上的韩森照片集，还是军博的收藏并非韩森照片的完璧。作为战时美联社雇用的在华兼职记者，韩森所拍摄的大量照片和撰写的通讯稿、战时日记等都完整保存在美联社档案数据库中。光是照片而言，就有三个影集，总计五百零七张。

在中国共产党的发展历程中，西方在华新闻记者如埃德加·斯诺、史沫特莱、爱泼斯坦曾经提供了巨大帮助。抗日战争全面爆发后，大批西方新闻记者来到延安，希望了解这个在外界看来带有神秘色彩的组织及其领导下的抗日军民。根据韩森的两本回忆录以及其原始档案，笔者尝试还原这名带有冒险和传奇色彩的美国记者在战时中国的经历。

图 2 吕正操正在试验榴弹发射器。

图 3 河北省安平县举办的一场抗日剧演出

图 4 欢迎韩森的标语

一、奔向东方：从冒险者到战地记者

　　1912 年，韩森出生于美国明尼苏达州德鲁斯。1934 年，他从卡尔顿学院毕业时正是美国刚走出大萧条危机的时刻。作为一名经历过史无前例的世界性经济危机的大学生，韩森和他的同学都为个人前途所困扰。由于韩森本科毕业论文方向是中日关系，他被当时前往远东冒险发财的社会风潮所吸引，加上一名中国同学答应他，可以帮助他到北平寻找机会。因而，身无分文的韩森就向银行贷了一笔款项，拿着一百二十五美元踏上了开往东方的客轮，其目标是到中国成为自由作家或新闻记者。

　　在旧金山港口，韩森因为资金不足，偷上了一艘日本客轮。不过，很快他就被船员抓住了，随后被日本人关进了船上的禁闭室。客轮到达檀香山后，韩森被赶下船，关入了檀香山监狱。

图 5　战士们正在使用缴获的日军重机枪。

图 6　根据地的机动部队

当地法官对他网开一面，判他支付船费，并搭乘下一班轮船离开。韩森在花完了身上所有的钱后，搭船到了日本东京。他投奔了东京的一个笔友诚一浅田，浅田带着他参观了东京繁华的商业中心，还和他一起到富士山露营。在日本的一个多月，韩森目睹了日本社会的军事化，百货商场里放置着日本海军的大幅宣传展览图片，学校里的学生研究海军新型战舰模型和机关枪。日本青年在野营过程中展示的坚忍不拔的毅力，让韩森惊叹不已。

1934 年 9 月，韩森来到北平，靠着给曾任清华学校校长的张煜全做英文秘书维持生计。第二年，他在一家中国商业专科学校任教，同时在一所中学教授体育。在努力学习中文的同时，韩森进入了北平的西方记者圈子，结识了一些后来赫赫有名的

图 7　战士们正在训练。

图8 一位腰别驳壳枪的小战士

西方记者，如1938年编辑出版《外人目睹中之日军暴行》的澳大利亚记者田伯烈（H. J. Timperly）以及埃德加·斯诺等人。斯诺建议他到中国各地漫游，撰写稿件出售给在华的英文报刊。

1935年暑假，韩森开始到中国各地旅行。为了方便考察，1936年，韩森前往汉口的华中大学教授英文，他还兼任汉口的《自由西报》（*Hankou Herald*）编辑，并替美联社撰写稿件。他的文章开始发表在上海的一些英文报刊上，如《大陆报》（*The China Press*）、《密勒氏评论报》（*The China Weekly Review*）、《字林西报》（*The North China Daily News*）等。

1937年暑假，在华中大学的学期结束后，韩森回到北平。他加入斯诺夫妇创办的英文刊物《民主》（*Democracy*），这是一份宣传抗日特别是主张联合各方力量抵抗日本侵略的杂志。在韩森回到北平两周后，卢沟桥事变爆发。韩森和他的新闻记者朋友不顾危险，多次前往中日交战的前线观察实际战况。纽约的美联社为了及时报道战争状况，此时正式雇用韩森为驻华战时记者。此后，韩森跟随日军在河北、察哈尔等地报道战场情况，及时向美国发回第一手战时新闻。

1937年9月底，日军在付出惨重代价后占领保定。韩森在战斗结束后来到保定，通过采访当地中外民众，他记录了日军

图 9　身穿缴获的日军制服的游击队员正在练习刺杀。

图 10　三位女战士

图 11 河北蠡县模范小学的学生

强奸中国妇女、随意枪杀无辜民众、烧毁房屋、轰炸西方建筑等暴行。在韩森返回北平时，在火车站遭到扣留，他随即被日军宪兵关押审问。作为唯一到访过保定的西方记者，韩森将其撰写的新闻稿交给了前来探望他的友人，并通过日本人的航空邮件寄到美国，新闻稿刊登在纽约的各大报纸。日军对此既震惊又难以理解，韩森最终被关押了两周后获释。

二、穿越火线：到抗日根据地

1938 年 5 月，美联社指示韩森穿越日本封锁线去观察中国

图 12　在八路军战士的护送下，韩森在山峦间行走。

共产党在敌后创建的游击区。韩森在 6 月 11 日通过一名中共地
下党员，成功地从日本占领下的北平来到吕正操领导的冀中军
区。在韩森的采访日志中，详细记录了穿越日军封锁线的场景。
两万名游击队员被集中起来欢迎第一位到访的外国记者，在高
呼"打倒日本帝国主义"的口号声中，韩森说他在游击队员的

图 13 民众正在把古老的大钟挂起来，用钟声当作防空警报。

脸上第一次看到了战争期间中国人脸上真正洋溢着的快乐。在安平县吕正操的司令部，韩森近距离地采访了他认为的这位略显"害羞"而又"自尊和自信"的中共军队领导人。韩森深入观察了游击队的各种组织、军事和后勤设施以及普通士兵。他

图 14 八路军战士非常珍爱他们的马。

还跟随游击队一起参加了包围安国县城的战斗，直接从前线观
看中共游击队和日军的作战。

　　韩森被冀中根据地抗日军民所表现出来的英勇无畏所感
动，在他发表于著名的《太平洋事务》（*Pacific Affairs*）杂志
的文章中指出，日本占领区内的中共游击队和地方自卫政府成
为日军的巨大麻烦。这篇文章影响非常大，著名国际友人林迈
可（Mechael Lindsay）就是读了韩森的新闻报道决定到冀中游
击区的。后来该文被上海的《译丛周刊》以"活跃于华北与华
中的中国游击队"为题刊登出来。

1938 年 7 月，晋察冀军区司令员聂荣臻派人将韩森护送到山西五台的根据地。在阜平县，韩森碰上了刚刚从延安访问归来的美国驻华武官海军陆战队上尉卡尔逊，其作为罗斯福总统特使深入华北抗日根据地，去考察中共领导的武装力量。卡尔逊对毛泽东和朱德的描述让韩森对其红色之旅充满了期待。卡尔逊在其后的名著《中国的双星》一书中称赞韩森具有"不寻常的事业心和进取心"，是"访问山西和河北游击区的第一个西方记者"。

在五台的晋察冀根据地，韩森和根据地领导人聂荣臻、宋劭文、刘光运都有接触，并多次采访聂荣臻。聂荣臻关于中共游击队主要从政治方面对日军形成打击和采取破坏日军铁路以及长期斗争的策略给韩森留下了深刻印象。聂荣臻还邀请韩森

图 15 为削弱游击队的力量，日军烧毁了根据地的村庄。

图 16 持冷兵器的民兵

参加根据地在 1938 年 7 月 7 日举行的纪念"七七"抗战一周年及追悼阵亡将士大会。韩森也在大会上发言，根据《晋察冀日报》的报道，韩森谈到"我被诸位的精神感动了，暴风雨不能阻止你们开会。同样，日本帝国主义也不能战胜你们"。

在离开五台前往山西屯留八路军总部时，韩森遇上了另外两位国际主义战士白求恩和布朗医生。韩森在他的著作中对白求恩及其医疗团队的工作也做了细致描述，认为白求恩为"游击队提供了非常出色的服务"。白求恩在给友人的信中则形容韩森为"一个善良的小伙子，个子很小，但在政治上很单纯"。

1938 年 7 月底，一支参加过长征的八路军精锐部队护送韩

图17 一位少年号兵

森，八路军士兵在恶劣装备下所展示出的高昂斗志和强大战斗力让韩森迷惑不解。他认为八路军士兵坚强的政治信仰可能是主要原因。在晋南沿途所见日军的侵略暴行，让韩森认识到日军"恐怖主义政策只能唤起那些从前对战争持冷漠态度的农民，甚至坚定了乡村绅士阶层的抗日斗志"。8月初，韩森在屯留故县镇的八路军总部待了五天。虽然朱德不在总部，但是他采访了包括彭德怀在内的许多八路军官兵。

8月中旬，韩森转道西安，在这里他第一次近距离地接触了八路军总司令朱德。朱德所表现出来的沉着老练使得他对外界送给朱德的"中国的拿破仑"外号表示不解。在他看来，朱德更多的是"喜欢安静，彬彬有礼"。韩森前往延安采访的事宜由驻在西安的陕甘宁边区政府主席林伯渠亲自办理。

三、采访毛泽东：延安的客人

9月14日，韩森与彭德怀、邓小平同车前往延安。从9月17日开始，韩森在延安待了两个星期，对这个"青年心中的圣地"做了深入和细致的观察。韩森在延安街头目睹普通民众的

图18 韩森和白求恩

图19 "小鬼头"正在练习将在群众大会上表演的节目。

日常生活，和延安的军民一同观看免费播放的苏联电影，到抗日军政大学体验爱国青年学生的学习，在操场上聆听朱德总司令的演说，拜访鲁迅艺术学院的文艺家如丁玲、沙汀，请延安的军政领导人如王震、徐海东、贺龙、谢觉哉、罗荣桓、萧克、关向应、罗瑞卿、杨尚昆、萧劲光等人吃烤鸭。在他采访了贺龙和徐海东两位将军后，两位将军讲述的与日本军队作战的经历，让韩森意识到中共军事指挥官的勇敢顽强。而在和时任抗大校长林彪的交谈中，他对中国青年为何前赴后继地投奔延安也有了新的认识。

韩森在延安最重要的一次采访是对毛泽东的长达六个半小时的访谈。这次访谈从晚上 8 点半持续到凌晨 3 点，毛泽东热情而周到的待客之道，甚至亲自给韩森端椅子和倒茶，让他感

图20　一位女教师正在面向女性开课。

图21 延安各界民众纪念"九一八"大会

到毛泽东像是"一位在客厅接待客人的有教养的英国绅士"。而毛泽东对于抗日战争进程的准确预测和宏大战略视野，则让韩森深刻明白"毛主席"为何广受中国民众欢迎。毛泽东的《论持久战》在韩森到来前刚刚出版，他向韩森讲解中国抗日战争所必须经历的战略防御、战略相持、战略反攻三个阶段。毛泽东令人惊叹地预测武汉和广州将会沦陷，日本军队在占领中国东部沿海交通线后，将因为敌后游击队的打击和军事力量不足被迫停止进攻。韩森当时在他的采访日志中表示了怀疑，而随后的历史进程则证实了毛泽东预测的准确性。

在回答韩森关于"新民主主义革命"和"统一战线"的问题时，毛泽东耐心地解释了中国共产党当前的任务是团结各方力量抵抗日本侵略，但是并不意味着中共的革命纲领有所改变。毛泽东展望了中国革命的前途，指出在打倒日本帝国主义之后，中国将面临和平建国的契机。中共希望用一种和平方式解决与国民党的矛盾，进行社会改革。尽管内战并不符合中华民族的最高利益，但是如果资产阶级破坏统一战线，与中国人民为敌，那么中共除了武装反抗并没有别的选择。

韩森在其采访日志中感慨，毛泽东不懂任何一种外语，却知道天下事。这个看起来其貌不扬，甚至更像农民的领袖，远远超过了那些出国留洋和正规大学的毕业生。而毛泽东的谦虚好学和富于逻辑的思维也给韩森留下了深刻印象。

10月1日，韩森结束了延安之行，他此后坚定地认为中

图22 延安窑洞前的知识女性

共比其他任何组织都在全心全意地抵抗日本侵略。韩森在1939年1月回到美国。同年，他将自己在中国的经历写成 *Humane Endeavour: The Story of the China War*（中文译名为《中国抗战纪事》）一书出版。虽然评论界给予该书极高的赞誉，却并不畅销。韩森回到美国先是从事新闻业，后在1942年初进入美国国务院，负责与中国有关的文化事业工作。

　　韩森于1953年离开美国国务院后，开始到第三世界国家从事农业方面的工作。1975年9月，韩森到中国考察农业，此后多次到中国指导农业生产。在他1986年出版的回忆录中，韩森提到了中国在改革开放后的巨大变化和进步，直言其变革远远超出了大多数人的预计，和他在五十多年前所居住的中国变得完全不一样了。

"云"消"芳"未散

胡 剑

在安徽省安庆市和湖南省长沙市，曾经各有一家字号完全相同的照相馆——云芳照相馆。据安庆市作家协会副主席、安徽历史文化研究中心研究员张健初先生介绍，安庆和长沙的云芳照相馆，其老板均系原籍为安庆的郑云芳先生（见新浪博客"安庆老城闲人"）。

安庆位于安徽省西南部、长江下游北岸，西接湖北，南邻江西。由于地处要津，从清乾隆二十五年（1760）到民国二十七年（1938），安庆长期作为安徽省省会，是安徽省政治、经济、文化中心，也是中国较早接受近代文明的城市之一，素有"万里长江此封喉，吴楚分疆第一州"的美称。

1897年10月21日，郑云芳出生在安庆一个小商人家庭。

图 1 1934 年 6 月 26 日，云芳照相馆登在《皖报》上的广告。图片来自张健初先生的博客。

图2 1940年4月，第六战区与第九战区部分官佐在长沙（局部）。长沙云芳照相馆摄。

较好的家庭环境使他在一所私塾学校受到了良好的教育，郑云芳对能够定格岁月、留住影像的照相术产生了浓厚兴趣。1925年前后，郑云芳在钱牌楼街中段一个叫聚星里的老宅子里租了一处门店作为照相馆，并以自己的名字"云芳"作为照相馆的字号。云芳照相馆的大门，正对着人流如织的熏风巷（如今是安庆有名的"美食小吃一条街"）。得天独厚的地理位置，为吸引过往路人、扩大照相馆业务创造了有利条件。

在云芳照相馆开张之前，安庆已经有数家名气很大的照相馆，如新光电影院前东西辕门（原省政府大院大门）一带，分别有光华楼照相馆、翠芳照相馆，吴越街东南街口还有中华照相馆。而郑云芳新开业的照相馆，竟然还与老字号的镜波照相

图3 1940年4月，长沙东门外。长沙云芳照相馆摄。

馆同在钱牌楼街上！面对众多强手，郑云芳依然踏进照相业，显然是看中了照相业丰厚的利润。业内人士称，照相业的纯利润一般都在百分之二百以上。按照当时的物价和生活水平，照相馆的老板明显属于高收入人群。

作为商人之子的郑云芳，骨子里流淌着父辈经商理财的优秀基因且深谙经营之道。如何在竞争激烈的照相业占据一席之地，不断将自己的照相馆做大做强，郑云芳自有他独到的眼光和独特的经营策略。

首先，添置新型硬件设备。常言道：工欲善其事，必先利其器。摄影器材是照相业主要和基本的硬件设备，功能完备的新型照相器材和暗房设备是照相馆拓展业务、赢得客源的先决

图5 20世纪40年代，第二十七集团军士兵训练的场景。长沙云芳照相馆摄。

条件。为此，郑云芳亲赴上海，花巨资购买了一批当时高档的照相器材。特别是美国柯达公司1900年推出的一款全景转头相机，成了他的"镇馆之宝"。这款照相机除了以往照相机的功能之外，其镜头和机身还可一起转动。拍摄的幅面可根据需要由摄影师自行掌控，既能拍摄简单的人像，还可拍摄画面宏大的场景，拍人数较多的团体合影尤为适用。这款超前的高端照相机，在当时的安庆引起了轰动，云芳照相馆的生意很快打开局面，并在安庆市场站稳了脚跟。到1937年，云芳照相馆已成为安庆市照相业中的独资大户。

其次，满足各类顾客需求。民国时期很多照相馆的老板，都喜欢标榜自己的照相馆是"最新的设备、最好的布景，最快

图6　1944年3月12日植树节,驻军军官正在演示植树。
安庆云芳照相馆摄。

的洗印、最廉的价格"。在经营过程中,郑云芳非常善于把握
市场行情,揣摩顾客心理,他除了以上"四个最"之外,尤其
注重为各类顾客提供"最佳的服务"。郑云芳很清楚,在那个
年代,只有家境不错的人家,才有可能拿出闲钱到照相馆去体
体面面地照相,而这样的家庭显然不多。对于普通百姓来说,
由于生活拮据,拍一张相片是一件不容易的事情。所以,大多
数人都把照相看成生活中重要的仪式,一般只有在逢年过节或
者生辰、结婚这样的大喜日子,才会来照相馆照相。为了方便
顾客,他改变了照相馆坐商经营的传统模式,根据顾客要求,

随时到顾客约定的地点提供现场拍照，并帮助顾客完成拍摄中各个流程的衔接与协调，确保顾客满意。

再次，跨省经营拓展市场。正当云芳照相馆的生意做得如火如荼的时候，1938年6月1日，日军展开"安庆攻略战"。6月10日夜，日本海军集结大批战舰、汽艇、商轮，在航空兵团的掩护下，由芜湖溯江而上，向安庆市大举进攻。12日凌晨，日军在马窝子和大王庙登陆。安庆沦陷后，云芳照相馆所在的聚星里被日军霸占，许多照相馆关门停业，安庆照相业的生意一度变得萧条。后来虽陆续有十几家照相馆恢复营业，但生意普遍大不如前。这期间，安庆市的云芳照相馆由郑云芳的徒弟杨积华代为经管，而郑云芳则在安庆沦陷之后，开始到外省拓展新的市场。他带着部分员工和照相器材辗转来到长沙，在繁华市区租了个店面，将"云芳照相馆"的一块新招牌挂了出来。

图7 1945年2月，战地婚礼。长沙云芳照相馆摄。

图9 1929年2月，衣着光鲜的大户人家。安庆云芳照相馆摄。

这样，安庆和长沙便同时有了字号相同的照相馆。

最后，义务拍摄广揽客源。"诚招天下客，誉从信中来"是郑云芳一贯遵奉的经营信条。正所谓在商言商，以利为重。郑云芳在经营过程中，始终坚持既讲义又言利。他不仅以利润最大化为目标，而且也追求自身社会地位和自我价值的实现，从而达到"以义求利，德惠同至"的境界。他深知要经营好自己的照相馆，必须以质量和信誉来赢得顾客，同时，也要讲究方式和策略，主动为社会各界服务。因此，不论在安庆还是长沙，他经常扛着照相机，到医院、学校和部队为社会团体义务拍照。这种免费提供的照相服务，产生了良好的广告效应。加之郑云芳很注重画面拍摄的效果和照片的洗印质量，深受顾客信任。

图 12　1939 年 10 月，风华正茂的同乡学友。长沙云芳照相馆摄。

图 4　1941 年 1 月 24 日，第二十七集团军春节运动大会全体选手给奖典礼。长沙云芳照相馆摄。

第廿七集團軍卅年春節運動大會全

禮

義

規規矩矩的態
度・進到嚴
整整的紀律

正正當當的
為・進到慷
慨慨的犧牲

飲食部

图 8　20 世纪 40 年代，毕业前夕的莘莘学子。长沙云芳照相馆摄。

图 21　20 世纪 40 年代，和睦人家。安庆云芳照相馆摄。

图 10 20世纪20年代,小脚女人与她的丈夫和儿子。
安庆云芳照相馆摄。

当年,国军第二十七集团军总司令兼第二十军军长杨森的部队
曾先后在安庆和长沙一带驻守,凡是军中的重要活动,杨森都
要派专人去请郑云芳到现场拍照。

笔者收藏的云芳照相馆的老照片,既有安庆云芳的,也有
长沙云芳的,拍摄时间基本上都是在 20 世纪三四十年代。有
的在照片上方拍摄日期后面写着"云芳摄赠"或"云芳""云
芳摄影""云芳照相"等字样,有的在照片下方盖有"安庆

图 12 20 世纪 30 年代，持枪的儿童与他的小伙伴。安庆云芳照相馆摄。

云芳""钱牌楼"和英文"YUNGFANG STUDIO ANKING（或ANCHING）"等字样的钢印，有的在照片背面由照片的主人或保管者写着"云芳摄影"和拍摄时间。从这些老照片可以看到，一些重要事件和当年的风云人物曾在云芳照相馆留下了印记。

从 20 世纪 30 年代到 40 年代，安庆和长沙两地的云芳照相馆还拍摄了大量的团体合影，记录了当时杨森所部驻守安徽和湖南的一些情况。笔者收藏的主要有：1938 年 3 月，二十军一三三师全体官佐于安庆；1938 年 5 月 11 日，安徽省会各界欢宴第二十七集团军二十军、二十一军各级官佐时合影；1940

年3月6日，二十军体育节运动大会篮球比赛实况；1940年3月26日，湖南平江长寿各界三月份扩大国民月会杨副长官宣读誓词；1940年4月，长沙会议开幕典礼；1940年4月，第六战区与第九战区部分官佐在长沙（图2）；1940年7月7日，湖南平江各界抗战建国三周年纪念暨讨逆锄奸大会；1941年1月，第二十七集团军总司令部、第二十军一三三师、一三四师于第九战区干训团第一期受训人员欢迎副长官训词；1941年1月24日，第二十七集团军春节运动大会全体选手给奖典礼（图4，见中插）；1941年11月17日，第九战区于岳麓山举行第二次长沙会战阵亡将士追悼大会；1942年11月12日，三青团平江

图13 20世纪30年代，商号老板及其合伙人。安庆云芳照相馆摄。

图 14　1941 年 6 月，琴瑟和鸣的恩爱夫妻。长沙
云芳照相馆摄。

图 15　1943 年 3 月，初春郊外的青年教师。安庆云芳照相馆摄。

图16 1947年5月，亲如一家的三妯娌。长沙云芳照相馆摄。

图17 1948年6月，戴博士帽的青年才俊。长沙云芳照相馆摄。

分团主办第三届"杨森杯"篮排球赛；1943年二十七集团军春季运动大会开幕典礼；1944年3月12日，安庆植树节（图6），等等。

此外，笔者收集的云芳照相馆老照片中，还有大量市井人物的留影，如毕业前夕的莘莘学子（图8，见中插）、衣着光鲜的大户人家（图9）、小脚女人与她的丈夫和儿子（图10）、风华正茂的同乡学友（图11，见中插）、妙龄少女湖畔倩影、穿旗袍的少妇、秋游途中的师生、江边戏水的中学生、持枪的儿童和他的小伙伴（图12）、商号老板及其合伙人（图13）、秀肌肉的热血男儿、镶金牙的时髦女郎、琴瑟和鸣的恩爱夫妻（图14）、初春郊外的青年教师（图15）、亲如一家的三妯娌（图16）、戴博士帽的青年才俊（图17）、新潮时尚的

图 18 20 世纪 40 年代，新潮时尚的大家闺秀。安庆云芳照相馆摄。

大家闺秀（图 18）、清纯可人的小家碧玉（图 19）、新郎新娘与家人的合影（图 20）、淳朴憨厚的家庭主妇、戴礼帽持文明棍的绅士、戴瓜皮帽的商号老板、一个父亲和他的两个宝贝女儿、和睦的一家人（图 21，见中插），等等。

关于安庆云芳照相馆，还有一件事值得一提。笔者在 2014

年 8 月 1 日的"安庆论坛"上，
见到这样一篇帖子，大意是：
一个名叫陈一嘉的重庆女孩，
在法国布雷斯特留学期间寄宿
在当地一户人家。有一次她与
房东聊天时，男主人拿出一张
老照片，说他曾祖父是中国人
（图 22）。照片上有"安庆云
芳"的钢印，另外还写着"给
我友约娜""一九三一年六月
于巴黎"等字样。由于他曾祖
父留在照片上的名字不好辨认
（疑似"劳学"），他也不知

图 19 20 世纪 40 年代，湖南
平江的村姑。长沙云芳照相馆摄。

道曾祖父的中文名字，更没有其他相关的信息。陈一嘉说，她
的房东托她通过媒体帮助寻找一下他曾祖父家是否还有亲人健
在。但愿这位中法混血儿的后裔，其曾祖父亲友的后人能够有
幸看到这辑《老照片》，以帮他圆寻亲之梦。

世事沧桑，物换星移。在半个多世纪的经营中，跟许多曾
经的老字号照相馆一样，云芳照相馆也有它从创立、发展到衰
败再到消失的历程。据长沙照相业的有关史料记载：郑云芳到
长沙开业时，当时的长沙照相业已有"新华""蓉光""四明""大
光明"四强称霸。但郑云芳凭着自己的实力，顽强地生存了下来。
抗战期间，云芳照相馆也因战火多次易址，一度还曾搬到乡间。
抗战胜利后，长沙照相馆恢复到二十多家。新址位于伯陵路（今
蔡锷路）的云芳照相馆，一度成为长沙颇有名气的大照相馆。
那段时期，湖南的国民党军政要人常去该店照相，各种重要会

图20　20世纪40年代，新郎新娘与家人的合影。长
沙云芳照相馆摄。

议的团体合影几乎全由该店包揽。

　　20世纪四五十年代，长沙照相业仍有不断发展，各类照相
馆达到近五十家。公私合营之后，长沙的云芳照相馆还成了湖
南全省国营照相馆中的一枝独秀。1960年12月17日，六十三
岁的郑云芳先生在长沙去世。自此，长沙的云芳照相馆只保留
了"云芳"的字号，人们也渐渐忘记了从安庆千里迢迢漂泊到
长沙的创始人郑云芳先生。

　　而安庆的云芳照相馆，自20世纪40年代后期，在郑云芳
的徒弟杨积华代管一段时间之后，又由郑云芳的弟弟郑云发经
营。后来，郑云芳的儿子郑泽凌从长沙回到安庆，因其与前女

图 22 一位法国人的中国曾祖父。约 20 世纪
30 年代摄于安庆云芳照相馆。

友分手，法院裁决时将云芳照相馆判给了女方。于是，云芳照
相馆的新主人又变成了黄荣芝。20 世纪 50 年代初期安庆的一
份统计资料显示：当时城区共有照相馆十三家，较大的八家，
从业人员十六人，资金二百九十万元，其中云芳照相馆只有
十万元左右。1956 年公私合营后，在保留的五家照相馆中，依
然有"云芳"的字号。20 世纪 60 年代，为了彰显老字号的声誉，
安庆的钱牌楼老街上悬挂着"云芳照相馆安庆总馆"的招牌。
显然，这里的"总馆"是指除安庆之外，在别的地方还有"分馆"。
1988 年 7 月，安庆在旧城改造过程中，钱牌楼老街的云芳照相
馆被拆除，所有设备器材被移至宜城路 93 号的龙江照相馆。自
此，历经六十多年的风雨岁月，安庆的云芳照相馆终于在这座
历史文化名城永远消失了。

图 23　1946 年，十六岁的严凤英摄于安庆云芳照相馆的生活小照。图片来自张健初先生的博客。

2019 年 12 月至 2020 年 5 月，经多方寻访，笔者联系到郑云芳先生的曾孙女小郑，试图通过她获取云芳照相馆和郑云芳先生及其亲属相关的信息资料。因年代久远，她对 20 世纪 60 年代初就已去世的曾祖父，显然并不知晓。她告诉我，郑氏家族的亲属现在散居全国各地，有的已在国外定居，平时大家都很少联系。她的爷爷奶奶早年去世，退休后的父亲因患脑梗已失去记忆，其他健在的父辈亲属对祖辈的往事也已淡忘。她估计天津有个姑姑（郑云芳的外孙女）可能知道一些情况，就把联系方式告诉了我，但被她的姑姑婉言谢绝了。最近听小郑说，她的姑姑也是八九十岁的老人了，她们多年都没有来往，是我找到她后，她才叫我试着跟她姑姑联系的。近年来网络电信诈

图 24 郑云芳的家人合影。20 世纪 60 年代中期摄于长沙云芳照相馆。图片由郑云芳的曾孙女提供。

骗很多，老年人不愿与陌生人打交道可以理解。

小郑是长沙市的一位医务工作者，虽然只有二十几岁，却是单位的业务骨干，平时工作十分繁忙，加之我跟她联系时正值新冠肺炎疫情期间，尽管这样，她依然非常热情并且竭尽所能地为我提供了相关资料和图片。非常遗憾的是，一生为他人拍摄过无数照片的云芳照相馆创始人郑云芳先生，竟然没有留下一张个人的肖像或生活照，他墓碑上的照片还是从与家人的合影中取下来的。不过，从目前已有的这些素材，依然可以窥见云芳照相馆曾经的辉煌。

如今，云芳照相馆虽然已不复存在，但是，"云"消"芳"未散。在六十多年的生存期间，郑云芳先生和他的云芳照相馆，已将沧桑岁月的变迁痕迹和许多风云人物以及一些历史事件的珍贵影像，永远定格在历史的坐标上，并将不时唤起人们对往事的叩问与追忆。

苏曼殊的友人圈及其出家始末

——国家图书馆藏苏曼殊历史照片考辨之三

张 萌

南社人与苏曼殊

说起苏曼殊的交友圈，南社人应为首要。南社这个在 20 世纪初盛极一时的革命文学团体，被誉为同盟会的宣传部，有反帝反清的政治纲领，为辛亥革命做足了舆论准备。孙中山在南京临时政府中委任了很多南社人以要职，南社的革命属性和政治抱负由此可见。而我们也恰恰是因南社创始人柳亚子先生的缘故，得来了苏曼殊的这些旧照。柳无忌在《柳亚子与苏曼殊》一文中谈及父亲为先逝的南社友人编撰集子，其中对苏曼殊作品的收集及其身后的考证最为长久，前后达十四年（1926—1940）。

1908 年 9 月，即苏曼殊在江浙时期，与刘师培、何震及柳亚子等人留下一张合影，这张照片也能在柳亚子全集中看到，照片上的人都还是青年模样。柳亚子先生再次出现在与苏曼殊有关的照片中，就是在苏曼殊死后他去悼念扫墓时与曼殊墓的合影了，这样的合影不止一张。苏曼殊的墓地是 1924 年由南社人徐忏慧出资修筑的，故而这些合影应该摄于 1924 年以后。在《柳亚子选集》中收录了 1928 年写的《西湖谒曼殊墓有作》四首，苏曼殊已离世十载，柳亚子也开始为他做集子，只是仍感"难慰零鸿断雁人"。照片上除了柳亚子外，还有几位年轻女子，有可能是柳亚子的弟子。有墓碑的照片或许是这次悼念时所拍。1944年和1945年柳亚子又写过悼念曼殊的诗，此时曼殊已逝二十多年，竟还"入梦容颜故故亲"，可见苏曼殊在其心中的分量。这点也能从他给苏曼殊的信中看出，1910年6月，即苏曼殊在嗑班任教时期，他去信向其索文，信中称其为"吾师"，语气谦和。他欣赏苏曼殊的才气，"惊才绝艳美无伦"。关于苏曼殊在文学上的天赋，陈独秀也是赞许的。他说苏曼殊学作诗很晚，先是跟章太炎学，可是老师并没有好好教，又跟他学，他也未好好教，苏曼殊挑自己喜欢的诗书看又试着自己写，却越写越好，实为天才。

另一位与苏曼殊交往频繁的南社人就是刘季平，即刘三。他和苏曼殊相识于东京的成城学校，后来又加入了南社。馆藏虽然没有二人的合照，却因他们之间的书信获得了苏曼殊儿时的照片，以及曼殊遗墨的照片。在柳亚子交付北新书局校对的《曼殊全集》插图照片中，有一张《黄叶楼图》，为苏曼殊所绘。黄叶楼是刘三在沪郊华泾修筑的屋室，也是他的藏书楼，并且自号黄叶老人。他的夫人陆灵素曾记下苏曼殊绘黄叶楼的经过：

> 曼殊有回路过，一夕饭罢，画兴忽至，乃索胭脂至画碟中，曼殊且画且谈笑，顷刻成《黄叶楼图》。又蘸墨作横幅，笔端胭脂未净，枯柳残鸦，皆作紫褐色，诚奇笔也。

由于苏曼殊坦白直率的真性情，加上早年的留学经历，除与刘、柳二人在交往中留下了数量较多的相关图像外，与南社

图1 苏曼殊与孙伯醇合影一。孙湜，字伯醇，安徽寿县人。

中的其他成员也留有一些活动或聚会的合照，现将整理出来的馆藏目录列于下（对照片中南社人的考证参见柳无忌编《南社纪略》1983版，其中有以姓氏笔画为索引的南社成员名单）：

图2 苏曼殊与马小进合影。马骏声，字小进，号
退之，别号梦寄，广东台山人。曾为孙中山先生的秘书，
后赴美国哥伦比亚大学留学，归国后在台湾做导演。摄
于1910年。

　　1.《苏曼殊与孙伯醇合影一》（图1），拍摄地不详，
拍摄年份不详，有于上海兆芳照相馆洗印版，其中一张背
面有钢笔手书"曼殊 伯醇同摄 八月二十四日 戬志"；

　　2.《苏曼殊与孙伯醇合影二》，拍摄地不详，拍摄年
份不详，有于东京江木照相馆洗印版；

　　3.《苏曼殊与孙氏昆仲合影》（见封二），拍摄地不详，
拍摄年份不详，有于东京工藤写真馆洗印版；

4.《苏曼殊与马小进合影》（图2），拍摄地不详，摄于1910年，有于上海名为 H. J. RICH 的照相馆洗印版，其中一张裱卡右侧有毛笔手书"小进燕影 造象捧赠 亚子足下"；

5.《苏曼殊与朱少屏合影》，拍摄地不详，拍摄年份不详，有于上海名为 H. Riches & La 的照相馆洗印版，朱少屏，号屏子，上海人，中国同盟会会员，曾任国民政府驻马尼拉总领事馆领事；

6.《苏曼殊与周小山、朱少屏合影》，拍摄地不详，拍摄年份不详，洗印地点不详；

图3 苏曼殊与叶楚伧、柳亚子、朱少屏等人合影。后排从左至右依次为苏曼殊、叶楚伧（原名单叶、宗源，字卓书，号楚伧，别号小凤，江苏吴县人）、费公直（原名善机，字天健，号一瓢，江苏吴江人）、柳亚子、朱少屏，前排从左至右依次为梁龙（字云松，一字云从，广东梅县人）、田梓琴（字梓琴，号玄玄，湖北蕲春人）、景耀月（字秋陆，号太昭，别号帝召，山西芮县人）、吕志伊（字天民，云南思茅人）。摄于1912年。

图 4 苏曼殊抱婴儿与沈燕谋、郑同苏（郑之蕃，字仲鹣，号桐荪，别号焦桐，江苏吴江人）等合影。从左至右依次为应溥泉、苏曼殊、郑同苏、沈燕谋、傅盛勋。

7.《苏曼殊与叶楚伧、柳亚子、朱少屏等人合影》（图3），摄于上海，1912年，洗印地点不详；

8.《苏曼殊抱婴儿与沈燕谋、郑同苏等合影》（图4），拍摄地点不详，拍摄时间不详，有于上海兆芳照相馆洗印版；

9.《苏曼殊与沈燕谋、郑同苏等合影一》，拍摄地不详，拍摄时间不详（与《合影二》为一天拍摄），洗印地点不详，后排从左至右依次为应溥泉、沈燕谋，前排从左至右依次为傅盛勋、苏曼殊、郑同苏；

10.《苏曼殊与沈燕谋、郑同苏等合影二》，拍摄地不详，拍摄时间不详（与《合影一》为一天拍摄），洗印地点不详，后排从左至右依次为傅盛勋、郑同苏、苏曼殊、施女士（乔义生之夫人）、乔义生；

11.《苏曼殊与邵元冲、宫崎寅藏等合影》，拍摄于西湖二我轩，1916年，洗印地点不详。

僧人苏曼殊

僧人算是苏曼殊的一个身份，因为后来他也还俗了，可是还俗后常以"袈裟""衣钵""衲"等自称，又做俗世的事情，并不斋戒，行为上很随性。至于他出家受戒的经过或可称为一件轶事。1903年底，苏曼殊经大同学校时期同窗冯自由介绍到了香港，暂住在陈少白主办的《中国日报》处，性格孤僻鲜语，居数月后，决意出家为僧，拜师受戒。于是在惠州一破庙落发为僧，可这庙实在是残破，主持老僧事必躬操，平日饮食均凭化缘，经常不能果腹，于是苏曼殊偷了师兄的戒牒，趁师父一日外出，随即取了其仅有的二角银洋出逃。钱全买了船票，饿了三天肚子才回到香港。来年筹到一笔钱，又出游暹罗（泰国）和锡兰（斯里兰卡），在这次出游中烧了戒疤并留下一张盘坐在树下的受戒相。

同年归国后，他在长沙实业学堂任教，还把这张照片给学生们看，说他是在越南某寺受戒的，他受戒是在臂膀上，不是在头上，这与中国的受戒是不同的，他的学生黄梦钧在《书曼殊大师》一文中提到过此事。图书馆的藏品中也有这张照片（图5），尺寸不大，为9厘米×6厘米的散片裱卡，裱卡背面有曼

图5 苏曼殊受戒照。摄于1904年。

殊的毛笔手书"暹罗造幻影一幅，捧赠刘三足下　曼殊"。这样苏曼殊烧戒疤的地点就出现了两个，一个如黄梦钧所述是越南，一个是苏曼殊留下的毛笔手书暹罗。首先可以肯定的是曼殊的戒疤是在这次暹罗、锡兰的出游过程中烧的。其实受戒和烧戒疤并没有必然的联系，然而唐代以后，随着度牒的大量发行，出家人的身份比较复杂，有些人为了逃避徭役而加入僧人队伍，为了整肃僧团，主持传戒的大德议定了受戒燃顶的做法，作为终身之誓，沿用至今，便成为汉僧受戒的标记。由此可见，苏曼殊在臂上的戒疤并非在国内所烧。烧身、烧臂一是为了供养诸佛，二是为了消除业障。至于苏曼殊受戒的地方到底为何处，仅凭这三条证据并不足以判断，因为他自己所言所书未必

图 6 苏曼殊僧装照。摄于 1915 年。

可信（苏曼殊堂弟苏维骐在柳亚子给曼殊做考证时曾去信言"曼殊信札及杂记中所云各弟名字，家中并无此人，想是他的同道人也"。馆藏中有其题为与"季弟""桂弟"诸弟合影若干张，经考证，也并非是苏家的人），况且苏曼殊这次出游是独行，所以这张照片的拍摄地实为难辨。之后上海兆芳照相馆（自威海分设上海，1899 年成立，1914 年 12 月 22 日首次出现在广告中，位于英大马路泥城桥塇，馆主史流芳。1915 年 12 月 19 日新屋落成，重新开业。1949年2月1日，最后一次出现在广告上）重新冲洗过这张照片，外装帧做了裱夹，目前馆藏共有四张同内容的受戒照，裱背有曼殊手书的一张，上海兆芳照相馆洗印的有三张。由此，也可以看出照片的真实性隐藏在文本之下，当面对一张全然陌生的人物照时，图像的意义则由记录照片的文本而生成。而悖论在于文本不能作为图像真实性的全然保证，当出现如上述情况时如果没有柳亚子先生后来的考证，后人很可能把与现实不相符的意义赋予图像。所以，摄影表面上是反映现实，但实际上摄影影像自成一个世界，企图取代真实世界（桑塔格语）。

　　除了受戒照，苏曼殊还留有一张后世常见的僧装照，这张照片也被柳亚子先生选为《曼殊全集》第一册的插图照。馆

图7　苏曼殊与长沙实业学堂学生合影。摄于1905年。

藏中有各种规格和装裱形式的同内容照片,其中有一张照片(图6)是1915年在东京洗印的,照相馆或馆主的名字为J. HASEGAWA,HASEGAWA是日本姓氏长谷川的罗马拼音,J应该是名的缩写。另有着袈裟而执扇与长沙实业学堂的学生合影一张(图7),苏曼殊坐于正中,照片背面钢笔手书"乙巳夏长沙实业学堂摄影(秦毓鎏藏)"。秦毓鎏是曼殊在早稻田大学高等预科(1902年冬)读书时的同窗,二人同为青年会成员,并留有于东京合照。乙巳年是1905年,为曼殊出游受戒后的第二年,这张照片前文所述学生黄梦钧也有一张,但"所藏已佚去",馆藏两张,一张本为秦毓鎏所藏,应为柳亚子为苏曼殊做集子时从秦处得来,另一张是同底版在无锡的惠生照相馆扩印而成,裱卡装帧。目前馆藏的苏曼殊着僧服照片仅有此三种底版。还有些照片苏曼殊并未着僧服,但是在照片的注释

图8 苏曼殊与徐忍茹等人在南湖合影。摄于1916年。

中被他人以"僧""大师"相称，可见他的僧人身份在友人中也是被认可的。比如苏曼殊与徐忍茹等人1916年在南湖的一张合影（图8），是翻拍照片，原照下方题有"丙辰月圆后七日，偕高僧曼殊、张参谋、岳军伉俪暨内子，同游南湖，酒阑，特摄此影，以留纪念。庶不负金风亭长棹歌诗云：自从湖有鸳鸯目，水鸟飞来定是双。书此以博同游一叹也。忍茹识"字样。上文中提到的柳亚子在苏曼殊墓前的合影注释名称亦为"曼殊大师西湖墓塔图"。

苏曼殊擅写诗作画，又因其僧人的身份，被后人称为"诗僧""画僧"。他不难令人想起唐时的一位文人，即"诗中有画，画中有诗"的王摩诘。苏曼殊在给何震的《画谱自序》中也提到了王维，认为"山水画自唐始变"，李思训、王维画法分别代表北宗和南宗。但他个人比较欣赏王派的虚和萧散，有"惠能之禅意"。苏曼殊作画是无目的性的，多为应友人之邀而作，一生从未卖画。

2018年香港苏富比春拍《曼殊上人妙墨册子》以2881.35万港币成交，创造了苏曼殊画作拍卖价格的历史新高。苏曼殊的照片是随着柳亚子先生的手稿一起捐赠给国图的，在这批手稿中亦有这本《妙墨册子》。苏曼殊的真迹目前存世者不足百件，原作大多流散各地。经统计，1907年他在《民报》和《天义报》上发表了十三幅作品，1908年在《文学因缘》上发表了九幅。国家图书馆所收藏的名家手稿中有柳亚子和柳无忌一同誊写编撰的《曼殊余集》（十三册），其中第十三册为插图类，里面所收曼殊照片、相关图像及作品十分详备。

（图片由国家图书馆提供）

廖静文与天津美院学生的合影

刘葆松 口述　英　子 整理

1953年9月23日，担任第二次文代会执行主席的徐悲鸿，突发脑溢血。9月26日晨，徐悲鸿逝世于北京医院。消息传来，震惊整个美术界。

徐悲鸿先生去世后，其妻廖静文先生就捐出了位于东城区东受禄街16号自家的宅院作为"徐悲鸿纪念馆"，以存放徐悲鸿先生的绘画真迹，并供各界民众参观。

1955年4月，天气乍暖还寒，河北师范学院美术系（后改名为天津美术学院）1953级和1954级两个班的部分学生，相约一起去北京参观徐悲鸿纪念馆。

这天一大早，同学们先是乘火车从天津出发，9点多钟到达北京站，后又坐公共汽车到达了北京东城区的东受禄街。这是一条很偏僻的、知名度并不高的胡同，据说原是晚清时供官方视察的一处"官厅"，民国时又改成了巡警阁子，后来逐渐形成了一条东西走向、中间是回形、东南角有个小广场的胡同。胡同里有几十个院落、上百户人家，据说这里还居住过设计景山后街上两栋军方大楼的总工程师宗甫先生，而徐悲鸿的故居是当时胡同里最大的院落。1948年徐悲鸿先生搬来时，也许正是看上了这条胡同里的清静和文化氛围吧。

1954年之后，这条胡同又成为新中国的第一座美术家个人纪念馆的所在地。因为徐悲鸿纪念馆成立不久，再加上地处偏僻和当时传媒手段的不发达，知晓徐悲鸿纪念馆的民众并不多，所以来此参观的人也很少。

在春寒料峭中，一座砖木结构的平房院落出现在同学们面前，大门楼子前挂有郭沫若亲笔题写的"徐悲鸿纪念馆"匾额，门扇半启，花木扶疏，一切都显得非常安静、清洁和雅致。

班长周之骐（图1第二排左一高个子男生）轻轻地推开了

图1 参观徐悲鸿纪念馆，与廖静文（第二排左四）合影。

院门，出现在大家眼前的是一座砖木结构的三进院落。据长年居住在东受禄街的居民韩忠魁回忆："（东受禄街）最大的一个院落是 16 号徐悲鸿纪念馆。著名画家徐悲鸿一家 1948 年搬到这个院落，1953 年他病逝后改为纪念馆，他的家人仍住在这里。……我记得，当时参观门票是一角钱。"

这座院落里有三个跨院，全都开辟为展室，几条甬道把花园展室连在一起。展室里没有摆放别的家具，只展出徐悲鸿先生的素描和油画，还有他生前在画室里使用过的部分生活用品。展出的素描大多都是在法国创作的，最有气势的展品就是那幅油画《田横五百士》，这幅油画长 349 厘米、宽 197 厘米，创作于 1928 至 1930 年。

接待这批学生参观的是副馆长陈晓南教授（图 1 第二排左二穿浅色风衣戴帽子者）。陈晓南（1908 年 2 月—1993 年 10 月），别名晓岚，曾用名桂荣，江苏溧阳人。陈晓南教授曾于 1930 年至 1934 年在南京中央大学艺术系师从徐悲鸿先生学画，1940 年又进入徐悲鸿先生创建的中国美术学院为副研究员，擅长铜版画。当时，陈教授负责徐悲鸿纪念馆的日常管理工作，负责接待访客并做讲解。记得陈教授一幅一幅地讲解着徐悲鸿先生作品的由来、创作年代和主题、艺术特征等，两个多小时的参观活动在陈教授的带领下，在庄重而严肃的氛围里完成。

整个参观活动完毕后，陈晓南教授让大家稍等一下，看能否请廖静文先生出来，和天津美院的同学们合影留念。

说着，陈教授的身影消失在展馆的后院。

不一会儿，廖静文先生从后院里走了出来，在她的身后，还有两个探头探脑的孩子，三四岁的样子，在甬道上跑来跑去。

时年三十三岁的廖静文先生身材苗条，面目清秀，梳着最朴素的齐耳短发，身着黑色的厚毛衣，带着淡淡的微笑，落落大方地走到大家身边，接受大家的问候并向同学们致意。

于是，同学们簇拥着廖静文先生（第二排左四）站着，扎着长辫子的女生莫韵学和张玉新还特意挽起廖先生的手臂，在1955年4月的一个正午，这群佩戴着校徽的美术系学生，留下了一张珍贵的合影（图1）。

从照片上，可以看到徐悲鸿纪念馆前的山桃花刚刚绽放。按照当时的节令，已是清明过后，而从廖静文先生和同学们的衣着来看，当天的气温一定很低，这说明寒冷的气氛还在笼罩着北京城，这一年，北京城的冬季一定比较漫长。

仿佛在一转眼之间，几年时光就过去了，天津美术学院1953级绘画系的学生已经到了毕业的时候。

1957年的夏季，1953级美术系的同学又聚合在一起，在班长周之骐的带领下，在照相馆里照了一张毕业合影（图2）。拿这两张照片进行比对，会看到同学们在几年的艺术熏陶之后，精神风貌已发生了极大的变化。之前的那种青涩之气荡然无存，女生多数已剪发，并烫了时尚的大波浪，显得成熟了许多；黑发浓密的男生也梳起了整齐的分头，身着白衬衣的样子干净又整洁。特别请大家留意的是，全班同学胸前佩戴的不再是长条的校徽，而是一个正方形的毕业纪念章。一戴上这个纪念章，就说明大家即将分手离校，四年的同窗不久将会风流云散。

坐在前排左二、左三分别是班长周之骐和他未来的妻子张金英（名字不太准确）。这一对金童玉女已确定了恋爱关系，他们不久将结为夫妻，并一起分配到甘肃兰州工作。而当时的我（图1二排右二穿深色风衣者，图2三排左一穿西装者）也有了自己心仪的女生，只是还没有来得及表白。

坐在周之骐旁边的是云南人杨学儒，杨学儒个子很高，肤色黑，说着一口难懂的云南话，同学们给他起了个外号叫"大猩猩"。

还请大家注意的是，图2下面有两个小字"鼎章"。"鼎章照相馆"是清末民初由广东人黄国华创立于南京，最初叫"恒昌照相馆"，摄影师是宁波人王子铭。后来，天津盐商王奎章出资，由王子铭接手后更名"鼎昌"。"鼎昌"添置新式布景，专门为淑女名媛拍艺术人像，影响力渐渐提升为天津照相业的首位。1912年又由王润泉和李耀亭集资四百元接手后改名为"鼎章"，两位经理翻建了二层楼房，开设了三个摄影棚，引进了

图2　毕业合影

美制转镜照相机，社会影响力更大。到20世纪20年代，鼎章照相馆职工六七十人，年营业额高达八九万元，黎元洪、梅兰芳、周信芳等各界名流都来这里拍过照。鼎章照相馆的著名摄影师李耀庭，曾在孙中山先生于1924年12月4日下榻于天津张园之际，抢拍下了他一生中的最后一幅照片。孙中山先生于1925年3月12日去世后，这张照片加印数千张传遍了全中国，鼎章照相馆更加名声大噪。

20世纪的天津民众，能去鼎章照相馆拍一张照片，代表着时髦和面子。所以，历届的天津美术学院的毕业生们，自然都会选择鼎章照相馆拍照留念。而图1那张与廖静文先生的合影，也是在鼎章照相馆冲洗出来的，全班同学每人一张，惠存终生。

事实证明，鼎章照相馆的照相洗相技术的确一流，虽然历经六十余年，这两张老照片一点也没有泛黄、褪色、脱皮、折皱，至今看来还是那么清晰，还是让人浮想联翩。只是照片上的人物，大多已经凋零。唉，物是人非，睹物怀思，只能让人感叹时光的无情。

注：历史上，天津美术学院几经更名，1953年至1957年，其名称先后为河北师范学院、河北天津师范学院。为便于读者理解，统一用现名"天津美术学院"。

当代花木兰郭俊卿

王端阳

去年，央视记者曾采访我关于郭俊卿的故事，现在的年轻人甚至中年人恐怕都不知道郭俊卿，但在 20 世纪 50 年代，她可是大名鼎鼎，被称为"当代花木兰"。

1931 年，郭俊卿出生在辽宁省凌源县一个贫苦农民家庭，1937 年随父亲逃荒到内蒙古巴林左旗。1945 年为了给被地主害死的父亲报仇，她隐瞒自己的真实性别，又将自己的年龄报大两岁，用假名郭富参军。在部队先后当过通信员、警卫员、班长、连队文书和副指导员，后任某机炮连党支部书记。在艰苦的战争岁月，她女扮男装五年之久，和男同志一样，冲锋陷阵，鏖战疆场，为中国人民解放事业出生入死，先后荣立特等功一次、大功三次、小功四次。

为了不暴露女儿身的秘密，她从不脱衣睡觉，也从不和大家一块上厕所、洗澡。1950 年 4 月，郭俊卿患了严重的妇科病住进医院，这才被医生发现了女儿身，不得不向党组织如实汇报了自己的性别。

1950 年 9 月，她作为中国人民解放军第四野战军的代表出席了全国战斗英雄代表大会，受到毛泽东、朱德等党和国家领

图1 1950年9月,英模大会时郭俊卿(右一)和四野战斗英雄们合影。王林摄。

导人的接见。中央军委授予她"全国女战斗英雄""现代花木兰"称号,荣获模范奖章、勇敢奖章、毛泽东奖章各一枚。

正是在这次大会上,我父亲王林采访了郭俊卿并给她拍了三张照片。

图1是郭俊卿与四野战友们的合影。

图2是郭俊卿在大会的舞台上。此时郭俊卿穿的是裙服,很有意思。据央视的导演讲,这是他们看到的郭俊卿穿裙服的唯一照片。

图3是郭俊卿和岳慎的合影。岳慎是沙可夫的夫人,著名女演员,1949年她刚拍完影片《中华儿女》,即东北抗联八女投江的故事。

我父亲在日记中记述了这件事:

图2 1950年9月，郭俊卿身穿裙装在全国
英模大会上。王林摄。

1950年9月28日

二十八日上午八时……参加英雄大会。给郭俊卿和另
一海军照了像(相)。……郭俊卿还是十九岁的女孩子。……
郭：单眼皮，眼泡。她的特征应该是两眉中间偏右的小痣。

今天我一边听英雄报告，一边不自主地想传奇郭俊卿。
我想这样传奇（指编写剧本——编者注）一下，思想上也
提高得有战略意义，叫她每次立功都能与大局有关。比方
第一次送信，使林总发觉敌人进攻承德的企图。第二次冲
锋立功，是阻击沈阳敌援助锦州，迟滞了这一路敌人，使

战局起重大变化，这也就是提高一步，有思想了。

一般人只会对她的女扮男装，如何不被人发觉感兴趣。我想这样传奇一下：她一次投军，正巧林彪带队往东北奔，林拒绝了她。她那次送信时，被林生疑，她也看出，却飞腿上马，顽皮地说："女孩子会有这么好骑术？"却又脚勾马鞍从地捡起一块石头，投向空中，惊起一老鸦，她来了个鹞子翻身，举枪打中，向林一挥手，说："女孩子会有这好枪法！"又一笑飞跑远了。林叫人追回来问她，她却蹿过敌人火网跑远了。

阻击沈阳敌时，林从望远镜中看见这个小班长了。等解决了锦州的大兵团赶来，换下她们这一部时，林要求见

图3 1950年9月，在北京全国英模大会上，郭俊卿（右）和岳慎合影。王林摄。

图4 照片背书：荣军张树义，一九五〇
年九月在全国英模大会，王林。

见这小班长。于是打破了这个谜。

（在剧本中）又想安一个班长（后升排长）不自觉地
和她发生了爱情。他老想他的爱人表妹，老说郭像他表妹。
在阻击战中冲山顶半途中牺牲了，还有一口气时，郭说了
实话，而且称他是爱人：反动派逼着我们在死后才敢成为
爱人。排长叫她完成任务。她说我带着我们的爱情，准能
完成任务！举起红旗冲到山顶上去！这样，观众关于恋爱
的趣味也会满足，又不致庸俗和落入俗套。

有意思的是，我父亲还想以郭俊卿的事迹写成一部传奇的小说，甚至在现场就开始构思起来。遗憾的是他并没有动笔。

九年之后，军旅作家陆柱国将这个题材写成电影剧本，并由八一厂拍成影片《战火中的青春》。影片中那位女扮男装的主人公高山，就是以郭俊卿为生活原型。

我父亲看了这部电影，在日记中写道：

1961 年 2 月 28 日

下午在礼堂看电影《战火中的青春》。很感动人，很振奋人心。无产阶级花木兰——副排长高山，是根据郭俊卿的故事创造的。1950 年秋全国第一次英模大会上，我见过郭俊卿，并且给她照过像（相）。这个演员比真郭俊卿稍胖些。女性味道更浓一些儿。要是那么浓的女性味道，郭俊卿在连队里"混"不了三四年的岁月。这个片子很成功。

2019 年为了纪念共和国成立七十周年，央视决定拍摄那些为共和国奋斗过的英雄时找到我，我将我父亲拍的那三张郭俊卿的照片提供给他们。

除了郭俊卿，我父亲还拍了一张残疾荣军的照片（图4），主人公叫张树义，是被人背着来到会场的，遗憾的是没有关于他的文字。我立此存照，期望知道的人能够把他的故事讲出来。

蒙古族长调歌王哈扎布的早年生活

张阿泉

哈扎布的出生

哈扎布属狗，1922 年 5 月 11 日（民国十一年农历四月十五日）出生于内蒙古锡林郭勒盟阿巴哈纳尔左旗希日塔拉草原（今锡林浩特市宝力根苏木），父亲额博木是旗衙门轮值文书（擅长演奏蒙古族乐器），母亲汉德玛也是优秀的民间歌手，父母生他时年龄均在二十一岁。再往上追溯，哈扎布的爷爷、额博木的父亲叫阿希然巴嘎布楚（"嘎布楚"是一种喇嘛学位），老家在喀尔喀蒙古的达里刚嘎（今蒙古国东方省），19 世纪末南迁到锡林郭勒盟，当地人都称他为"哈拉哈嘎布楚"（即"外蒙古嘎布楚"）。阿希然巴嘎布楚共有九个儿子，额博木排行第

图1 哈扎布的父亲额博木，在哈扎布十五岁时病逝。

三。哈扎布是额博木的独生子，这从他给儿子取的名字上就可以看出来（"哈扎布"系藏语，意为"天之恩赐"）。

在哈扎布官方档案中有"1922 年 1 月 15 日生"一说，当系误记。细查哈扎布人事档案材料，发现多是由人代笔用汉文填写，履历潦草，很多信息都欠缺。因哈扎布只懂蒙古语，不懂汉语，加之记忆年久模糊，委托别人代笔填写的履历势必粗疏（这是不少蒙古族民间艺人当年直接被招录到"体制"内常会遇到的情况）。而 1991 年 12 月 31 日由呼和浩特市公安局回民区分局签发的"长期有效"身份证，出生日期写的又是"1922 年 2 月 15 日"（身份证编号 1501032202150××），这进一步说明草根艺术家的出身经历确实难以清晰考索。

痛失双亲，从幸福跌入困顿

幼年哈扎布在父母的身边成长，深受宠爱。在他七岁时，家中领养了邻居家的孤儿高姆扎布，这个比哈扎布小五岁的女孩从此成了哈扎布的妹妹，那是 1929 年。那年秋天，阿爸开始把哈扎布送到贝勒王府拜乃庆扎兰（又书"甲喇"，即"参领"，系清代官名）为师，私塾习文三年。乃庆扎兰是额博木的好友，学问精深，文思敏捷，是当地一位有名的文书。

1932 年，十岁的哈扎布进入阿巴哈纳尔左旗衙门学校读书，同时谙熟了马术，成为小骑手，开始参加当地的一些小型那达慕赛马活动，并表现出过人的歌唱天赋。

1935 年，十三岁的哈扎布带着妹妹高姆扎布一起参加旗里举办的敖包会赛马，他策马飞奔六十里，一路领先，唱着动听的歌声夺得了比赛第一名（而妹妹高姆扎布的赛马成绩则是倒数第一）。这件"唱着歌夺冠"的传奇佳话，在草原上流传了很多年。

到了 1937 年，十五岁的哈扎布英姿勃发，额博木于是细加培养，让爱子拜自己的好友、著名民间歌手斯日古楞梅林为师。也是这一年，少年哈扎布的命运发生了逆转，父亲因得肿瘤、母亲因得肺结核在一年内相继病逝，兄妹俩顿时陷入了困顿，家产被劫掠一空，还遭受了大爷喇嘛的虐待，被迫为庙里徒步放羊两年多，父母留下的一间破屋成了兄妹俩唯一的避难所。

第一次婚恋、从羊倌变文书及赛歌成名

1939 年，哈扎布十七岁，由大爷喇嘛做主，娶了朝格台吉的女儿永林斯娃为妻（妹妹高姆扎布则嫁给了朝格台吉的儿子）。哈扎布与永林斯娃成亲后，一个给贝勒府放羊，一个给贝勒府当佣人。这年冬天，雪很大，有一天哈扎布依然徒步放一千多只羊，结果跑在前面越过山丘的两百多只羊被饥饿的狼群吞掉了，到处都是羊血和羊尸；第二天，吓坏了的哈扎布到贝勒府请求王爷处置，被两个衙役按倒在地，痛打了二十五大板，并被带到王爷面前下跪；但当王爷询问得知哈扎布没有马只能徒步放羊时，竟正色道，让一个孤儿徒步奔跑放一千多只羊，这也太没道理了吧？好啦，打他二十五大板就算啦！当时，哈扎布的老师斯日古楞梅林正在王府当差，王爷于是对斯日古楞梅林说，听说这孩子很聪明，就让他以后到衙门当文书吧！就这样，哈扎布因祸得福，从羊倌变成了文书，离开时还得到王爷赏赐的二十五两元宝。做了文书以后，机敏随和的哈扎布在起草文件、整理书籍和誊抄资料之外，还跟着斯日古楞梅林

学会了蒙古族民歌的各种唱法。

在蒙古族习俗中，每一次大型宴会可说既是艺人出名的舞台，又是艺人遭遇挑战的擂台。哈扎布在十八岁时迎来了命运的转机，那一年是1940年，风调雨顺，牛马羊肥壮，阿巴哈纳尔左旗的巴拉根苏荣王爷乘兴在秋天召集本旗和阿巴嘎旗的王爷贝勒、牧民百姓及寺庙喇嘛举办了一场热闹的那达慕盛会，共同庆祝好年景。在盛会开场，哈扎布受王爷委派高唱自古传下来的"慧词"，向大家说明本次盛会的内容和意义，然后就参加了激烈的两旗赛歌。代表阿巴哈纳尔左旗出场的歌手是斯日古楞梅林、哈扎布，代表阿巴嘎旗出场的歌手是特木丁、玛西巴图、陶布海，双方各展歌喉一比高下，一轮比一轮激烈。哈扎布虽是初次参加这样高级别的比赛，但嗓音嘹亮的他并不怯场，并且把自己经历的委屈、对早逝父母的怀念和热爱草原的牧人情怀都融化进了歌声里，唱得极其凄美动听，很多人现场听得落泪。最后，哈扎布与特木丁一起胜出，各获得了一匹王爷赏赐的骏马。同时，在斯日古楞梅林引荐下，哈扎布成功拜阿巴嘎旗有名的歌唱家特木丁为师，其长调歌唱艺术得到了进一步提升。

短暂的欢乐总是紧跟着漫长的感伤

1941年春天，哈扎布作为新秀歌手，与锡林郭勒盟其他三十多位顶级摔跤手、马头琴手、歌手、潮尔演唱家一起应邀到德穆楚克栋鲁普亲王（简称"德王"）府上参加一次盛大的聚会，他登台演唱完一曲蒙古长调后掌声四起，现场受到德王的赞赏。德王对哈扎布说："你今晚唱得实在太好了，比你的老师们唱得还好！待会儿你过去跟一个日本人摔跤，不过你一定要赢他，不许手下留情！"于是哈扎布大着胆子跟一个穿着马裤、光着上身的日本人在台上较量了几个回合，突然使出以前学的招数，猛地把那个日本人摔倒了！德王高兴地过来拍着哈扎布的肩膀说："哈哈，好样的，不愧是一条蒙古汉子！"这次盛会结束后，哈扎布被封为"侍卫"和"王爷的歌手"，赏骏马一匹。这些荣誉的获得，使哈扎布的内心充满了"生为蒙古人，我是何等的幸运"的兴奋与豪情。

然而，短暂的欢乐总是紧跟着漫长的感伤。也是在 1941 年，哈扎布再遭丧亲之痛，年仅十九岁的妻子永林斯娃因劳累过度生病去世。此时的哈扎布虽已成为锡林郭勒草原有名的长调歌手，但仍是衙门里一个普通文书，地位卑微，抽空还得给王爷放六百多匹马。王爷独霸一方，往往掌握着草原底层人的命运，哪怕是唱歌极好、得到过赏赐的哈扎布，在王爷眼里也仍是"贫贱的下人""会唱歌的戏子"，不会给予真正的关怀与尊重。心性要强的哈扎布，除了向斯日古楞梅林、特木丁两位恩师不断学习歌唱技艺与做人道理之外，还四处搜集民间歌曲，经常到远近大小宴会上或婚礼上向老艺人学习一些博克颂、赛马颂、祝赞词等祝颂人所必备的知识与技巧，磨练口才，积蓄能量，习惯了人情冷暖的他决心做一个能为周围的人带去欢乐和享受的"有用之才"。

无爱的第二次婚姻和没有结局的恋情

1942 年，巴拉根苏荣王爷强行做主为二十岁的哈扎布娶了第二任妻子玛希（她比哈扎布大二十多岁），清高的哈扎布虽反对这门婚事，但拗不过王爷的强迫，只好勉强成亲，但他一直拒绝回家与自己不喜欢的女人过日子，为此多次遭到王爷打骂。哈扎布说："我是有感情有感觉的人，又不是畜生，就算打死我也不回去；王爷那么关心她，自己去看她好了！"这一年夏天，德王派人邀请哈扎布为自己大女儿的婚礼当祝颂人，精心准备了几天几夜的哈扎布成功主持了这场在温都尔庙东侧山下举办的、聚集了三百多人的大排场婚礼，一下子成了锡林郭勒草原上的祝颂达人，获赏银和鞍马一匹，名气比以前更大了。

一年秋天，哈扎布骑马到草原深处寻找王爷家走散的灰儿马和公马，偶然遇到了拾粪的姑娘斯日吉玛，斯日吉玛的美丽开朗深深吸引了哈扎布，两个年轻人交谈之间禁不住互生情愫。于是斯日吉玛邀请哈扎布到附近她家的蒙古包去喝奶茶，家里的老额吉居然认识哈扎布的父亲额博木，还夸他长得很像去世的阿爸。哈扎布帮着宰了一只羊，当晚在蒙古包举办了一场小型宴会，哈扎布、斯日吉玛和老额吉一起吃羊肉、喝酒、唱歌、欢笑，哈扎布献唱的几首蒙古长调让老额吉掉泪、让斯日吉玛陶醉。当晚，哈扎布以客人身份留宿在蒙古包，度过了一个灯光温馨而又辗转难眠的秋夜（据说那盏油灯夜里一直亮着，老额吉看出了两个人互相喜欢，故意用灯光来调控青年男女的激情）。次日清晨哈扎布醒来，发现斯日吉玛早已出去放牧，他喝完奶茶，告别了老额吉，继续去找马，老额吉擦着眼泪目送他走远。他自然是中意斯日吉玛，但碍于自己正被不成功的婚事所绑架，心灰意懒，以后就没有再去看望这母女俩，一段刚萌生的恋情也便随风而去。

依靠唱歌感动匪帮从而侥幸活下来的惊险经历

1945 年日本投降，哈扎布的家乡也随之改天换地。

1946 年，新政权阿巴哈纳尔旗政府成立，哈扎布所做的头一件具有"革命"意义的事情就是到旗政府办理了与有名无实的妻子玛希的离婚手续。

旗政府成立之初正是用人之际，哈扎布作为当地一名有文化、有才华又在牧民中深有影响力的年轻人，被群众选举为基层苏木的代理苏木长。在旗政府任职的积极分子共有四个"扎布"，分别是哈扎布、吉格扎布、特木齐格扎布和仁钦扎布，都很精明强干。新政权初建，局势时有反复，当时锡林郭勒盟所辖布里亚特旗有一个上层贵族额仁钦道尔吉发动了武装叛变，他手下有一伙以特木丁苏荣为首的布里亚特匪帮，不断猖狂对抗新政权，经常劫掠阿巴哈纳尔旗境内的牧民财产，焚毁军需物资，残杀革命干部，在草原上为害最甚。这一情况被哈扎布和吉格扎布及时通报给了锡林郭勒盟新政府，新政府马上调集部队打散了布里亚特匪帮，活捉了匪首特木丁苏荣，把他当众正法，并把匪帮劫掠的财产全部还给了牧民。特木丁苏荣的弟弟朝义多格闻此信后怀恨在心，扬言一定要杀了哈扎布和吉格扎布"祭天"，为他哥哥报仇。

果不其然，1947 年 7 月，朝义多格纠集了一大群布里亚特匪帮趁夜幕袭击了阿巴哈纳尔旗政府的三个蒙古包，逮捕了四个"扎布"，然后对他们一顿严刑拷打。第二天，又把他们用粗麻绳捆绑起来丢到车上，连同抓来的其他牧民和拢来的马匹一起逃窜。正值炎夏，一整天冒着烈日赶路，四个"扎布"饥

图 2 1952 年，三十岁的哈扎布与伊德欣郝日乐结婚，并调入锡林郭勒盟文艺队，成为拿国家工资的专业歌唱演员。

渴难耐，但只能干熬。夕阳西下时，匪徒们选在沙漠边缘宿营，扎起帐篷开始煮肉喝酒，而四个"扎布"则被扒光了上衣绑在野外等死。那是一个月光明亮之夜，被蚊虫叮咬得厉害的哈扎布感觉死期将至，心想反正都得死，莫不如豁出去唱着歌去死，于是他在月光下放开喉咙，流着泪一首接一首地唱布里亚特民歌和阿巴哈纳尔民歌，唱得荡气回肠，感动了不少匪帮里的布里亚特老人。当匪首朝义多格认为哈扎布是在用唱歌报信要马上杀死他时，厨师巴图耶布等不少布里亚特老人都过来替哈扎布求情，说杀了这么"天才的歌手"会遭上天惩罚的，匪首朝义多格总算动了恻隐之心，答应暂时不杀哈扎布，但必须对他严加看管。在被布里亚特匪帮挟持折磨了二十多天之后，四个"扎布"终于被前来追击的解放军骑兵营救出来（布里亚特匪帮中一直同情和暗中保护哈扎布的厨师巴图耶布老人被匪首朝

图 3 20世纪50年代，哈扎布与妻妹玛格斯尔（右）、妻子伊德欣郝日乐（左）及岳母德吉德合影。

义多格开冷枪给打死，朝义多格随后也被解放军骑兵击毙）。经历了这么一次生死存亡的大考验，四个"扎布"都变得成熟起来，哈扎布的歌声也更加苍凉悠远。

第三次幸福婚姻及人生境遇的转机

1947年8月以后，哈扎布到锡林郭勒盟举办的公安培训班学习，随后因生病回家吃药治病休养。

1949年8月，哈扎布恢复了健康，参加了锡林郭勒盟举办的防疫训练班，学习结束后到阿巴哈纳尔旗防疫站工作了一段时间。

1950年3月，公办锡林郭勒小学成立，哈扎布因为有文化、会唱歌，被选拔到这里当上了拿国家补贴的小学教员，专门带学校里的一个文艺班，其演唱才华得以逐渐发挥。这年秋天，格根庙照例举办庙会，在庙会上哈扎布邂逅了自己的真爱伊德欣郝日乐。伊德欣郝日乐比哈扎布小两岁，出身于贫苦牧家，虽有过短暂不幸婚史，但温柔贤惠，很懂感情。敖包山下，哈扎布赠伊德欣郝日乐一面小镜子，伊德欣郝日乐赠哈扎布一杆镶白玉烟袋，两人私定了终身。伊德欣郝日乐心细而手巧，她发现无人照料的单身青年哈扎布穿的衣服很破旧，就很快给他缝制了一件新蒙古袍，哈扎布穿上特别合适，心里就更加爱恋伊德欣郝日乐。

1952年8月，在老上级、锡林郭勒盟文化处处长沙金格日勒推荐下，在锡林郭勒盟文艺队负责人伊德辛关照下，哈扎布从锡林郭勒小学调入锡林郭勒盟文艺队，正式成了一名拿国家工资的专业歌唱演员。当时的锡林郭勒盟文艺队只有三十多人，主要任务是下乡到各旗为牧民演出，节目包括演戏、歌舞、演奏、"好来宝"等，演员们都需要"一专多能"，类似于后来的乌兰牧骑。在白天的演出结束后，牧民们经常会赶着勒勒车把哈扎布抢走，晚上听他继续在蒙古包里唱歌。这一年可谓哈扎布的幸运年，三十岁的他与自由恋爱的意中人伊德欣郝日乐结婚，且做了上门女婿，成为一个幸福的"呼日更"（蒙古语，意为"送上门来的男人"）。结婚后，妻子伊德欣郝日乐和岳母德吉德对哈扎布格外疼爱，这使从小孤苦无依、受尽磨难的他重新感受到了亲人的温暖。从此，哈扎布格外忠诚于这份爱情，与伊德欣郝日乐相依为命、不离不弃（妻子不能生育，就领养了一个女儿乌云格日勒，并待她像亲生女儿一样；妻子因患风湿病瘫痪近五年后病逝，当时六十一岁的他也坚决不再续娶）。

图4 经过艰苦生活的磨练和长期的艺术实践，哈扎布创造性地发展了蒙古族长调的演唱方法，第一个将蒙古族长调搬上了舞台并传遍世界。

图5 20世纪60年代，哈扎布（前中）与宝音德力格尔（前右二）开始饮誉中外歌坛，成为最具实力的蒙古族长调歌唱家。

1953年1月，幽默、开朗、有朝气更有骨气的哈扎布作为一代杰出的蒙古族长调歌手，与伊德辛、确精扎布、青巴图等七八个优秀同事一起，告别了养育自己的锡林郭勒草原，从锡林郭勒盟文艺队调至内蒙古歌舞团，像"轻快的走马"全身心融入新时代、跨上新平台，而灿烂的荣耀与暗灰的屈辱也正在命运的前路等着他。

（2007年9月10日至27日，根据哈扎布口述记录、哈扎布女儿乌云格日勒口述记录及哈扎布人事档案材料复印件，仔细甄别爬梳写就。2020年3月下旬补充并重校。）

光影里的妈妈

蒋 遂

有一首歌《烛光里的妈妈》缠绵动人，妈妈是每一个人须臾不会忘怀的人。妈妈离开我已经十四年了，但她的容貌常常在我眼帘晃动。所幸妈妈留下的照片，还时时可以令我怀念。尤其她年轻时，是一位扬州美女，美人肩、丹凤眼，那气质和典雅不同寻常。

妈妈盛静霞（1917—2006），字弢青，一字伴鹜，号频伽室。扬州中学、国立中央大学毕业。先后任教于国立中央大学师范学院附属中学、国立中央大学文学院、私立之江大学、杭州弘道女中、浙江师范学院、杭州大学。

妈妈的籍贯是江苏省镇江，但是她告诉忘年交何宗桓："原籍镇江，后见江南看不起江北，就索性只说自己是扬州人了。"

外公在扬州置办了住处，是一座清代的四合院，在扬州湾子街上。现在这座房子被扬州市政府命名为历史建筑。扬州湾子街很奇特，扬州市的老城区街道呈南北走向，只有湾子街是斜着穿过老城区的。湾子街现在也被扬州市政府命名为历史文化街区。

我的外公是盛炳华，外婆是陈春生。外公早年去日本学做生意，回国后在上海开办炳华纺织机件配件公司，是中国现代

少女时代的妈妈。摄于 1936 年。

纺织业的开拓者之一。妈妈在扬州中学学习时，品学兼优，尤其写作才华横溢，被誉为"小冰心"。还在上海的《女子月刊》发表过小说《情波》和《忆友》（1933 年 3 月和 6 月）。

　　1936 年，妈妈考入著名的国立中央大学文学院中文系，得到了一干名师的欣赏和提携，有汪辟疆先生、汪旭初先生、唐

外婆、我妈妈（中）和我姨妈在扬州园林。

圭璋先生、卢前先生、吴梅先生、钱子厚先生、章涛先生、赵
少咸先生，等等。妈妈参加了汪辟疆建立的"雍社"、吴梅先
生建立的"潜社"。她在古典诗词方面的天赋和才华突飞猛进，
汪旭初先生在课堂上公开说："中央大学出了两个女才子，前
有沈祖棻，后有盛静霞。"现代青年学者楼培对她的评价是：
"盛先生就是一个诗人。"有一次青年学者何宗桓去拜访妈妈，
随口念了一句他人的诗词。妈妈一听，皱着眉头说："平仄不

20世纪30年代，妈妈在南京国立中央大学女生宿舍韦斋。

调呀。"何宗桓很疑惑，回去查了原稿。原来是他记错了。这已经是她晚年的事了，但是说明她对古典诗词的敏感是与生俱来的。妈妈对古时候的诗人词人的作品随手拈来，李杜、苏黄、纳兰、徐凝等。有一篇文章是《莫砺锋谈妻子：有幸与你相守绵长岁月》，莫砺锋说："我只是一个专业的读诗人，不是诗人。我没有写诗的才能，偶然动笔也从不示人。"莫砺锋是中国第一位文学博士，又是程千帆的大弟子，但是他也知道写诗赋曲不是人人可以做得到的，更何况做好了，做绝了。唐圭璋先生执教六十五周年，妈妈作《定风波》贺之，吴调公先生说妈妈的作品是"压卷之作"。

定风波·为圭璋师执教六十五周年颂

甲子绵延六五周，芬芳桃李遍神州。犹记曲中频顾盼，重按，殷勤翻使学生愁。　词是《花间》人是佛，超忽，果然"蕴藉不风流"。杖履追陪师亦友，翘首，一尊遥献碧湖头。

可是，很不幸1937年由于全面爆发的抗日战争，使中央大学仓促迁往陪都重庆。在迁移途中，在重庆的艰难岁月里，妈妈目睹了中华民族遭受的艰难困苦、自身的悲哀、抗战军民的浴血奋斗。她充满激情地写下了四十首新乐府《抗战组诗》，有反映百姓疾苦的《祖背翁》《巴中曲》《壮丁行》，有反映重庆大轰炸的《哀渝州》《警钟行》，有反映抗战军人的《张总司令歌》《天都烈士歌》，等等。现代青年学者陈文辉评价说："直逼杜工部。"1940年妈妈大学毕业。她一向讨厌写论文，就对系主任汪辟疆先生要求用四十首新乐府《抗战组诗》代替论文。汪先生说："别人不可以，你可以。"就此顺利毕业。

哀渝州

五月四日岁己卯，夕照昏昏飞铁鸟。空岩蛰伏愤难伸，弹落如珠闻了了。冲霄烈火山头起，遥指渝州三十里。焰舌赪星正吐吞，江水无声天地死。黉宫少年皆尽裂，攘臂连踵来城阙。途中渐听哭声高，道上惟看残与缺。火云烟

妈妈（右）和吴子我校长

阵哪见城，雷轰电掣惊风逆。崩倒之下人鬼奔，焦烂之内
号啼急。无头之人茫茫行，披发之魅当道立。横拉枯朽落
焦梁，忽迸血浆飞断臂。瓦砾如山下有人，头腰已出股胫塞。
翻砖拨瓦群力尽，挣扎牵拉终不得。泣请诸君断余骨，宁
愿残生半身失！闻此呜咽皆泪流，一拽再拽肝肠出。彻宵
灰烬化孤城，阴风惨惨天不明。十日掩埋哪得尽，百里哀
鸿相扶行。烬中往往残骸出，峡底时时冤鬼鸣。中有百人
藏一穴，穴口弹落相蒸烹。开山忽见互抱拥，逼视始知皆

焦腥。城中从此华繁歇，早闭晏开行踪绝。僵尸夜起忽扑人，月光如水面如铁。呜呼！百年兴废事可推，昨日天府今劫灰！

毕业后，妈妈被国立中央大学师范学院附属中学校长吴子我网罗到学校教书。师范学院附属中学在重庆的白沙镇，学校在一位要人的私宅"衡庐"，有两棵巨大的红豆树，所以也称作"红豆树中学"。学生吴崇兰回忆："盛老师是当年国立中央大学名教授卢冀野的得意门生，也是吴子我校长的学妹，她长于诗词，一笔小楷，清丽秀逸，有才女之称。她到红豆树来教书的时候，是老师中最年轻的。她文静雅致，十足的古典美人。单身男老师对她有遐想的，不乏其人。"

妈妈对自己的心上人自然有一份考量。她向往李清照、赵明诚"归来堂"斗诗的乐趣，而讨厌达官贵人。她的老师钱子厚先生说："哪怕天涯海角，我也要为你找到一位。"果然钱先生看上了当时在蓝田国立师范学院教书的我后来的爸爸蒋礼鸿。钱先生将他介绍给妈妈时，他已在国立中央大学师范学院国文系找到一个教书的职位。爸爸蒋礼鸿是一位语言文字学者，诗词也写得清新脱俗，他的老师夏承焘先生说："考据词章不妨兼治，锲而不舍，可到陈兰甫，凌氏《梅边吹笛谱》不足拟也。"妈妈被爸爸的诗词深深吸引了。

鹊踏枝

蒋礼鸿

解道江南肠断句，消受年时，梅子黄时雨。去去栖香深院宇，梦魂犹怯花铃语。　蕉叶抽情丝是绪，帘里浓愁，

1945年，父母结婚照。

帘外天涯絮。密约鸾笺容易许，能言鹦鹉休频妒。

前　调

盛静霞

　　谢尽荼蘼香入句，十二重帘，遮却闲风雨。篆袅微烟沉院宇，凝情似解流莺语。　　难绾难分千万绪，风聚飘萍，可是沾泥絮？漫问新愁深几许，低徊不信天能妒。

　　从此两人鸿雁传书。经历了几番曲折后，1943年他们在重庆订婚，1945年结婚。主婚人是著名学者柳诒徵。陆蓓蓉在《萧条异代使人愁》中描述订婚的情形："这对夫妇订婚了。这订婚可不比寻常，一时师友贺诗如云。著名者如钟泰、唐圭璋、唐长孺等，都是学界高人。看看他们的贺诗都有些什么样的句子：'……情会使人奔走，未待红丝两足缠''有琴心暗逗、

1947 年，妈妈和姐姐在秦望山。

连环情解，凭栏看，流云缓'。"可以感到，在战争岁月里，这一对患难夫妻使许多人深深地牵挂。特别有意味的要算"青鸟不传云外信，白沙今日是蓬莱"一句，用了李中主的成句，巧妙地镶嵌着"弢青"和"云从"的名字。也许，那段时间里对于彼此，家国沦丧、亲戚离散之痛苦稍稍地得到了慰藉，因为从此，乱世之中多了一个可以亲密依靠的人。

　　抗战胜利后，爸爸妈妈随国立中央大学回到南京。1947 年，因中央大学人事纠纷，爸爸被中央大学解聘。爸爸偕妈妈回到母校杭州之江大学。他们在六和塔西麓的秦望山头龙头安家落户，筑起了爱的小巢。同年我姐姐出生在"头龙头 10 号"，五年后我也出生在"头龙头 10 号"。之江大学一带的山山水水留下了他们的身影。

九溪溪中碎石无数
满溪石不碍潺湲，清到无痕碧可怜。

我和妈妈在道古桥宿舍。

疑是诸天仙女过，一齐遗下翠云钿。

渔　舟
小舟无数趁潮忙，踏浪凌波势欲翔。
行到中流歌忽缓，千条银网一齐张！

　　我出生前，妈妈因为一直忙于工作，从之江大学教师宿舍去工作时，要穿过高高低低的山路，穿过木质的情人桥，曾经在山路上摔了三次跤。我出生的时候，脐带绕了脖子三圈。所幸接生的是一个日本战俘医生，他医术高强，把我倒吊起来拍屁股，大约半个钟头，我终于哭出声来。所以妈妈一直对我抱有一种歉意，对我特别温柔体贴。我从她身上得到深深的母爱。

1952年院系调整，之江大学的文理学院并入浙江师范学院，以后浙江师范学院又并入杭州大学。家搬到当时的西溪湿地道古桥宿舍。

妈妈对我道德品质上的要求非常高。"三年困难时期"，因为吃不饱，我偷偷拿了一张学校食堂的馒头票，但我穿着姐姐的鞋子（那个时候，我的衣服、鞋帽常常是姐姐穿戴不下的），鞋子太大，馒头票从鞋子里掉了出来，被妈妈发现后，她很生气，拿着补袜子的"鞋底板"打我手心，鲜血从手上的纹路渗透出来。她一边打，一边含泪问我："还偷不偷东西了？"从此我知道做人一定要诚实，这是妈妈唯一一次打我，却使我懂得了做人的道理。

妈妈又是一个爱生如子的好老师。浙江师范学院学生刘先平说：

> 一天下午，我正从教室往宿舍走，只听有人喊："刘先平同学！"回头一看，是盛静霞老师，从另外一条路岔过来的，走得很急。我喊了声："盛老师！"
>
> 盛老师教我们古典文学，在词学上很有造诣。……等我转过身子，盛老师说："你为什么走路都低着头？喊了两三声才听见？心事太重了。我知道你受了批判，其实没什么了不起，你又没做过见不得人的事，有什么难堪的呢？你知道，交心时，我把和你蒋老师枕边的话都说了，后来就批我这些。难堪的是我吗？我从旧社会、旧家庭中走出，寻求独立自主、民主自由，也是受过很多煎熬的。想当作家，有志气。志气是个宝。你这样忧心忡忡，对谁有好处呢？

也有人曾嘲笑我填词写诗是自命不凡，想当李清照。要是因为这个我就不写诗填词，不是反而证明我真的是自命不凡吗？我看过你写的作业，有灵气，有可能成为一个大作家。人不能因为别人说三道四就不走自己的路。我看你有点沉沦，心里很难受。抬起头来走路！奋斗是医疗痛苦的良药，挫折能使人学得聪明。你去读读文学史，有哪位作家是一帆风顺的？李白、杜甫、司马迁……我和蒋老师欢迎你有时间到我家来聊天，来啊，一定来！"

浙江师范学院学生邵作彦说：

1958年，学生送给妈妈的毕业照。

20世纪50年代，全家在道古桥居所前留影。

　　盛老师担任我们的课不多，就是我们班两个组的作文批阅工作。我们的作文课是整个年级三个班一起上的。年级主讲老师是马骅老师。马老师上课水平高超，极富有吸引力，大家都很喜欢。他上过之后，三个班分别由三位老师负责批阅和点评。负责我们二班这项工作的是林士明老师，因为林老师还负责我们班的现代汉语的教学工作，所以我们班四个组的其中两个组的作文批阅就由盛老师担任。

　　记得第一次她给我们批改作文时，对我搞"四清"回校后写的第一篇作文《工作队进村以后……》很赏识，给我打了个"5-"的分数，那大概是全班最高的分数了吧？记得当时拿到班里读给大家听。回想这篇文章之所以能够取得较大的成功，主要是当时下乡搞"四清"的时候，我是每天记日记的，把当天的所作所为、所见所闻、所思所想都记在日记本上，当老师把作文题目布置下来后，我只要去把相关内容组织一下就行了，并没有花费多大的力气。不想就这样一篇轻而易举完成的作文被盛老师看中了，给了高分，当众表扬，真的让我有点受宠若惊的感觉。

后来，作文本上又写了几篇文章，盛老师都给了"5-"的最高分，或许，盛老师以为我是一个很有才气的学生，其实，我并没有多

妈妈在特殊年代的留影

大能耐，我不过是比较喜欢中文这个专业而已，我甚至觉得五年的学制太短了，还应该在学校里多学几年。但盛老师给我的鼓励，使我在人生的道路上觉得信心满满。

本来爸爸妈妈可以在学术、诗词中度过自己的一生。可是特殊年代使他们度过了一段艰难的时期。爸爸被打成"现行反革命"关进"牛棚"。1969年3月，我们姐弟俩被迫远走黑龙江插队落户。而妈妈因子虚乌有的之江大学"黄金案"被关进杭大体育馆，也受到了非常的折磨。

爸爸妈妈一辈子在道古桥宿舍工作生活。爸爸在那里完成了他的代表作《敦煌变文字义通释》，这部书成为敦煌研究学者的案头必备之书。爸爸在1994年被国家人事部任命为"缓退（无期限）高级专家"。妈妈在那里和夏承焘先生合著的《唐宋词选》是新中国第一部唐宋词的普及性读物。

爸爸妈妈相爱、相伴、相携、相助走过了一辈子，被世人赞誉为"神仙眷侣"。20世纪80年代，妈妈提议爸爸妈妈两个人为医学事业捐献遗体，爸爸欣然同意。1995年爸爸去世，这忠贞不渝的爱情才落下帷幕。

2006年妈妈去世后也将她的遗体捐献给医学事业。而我的妻子郭敏琍2019年去世后，也将她的遗体捐献给医学事业。算起来我们一家两代三位亲人都为医学事业捐献了遗体。

妈妈一辈子淡泊名利，豁达自信，是留给我最大的精神财富。她说："年轻时，我是以'林妹妹'著名，想不到我长寿如此，堪以自慰，一笑！"青年学者何宗桓在纪念她的文章中说："'万事无如杯在手，百年几见月当头'这一联，盛先生一定非常熟悉，才会顺口一改就戏赠云从先生。在《桃花扇》里，此联乃是大书家王觉斯（铎）'奉敕'所书，悬挂于南明'薰风殿'的，

姐姐（前排中）在黑龙江农村时拍的集体照。

妈妈和她的孙子、儿媳妇郭敏珂合影。

极写小朝廷文恬武嬉、及时行乐，藉以抒发浓重的兴亡之感。
抛开此意，我倒是很喜欢这后一句，觉得像是人生的缩影，尤
其是盛先生这样真正的诗人。近百年来，风雷激荡，个人在时
代的泥石流中，是异常渺小的。'天下三分明月，二分独照扬州'，
纵然生长扬州，百年之中，又何尝见得几多月色呢？写到这里，
我仿佛看见她在冲我微笑：'格末又有什么关系呢？'"

三张照片背后的故事

孙世勇 口述 孙 雪 整理

父亲生于 1905 年，上有一个哥哥，下有两个妹妹。父亲在农村老家只读过四年私塾，十五岁的时候在老爷爷的引领下，去烟台億中公司学徒。億中公司掌柜的是我老家本村人，叫孙伯娥。公司主要经营土产品、花边儿、发网（外国女子套在头发上的网套）等。年轻时的父亲聪明好学，虽然读书不多，但毛笔字写得规矩、工整，算盘也打得非常好。父亲又自学英语，在德国经商时，还学习了德语，能用英语、德语与外国商人交流，所以掌柜的对父亲很器重。

图 1 拍摄于 1930 年，时年父亲要去德国做生意，临行前与我母亲和大哥及大姐（母亲怀抱者）合影，地点是烟台照相馆。

烟台的億中公司在烟台的大马路、养正小学附近，我的几个哥哥姐姐曾在该小学就读过。父亲在億中公司曾两次去德国，一次是乘火车（陆路），一次是乘船（海路）。当时与德国人合资的公司名曰德中公司，主要经营还是花边儿、发网的进出口业务。公司给了父亲一笔资金，父亲任经理，配了一名副经理和几个伙计。公司约定买卖做成了，除交公司一定份额，剩余归他们几个人分配；若买卖做赔了，公司不追究他们任何责

图 1 父亲与母亲及大哥大姐合影。摄于 1930 年。

任。最后父亲在国外买卖没有什么起色，也没挣什么大钱。

父亲回国后，公司又派父亲去澳大利亚做买卖。父亲是个孝子，当时农村老家有两位老人，还有妻儿一大家子，便没有去澳大利亚。因为没有服从公司的安排，父亲即被解雇回乡务农。掌柜的深知父亲的为人和能力，时隔不久重新将父亲召回億中公司工作。

后来我问过父亲，当时两次出国闯荡，为什么买卖失败了呢？父亲说原因很多，最主要的是中国人的地位太低，外国人看不起咱们。另外，父亲一生不沾烟酒，场面的活动又不懂。加之那个副经理吃喝玩乐不务正业，和父亲不是一路人，所以成事就难了。父亲在海外也曾有一些照片和证件留下来，儿时我看到过，有埃及金字塔旁的留影、尼罗河上泛舟以及赴叙利亚和葡萄牙等地的签证、与德国商人的合影……可惜"文革"期间全都销毁了。

图2是父亲在国外时非常想念家人，也想看看出生后未曾谋面的二儿子，来信要一张全家人的照片。这张合影是我老爷爷从栖霞桃村请来照相馆的师傅给拍的，时间是1931年秋。当时的农村非常落后，照相是一件很稀罕的事情。我爷爷除了种地，还在村里开了一间弹棉花坊，取名叫"陆合"。拍照那天，村里人奔走相告：陆合家要照相了！陆合家要照相了！当时有村民还说，照一次相要吸人身上一次血，照多了对身体有损害。

照片中前排右起依次是爷爷、叔伯大哥、老爷爷、大哥、

图2 家人合影。摄于1931年秋。

图 3　父母和孩子们一起参加我叔伯大哥的婚礼。摄于 1948 年。

奶奶（怀抱我大姐），后排右起依次是大伯、大妈（怀抱叔伯二哥）、母亲（怀抱我二哥）、大姑姑、二姑姑。据我大哥讲，照相时村里围观的人很多，太阳光很强，摄影师傅让家人找了一个大锅盖，让围观者高举着锅盖遮挡光线。照相之事，在当时成了老家村里茶余饭后的谈资，被津津乐道。

　　图 3 拍摄于 1948 年，地点是青岛市济阳路长老会堂门前。億中公司因国共内战，1947 年从烟台迁至青岛，公司设在天津路、河南路两路口的西北角二楼。因掌柜的信奉基督教，所以员工大多信奉耶稣。

　　1948 年，我叔伯大哥结婚，他当时已是億中公司的员工，婚礼在教堂举行，父亲偕母亲及孩子们参加了婚礼。青岛解放是1949年6月2日，解放后掌柜的都跑去香港，剩下的伙计为了生存，大家推举父亲主持億中公司的买卖。其中，我的叔伯大哥任同泰橡胶厂经理（同泰橡胶厂是億中的下属工厂）。三年零六个月后，也就是1952年，老掌柜的儿子孙国策从香港回青岛，生意又交还他经营。

1956年公私合营，父亲与孙国策一起在青岛土产进出口公司工作。1962年孙国策说去香港探亲，一去未归，后又去了美国，成为一名传教士。

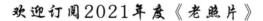

岳 父

李 硕

"黄县嘴子，掖县腿子"是早年流传在岛城的一句老话，说的是胶东地区的人善经商。其中，黄县（今龙口）人多是坐商（开店铺），掖县（今莱州）人多是行商（长途贩运）。

我的老岳父徐福五就是个正宗的"黄县嘴子"。十几岁他就从老家黄山馆跑到青岛来做学徒，干些诸如给老板点烟倒水，帮老板娘抱孩子的活计，暗中瞅着经商的门道，还要勒紧裤腰带攒几个小钱，心中谋划着远大的未来。就这样苦熬了好多年，终于有一天自己开店当了老板，这才把远在黄县的老婆孩子接到青岛落户。20世纪40年代，小日本一投降，他趁机扩大买卖，开了工厂。

手里有了钱，社会上有了名声，他就寻思着买处好宅子，让一家人安居乐业。1949年，国民党兵败如山倒，青岛的大户人家纷纷往台湾、香港跑，房价一落千丈，此时岳父一家堂而皇之地搬进了依山面海的别墅小楼。"买这座楼，我只花了三十包布。"三十年后，岳父对我如是说。岳父开的是印染厂，他的价值尺度经常是以布匹的数量来测算。直到现在，岳父早已过世多年，我仍没弄明白一"包"布的数量以及在物价飞涨的当时它的货币价值。

图1 岳父20世纪60年代的证件照。其时岳父担任国营青岛肥皂厂副厂长，后成为离休干部。

我准备称他为"岳父大人"是在20世纪70年代初，那时我和他家的三闺女正在青海建设兵团"屯垦戍边"，他们一家则被街道造反派撵到了马路对面一间破败不堪的汽车屋子里，而街道主任———一个老太婆的一家则搬进别墅楼过上了幸福生活。那间汽车屋子原来是像岳父这样殷实人家的车库，里面墙皮剥落，光线惨淡，阴冷潮湿。老太太默默无语，几个未来的小姨子终日趴在缝纫机上吱吱嘎嘎地轧着毛儿八分的加工活，聊以度日。可就是这样的处境他们还不愿意接纳我，因为我们家的"政治条件"并不比他们好多少，让他们家的女儿嫁给我，无疑是让眼前的艰辛延续下去，我将会扼杀在社会剧烈变革碾轧下的母亲改变女儿命运的希望。

可"岳父大人"不嫌弃我，他欣赏我是个"读书人"，"有见识"。他的心事都愿意对我倾诉。一个夏日的夜晚，他站在汽车屋子的门口指着对面的洋楼对我说："这原来是咱家的房子！"听了此话，我一喜一惊：喜的是他女儿还没答应嫁给我，他倒提前把我认作是自家人了；惊的是他还没忘记那座楼，这不是暗中记着"变天账"嘛！说这话的时候，他的眼睛里闪着幽光，神情复杂，让我想起"阶级敌人"这个流行一时的政治术语。

就在我真正成为他们家女婿数年后的80年代初，那座别墅楼重新回到了它原来主人的手中。记得我第一次走进那所带花格围墙的院子正是初夏季节，一场浩劫过去，百花次第绽放，玉兰娇媚，丁香销魂，法桐宽阔的枝叶把偌大的院子遮成了一片清凉世界。厚重的红漆楼门推开竟悄然无声，窗户上镶嵌的是五彩斑驳的花玻璃，阳光正爽朗地洒满南面的客厅，我的岳父岳母大人端坐在沙发里，脸上的皱纹让阳光一条条熨平了。

从那以后，老岳父视邓小平为救星，每逢过节全家团聚的时候，他都要说一番感谢邓小平的肺腑之言，叮嘱儿孙世世代代不要忘记，要永远跟着共产党，把振兴国家的宏伟大业进行到底。

其实那个时候，老人心里还是有苦恼，50年代公私合营的时候，他高高兴兴地响应党的号召，把自己的工厂交给了国家，只当了个挂名的副厂长，可没过几年他就给打倒了，在厂子里干些扫院子、刷厕所的粗活。幸好待遇没变，工人们和他开玩笑说，老爷子，别不知足，你这一扫帚顶我们好几天的工钱！等"文革"狂飚骤起，对岳父这样的"反动资本家"就再没有那么客气了，抄家、遣返，他连作为一个城市人的资格都被剥夺了，还谈什么工作？工厂与他之间的距离越来越远，使他每每想起惆怅万分。那厂子可是他几十年血汗钱垒起来的呀！难道今生今世就这样彼此毫无关系了吗？

迁回老宅子之后，家里经常会出现两位客人，虽然他们称岳父为"姑父"，但我从岳父的脸上看到的却是恭敬。他们与岳父言谈甚欢，还经常留下来小酌一番，每逢此时，由于在岳父眼里的特殊位置，忝陪末座的经常是我，就这样，我慢慢了

图2 青岛龙山路33号的老别墅。这幢楼即为我岳父"解放前夕用三十包布买下的房产"。它与青岛德国总督府一墙之隔，环境极其优美。在城市改造中已被强拆。

解了这两位客人的底细。两位客人确实不同寻常，他们与岳父的关系要追溯到解放前。

据岳父回忆，1946年，他的厂里来了两个小伙子，是老家黄县的远亲，到青岛投奔"姑父"寻份差事。可安顿下来不久，岳父就发现不对劲，他们不是"安分守己"的人。他们经常往外跑，也不断有陌生人到厂子里来找他们，一来就在宿舍里嘀嘀咕咕，像是在搞什么秘密活动。于是岳父就偷偷把他们叫到家里查问，两个人干脆亮出了底牌：我们是胶东共产党派到青岛搞情报工作的，就是要利用你的社会身份作掩护，建立地下联络站，希望你认清形势，为我们的工作提供力所能及的帮助。

"当时真把我吓坏了，这可是掉脑袋的事情！我左右为难，把他们交给国民党，共产党不会轻饶了我；如果装不知道，厂子里的联络站一旦暴露，国民党还是会要我的命！"几十年后，劫后余生的岳父对我袒露心迹。

亲不亲，故乡人。共产党的地下联络站就这样在岳父的工厂里秘密建立起来，岳父还经常资助他们一些经费。再后来终于东窗事发，联络站被国民党特务破获，两个年轻人锒铛入狱，还是岳父拿出钱来打通关系，将他们保释并送往上海。这就是一个处于"国统区"的资本家懵懂的"觉悟"和良心。

解放后，胶东干部大批进入青岛，原来在岳父厂里搞地下工作的那两个年轻人也入城担任了重要职务，但因为阶级路线和政治氛围的缘故，与岳父的关系却渐渐疏远了。"文革"中，这两位已经担任要职的干部难逃厄运，受尽折磨，他们也慢慢从中悟出了人间冷暖。

政治风暴过后，两位干部先后官复原职，这才又想起那位曾经冒着生命危险保护过他们的老姑父。于是他们让岳父写了一份解放前参加"革命工作"的材料并亲自作了证明送到市里有关部门。没多久，市里有了结论，我岳父从"反动资本家"摇身一变为解放前参加革命的团级"离休干部"。世事多变至此，令人啼笑皆非！记得接到通知后，不光岳父大人感激涕零，甚至我那小舅子也晕头转向地说："我怎么一下子从资本家狗崽子变成革命干部子弟？！"

房子有了，待遇有了，我的老岳父终于可以安享晚年了。谁知一场灾祸就在不远的前面等待着他。在疯狂的城市改造中，他到底没能保住自己的宅子，甚至因此而结束了自己的生命……

怀念姥姥

赵庆国

姥姥叫张文明，是河北省赤城县东卯镇东梁村人，小时候经常听到她说东梁这个东梁那个，可见她对老家感情很深。姥姥比姥爷要小二十多岁，据说她的父亲喜欢耍钱，又爱串门子搞女人，一来二去就把家业败了，没有办法，一百二十块大洋就把姥姥卖给了姥爷。

姥爷的前妻因病去世，娶姥姥时他已经四十多了，还带着四个孩子。姥姥和姥爷婚后一共生了三女两男，姥姥的负担可想而知有多重。姥姥一生勤俭持家，把姥爷留下的前后两个大家庭打理得井井有条。我和姥姥感情很深，我家孩子较多，我母亲干针线活又慢，每到秋季，我姥姥都到我家来给孩子们赶制冬天的棉衣，往往要住上一两个月。姥姥做针线活又快又好，我们姊妹六人的入冬棉衣这么多年基本上是姥姥做，没有姥姥，我们冬天可能就要挨冻了。姥姥一生干净利落，把我们姊妹六人料理得干干净净。姥姥也很会讲故事，小时候经常在被窝里听姥姥讲她们村里的奇闻趣事。姥姥好像还会看相算命，我几次听她讲到我的命会很好，没准还会当个官儿什么的。事实证明，我还真从了政，也当了个不大不小的干部。姥姥记性很好，那些过了多少年的陈年旧事，她都能说得明明白白。据我母亲讲，姥姥直到去世时脑子还十分清楚，一点也不糊涂。

图 1 应该是 1985 年我入党那年拍摄的。当时我在北京师范学院分院读大学，我那时在学校表现还是相当不错的，思想上积极要求进步，学习上我在班里面应该是前几名，我的为人大家也比较认可，同时积极参加学校组织的各项活动，学校及班上对我入党的事也比较关心。我记得当时学校派了班上的党支部书记师昌蒲、党支部委员师国忠两位同学到我家延庆县白河堡村进行外调。当时应该是春天，我姥姥正好在我家住着，河东村的老姨和姨夫也去村里看望姥姥，师昌蒲是位摄影爱好者，他正好带着一台相机，于是就留下了这珍贵的一瞬。照片中排

图 1 家人合影。中排居中者为姥姥。摄于 1985 年。

图 2　我的姥姥。摄于 1985 年。

中间的老者就是我的姥姥，当时她八十多岁了。中排右侧为我的母亲和父亲，左侧二人分别为我的老姨和姨夫。后排四人中，左边的一男一女为我三姨的大女儿及女婿黎自荣和朱德起，右二为三姨的二女婿朱金贵，右一为我三姨的小儿子黎自亮。前排蹲着的两个孩子是我表姐黎自荣的一儿一女朱春艳和朱艳青，我老姨夫扶着的最小的孩子应该是朱金贵的儿子朱二龙。

　　当时师昌蒲还给姥姥单独拍了一张（图 2）。姥姥很上相，两张照片里她都很慈祥。经过几番寻找，还找到了一张姥姥和老姨更早的合影，应该是 60 年代的照片（图 3）。那时老姨还没出嫁，姥姥才五十多岁，还很精神，从老姨的穿着看，已经有了一点新社会的印迹了。

图 3 姥姥和老姨的合影。摄于 20 世纪 60 年代。

凝望着这些陈旧并有些斑驳的老照片，心情久久不能平静。时间过得太快了，转眼间几十年过去了。姥姥早已作古，享年八十六岁。她老人家去世时我已经调到中纪委工作，由于当时工作忙，她去世时我都没有顾得上回去给姥姥送终，说起来这是我终生的遗憾。父亲母亲分别于 2014 年和 2018 年去世，老姨夫也走了十多年了。

我已于去年光荣退休，图 1 前排的三个孩子也早都成家立业，有儿有女了。就连其中最小的孩子朱二龙，也都当上了延庆区水务局一个下属单位的总经理。我衷心地感谢师昌蒲同学给我留下了这珍贵的照片，更期望姥姥在天国安息，英灵永驻！

情随事迁

——长春的那些老建筑

王逸人

一

王羲之在《兰亭集序》提到过一个词，叫"情随事迁"，意思是感情随着事物的变化而变化。作为一个生长于长春的七〇后，笔者对老长春有着非常深刻的印象，在童年和少年时期大规模的城市开发还没有到来，也就是大拆大建还没有到来，老长春还"全须全尾"地保存完好。很多历史建筑留在我们心里的首先是它的功能属性，待有了很深的感情后才知道它的历史属性乃至阶级属性，再面对它们时，我们的内心是复杂的……而这也就是一种"情随事迁"吧。

在长春，应该有很多同龄人还记得小时候胜利公园里的电动木马吧，它曾带给孩子们多少欢乐！那些木马年深日久表面被蹭得锃亮，地地道道的"包浆醇厚"，而且木马还有"死马"与"活马"之分，"死马"只能转圈，而"活马"除了转圈外，还能上下运动，这才是男孩子们的最爱，所以游戏开始时大家都是尽量地去抢活马。许多年以后，才知道"胜利公园"在伪满时被称为"儿玉公园"。"儿玉"是指"满洲军总参谋长"

儿玉源太郎，当时在公园门口处有一个规模很大的儿玉骑马雕像，而电动木马也是那个时代的产物……20 世纪 90 年代末当笔者惊讶地发现电动木马全部被拆除时，内心一阵紧缩，怎么就这么把它拆了，经过谁的允许就把它拆了？多少长春孩子的念想啊，就是拆了，那些木马也该送进博物馆啊！查访了好长时间，最终也没找到下落，即使是这样笔者心中依然存有侥幸，希望它们被集体放置于某个仓库内，有朝一日能被发现，而不是沦为了劈柴被塞进某个锅炉……

在这里，我要重申的是，长春"满铁"与伪满时期的老建筑，在 1945 年 8 月 18 日溥仪宣读"退位诏书"后，物权就转移了，它不再属于侵略者而是转归于人民了。

二

近代长春的城市发展碰到了三次重要的历史机会。第一次是被沙俄规划在了中东铁路上，一百多年前能和铁路相连就是与当时的世界先进文明在握手，在东北，如长春者如哈尔滨者，城市都是因铁路而兴起；此外，"满铁"与伪满洲国又是非常重要的两个时期。而后两个时期又与两场战争紧密相连，它们分别是 1904 年的"日俄战争"与 1931 年的"九一八事变"，这些历史事件让长春的城市定位发生了深刻的变化。1905 年日俄战争结束后，作为战胜方日本从沙俄手中攫取了"梦寐以求"的"南满铁路"，他们急吼吼地将这段铁路由俄国的"宽轨"改成了"标轨"，这条铁路日本一直是极度珍视的。铁路南起旅顺北到长春，于是长春一下子成为"南满铁路"的最北端。

1932 年伪满洲国甫一建立，各种现实条件相互叠加促成长春成为"首都"。伪满洲国成立初，日本除了军力，还涉及一个"国际形象工程"的比拼，彼时香港是英国建设的样板，青岛是德国建设的样板，上海是"国际共管"建设的样板，哈尔滨是沙俄建设的样板，所以日本当局是非常想把长春建设好的，起码在观瞻上可与其他几处地方比肩。

1932 年 3 月，"满铁经济调查会"开始编制"新京"城市规划。随后成立了"满洲国国务院"直属的"国都建设局"，"国都建设局"制订了城市建设规划范围，确定"新京"的建设规划区为二百平方公里，除近郊农村的一百平方公里，以一百平方公里为建设区域，其中原有建成区域为二十一平方公里，第一期五年建设区域为二十平方公里，规划人口为五十万。该规划报请关东军司令部最后定案，成为《大新京都市计划》。《大新京都市计划》由日本城市规划专家设计，参考了 19 世纪巴黎改造规划、霍华德的"田园城市"理论，以及 20 世纪 20 年代美国的城市规划设计理论。在规划中，道路系统采用直角交叉与方格状结合，设置环岛广场，加宽道路设计，绿化带结合公园形成绿化系统。由于大力实施绿化，建设后的整个城区几乎全部掩映在绿海之中，1942 年，"新京"人均占有绿地 2272 平方米，超过华盛顿一倍，是日本大城市人均绿地面积的五倍，为亚洲大城市之冠。

这种"亚洲之最"的认识形态，直到 20 世纪 80 年代都没有变，一提起长春的"老虎公园"（长春动植物园），很多当地人会加个"亚洲最大"的后缀；一提起长春的"南岭体育场"（它的全称是"国立新京综合运动场"），除了"亚洲最大"外，还会告诉你，它的红色跑道可不是石碾碾轧成的三合土，而是用火山岩铺就的，而这种火山岩是从日本富士山专门运来的，一下雨水就会迅速渗下去，这种材料在当年是相当先进的。笔者在小学和初中时期每年都会被组织到这里参加"朝阳区运动会"，不同学校的同学们就是围绕着这条"红跑道"展开角逐的。

关于"新京"的建设有很多事在经历了一个漫长的历史过程后再回望时，或许会得出不同的结论。比如日本的建筑学博士佐野利器，他是日本现代建筑的先驱人物，1932年12月受邀来到"新京"，担任伪满洲国国都建设局顾问，其主要工作是在城市里推行水冲厕所。很多人都知道长春差不多是最早全面推行抽水马桶和蹲便观念的城市，在木马桶遍地的时代，这里已开始比较系统推行卫生陶瓷。这样做的结果是极大地改善了城市的卫生条件，让现代文明深入城市肌理，在这件事上佐野利器是有贡献的。后来他回到日本，仍然积极推行"水冲厕所"，当笔者查到这份史料时才明白，原来当时日本的一些城市建设也并不完善，一些先进的事物反倒是在"满洲国"先行推广了。

三

在日本近代史上，一个最重要的建筑体系被称为"辰野式"建筑体系，它因日本著名的建筑师辰野金吾而得名。辰野金吾所设计的日本银行总行和东京火车站等著名建筑，今天依然保存完好且仍在使用。作为第一代建筑师，他对日本近代建筑的设计和教育有着巨大的影响，可以用名留青史来形容。后世的日本建筑师在查找其师承时，或多或少都受到了"辰野建筑谱系"的影响。

辰野金吾是地道留学英国的精英，他在东京帝国大学工学院就读时就是英国建筑师乔赛亚·康德（Josiah Conder）的学生。乔赛亚·康德出生于1852年，1877年（明治十年）来到日本受聘为东京帝国大学造家科教师，他对日本近代建筑的启蒙居功厥伟，因此又被称为"日本建筑界的恩人"。

"辰野式"建筑中常见红砖与灰白色系饰带相间，顶部是像王冠一样的塔楼与圆顶设计。红砖在日语里被称为"赤炼瓦"，是个很好听的名字，被很多人关注的东京火车站就是个地地道道的"辰野式"建筑。"辰野式"建筑说到底其灵魂是英国建筑里的"自由古典风格"，如果读者们了解伦敦的西敏寺大教堂（The Westminster Cathedral），一下就能看明白"辰野式"建筑的来路。

辰野式建筑出现在了很多地方，比如台北的西门红楼、台大医学院附属医院等，它们的设计师近藤十郎、森山松之助等皆为辰野金吾弟子。"辰野式"也出现在朝鲜半岛和中国东北，其中京城驿（当时的汉城火车站）就是参照了东京火车站的设计，设计师塚本靖是辰野金吾弟子；奉天驿（今沈阳南站）是很漂亮的一个老建筑，今年是它建成一百一十周年，而它的设计者太田毅和吉田宗太郎也是辰野金吾的学生。

当然长春也有地道的"辰野式"建筑，比如由中村与资平设计的朝鲜银行长春支店，那是南广场上非常漂亮的一个二层洋楼，表面葺有暗红色瓷砖，红瓷砖的墙壁上纵横配置白色条带。虽然名字叫朝鲜银行，可它实在是全资的日本金融机构。这座洋楼当年可是个"网红"建筑，很多老明信片里都能看到它的身影。非常可惜的是，在2000年8月它被拆除了。而中村与资平在东京帝国大学的授业者也是辰野金吾，所以说研究日本近代建筑史，真是绕不开这个体系。

四

"辰野式"建筑谱系人多势众，但究其根本是向英国学习的，我们且称之为"英派"。

在"英派"之外还有"法派"，在"新京"1936年竣工的伪满洲国综合法衙，可谓"气势恢宏，外形独特"，其设计师名叫牧野正巳。牧野正巳在东京大学建筑学科毕业后，为了更直接追求欧化浪潮，于1928年奔赴法国留学，跟着柯布西耶（Le Corbusier，1887—1965）继续学习建筑设计，柯布西耶是举世公认的建筑界领军人物，他最为世人所熟悉的作品是"朗香教堂"。

英法之外，再有一个参与力量就是"美派"了，"美派"以设计师远藤新为代表。远藤新1914年毕业于东京大学建筑学科，因缘际会后来竟成为赖特（Frank Lloyd Wright）的"入室弟子"。而赖特是一位举世公认的建筑大师，它所设计的"流水别墅"被称为"美国史上最伟大的建筑物"。

赖特于1916年至1922年受邀到日本进行第二代"帝国饭店"的设计，那是一座典型的"玛雅复兴风格"的建筑。他投入了大量的精力，甚至为此楼设计了有特制图案的外立面瓷砖，今天这种瓷砖都成了带有LOGO性质的建筑构件。就在这个时期，远藤新一直陪在赖特身边，最后也成为他的最忠实的弟子。

1933年，即伪满洲国成立的第二年，远藤新来到"新京"，设计了"新京国际饭店"的方案，显然这是有意去模仿他老师所设计的"帝国饭店"，最终"新京国际饭店"没有建成，但远藤新却接受"满洲中央银行"的邀请，设计了"中央银行俱乐部"。这处建筑充分体现了赖特早期"草原式"的设计风格，主体建筑是今天的"长春宾馆"，花廊长亭也完整保留，想一窥建筑史上著名的"草原式"建筑，就可以去那里看看。

情况就是这样，当年诸多世界顶级建筑师的亲传弟子都曾汇聚于"新京"，并留下了他的个人的作品。

五

有了上述对于历史脉络和建筑脉络的叙述，我们再看那些关于"新京"的老照片，所站的位置就会高一些。

先说说这些老照片的出处，它们均出自东洋文库《亚东印画辑》第九册，所跨越的时间段为 1936 年 7 月到 1937 年 12 月。《亚东印画辑》是由"满蒙印画协会"于 1924 年 9 月开始在大连出版发行的照片集，连续发行了十九年直到 1942 年才结束。其中的照片涉及中国的风俗民情、自然风光、人文历史、艺术文化等内容。

图 1 原说明上写着"顺天广场附近"。这里就是今天长春市新民大街两侧，是当年"满洲国"最著名的"官衙区"。在这一带坐落着"满洲国国务院""司法部""治安部（军事部）""交通部""经济部"和"满洲国综合法衙"。这些建筑都是"兴亚式"风格的，"兴亚式"在当时也是一种建筑上的探索，它主要针对的是高级的行政机构，商用建筑或民宅上肯定不允许使用。其来源上有对 20 世纪初日本"帝冠合并"式的继承，但在建筑的细节和风貌上又被要求更加靠近中国古代建筑。唯其如此，"满洲国国务院"设计者石井达郎在着手设计前还特意去了一趟北平。照片里左边的建筑就是"满洲国国务院"，它始建于

图1 "顺天广场"附近

1935 年 6 月，以东京国会议事堂（国会大厦）为模本，建造得异常高大雄伟，体现出最高政府机关的威严。该建筑的主体为 4.5 层，地下 0.5 层（半地下），建筑高度为 44.8 米，在其后四十四年里它一直保持着长春最高楼宇建筑的纪录。大楼里面安装的是"奥的斯"（OTIS）牌的铜电梯，其中最大一部一直能使用，时间久了铜的表面会生出一层包浆，带给人一种"没落"的华贵感，差不多十年前笔者还乘坐过。"满洲国国务院"是被印在了"满洲国"发行的邮票和纸币上的，而他的设计者石井达郎就是被佐野利器带入"满洲"建筑设计领域的。

照片右侧的建筑是伪满洲国司法部，该楼建于 1935 年，他的设计者名叫相贺兼介。之前他所设计的"首都警察厅"和"国都建设局"两个作品已在"大同广场"建成。其实"司法

图2 "大同广场"附近之一

部"的图纸是他用来参加"满洲国国务院"的投标的，本来是被选中了的，可后来因石井达郎的出现而让相贺兼介的设计变成了"司法部"。"司法部"是很多影视作品所喜爱的外景地，如电影《滚滚红尘》、电视剧《少帅》（文章版）都曾在此取景，此外它的外立面也是笔者在长春诸多伪满建筑中最喜欢的一个。

图2和图3是同一组的，拼接起来就是一张横幅的"大同广场及周边建筑"。"大同广场"（今人民广场）是"新京"的"一环"，1932年7月举行奠基典礼，建成后这个圆形环岛广场一直就是城市最重要的地标。在设计上它完美地体现了霍华德的"田园城市"规划理论，广场外径300米（含路宽），内径220米，占地面积70686平方米，6条道路以广场环岛为中心呈放射状

图3 "大同广场"附近之二

排列。从照片中可以看出，此时的"大同广场"刚刚完工不久，整个城市有很多地方都在建设中，彼时广场周围人员车辆并不多，"满洲国"的交通尊奉"左侧通行"，这一点在照片中可以清楚地看到。广场周边建筑都是伪满洲国最重要的行政、电信和金融机构，是"新京"投入量最大的建设区域。

图2中左侧的建筑是"满洲电信电话株式会社"，它建成于1935年，设计师叫岩田敬二郎，这里是伪满洲国电信、广播网络的中枢。从空中俯瞰该楼呈凹字形，地上四层、地下一层，大楼顶的三个塔楼和长城雉堞式的女儿墙非常有特色。此外，大楼门前的一对带翅膀的石狮子非常有特色。长春著名文史专家于泾生前曾告诉笔者，这个动物在日语里写作"狛"，这种造型的镇门兽为"新京"独有。1935年12月，就在这栋大楼

里开通了"新京"至巴黎的国际电报业务，这在当时又是一项电信领域的先进事业。

图2和图3拼接起来，在拼接处可以看到一个钢结构框架的"希腊神殿"式的建筑，而它就是著名的"满洲国中央银行"。1932年3月15日，"满洲国中央银行"成立，它所拥有的100多家分支机构遍布伪满洲国各地。

"满洲国中央银行"大楼是一处带有多立克柱廊的新古典主义建筑，地上4层，地下2层，它于1934年4月22日动工，1938年8月6日主体落成。该楼使用钢材5000吨，费用大大超过最初600万"满洲国圆"的预算，是"新京"工期最长、耗资最大的建筑。该建筑由著名设计师西村好时设计，在此之前西村曾在日本国内完成多个银行和证券所的设计，而在完成"满洲国中央银行"后，又设计了台湾银行台北本部，两处建筑上是能够看出个人风格的切近之处的。

"满洲国中央银行"表面茸有大块的花岗岩，看上去就像一个由石头所建造起来的神殿。按设计要求，"满洲国中央银行"大楼的建筑主体是要能够承受重火力武器的攻击和轰炸的，因此施工方采用了钢筋混凝土结构浇筑的更为稳定的营造方式。由于整栋大楼能够耐火防震、防御空袭，所以"满洲国中央银行"在主体建好时被冠以"亚洲第一坚固建筑"之称。1948年，东北"剿匪"总部副总司令郑洞国就是在此东北野战军投降的。

除了坚固的外壳，银行的内部设备也相当先进，它有自己独立的发电设备和供水系统，受到攻击只要关好门窗，它就是个"自在自维"的坚固堡垒。大厅里有巨大的石柱，写字台与长椅都是意大利进口的"雕塑专用大理石"雕成，于泾老师告诉笔者，这种石材当年被称为"云石"。而银行的金库大门的

图4 建设中的"兴安大路"

厚度也让人咋舌，它是从美国进口的，路上的运输和最后的安装都是大费周章。如今八十多年过去，银行大厅还基本保留着原貌，感兴趣的读者可找机会进去参观一下。

需要提醒一下，图3最左侧"大同广场"的"圆心"位置，能看出来"满洲国水准原点的基石"已设置完毕，其实，它就是"满洲国"的圆心。1945年，苏联红军出兵东北，进入长春后毁坏了这个水准原点，并在原址上修建了苏联红军烈士纪念塔。时至今日"苏军纪念塔"已矗立在广场上七十多年，很多长春市民已不知道这段掌故了。

图4拍的是在建中的"新京""兴安大路"，也就是今天长春市内的西安大路。"兴安大路"起自"大同广场"向西北

图5 义和路街景

方向直至桥外兴安广场（西安广场），终点是大房身机场候机楼，这个机场在当时称"新京飞机场"。"兴安大路"在当年是一条非常重要的城市干道，中间会串起"丰乐路"（今重庆路）——"新京"最重要的金融娱乐街、同治街（今同志街）和兴亚大街（今建设街）等重要的街路。沿路两侧建的多是商住两用的小洋楼，一座高尔夫球场和"新京赛马场"也在"兴安大路"一侧；"新京卫生技术厂"和"新京千旱医院"坐落在兴安桥外，它们在后来合并为一家非常著名的企业（"新京千旱医院"成了它的宿舍），而这家企业就是鼎鼎大名的长春生物制品研究所。

此时"兴安大路"两侧的建筑还未建完，但"兴安大路"

本身已经建完，马路是三段式的，两边辅路也很宽阔，主路上的两块绿化带面积也很大。当年的道路设计者还是很有眼光的，后来，长春这些老城区主路的拓宽主要依靠缩窄或取消绿化带来完成的。此外，看得仔细的读者会发现马路两侧有路灯却不见电线杆，对，电线已全部埋入地下，在 20 世纪 30 年代把城市路政做成这样，实属先进。

照片中间突兀耸起的一个很高的建筑，那个是"新发屯水塔"，照片右侧有一座"纪念碑"式的高大建筑，它就是"新京忠灵塔"。

图 5 是义和路上拍到的街景，远处的高大建筑是前面提到

图6 "日本桥通"

的"满洲国国务院",这是它的后立面。马路右侧一大片的联排别墅,都是附近某个衙门官吏的住宅,其中一个小院子里还有一群孩子蹲在地上玩耍,按快门的一瞬,孩子们被永远定格其中。"新京"的城市特点归结为"大马路,两行树,圆广场,小别墅",而这片住宅区就是对"小别墅"的最好诠释。这种住宅走进去都是宽大的红松地板铺地,走廊里的楼梯也是木头的,踏上去的声音是发空的,非常容易形成回声,而这完全是亲身体验才能知晓的。笔者小时候,长春所之处有太多类似的社区,而今能如照片里这样形成规模的老高档住宅区已经一处都没有了。

图 6 为"日本桥通",就是今天长春的胜利大街。不同的是,这里是"满铁附属地"时期所营造的,当年长春"满铁附属地"的范围从今天的长春站到胜利公园。日本人在此建设了邮局、警署、银行、煤气公司、报馆、加油站、公园、市役所(相当于附属地的政府)等机构。

1900 年,因为闹义和团,沙俄政府以保护侨民为借口出兵占领了整个东北。1905 年,通过日俄战争日本战胜俄国后,东北绝大部分权益还给了清廷,日本则得到了"关东州"和东北各大城市铁路(火车站)的附属地,也就是"满铁附属地"。而为了保护这些利益,日本军部向这些地区派驻了军队——"关东军"。

"日本桥通"就身处"满铁附属地"。其建于 1909 年,初始名称为"东斜街",1922 年后,改称"日本桥通",1948年改称"胜利大街"。当年日升栈、电业会社、横滨正金银行、金泰洋行等商业与金融机构都汇聚在这条街上。从照片里一家商店屋顶写着的"大正堂商店新京支店"店名来看,这已是

图7 "吉野町"

1932年以后的街景了。

图7为伪满洲国时期的"吉野町",即后来的长江路——它曾是长春最热闹的步行街。"吉野町"是1908年在"满铁附属地"里建成的,是一条长1500米、宽15米的道路。"一战"结束后,世界经济逐步恢复,在20世纪20年代,这条街变得热闹起来,日本各类商家到此落脚做生意,形成了以小二楼为主的商街模样。其中包括服装店、鞋帽店、餐饮酒馆、西餐咖啡、医疗诊所,还有大量的日杂百货、钟表眼镜等商家,其中著名的商铺有"八千代酒馆""桃园酒屋""藤田洋行""鹿谷齿科""藤田运动器具"等,此外"吉野町"与"东三马路"交会处的"长

春座"是长春的第一家电影院。

"吉野町"虽然路不宽，但因店铺林立——特别是每到夜晚，铃兰灯亮起的时候（老照片中可以看见的那种路灯，因造型独特酷似"铃兰花"而被世人记住），整条街道人头攒动，完全是一幅灯红酒绿的景观，所以在伪满洲国时，这里常被称为"新京的银座"。

关于这条街，笔者有非常亲切的回忆，但那却是 20 世纪80 年代的"长江路"了，彼时长江路是人头攒动的步行街，它相当于长春的"王府井"。各种好吃的好玩的都汇聚于此，有马忠烧饼、开封灌汤包、天津包子、北方锅烙，其中"迎宾楼"饭店门口挂着四个幌儿，而著名的"乌苏里餐厅"在很长时间内是长春唯一的一家俄式西餐厅。此外，"长江影都""时光照相馆""宏光理发店""秋林公司"也都在这条街上，这让长江路成为一条市井气息极为浓厚的老街，可以说在物质文明还不发达的那段岁月里，每个长春人都有关于长江路的幸福回忆……这条长春"人气第一"的商业街到 1992 年时，在"原有破旧的店铺与现代化国际性城市要求极不相称"的理由下开始改造，结果工程拖拖拉拉地搞得那叫一个久远。慢慢地大家对它的文化认同与心理认同渐趋消失，一条旺街的魂魄就那么消散了，再也聚拢不起来了。后来，长江路算是彻底改造完了，但已是"冷清"的代言。这条街前后巨大的落差让很多老长春们嗟叹不已，现而今不要说"铃兰灯"无从寻觅，就是笔者小时候的长江路也无从寻觅，什么叫神飞杳杳，什么叫徒具形骸，观瞻此街的流变即可。

图 8 是"满洲国"时期"新京"大马路的样貌。从大马路到七马路，那里是长春老商埠地的所在。"大马路"完工于

图8 大马路

1909 年，其商业基础雄厚，历史建筑众多，街路两侧店铺林立，钱庄、百货、日杂、药店、布店、鞋帽店、建材铺等有 400 余家，彼时在此做买卖的人多来自河北。

现在长春人比较熟悉的"大马路"上老字号有"泰发合"（后来的"市一百"）、"鼎丰真糕点"、"东发合"茶庄（后老建筑被拆除，茶庄搬至东四马路与老市场胡同交会处）等。此外，老商埠内的多条马路间有若干胡同相连接，其中最著名的一条是"新民胡同"，由于"回宝珍饺子馆"就坐落在胡同里，所以那里是笔者小时候印象最深的一个地方……可以说，就民族工商业而言，"大马路"是长春近代城市发展中最浓墨重彩的一笔。

图 9 拍的是"南岭战迹纪念碑"。长春南岭兵营，又称南大营（今亚泰大街与繁荣路交叉口附近），曾是长春建营最早、

图 9　"南岭战迹纪念碑"

图 10 "新京忠灵塔"

占地最大、驻军数量最多的军事驻地，它建于 1907 年。

1931 年，九一八事变爆发，沈阳沦陷七小时后，日军向长春南大营发起攻击，却出乎意料地遭到了中国军队顽强抵抗。双方交战九小时，虽然日军最终占领了南大营，但也付出了伤亡近百人的代价。这是一场非常惨烈的战斗，它也成为九一八事变之初，作战时间最长、两军伤亡最大的一次战斗。长春学者孙彦平在整理《盛京时报》时，发现当时中国战死军警人数达 171 人。与此同时，长春的另一处兵营——宽城子兵营驻军也在顽强抵抗，而且日军伤亡惨重，熊川小队长被击毙。战后日本档案记载："在满洲事变的首次攻击中，战斗最为激烈的是长春附近的南岭及宽城子。"

战后，日军在长春分别建造了南岭兵营和宽城子兵营的"战迹纪念碑"，这张照片是"南岭战迹纪念碑"。不过，后来的岁月里它们都被拆除了，甚至连拆除的时间都查不到了。2011年9月18日"长春南大营旧址陈列馆"正式对公众开放，如果"南岭战迹纪念碑"能被保留下来，作为有力的物证胜过千言万语。

图10所拍摄的是"新京忠灵塔"，此建筑在长春市康平街三角广场的西北方，今天绝大多数长春人已不知它的存在，但在20世纪30年代，这座塔可是个"国家级"的大工程。它是日本及"满洲国"政府为了祭祀自"满洲事变"以来"尽忠殉国烈士之英灵"所建。该塔为钢筋混凝土结构，建在石砌的塔基之上，顶部为重檐四角攒尖顶，塔身通高38.6米，并以大理石敷面，阴刻着"忠灵塔"三个大字。在整体风格上"忠灵塔"具有东方传统的屋檐造型手法，当初此塔的设计方案是经过竞标产生的，最后采用了日本横滨的设计师雪野元吉的作品。在塔的最底层，是一个庙宇式的塔堂，前端开有三洞半圆形的拱门，其他三边各有象征性的一个半圆拱洞，其实它就是将"纪念碑"和"灵堂"整合为一体的一处建筑。此外，塔前有一尊铜铸的"灵牛"，牛背上有东亚地图，刻意突出的是伪满洲国疆域；在塔的东南侧，建有一座"手洗亭"，为祭拜时净手所用。在"新京忠灵塔"周围建有一个占地三万平方米的广场，广场里铺设着白色石子的甬路及带状绿地。这里每年都有二十多次大大小小的例行祭祀活动，最重要的是5月30日的春祭和9月18日的秋祭。春祭的时候，溥仪是要亲临祭拜的；而秋祭时，一般是派遣侍从武官代为祭拜。此塔在当年是一处标志性建筑，它也被印在许多明信片上，尤其有一张著名的照片抓拍到一架飞机从它的身边飞过……1945年"新京忠灵塔"塔身局部被毁，1952年塔体被拆除。

六

研习历史有一个很重要的作用，就是提升我们的眼界，很多事情经过理性的研究一定会产生更大的力量。

2000年，笔者拿着装着胶片的尼康FM2去拍摄"日满军人会馆"旧址，只因为那个下午逆光比较厉害，所以连一次快门都没按——那栋建筑非常漂亮，虎皮色瓷砖、花岗岩砌的蘑菇石、欧洲城堡式的建筑风格。1937年溥杰和嵯峨浩婚礼的答谢宴就在这里举行的——结果过了一个星期再去，正好遭遇它被拆除。在现场笔者看得心惊肉跳，发出了"拆楼的速度比快门都快"的感慨，于是一下子就提速了自己关于记录此类建筑的工作，同时尽最大努力为保护这些老建筑鼓与呼。作为一个重要的研究门类，它极大地丰富了我，可以说这些关于历史和建筑的知识都是一点点攒出来的。老建筑被拆除了一定的数量后，事情也终于迎来了从量到质的转变，最近几年感觉到很多人对老建筑的态度转变了，参与保护的人明显多了起来。此外，那个时期一些有重大历史意义和建筑价值的旧址可以被宣布为"全国重点文物保护单位"了，而这在过去是不可想象的。

为迎接美国总统而扩建的机场

李　宾

　　曾在中国历史上因第一场空战而闻名海内外的杭州笕桥机场（现为军用），最初是由国民政府建造的只有六百米跑道的机场。新中国成立后，杭州笕桥机场于1957年和1965年先后整修过两次。1957年元旦，笕桥机场揭开了民航飞行史新的一页，首辟上海至广州经停杭州和南昌航线。在民航杭州站的基础上于1960年5月25日扩编成立了民航浙江省管理局，使这个距离市中心十二公里的军用机场正式变为军民合用机场。

　　当时光来到1971年，此时对中国人民和美国人民来说都是一个重要的时间节点。美国总统尼克松应邀于1972年访华，原本美方的中国之行计划中并没有杭州这站，是我方主动提出增加的，当时我方高层对中美会谈的艰难性做了充分准备，认为无论是在北京还是上海，发生的谈判必然会受到国际社会的高度关注，杭州能作为一处微妙的回旋地，可用其温婉冲淡谈判的火药味。更重要的是1945年10月18日至12月4日，"飞虎队"曾驻扎在杭州笕桥机场，故地重游有利于增进双方的友谊、消除隔阂、加深了解。现在看来历史的渊源尤为重要。

　　1971年9月，基辛格率美方人员秘密来到中国，为尼克松

图 1 候机楼正面入口

图 2 候机楼面向宽广的停机坪一面

图3 在迎送台远眺停机坪。

到访打前站。他们也到访了杭州，在实地考察后认为笕桥这座以军用为主的机场太小，跑道只有两千两百米长，起落的几乎都是小型战斗机，无法起降大型客机。而美国总统的专机"空军一号"（波音707）分量重，冲击力强，原有的跑道肯定吃不消，难以起降，而且连候机大楼也没有，因此美方要求对机场进行扩建。

为适应"波音707"大型飞机起降笕桥机场，国务院、中央军委于1971年11月8日下达"关于扩建笕桥机场"的紧急指示，周总理亲自参与审定机场设计方案，将原来两千两百米的跑道加长、加厚，新建候机楼，扩建停机坪，修建到机场的杭笕公路。此项工程被命名为"118工程"。

"118工程"的重任落在了时任省革委会生产指挥组副组长金孟加的肩上，1971年11月9日他被省委任命为笕桥机场建设工程指挥领导小组副组长。由于时间紧，接到命令的当天，他就到笕桥机场实地勘察，研究制定可行性方案。

经过研究，有几个棘手的问题，一直在他心头挥之不去。第一，扩建得征用几百亩土地；第二，各种建筑材料加在一起有好几十万吨，用普通的卡车不知要运到"猴年马月"；还有，水的问题如何解决？不单要解决建筑施工用水，而且还要解决

图 4 国内航班候机厅

图 5 入口前的屏挡

131

图6 贵宾室

几万建筑大军的生活用水。

11月11日，工程指挥部紧急商讨施工方案。经研究工程指挥部决定，把铁轨铺到笕桥机场附近，用火车运送材料，然后再用卡车转运，这样既方便施工又节省时间。同时在机场和钱塘江之间架一条水管，用水泵直接从钱塘江取水。

11月12日，移民工作座谈会也迅速召开，确定由乔司农场划出等量土地安置移民，计划用半个月时间，移民近百户，共五百多人，征用土地约五百亩。其效率之高可和改革开放初期的"深圳速度"媲美。

笕桥机场扩建工程，中央领导非常重视，周恩来总理一直亲自过问。他曾经建议，笕桥机场候机楼要建三层，具备接见、宴会和休息等多项功能。

"工程有了初步方案之后，我们不敢怠慢，即刻进京向周总理汇报。"金孟加回忆道。11月18日下午,他和另一位工程负责人从笕桥出发,经上海虹桥机场转机,在次日零点多到达北京。第二天周总理就接见了他们两人,对于工程方案,问得很具体、很专业,金孟加回答了许多具体细节。

遵照周总理的指示,第二天他们还去实地考察了北京国际机场的建设,返回时又在上海虹桥机场逗留,还借到了虹桥机场候机楼的设计图纸,可谓一路顺利,接着是返回杭州,投入到紧张的工程建设中。

当时,杭州园林文物局高级设计师胡绪渭和省建筑设计院设计师唐宝恒,被派到笕桥参加"118工程",唐宝恒负责候机大楼设计,胡绪渭则负责机场和机场杭笕路两边的园林绿化设计,两人分头各自准备。胡绪渭提出的园林绿化方案——以绿色为基调,机场周围主要种植低矮灌木,机场路两旁则种植四季常青的高大乔木——被工程指挥部迅速采纳。

规划虽得到了批准,但工期依然空前紧张。这是一项必须完成的政治任务,谁也不敢怠慢。为确保工程进度,浙江省和

图7 厕所隔断

图8 电话间

上海市与南京军区等各方紧密协调。正在杭州半山担负"8311"绝密工程施工的三〇一团（时为空军工程兵三团）接到紧急命令，即刻开赴笕桥担负机场主跑道及主要道路混凝土工程等核心项目的施工。同时，指挥部上报军委紧急抽调广州空军一个工程营、南京军区一个陆军工程营及民兵团等驰援。当时杭州各生产队也都派出了最壮的劳力。11月15日，两万多军民开进笕桥机场，工程建设正式开始。一场声势浩大的会战在笕桥机场拉开。

三〇一团原参谋长冉昭乾回忆："工程开工那天，周总理在北京要听搅拌机开机时间的报告。当时已经是晚上了，因为施工模板由浙江省负责供应，我们全团指战员在团长带领下在工地上等候模板运到。眼见模板迟迟未到，不能开机，大家伙焦急万分。大约夜间11点了，我对团长说，你去休息吧，我们守在这里。哪知团长立即大吼，今天要开机，这是命令，命令你懂吗！这个时候怎么能休息，天上就是下刀子也不能离开这儿啊！快到夜里12点了，模板终于运到，现场一片欢呼。指挥部立即通过电话向周总理报告'118工程'开机了！"工程开工后，指挥部决定施工力量实行两班倒，吃住全部在工地，不管下雨下雪，工程建设日夜不停。冉昭乾回忆："团里司政后从首长做起，天天守候在工地，每天从机场这头跑到那头，又从那头跑到这头，作业面一个个地挨个检查，随时解决出现的问题。那时施工运输全靠战士们推着小车飞跑，一个个腿都跑肿了，手和脸冻得皲裂了，但他们依然热情高涨，因为大家都明白，工期关系毛主席战略部署的落实……"笕桥（生产）大队的建设者黄毛银后来回忆说，去机场内干活的主要是笕桥、同心、横塘、草庄、黎明大队的党员与基干民兵，政审不过关

图 9 双人套间卧室

的还不要，吃住在里面，一周休息一天，一天十个工分，早上
8点上工，一直做到晚上。"很吃力，但没人叫苦。开会和加
班是家常便饭，一声哨子响，就必须马上出门。"黄毛银说农
民的任务是运沙子、拌水泥、拉石头，技术活则是部队做。

在修建到候机室时犯难过，因为时间紧迫，墙面刷上油漆
将很难干透，不仅气味难闻，还容易露出紧急扩建的马脚，丢
了"地主"的面子。这时，一个工程人员想出个好主意：把淡
米色的丝绸整匹整匹地铺在刮了腻子的墙上。这样一来，不仅
解决了异味，也体现了杭州特色。

当年机场路旁一带的老百姓也被动员起来了，每家每户都
安置"118工程"民工，以解决住宿问题，为"118工程"做出
了自己的贡献。用当时的话说打了一场人民战争。

图 10　位于二楼的小卖部

　　经过连续艰苦奋战，1972 年 2 月 10 日，一个 5870 平方米的新候机大楼落成，34000 平方米的停机坪，经过加厚的跑道长 3200 米、宽 60 米，完全满足起降"波音 707"大型客机的笕桥机场展现在了人们的眼前。并顺利通过中央验收交付使用，创造了中国建筑史上的奇迹。后来人们把当年笕桥机场扩建称之为"笕桥速度"。

　　有图有真相，现在就让我们一睹当时"笕桥速度"创造的奇迹吧。图 1、图 2 是拔地而起的候机楼。其绿化的园林风格一目了然，完全实现了设计规划目标。图 1 为从杭笕公路过来时映入眼帘的候机楼正面入口；图 2 是修整一新的宽广的停机坪和对面的候机楼，候机楼侧面的语录牌标语口号是"全世界无产者联合起来"，由于尼克松的到访，马路两边和建筑物上的"打倒美帝国主义"及类似的具有反美特色的标语都被紧急处理掉了，而有意立这幅较为中性的标语，一定是经过深思熟虑的，想必是为了体现中国的体制和周总理要求接待"不卑不亢"的原则。图3是在迎送台远眺停机坪；图4为国内航班候机厅内景，由图可见这在当时可称得上豪华了；图5是入口前的毛主席诗词屏挡，用毛主席诗词作装饰可谓政治性和艺术性的完美结合；图6是每个机场必不可少的贵宾室，省部级以上干部和国外旅客则要在此候机，这是他们的专属；图7是厕所有机玻璃把手，这是一般影集里难得一见的私密场景，可见新的候机楼体现了人文关怀，以及干净整洁的追求，这在当时可谓先进的理念；图8是电话间，在当时国内大多数候机楼都没有电话间的情况下，可见其在当时确实是先进了不少；图9是双人套间会客室（另有双人套间卧室），这是按周总理指示，候机楼要"具备接见、宴会和休息等多项功能"特意建设的，想必是为领导人会客所用；图10是位于二楼的小卖部，在那个什么物品都要凭票供应的年代，每个机场的小卖部都是旅客登机前的首选地，所有旅客都不会放过在这免票的购物机会。

从内部装饰看，无论是二楼入口前的屏挡，还是小卖部墙上的中国字画，无不展现了中国的传统特色，这在"破四旧""立四新"的"文革"还没结束的时期不得不说是大胆的突破，这也从另一个层面反映了领导层对回归传统文化，以及对外开放的渴望。可见后来改革开放政策是顺应时代发展的必然。这只是一次小小的机场扩建，却引起了中美高层如此的关注，可见双方对中美关系的走向无不充满着期待，也体现了领导者的大智慧。

奥村和一：我是蚂蚁兵！

殷占堂

作为日本"三光作战调查会"的会员，我经常参加该会举办的各种讲座和活动，奥村和一每次活动必到，会后也常常一起到咖啡馆，继续讨论、聊天，渐渐地我知道了他的身世和奇特的遭遇。特别是他十多年如一日，坚持状告日本政府的勇气和毅力，让人肃然起敬。以他为主人公的长篇纪录片《蚂蚁兵队》于 2006 年 7 月 20 日在日本公映后，引起了各界的轰动，他的著作《我是蚂蚁兵》在岩波书店出版后十分畅销，一段鲜为人知的历史大白于天下。为拍摄纪录片在山西省行走了的三千三百公里中，每到他犯过罪的地方，奥村和一都向人们道歉反省，这成为一次谢罪之旅。奥村和一先生到底有着怎样的奇特人生和遭遇呢？他为什么要坚持不懈状告日本政府呢？

入伍和杀人

1924 年，奥村和一出生于商人家庭。1944 年 11 月一纸红色"征兵令"，把他强征入伍。当时各地战事吃紧，人们心里都很明白日本战败之日很快到来，到了战场也是白白送死，所

图 1 在山西山间行军的日本士兵。

以他与父亲离别之时，将一束头发和遗书放在了神龛里。

入伍不久，便急急忙忙被送往中国战地，从日本博多港乘船一路上怕被美国潜艇袭击，提心吊胆到达朝鲜釜山，后来坐上闷罐车，经山海关，一路颠簸，最终被送到了山西省宁武县。一路上吃不好、睡不着，到了天寒地冻的山西，奥村成为日军第一军独立混成旅团独立步兵第七大队第三中队一名新兵。

奥村和一老人回忆说：新兵训练是相当严酷的，当时日本军队等级和年功序列制度的黑暗，没当过兵的人是想象不到的。上级无缘无故打骂体罚下级，一级比一级厉害，多么残酷的体罚制裁也得绝对服从，因为上级说，这是天皇的命令！当兵的，特别是新兵，一天二十四小时都在极度紧张恐慌中度过。人性和理性渐渐被剥夺了，一个个日本兵都变成了魔鬼和野兽，欺负人、打骂人是强者、勇者，被欺凌打骂的人成为弱者，是坏人。这样上行下效的结果，使日本军人认为，在中国杀人、放火、抢夺、强奸，干坏事越多越是英雄，越有能耐，越让人尊敬害怕。为了训练新兵杀人的胆量，他们抓来无辜的老百姓，捆在训练场的木桩上，用刺刀把人捅成马蜂窝。我问奥村和一："那你也参加了？"他低声应答："嗯，参加了，你若不干，就会受到更加厉害的体罚……"

我看着眼前这位清瘦、满脸皱纹、瞪着一双大眼睛、看上去很是慈祥的老人，曾经也是一个杀人不眨眼的鬼子兵，心里很是复杂，怎么也不可能合二为一，战争真是能把人变成鬼呀！

奥村和一老人说："1945年1月，我们接到情报，说一个村里有八路军的便衣队，于是紧急集合去那个村突袭，我是轻机枪手，在村外四百米左右的灌木丛中发现了人影，队长一声令下，我便用机枪扫射，事后发现被我打死的人是一些小脚老太太和儿童……"我看到奥村深深低下了头，眼里含着泪花。他停顿了一会儿说："我在战争中犯了罪，我从心里真对不起中国人。后来我在1948年7月的战役中受了重伤，被解放军俘虏，并且迅速被送到太行山里的野战医院，得到及时抢救治疗，是解放军救了我一命。不过由于我在战争中犯下的罪行，作为犯人，前后在北京西郊、天津、大同、永年县、西陵的农场和看守所等地度过了六年零两个月的劳动改造生活，直到1954年得到宽大释放才回到祖国——日本。"

"1945年日本无条件投降后，放下武器的日本军人除了一

图2 1946年，被阎锡山收编的部分日军合影。

部分罪大恶极的战犯，都回到了日本，为何你1948年还跟中国人民解放军作战呢？"我问。听了奥村和一老人的详细叙述才知道了这段鲜为人知的历史事实。

奉命"残留"山西的蚁兵

1945年8月17日，阎锡山派代表赵承绶到太原，秘密与日军山西派遣军第一军司令官澄田睐四郎中将协商，诚请日军在山西省内的驻军就地加强戒备，拒绝向八路军缴械投降，并立即将原来的伪军改编为"国军"，山西省原伪军司令部副司令赵瑞，摇身一变成为阎锡山的"山西省防军"第二军军长，该部也就奉命开赴太原西山一带第一线，防备八路军进入太原。8月24日，阎锡山来到晋中介休县。阎锡山给日军澄田睐四郎中将发电报，澄田立即派参谋长山冈道武少将亲率部队开着装甲列车，到介休把阎锡山迎接到太原。途经平遥车站时，阎锡山还检阅了担任护卫任务的日军第一军的直属部队。看到装备精良、军容整齐的日军，阎锡山笑着对山冈道武说："这个部队能让我收编吗？"又惊又喜的山冈少将顺势回答："一定尽力满足阁下的愿望……"

8月30日阎锡山回到太原，次日上午，山西省日伪机关的大小汉奸组织召开了"欢迎阎长官胜利归来"大会，会后，阎锡山专程去日军司令部拜访了日军第一军司令澄田睐四郎，表达了收编日军之意。之后，阎锡山的代表赵瑞和日军第一军代表岩田清一，经过一星期紧锣密鼓谈判，双方达成如下几点协议：1.日军同意阎长官的提议，日军改编后留在山西由阎长官全权指挥；2.对改编后的日军在现阶段的军级上连升三级；3.安排全体人员的宿舍，并容许在军营外住宿；4.合同暂定为三年，阎方负责日本人今后的归国事务、交通。许可日军家属来山西，也可以给日本国内家属寄款。特别欢迎日本军人与中国妇女结婚。

协议达成后，双方在太原海子边的日华俱乐部成立了专门组织。阎锡山说，中日双方是"志同道合、共谋其事"，因此该组织起名"合谋社"，直属第二战区长官部领导。合谋社主任为山西省政府梁秘书长，日方由岩田清一、诚野宏等人负责

图 3 收编后的奥村和一（未戴帽者）和战友合影。奥
村和一改名为燕兴东，燕与阎谐音，兴东即振兴东洋日本。

具体工作。

　　为了让众多日军顺从"残留"山西，城野宏等人编印传单，
到各部队去宣传鼓动，以为了"天皇"、为了"祖国复兴"、
为了将来"东山再起"、为了保存一部"日本武装"、为了让
山西省内的日本居留民顺利返日等理由来煽动大家，有的下级
军官和士兵不愿意"残留"，想早日回到日本与家人团聚，但

遭到恐吓、威胁甚至毒打。一般日军士兵长期受到军国主义教育毒害，头脑十分僵化，只知道服从命令。

奥村和一老人让我看过一份文件，是1946年2月2日日军第一军参谋长签发的。"残留"山西部队名额如下：一一四师团两千五百名、独立步兵第十四旅团两千五百名、独立混成旅团一千五百名、第四独立步兵警备队一千五百名。也就是说，原计划留山西日军近万名。但是此事传到南京，1946年5月，军事调处执行部派"三人小组"来太原视察，日军和阎锡山怕引起国际社会的声讨，决定留山西日军减为两千六百名。先后改编为"特务团""铁道护路总队""陆军暂编独立十总队"，总司令为日本人今村方策大佐。先是驻防在阳泉、平遥、盂县一带与解放军作战。后在晋中战役时，在祁县、平遥、太谷等与解放军作战，损失惨重，仅剩一个炮兵团，退回太原。1949年4月20日，解放军总攻太原，阎军和日军负隅顽抗，24日清晨，解放军一举解放了太原，今村方策被俘后，服毒自杀。在各地战斗中，日军战死五百五十人，被俘七百人。作为山西阎锡山军总顾问的澄田睬四郎，看到大势已去，于1949年2月初，与一一四师团长三浦三郎中将等人乘飞机逃离太原，回了日本。行前去医院看望在战斗中受伤的相乐和菊地两大尉和其他伤员时，还大言不惭地说："我一回到日本，就召集两三万义勇兵，马上赶回来，帮助今村君和大家扭转战局。"

奥村和一的遭遇

我访问奥村老人，是分好几次，断断续续进行的。有一次，我问他，日军山西"残留"的事，是否就澄田一个人的决断呢？

图4 奥村和一在山西访问时与当地民众交流。

奥村说：不可能，这么大的事儿，那么多的人，怎么能一个人说了算。日本军队等级森严，报告制度又十分严密，肯定是得到军方和日本政府批准的。

"那为什么这种天方夜谭、史无前例的事，偏偏在山西发生了呢？"我打破砂锅——问到底。

奥村老人沉思了一下说："实际上，当时作为普通一兵，连蒙带骗，再加上威吓胁迫，便糊里糊涂'残留'下来，只知道这是命令，这是为了天皇，为了'祖国复兴'。深层次的背景是在回到日本之后，为了打官司，状告日本政府，到处查找资料，向当事人调查之后，才搞清的，说起来话长，简约地说吧，山西很特殊，阎锡山曾留学日本与日本军界头面人物交往颇多，在抗战中暗中也有来往，他虽是中央军第二战区长官，但一直

145

图5 奥村和一在"三光作战"调查会上。

独霸山西，搞独立王国，与中央的蒋介石面和心不和。他一直敌对共产党，但凭他自己的力量怕敌不过共产党，因此，就想收编装备优良的日军为自己卖命。日本军方的考虑是：日本战败后，军队有可能被取消，苏联也可能占领日本北海道一带。如果能在中国保留一部分军队，将来有朝一日东山再起，这就是一股基本力量。正好阎锡山有收编的愿望，又有权保护日军。这事当时对外是保密的，我们的姓名都改成中国姓名，当时局势也很混乱，大批日军和居民都被送回了日本，留下两千多人，满以为可以瞒天过海的。"

奥村和一继续说道："那是1946年二三月的一天，管人事的曹长把我叫去，直截了当地说：'接到了上级命令，各中队三分之一的人必须"残留"下来，变成"特务团"。考虑到老兵长期征战，劳累过度，家里劳动没有帮手，以及伤病体弱人员必须回国，在家里排行老二、老三的年轻新兵就得留下，你也是在留人员，没问题吧？'因为在日本军队里，说是谈话协商，实际上是命令。"

"很快我被分配到'旅团司令部'。在改编'特务团'的工作上帮忙打杂。不久，又被分配到炊事班工作。干了一阵又分到输送班，8月份参加了激烈的忻县城攻防战、大同攻防战，1947年2月，我又参加文水、交城战斗。1948年7月，晋南、晋西、上党等地被解放军攻下，如果晋中粮仓再失手，就会直接威胁到太原，所以阎锡山最后调动十万大军与解放军决一死战。解放军的十八兵团几万人从华北赶来参战，晋中战斗非常惨烈，蒋介石也派空军支援，因为双方部队是激烈的拉锯战、肉搏战，阎锡山军、日本军也被飞机上的机关枪打死不少。后来我们逃到南庄，又跟解放军打巷战、院落战，一条街巷一条街巷地争夺、一座房屋一座房屋地争夺，打成了一锅粥。我正在房顶上的临时掩体里向外射击时，解放军一颗炮弹呼叫飞来，落在屋顶的近处，我负了重伤，昏死了过去，再后来就被解放军俘虏了。

"等我苏醒过来时，已经在解放军的临时包扎所。后来得知我拼命用机枪扫射过的解放军战士抢救了我，用担架把我抬到这里进行了及时的抢救，他们不但没有杀我，还救了我一命。为我精心包扎之后，枪炮声还在响着，解放军首长就派年轻的战士找来一匹马，让我骑着，把我往后方医院转移。记得那天是7月16日，骄阳似火，我浑身都是伤，又疼又热又害怕，渴得嗓子眼似着了火，我求那位送我的年轻战士快找点水吧，他说受了伤，禁止大量饮水。后来在道旁碰见一块西瓜地，那位战士用钱向农民买了一个西瓜给我吃。这件事给我很大震动，当兵的吃个西瓜还给钱！真是不可思议。路过一个小村庄时，一位老婆婆认出我是日本人，她大声叫着'日本鬼子！'一下子围上了好多人，又是怒吼又是要动手打我似的，我想这一下可死定了，吓得我低着头缩着身子，等待棍棒加身。可是战士拼命劝说阻止大家说：'他是放下武器的伤兵，投降了就不是敌人了，他也是受骗的……'经过多次大声解说，终于平息了众怒，安全地通过了小村。

"到了太行山野战医院后，接受了很好的治疗并优待，也碰到不少原部队的日本人伤兵。治好伤后，我先后在天津郊区种过水稻，在大同附近修过水渠，在云冈石窟附近的煤矿挖过煤，在邯郸市永年县打过砖坯……经过六年的劳改生活，思想上确实有了很大进步。1954年三十岁时终于回到了日本。"

状告日本政府

1954年9月，奥村和一终于得到可以回日本的通知，他兴奋、感慨、憧憬，离日本十年了，日本有了怎样变化，家里的亲人们可好，他激动、亢奋，彻夜未眠。

在天津港坐了日本的"兴安丸"，同船的有四百多人，多数是与奥村和一相同命运的人，在舞鹤港登陆后，满怀激动和喜悦的奥村和一，迎接他的是冷冷的当头一棒：当局通知，他们这些在山西被俘兵士们，是"现地除役"，也就是说早已解除了兵役，不能算是复员兵，按普通人对待，各自回自己的老家吧。大伙气愤、暴跳，要求集体去东京找当局讨个公道。但是，在厚生省驻舞鹤代表和家人的百般劝诱下，大伙怀着沉重的心情，各自分手，回到故乡。

奥村和一回到故乡新潟县中条村第二天，警察就找上门来，开门见山地问：你是从中国方面归来的，详细谈谈中国方面的事儿吧。奥村说：我就是在劳教所，中国的事儿一点也不知道呀。警察就是不信，说：你被洗了六年脑，你是不是不想说？

图6 奥村和一出版的图书

警察天天来，一来坐下来就盘问，弄得家里人惶惶不可终日。他看给亲人带来麻烦，就想到村里串串门儿，看看老同学、旧时友人，可是他前脚离开人家，后脚警察就上门，问人家奥村说了什么？他可是从中国归来的"赤化分子"，有什么异常言行必须报告。他看到给人家添了麻烦，也就再不串门了，在家里闷着。村庄不大，奥村的事很快在全村传了开来，他上街见了人，跟人家打招呼，人家便急急忙忙躲开，就像见了瘟神和魔鬼，他多想痛哭一场呀，祖国、故乡比中国、中国人冷淡多了！

他去村里查看自己的资料，写的真是"现地除役"！他心里充满被欺骗、被出卖的怒火，从那一刻起他便萌生了状告日本政府的念头。

在故乡受到冷眼相待，根本找不到工作，好心的表弟介绍他去一家汽车修理厂，可是社长说：从中国回来的，以后还不知会出什么事儿呢，警察会来找麻烦的，爱莫能助。于是，他决定去东京，东京大公司多，可是对于无一技之长的他来说，求职同样很难，只好打零工，住的是给从中国归还者的简易宿舍。什么技能没有也不是长久之计，于是他一边打工一边学习，考入了早稻田夜间大学。毕业后已是 1964 年，他看到一家专业报纸招记者，便怀着一试的心情去面试，社长说：从中国回来的，正好我这里缺这样的人才，原来社长是日本共产党干部。他高兴地担任了该报的"东西贸易版"记者，并且负责"中国物产展"事务，通过中国展，让日本人了解中国，喜欢中国的食物、文化，中国的摄影展、书画展，促进日中两国之间的交流。奥村拼命工作，感到很幸运，又能跟中国打交道了，他多想报答中国恩情。当时正值冷战，搞中国展是有风险的，右翼分子时常提着大棒来捣乱。每当这时，奥村和一就以军人的勇气与他们勇敢地争论。在这期间，奥村和一积极参加了日本各种运动，如促进日中邦交恢复、反对日美安保条约、反对美国侵略越南的宣传和游行，等等。可是他始终没有忘记"残留山西"之事，他与战友们互通信息，到图书馆、防卫厅资料室查找当时被命令"残留"的证据。功夫不负有心人，不少当时的证据、电报、命令被找到了，后来他又在河北大学教授陈俊英先生的帮助下，几次到山西省档案馆、国家档案馆查找资料。从 1991 年起这些"残留兵"结成了"全国山西省在留者团体协议会"，他们向日本国会、众议院、参谋院、厚生省、各都道府县提诉请愿，状告日本总务厅，多次裁判的结果都是一样——败诉。败诉的根本原因是日本政府不愿意向世人暴露当时日本政府的险恶阴谋——狂想在中国保留一部军事力量，妄图东山再起、卷土重来。这是前所未闻的丑闻。另一个直接原因是在法庭的听证会上，原日本第一军司令官澄田睐四郎公开作伪证，说他们是自愿"残留"山西，他说："战败后，我曾到各部队去，劝大家

图7 作者与奥村和一合影。

老老实实缴械，一起返回日本吧。可是他们不听劝说，自愿'残留'山西，我也没有坚持，这也是上了阎锡山玩的圈套。"而法官竟然听信了他的谎言。

状告日本政府十几年，好多"残留老兵"已经含恨去世，健在的寥寥无几，体弱的、卧床的、住院的，可是以奥村和一为首的少数人仍在坚持，等待高等法院做出有良知有良心的判决。有的人风言冷语地说，这些老兵告状、闹腾，就是为了"钱"，为了"恩给"（军人抚恤金）。奥村很生气地告诉笔者，我们到战场上当炮灰，受了伤受了苦，死了那么多人，别的军人和家族有，为什么单单奉命"残留"山西的人和死者家属没有？这公平吗？再说，我们回到日本，生活那么艰难，一分钱也没有拿到，我们现在都已是八十多岁的老人了，还能活多少天？要钱又有何用？我们告状的目的，是要撕破日本军国主义制造的谎言，要为历史作证，要向中国、向亚洲其他国家人民深刻反省谢罪。

确切数字不得而知，据说日本有几百万人和家属在领取政府的恩给，根据服役年限、级别、驻防地，每月领到的抚恤金相差很大，从几万日元到十几万日元不等。由日本政府总务厅恩给局管理。规定很细、很繁琐，大体规定，当兵服役十年以上，才可享受恩给，不过如在国外驻屯地，在所谓无战斗的地区（如朝鲜等）一年可算两年，如到战斗地如中国大陆各地，就是一年顶三年。奥村和一从当兵到回到日本，一共是十年，应等于三十年，他该拿三十年级别的恩给。如果他一回到日本就享受恩给，也就不会打零工、忍受饥饿，住简易房，得了胃病无钱医治。奥村和一虽然在中国接受了六年两个月的劳动改造，但他一点都不恨中国，相反一直热心于日中友好和反对军国主义复活的活动。为了感谢中国，希望日中永远友好。他给自己的孩子起名为奥村友好，希望中日两国世世代代友好下去！

· 更正 ·

由于工作疏忽，第一三二辑中第48页图应为"徐鲁溪"而非"叶向真"；第55页图经刘玫女士核实，右二为王贵明而非刘桦校长。特向读者致歉。

支边格尔木

谭　泽

　　1965 年是"四清"运动刚刚结束，"文革"即将开始的一个特殊时期。这年 8 月，我中考落榜了。开始很难过，后来得知班上凡是出身不好的同学基本都落榜了，而一些出身好的、平时经常考试不及格的同学竟然都被录取了。这才知道落榜和成绩无关，和政治有关。

　　落榜之后只有两条路摆在面前：一是等待招工就业，可能遥遥无期；二是下乡，那是不到万不得已不能走的路。就在这时，青海建设兵团来招兵了，这无疑是摆在大家面前的一条新路。特别是配合招兵放映的新疆生产建设兵团的纪录片《军垦战歌》，看得大家心潮澎湃。青藏高原、柴达木盆地、建设兵团、屯垦戍边这些充满诱惑的字眼，将好多年轻人的心撩拨得再也按捺不住。

　　那个年代十六七岁的年轻人，几乎从来没有离开过所居住的城市，绝大部分人都没有坐过火车。对外面的世界，大家既懵懂又向往。而对荒凉、艰苦这些词汇的认识仅仅是停留在字面上，没有真正的理解，更不知个中的滋味，只知道艰苦和光荣是连在一起的。

图1 我的军装照

于是我毅然报名参加兵团。结果查体因为心律不齐，被刷了下来。事情往往就是这样，越是得不到的越千方百计地想得到。第二年春天，我又去报了名。这次负责查体的医生恰好是我家的邻居，他下班后去家里征求了我父母的意见，第二天在我的体检表上填写了"合格"二字。

发下军装之后，我到青岛中山路上的天真照相馆拍照留念（图1）。记得当时一英寸的照片是五角六分钱。照相师傅给我拍完之后，提出让我捧着一本《毛泽东选集》，说是要拍一张样片。我没有听懂样片是什么意思，只是听明白我不需要再交钱。师傅拍的时候很上心，发现我的脖子太细，军装的领子挂上风纪扣后还有不小的空间，便拿来一个卡子从脑后把军装领子揪起来卡住，拍了好几张才算完。之后我取回了那张一英寸的照片和底片。到了青海之后，家里来信说，天真照相馆临街的橱窗里摆着一张好大的我手捧《毛选》的照片（图2）。我走的时候是1966年的第三批，后面还有第四批，照相馆这是为了配合宣传。那个年代没有什么肖像权之类的概念，所以也无须征得当事人同意，但家里还觉得挺光荣的。一年后，家人去照相馆花了两块钱，把那张大照片买回来了。

4月15日，八〇〇兵团战友满怀豪情地乘坐专列从青岛出发。一路上要给正常运行的列车让路，走走停停，三天后抵达西宁。两天休整期间，大家突然感觉上楼时有些气喘吁吁，连领导说这是高原反应。原来西宁海拔两千三百米，缺氧。之后我们换乘大客车，走了四天，抵达柴达木盆地的腹地格尔木。大客车还没有停下，透过车窗看见一个高耸入云的黄色风柱呼啸着迎面扑来，擦着车身过去，再一看车里每个人的头上身上全是一层黄尘。车外的路上有马车，上面坐着早我们半年来的军垦战士，军装已经褪色，脸晒得黢黑。我们

图2　手捧《毛泽东选集》的样片

面临的并不是纪录片中的欢歌笑语，艰苦的考验开始了。

　　一个月后，天热了。没有想到我们家乡只有夏季晚上才有的蚊子，这里大白天就铺天盖地地袭来。大家下地劳动要像养蜂人一样头戴防蚊帽，袖口裤腿都要扎紧，晚上睡觉要用床单把头蒙上。不少战友白天在地里做过测试，一巴掌拍在衣服上就能打死三四十只蚊子。加上强体力的劳动，出发时的热情才几个月就彻底被浇灭了。但是我们往家里写信，都是只报喜不报忧。半年后家里来信说希望拍张照片寄回去，看看我现在变成了什么样子。

　　格尔木只是在城区有一家照相馆。我们连队离格尔木城区大约八十里，没有公共交通，要搭便车。我连住地偏僻，极少有车路过。我打听有拖拉机要去团部拉化肥，便请了假，坐在拖拉机拖斗里到了团部，这里离格尔木还有五十里，就站在路

图 3 在格尔木拍的肖像照

边等待顺路车。到格尔木已经是傍晚了。

第二天上午去照相馆照相。格尔木没有电，各个单位到了晚上都有自己的发电机，满大街都是扑通扑通的柴油发电机的声音。照相馆在城中心的大街旁，是一间平房，南面是一个大窗子，屋顶上也有一块玻璃，照相全靠自然光。玻璃上面都贴了白纸，为的是让太阳的光线柔和一些。上午去照了相，下午去取照片。第三天再搭车回连队。

本来把照片寄回家是为了让父母放心，没想到他们看了照片（图3）反而增添了心事：这才几个月，那个十六岁的稚嫩少年，竟是满脸的惆怅。我今天特别喜欢这张照片，它拍出了当时处境下的神情，满是无奈和伤感。

我出发去青海的时候，父亲因病正住医院。我是穿着新军装去医院和他告别的。其实我知道父亲是不希望我去青海的，那么远，那么荒凉，在历史上那是流放地，解放后是安置重刑犯人的地方。特别我们是按照一半男生一半女生的比例搭配的，明摆着就是移民嘛。但是父亲当时对十六岁的孩子并没有明说，只是说不去不行吗？事后我想，面对政府轰轰烈烈的动员，他不能散布反面的言论；再说看到我连续两年报名，他不想打击我的热情。

和家人临别前的合影，唯独缺了父亲（图4）。后来回家探亲，和父亲在院里拍了这张照片，这是我和父亲唯一的一张

图 4 临行时的家人合影，唯独缺少了父亲。

合影（图 5）。

由于我们驻地海拔两千八百米，气候、伙食都不习惯，加上强体力劳动，我变得又黑又瘦。回来探亲住了两个多月（每两年有五十六天探亲假，大家都多多少少超假），家里把积攒下的各种副食品票都拿出来买给我吃，临走时我变得又白又胖。只有四十多岁的父亲却显得很苍老，一是生活拮据，虽然父母都工作，但是要赡养奶奶和抚养我们五个兄妹，日子过得很紧巴；二是父亲出身不好，还有很复杂的海外关系，那会儿政治运动不断，父亲始终处于极端恐惧之中；三是他患有严重的高血压，营养跟不上，人很消瘦。

从青海格尔木往家里写信最快一周才能到，家里回信又是一周。父亲回信总是很及时，几乎没有让我失望过，让周围不

图5 我和父亲唯一的合影

少战友羡慕。父亲每次都是写三四张信纸，详细介绍家里的大事小情，甚至哪个亲戚来过，副食品供应又增加什么了，都说得详详细细，他是为了让我感觉仍然还和在家一样。

第一次回来探亲已经临近春节。我从西宁买好火车票给家里打电报通知了车次。没想到火车晚点四个多小时，抵达青岛时已是夜里十二点多了。站台上冷冷清清的几乎没有人接站。我们同行的几个战友家离火车站比较远，这时公交车已经停了，他们正在议论是否要在候车室待到天亮。突然我看到了裹着棉大衣的父亲的身影，我提起车窗大声叫喊。我们一行八个人，只有我父亲来接了！路上父亲说按照正点时间骑自行车来过一次，说是晚点了。这是今晚第二趟跑火车站，在候车室等了近两个小时了。

我1969年底回青岛探亲时，父亲身体不好，血压很高。过完年准备返回时正忙着收拾行李，父亲坐在床边看着我装包，突然他把手表撸下来递到我手里让我戴上，说：你回去后我若是犯了病你能回来吗？我觉得这样的话不吉利，便说：别乱说，我回不来。

万万没有想到，父亲的话竟一语成谶。

我回兵团两个多月后的4月17日（这是我们当年从青岛出发纪念日的第三天）傍晚，去团部取信的通讯员带回一封哥哥发来的电报：父病危速归！我一看电报的发出日是4月10日，已经一周了！立即找连长请假，说电报是一周前发出的，我想去格尔木打个电报问问现在怎么样了。

那时正是"文革"闹得厉害的时候，战友中经常收到这样的电报，大都是家里不放心催孩子回去而编造的。甚至有一个电报竟然直接说"父病故速回"，事后得知是假的。连长可能被"狼来了"骗得多了，当即表示不准假。我央求他，我们家不会造假的，我只是去格尔木打个电报。连长说明天你们班要去拉野麻（水渠打卡子用），回来再说。

没有办法，我第二天跟班里人一起去拉野麻。我心里惦记父亲的病情，根本没有心情干活。班里的战友就说你快别干了，坐一边休息吧。拉野麻的地方很远，一直到晚上才回来。我一下拖拉机就去找连长，连长说现在正在搞运动，一律不准请假。我二话没说，扭头就走了。

格尔木4月份还很冷，都穿着棉衣棉裤。第二天一早还没有到开饭的时间，我去伙房要了个馒头吃了，又在口袋里装了两个馒头，换上胶鞋，步行出发了。原以为路上总会搭上便车，没想到竟然这么不顺，一辆车也没有搭上。路上饿了，就啃一个馒头，趴在水渠里喝两口昆仑山流下来的雪水。特别是最后那段路，天黑了，看不清路，只见前面亮晶晶的一片，那是渠

159

道跑水了，面积太大，没法绕行，只好涉水而行。心里着急，天黑又害怕，硬着头皮深一脚浅一脚地朝着远处格尔木微弱的灯光走去。

八十里路整整走了十三个小时。我摸黑找到位于格尔木小岛的工程团二连我姑家表哥的宿舍，他陪我又走了三四里路，去了格尔木邮电局。邮电局下班后没有值班的，我们转到后面的家属院好一顿乱敲门，终于有一个声音传出来：什么事？我说有急事要打电报。对方说：下班了，再说都停电了，明天再说吧。我这时才想起来，格尔木晚上十点以后就没有电了，怎么可能发电报？

第二天，邮局还没有上班我就到了。开门后我把拟好的电报稿递过去，一百多字，大意是父亲病情怎么样了，回去绝对请不下假来，如果需要我回去那就不请假跑回去，后果无非是受个处分。明天动身的话，最快六七天到家。最后让家人把电报回到格尔木邮电局，我在这里等。

几个小时后电报回来了：父已于17日病故，后事处理完毕，不必回来了。看到电报我一下子怔住了，两三天来一直担心害怕的事情终于发生了！我禁不住泪如雨下，父亲这就走了？父亲病故的那天正是我收到电报的日子。其实那天哥哥又给我发了电报，只是我还没有收到。

我不知道是怎么走回工二连表哥宿舍的。午饭、晚饭都吃不下，整夜里一直睁着眼，父亲生前的一幕幕在眼前过电影，是那样亲切。我一直不相信父亲已经离我们而去了。

第二天中午我才回到连队。先去结了婚的好朋友王培法大哥家，他爱人姜远洁给我下了一碗面条，又找出块黑布做了一个袖章给我戴上，然后我去找连长。连长一看，可能心生愧疚，连忙说快回去好好休息吧。没有想到的是，晚饭后全连点名，指导员宣布因为我不请假外出，给予队前警告处分。散会后我找到指导员质问他：什么叫队前警告处分。指导员说就是队前批评，不进档案的。我什么话没说就走了。

　　就在写到这里的时候，我内心还在颤抖，禁不住悲伤和气愤！

　　父亲去世后，家里的收入减少了一半多，生活一下子陷入困境。我当时每月有十块零五毛的津贴费，从第二个月开始我每月往家寄十块钱，去除一毛钱的邮费，还剩四毛，只够买五张邮票。我几个要好的战友，这个送我一块肥皂，那个送我一

图6　我（左二）在兵团十五年最有意义的一幅合影。摄于1969年秋。

管牙膏，还有的送我一叠信纸。这种情况一直持续了一年。直至妹妹就业，我才不再一月一寄了。

父亲去世的时候只有四十五岁。后来得知父亲死于医疗事故。那时正是"文革"时期，父亲出身又不好，家里没有过分追究，最后不了了之。

图6是我在兵团十五年最具纪念意义的一张照片，是1969年的秋天拍的。

当年兵团的干部有几个来源：一是从各单位选派来的；二是原格尔木劳改农场（兵团的前身）留下的管教干部；三是复员军人提拔的。他们有一个共同点就是文化水平很低。比如一位团领导就在大会上批评一个老大学生，"天天在家看《资本论》，研究如何搞资本主义"。我们连的指导员在主持召开秋收誓师大会时，念成了警师大会。类似笑话不一而足。

那时连队较乱。连干部不怕偷鸡摸狗旷工打架的，就怕有文化有影响的所谓"幕后人物"。于是就想借机整整这样的人，照片上的几个人就首当其冲了。我们几个都是青岛市南区江苏路管区的，家里住得很近，还都是小学或中学的同学，出身都不好，有的出身是资本家，有的亲人在台湾，还都平时愿意看看书，发表点议论。连干部都是陕西、甘肃、河南农村的，当兵后又都在青海西藏的大山里没见过什么世面，他们听说"资本家""去台湾"，就觉得大逆不道。于是我们这一帮就被批为"一小撮"，我（左二）和右三还被打成现行反革命，那天是1969年1月9日。

我的罪名是为刘少奇鸣冤叫屈。我一再解释说，那是八届十二中全会作出开除刘少奇党籍的决定之前，当时我说党的政策一贯是批判从严处理从宽，说不定最后能给刘少奇保留个中央委员，但是没人听你的解释。我被关押之后，和一个打架生事的关在一起。有一天他为了立功，揭发我夜里起来面对领袖像撒尿。当时是冬季，夜里气温零下一二十摄氏度，厕所离得非常远，全连都是尿在旧脸盆里。我夜里起来，没有电，黑灯瞎火的，至于是不是面朝墙上张贴的领袖像，哪里说得清。再说就算是面朝领袖像又算是什么罪名？但是连里却觉得又抓住一条"现行反革命"罪状。此时我知道，这是欲加之罪在劫难逃了。

右三那位，平时自学逻辑，喜欢和人辩论。一次又在高谈阔论：世界上一切事物都是一分为二的。有人给他挖了个坑："那么×××思想呢？""当然也是一分为二的。"在普通人眼里，一分为二就是有好有坏。于是这句话成了铁板钉钉的罪行。

我们两人挨了多少次批斗，已经记不清了。开始我还好好记着，到二十次以后就懒得再记了。我那几位朋友也受到牵连，只准老老实实，不准乱说乱动。

到了秋季，又揪出一批，有了新的斗争对象，对我们的管制放松了。

师里照相馆的人到连队巡回照相。我们这"一小撮"就想拍张照留作纪念。大家决定离连队远一些，不要让人觉得是要示威。我们结伴叫上拍照师傅往营房南边地里走时，还是被人发现了，于是有人传开：这"一小撮"贼心不死，又凑到一起了。

照片拍得很悲壮，满脸都是不服气，像要英勇就义。

粉碎"四人帮"后，我先是被选派到青海日报社学习，回来后调到团政工科当宣传干事，直到回城。那一位"难友"恢复高考后考取青海师专，然后考取北京师范大学哲学系逻辑专业研究生，毕业后分配到中国海洋大学任教。

这都是后话了。

我的高考

魏兴荣

又临高考日，加之2020年高考前夕突然集中爆出的一桩桩寒门学子被顶替的黑幕，不禁戚戚然悲思缕缕。联想起自己不太寻常的高考经历，遂提笔追溯那些貌似远去的日子。

我亦寒门女，高考是我走出穷乡僻壤改变人生命运的独木桥——还有人说高考是第二次投胎。我是经历了三次高考才跳出农门的，其中的万般况味千般艰辛及坚韧，值得书写于此。

我的高考梦被蹉跎了若干年，曾几经梦碎。

第一次蹉跎是"文革"

从小学到高中，我的学习成绩一直名列前茅。也因此，上学始终是我最大的快乐。

记得上初中时，教数学的许恩然老师爱给我出一些课外的解方程应用题。不管题有多复杂，我很快都能解出来。他总是啧啧称赞说：嗯，怎么也难不住你啦！教语文的王秋德老师在班上念我的作文，念完后他问大家：写得好不好？同学们说：好！

那种被肯定、被表扬、被关注或被羡慕的感觉，对生命是一种沁人心脾的滋养，对学习也是一种再激励。

但及至升高中时，赶上了前所未有的推荐模式，即取消考试，推荐上高中。

我所在的联中（相邻的几个村联合办的初中部）就在本村。那时是"贫下中农管理学校委员会"（简称"贫管会"）掌控推荐权，而"贫管会"的主任、副主任分别是村支书和副支书。见他们的推荐名单里没有我，有立场且有个性的校

图1　小时候的我

长许树炳老师不干了，他对"贫管会"的主管们说：魏兴荣是我们联中的尖子学生，不让她去，这个学校没有一个人有资格去，那样的话，洄河联中就谁也别去了！面对凛然决绝的校长，"贫管会"退却了，我得以进入了高中——陵县六中。

许校长不止为我一人护航，其他同被推荐上的同学也都是学习较好的。而两位"贫管会"领导的女儿一个也未能去成。如果不是许校长秉持大义，我的读书梦先就破碎于高中门槛前了。

由于高中是推荐上学，高中生们年龄便有些参差不齐。我的年龄算偏小的。但三年的高中阶段我一直是学生干部，担任过三级三班的副班长、年级学生会妇女部长及团总支委员。有

一次张法杰校长说，有的同学当班干部但学习不够好，魏兴荣身兼数职，学习还这么好，难得。

还有一次，教我们数学的王清泽老师在班里挑了四个学习较好的同学，给我们出了一道有一定难度的数学题。我坐在教室南侧的田埂上（记得那是校园里的麦地），不一会儿就率先解出来了。我拿给王老师看，他说，哎（三声的声调），你这个解法真简单！下课之后他又对我说，把你的题拿过来我再看看，让我欣赏欣赏。老师的满面欣喜，溢于言表。

有人说，有些女生在小学、初中学习不错，到高中就不行了。那是因为高中学业难度加大了，能够检验学生智商的，更多的是高中阶段。应该说我经住了高中阶段的检验，上学以来，小学初中高中，一路高歌前行。

值得一提且令人欣慰的一点是，虽然"文革"十年覆盖了我小学到高中的全过程，但幸运又例外的是，小学及初中时，"文革"的狂涛被隔在我的校园围墙之外，我们没人给老师贴大字报，也没批斗过老师，师者尊严依在，学校秩序井然，学习未受干扰。

上高中时，我们又意外并幸运地赶上了"教育回潮"——啥叫"教育回潮"，网上可查。我的高中期，正赶上从举国教育闹"革命"折回到无须"革命"的正常时期。校园里得以安放着我们安静的书桌，学子们得以奋发读书。

也就是说，我的小学、初中及高中整个学习过程，除了课本不可避免地带有时代特色——小学初中都没有文体艺术之类的课程设置，这些学科都被综合到一门"常识"课里，高中才有的英语课，第一课的句子是"Long Live Chairman Mao"（毛主席万岁）——整个学习过程我们是安享教育的本来面目所呈现的端庄美好的。

我当过多年的学生，也当过数年的老师，为师时小学、初中都教过。我深知，学习好的学生从不感到上学的苦与累，一如喜欢读书的人备享读书的乐趣。上学的乐趣，我一直在尽享中。

记得高中时有一个同班陈姓男生和我说过一句貌似"轻狂"的话：如果高考，我们要考不上谁也考不上。我也狂傲地回答：是的！

可高中毕业时，原本可继续延伸的学习乐和上学路中道而止了。在一座跨不过去的断头桥上，我泪流满面（独自在宿舍哭泣），望洋兴叹。那片阻止我抵达大学彼岸的汪洋，是左右我及无数学子命运的"文革"。

大学梦碎，岁月蹉跎。我回乡务农一年，做民办教师数年。当时心想，这辈子，大概就这样困顿乡间了。

不期然中，高考竟突兀地来了

1977 年冬季（网上查询是 10 月 21 日），恢复高考的消息突如其来地公布，关闭十年的考场将重启。

这对我是猝不及防的喜讯。不管三七二十一，迅即报名。

没有课本，没有资料，没有指导纲目，没有复习时间。一个月后，我和那些被困顿着的考生们一起走进了考场。

很快，我收到了大学初选通知书（那一年还有初选）。我们班收到通知的只有三人，二男一女。全六中被初选的同学骑着自行车一起去县城体检，我们有说有笑，一路芬芳，好像大学的门就在眼前。

可之后，我未能等到入学通知书。一向成绩优异踌躇满志的我，未免一阵惆怅。那一年考了多少分，没有被告知。只记得报考的志愿是山东大学。

我当然还要再考！而且，我还做出了一个连带抉择：退亲。

高中毕业之后，经亲戚介绍，我已定亲。男方是现役军人，他父亲是县民政局局长，母亲（继母）是回乡官员（那时有些官员回乡村，我不知是基于何种政策），两人都正直且有水平。我和男孩没大交往，谈不上有任何感情，可男孩的父母对我极好，我对他们也异常钦敬。但考学在即，我坚信自己能考上。于是，我自作主张寄出了两封退亲信，一封给男孩，一封给男孩父母。

我感觉最对不起也最不舍的是男孩的父母，但我想晚痛不如早痛：退掉这门亲事，是早晚的事。

没想到退亲引起了轩然大波，还产生了连锁反应。男孩的父母很伤心很失望或许也有责备——说"或许"是我没有接收到他们的只言片纸。但对这种涉及个人处置权的事，他们当然也不可能直接对我说什么。而反应最激烈的是我的父母。他们及媒人说，你的考学八字还没有一撇呢，人家对你那么好，你哪怕考上学再散呢，那样理由也充分些。我说越是对我好越得现在散，考上学再散多没良心。

另外的连锁反应因涉及当事人隐私在此略去，但其对我继续复习所造成的滋扰，一点也不亚于退亲风波对我的影响。

1978 年的高考很快到来了，因为高考的时间已改到夏季，两次高考时间相距仅半年。那次的考点设在离我家九公里的另外一个乡镇，即陵县五中。上午考政治，自我感觉良好。下午考物理。中午，我还在和另一个女同学一起临阵磨枪背题呢。

图 2 准考证括弧里的"大专"，是大学和大专的统称。据说那一年全国参加高考的人数是 570 万，大专院校录取共 27.3 万，录取率约 4.8%。

那个女同学和我毕业于同一个中学但低我一级，我俩也是 1977 年恢复高考时，我们全六中参考考生中被初选的仅有的两个女生。结果光顾了背题，下午的考试我们竟迟到了半小时！

这是一种无论如何都解释不清楚的鬼使神差。考试时间事先有通知，考场校园的墙上贴着通告，准考证的背面有注明。两个学习都优秀且头一年都被初选上的考生，怎么就不知道下午几点考试呢？而且，我俩都误认为是 2：30（其实是 2：00），也没有再互相确认一下，就那么双双错误地认定。

考场纪律规定，迟到半小时即取消考试资格。当时在该考点督考的领导是县教育局副局长纪爱华。她知道我们俩去年都入初选了，也非常焦急，但没人敢做主放我们进考场。在通信并不便利的情况下，纪副局长还请示了地区教育局，请示完下来一个小时过去了，我们双双被取消考试资格。

那个女同学叫苗俊英。她的泪水当场流下来，后来她说我当时的脸色煞白，没有了血色。我没有流泪，也不知道后来几天是如何度过的。

我们继续考剩余的科目。最终成绩出来了，在一科零分的情况下，我们的分数都离大学录取分数线相差无几。

这样的一种非常态的落败，当然不会让我就此甘心告别高考。于是一边做民师，一边继续复习。后来，母校的教导主任（教过我数学）阎老师叫小弟捎信给我："叫你姐姐回校复读吧，应届生都争分夺秒，怎么还能一边工作一边复习！"

我回母校复读了，插班到八级一班的尖子班，和我的小弟同班。

那一年的复读，是我人生最苦最累最疲惫的一段学习生涯。两年的蹉跎，两个事件的严重滋扰和一次迟到的考试，使我的心理和精神已千疮百孔。那些无尽的复习题和夜以继日的煎熬，让人心疲力竭不胜其苦。为高考而高考的强迫性苦读，使我再也找不到学习的乐趣。熬啊熬！终于熬到了1979年高考。

那时候的高考，因为大学和中专分报分卷，不像后来一张考卷分批录取。待到报名时，父母知道我那两年是如何度过的，他们担心再有闪失后果难以想象，于是坚决不让我再报大学了。作为恩师也是教导主任的阎老师，反复做我的工作，并把我父母叫到学校，说我一定能考上大学。可我父母比我坚定得多，坚决不同意我再报"大专"。

前两年报考的大学都是理科，也是阎老师建议的。他说你文理都好，而且"文革"结束，百废待举，最需要的是科技人才。可我并不喜欢"科技"，我真正喜欢的是文科或者说文学（尽管那时读书不多）。再说经历了那么多"磨难"，我自己可能

图3　家庭合影。摄于 1981 年 8 月。

也信心陡减。借着父母的坚决态度，我最后选择了报中专（在报考志愿时偷偷选择了省警校）。为动员我报大学，学校一直在做我及我父母的工作，还推迟了上报名单一周。想来真是愧对母校！

苗同学是和我一起复读的，她说我都报中专她也要报中专。阎老师和她说，你和魏兴荣不同，你是干部子女（她父亲当时是县化肥厂厂长），出路比她多，年龄也小一点。你就别和她比了。幸亏她未被我带到沟里去。1979年，苗同学考上了武汉大学生物系，后又去日本读博，现为山东大学生命科学学院教授。

几度"蹉跎"后，终于考出来了

1979年夏天，我的第三次高考，终于"成功"了。我如愿考上了山东警校——刚上学时叫"山东省公安学校"，1981年毕业时，改为"山东省人民警察学校"，现在已升格为山东警察学院。几经蹉跎，寻寻觅觅，警校成了我通过高考走出乡村后的第一所学校。山东警校是1978年开始招生的，我们1979级是第二级。这两届的学生也成了山东全省公安系统最初的一批"科班"出身的警员。我们两级的学生也常常戏称我们是山东警界的黄埔一期二期。警校，这是我和她不解的缘分吗？

考上警校后，高考之路暂告一段落。后来我又在工作中花了很多时间弥补学历学识的不足，继续不断地求学，此为另一种辛苦。

另外的欣慰是，我插班复读时和小弟同班，小弟的学习成绩在班内一直稳居第一名。因为一班是尖子班，他也等于是稳居年级第一名，甚得老师和同学们的喜爱与高看。高考时他突发急性肠炎，是拔掉吊瓶赶去参加高考的。为防意外，医生还在场外"保驾"。最后成绩公布，小弟以全县第一名的佳绩考上了天津大学，那一年他十六岁。因为都是贫苦子弟，对"志愿"无甚研究，他是否报低了志愿也未可知。

我虽几经蹉跎，但考学的心力终究未衰灭，终于还是考出来了。而且，作为农家子弟，一个"重点"中专，一个名牌大学，一省会，一津门，一家同年考出两个孩子，父母也甚感欣慰和

图4 毕业合影。摄于1981年5月。

荣光。

回顾过往，我亲历的高考"蹉跎"岁月当然曾令我伤痕累累，但它也改变了我的人生轨迹。但是，时过境迁，时光疗愈，它大致未在我心中留下什么梗儿。而我曾经的"聪慧"在后来的日子里也渐渐复原，我依然是一颗保持着原生质地的独特生命，人生的路径伸展得也还算差强人意。

应该说，高考，是为出自寒门的子弟们矗立了一架英雄不问出处的云梯。希望这架云梯公允地矗立于耕耘者的脚下，如出海的航船，载着学子们驶向远方，而不被暗流颠覆。

写至此，唯祈愿：人生不易，愿我们的生命不再被各种不测所蹉跎；愿社会中的各种反常与丑恶渐行渐少，留下清明在人间。

特殊年代的大学生活

姚显伟

我于1958年考入成都工学院土木工程系，1961年院系调整转入重庆交通学院道路桥梁系，学制五年，于1963年毕业。

理工科大学是培养工程师的摇篮，我跨进大学校园的瞬间，自豪感油然而生。在大学校门的合影留下了当年的青春芳华。但我的大学时代，高等教育贯彻"教育为无产阶级政治服务""教育与生产劳动相结合"的方针，经历了从1958年的"大跃进""大炼钢铁"到不断的政治运动。生活上，又处于国家经济困难、"三年困难时期"的特殊年代……六十年后的今天，回忆当年的大学生活，酸甜苦辣的往事仍历历在目。可以说，历届的大学生们，对我的大学生活都无法想象，难以置信。

在1958年超英赶美、全民"大跃进"的浪潮中，我国大学招生人数从1957年的十万猛增到十八万（我所在的泸州高中应届毕业生几乎全部录取），远远超过当时大学的承受能力。首先面临的是学生的吃饭问题，食堂无法满足学生同时进餐，只好分为两批错时就餐。学生宿舍十分拥挤，一间十平方米左右的寝室安放四张双人床住八个学生。由于教室和教师不足，只能在上百名学生的阶梯教室上大课，教师对学生的辅导答疑

图 1　入学时，我（右三）在校门口与同学合影。

更无暇顾及。

　　1958 年的全民大炼钢铁运动，大学也不例外。我们经常在课余或夜间去几十公里外，用人力板车为学校的小高炉拉煤运砖。农忙时节，停课去郊区农村参加"双抢"（抢收、抢种）劳动。上述频繁的生产劳动，虽然对大学生也是一种锻炼，但挤占了自习和去图书馆的时间，也谈不上什么教育与生产劳动相结合。

　　政治课的主要内容是讲马恩列斯论共产主义，讲人民公社"一大二公"的优越性，目的是为即将进入共产主义作思想准备。1958 年刚进大学时，在食堂用餐基本是"自助餐"，学生自己取饭菜（肉食除外），自己付饭菜票，全凭自觉，多少有点共产主义"各尽所能，各取所需"的感觉。1959 年 5 月，学校组织学生去郊区石羊公社劳动，大队伍刚刚走到，公社就大

图2 实习场景。右二是我。

摆筵席招待我们，一派丰收兴旺景象，让我们对"共产主义是天堂，人民公社架桥梁"这句口号有了切身体会。可惜好景不长，1959年下半年，粮食、副食品开始实行定量供应，再不能敞开肚子吃饭了。每桌八个学生一盆米饭，后又改为凭卡领取的罐罐饭。正值长身体的大学生，虽然每月配有三十一斤口粮，但因缺少油水，而处于半饥饿状态。同学中有涂改饭卡，冒领饭菜的；有同学因吃野菜中毒，皮肤发黑的。学校为改善学生生活，自己养猪，规定学生有打猪草的任务，一些同学只好去农民地里偷摘菜叶子上交。

同学中仅有一人戴手表（其父亲是大学教授），多数的家境都较困难，连每月九元的伙食费都无力支付。学校设有助学金，分为甲、乙、丙三等（每月九元、七元、五元）。由本人申请、公示、群众评议、学校批准。我没有条件享受助学金，父亲是小学教师，母亲是医生，供我和妹妹上大学，每月仅寄十五元给我，包括伙食费、书本费、理发以及假期回家的路费。

为应对当时国际上"帝、修、反"（即美帝国主义、苏联修正主义和国民党反动派）的威胁，毛主席号召"全民皆兵"，大学生即是民兵。体育课就是操练步伐，练习打靶，推行从苏联学来的"劳卫制"，全称叫"准备劳动与卫国体育制度"。规定各个等级身体训练的评价标准，包括短跑、中长跑、跳高、跳远、举重等项目。为了达标，同学们锻炼热情很高，很刻苦，这对提高学生身体素质大有好处。我耐力不错，曾参加马拉松赛跑，四十多公里的里程，我连跑带走四个半小时。女同学在路边为我们送水，送干粮。但我跑一百米，老是不能达标。有同学教我，起跑时偷跑，终于跑到 14 秒 2（三级运动员标准）。

毕业实习是大学阶段重要一环，也是我们理工科学生早就盼望的。但当时国家交通建设基本停滞，临到我们实习时，偌大一个江河纵横的四川省竟然找不到一处桥梁施工工地。最后才在宜宾地区富顺县安溪镇的一座小型石拱桥工地，实现了这

图3 院系调整离校时的纪念照片。

个"实习梦"。

1962 年后，国家通过国民经济"调整、巩固、充实、提高"的八字方针，人民生活逐步好转。但一场声势浩大的"反击右倾翻案风运动"又在全国展开。重点是批判否定"三面红旗"（即总路线、"大跃进"和人民公社）的右倾思潮。运动也波及大学校园，凡是在政治学习向党交心中，对"三面红旗"认识模糊，怀疑动摇的学生，均受到严厉批判。我的好友中，就有一位受到开除团籍的处分，另一位甚至定为"反动学生"，毕业不予分配，送去劳动教养。

我担任班团支部宣教委员，政治学习时，带头发言，说了一些"错话"，毕业鉴定时多次检讨，方才过关。团支部书记在赠我的相片后留言："显伟同学，不要悲观失望。"毕业鉴定不仅是个人档案中的污点，更是留给我心灵上抹不掉的阴影。

学校不允许大学生读恋爱。听说，化工系有个女生因怀孕

图 4 毕业合影。二排左六是我。

被开除学籍。但处于青春期的大学生中不乏"暗恋"者，毕业分配时纷纷浮出水面，要求照顾关系，班上有一对成都籍的同学，被分配去了边远的内蒙古，以示惩罚。我曾向一位外号"白牡丹"的漂亮女生求爱，信中引用了不知哪本外国小说里的一句话："爱情的幸福，好似一座独木桥，如果我妨碍了别人，就让路吧！"虽故作绅士状，但依然遭到拒绝，当时我脸红得无地自容。

图5　我的毕业证书

　　毕业留影时，百感交集。对辛勤培育自己的母校和老师，对朝夕相处五年的学友，既依依不舍又怀揣梦想，期盼着各自的未来。

　　幸运的是，1963年秋季毕业时，国家经济形势明显好转。交通建设急需大量专业人才，同学们大多去了专业对口比较理想的中央或省级交通部门，成为交通建设的技术骨干或技术型官员。

　　在人们的心目中，大学是莘莘学子学习基础理论和专业知识，充满浓郁学风的神圣殿堂。但大学不是真空地带，而是社会的一个部分，必然要打上时代的烙印。我在那个特殊年代的大学校园学习，在比较艰苦曲折的环境中成长，有得有失。无论如何那五年的大学生活，奠定了我人生奋斗的基石，造就了吃苦耐劳、知难而进的品格，留给我人生中一笔宝贵的精神财富。

未毕业的毕业照

常贵宁

　　这张照片拍摄于 1962 年，正值 20 世纪的"三年困难时期"。照片上写着"华东石油局机校试采一班师生合影 62.4.21"（注："机"应为"技"），这是石油工业部华东石油勘探局德州技工学校试采一班结束学业时的合影，却非毕业照。

　　照片的主人是蒋月明（第二排中间穿花衣服的女士），她是班主任。1960 年 8 月，她跟同届毕业的江延梦、曲富勤、段凤麟、王琦升、陈维信、周官清等同学一起分配到石油工业部华北石油勘探处禹城技工学校，她教化学。她 1936 年生于浙江省湖州市练市镇，离乌镇有七八公里远，1956 年考入西安石油学校（西安石油大学的前身）采油专业。

　　1960 年，遵照石油工业部的要求，华北石油勘探处创办了一所技工学校。根据档案记载，建校是 3 月份，5 月 1 日开学。建校地点经山东省委批准，在山东省高唐县禹城镇，拨给房子 150 间，总投资预算为 13 万元，学校教职工编制为 30 人。计划在 1960 年招生 200 人，招生条件必须是高小毕业以上文化、政治进步、历史清楚、身体健康的 15—20 周岁的男女青年。学制 3 年，一般学生的助学金待遇按国家标准每人每月 12.2 元，

德州技校解散前试采二班合影（蒋月明提供）。

其中用于伙食 10 元。

　　1960 年 9 月，技工学校迎来第一批学生。这些学生大部分由德州地区各县推荐而来，其中还有高唐县副县长的儿子，另有部分来自华北石油勘探处职工的子弟，如试油队技术员刘家祥的弟弟刘家成、本校教师张建安的妹妹、本校保管员王惠如的大儿子王同升等人。刘家成说他是完小毕业，二哥给介绍来的，坐火车来到禹城体检，结果因为一路没喝水而致流鼻血没有验上。回家后二哥又让他到本地县医院体检，拿上体检表来上的学。学生有高小毕业的，也有初中毕业的，年龄也参差不齐，刘家成比较小，当时十七岁，还有不少结婚有小孩的。

据当时的电工老师高忠贤回忆，在那儿印象最深的就是吃不饱，曾经派张建安到聊城，花了三十四块钱，买了半袋子地瓜回来。生活太苦了，转过年，学生有一些没回来，教务长尉松耀对他说："给你辆自行车，找学生去。"他找了幅高唐地图，先到高唐县城招待所住下，吃了一顿饱饭、地瓜面窝头、萝卜条汤，然后到学生家里劝说回去上课。跑了四十多天，找回二十个人，为此还受到了尉科长的表扬。有个钻井班的，家里有爷爷、爹，儿子十五六岁，非留下在家吃饭，给他烀了地瓜、熬了小米稀饭，咸菜里还放了几滴香油。他说："这辈子都记得这顿饭。"

1961 年，华北石油勘探处跟华东石油勘探局合并，技校搬到德州，在火车站南边不远，在楼上能清清楚楚看见火车站。

笔者还拜访了曲富勤，一副精干瘦削的身材，一派知识分子神采。他说：1960 年 9 月底学校开学，钻井两个班，我跟孙洞平两个人管。教材都是自己编的，编教材为我后来从事钻井配件供应打下了很好的基础。在禹城整天吃地瓜，吃得一天解好几次大便。

段凤麟是学校的内燃机老师，个头高大，方脸大嘴，他回忆道："我是陕西蓝田人，就是陈忠实写的白鹿原，生于 1937 年秋。在禹城，我亲眼见过禹城街上有个卖馒头的，一块钱一个，外面罩着，有个老头儿上去抢了一个馒头就往嘴里塞。我们要特别感谢蒋月明，她是南方人，回家扛来半袋子大米，熬粥给我们一块儿吃。1961 年上半年，搬到了德州，是中国地质调查大队的一栋楼，三层，还没盖完，主体已经起来了，还没装门窗，一楼还没回填。我们都住在楼里，学生住大间，老师住小间，我跟陈维信住一块儿。有一天晚上，我们的床爬上来一条蛇。技工学校招了三个班：内燃机、钻井、采油，每班五十人左右，一共一百五十人左右。我教内燃机。把学生送走后，教师跟后勤发生了势不两立的斗争，后勤克扣学生伙食，还发现他们炸油条自己吃，老师、学生都吃不饱，吃地瓜蔓子，上锅蒸了，晒干了，再砸碎了，掺到地瓜面窝窝头里；吃胡绿豆，硬得嚼不动，泡到缸里，怕坏了天天换水，泡得软一点，再上锅蒸了吃。不但吃不饱，还拉不下屎，特别是女学生。真可怜，我都浮肿了，两条腿肿得明晃晃的。所以，学校解散以后，我们能饶了他们吗？老师联名给石油部写信，闹了有一个月，不解决问题不罢休，最后把管理员开除了。"

最近，作者电话联系上蒋老师，她因夫妻两地分居调往西安，她激动地说："1972年，因为没有干部名额，我按工人身份从胜利油田调到西安西北电建四公司，做白铁工。1978年恢复高考，很多工地上的孩子要考学，没人管理，公司领导考虑到我当过老师，让我管理他们，也辅导他们。后来公司办了工民建（工业与民用建筑）中专班，我又当中专班的班主任，直到退休，干了十五年教育工作。四个姑娘都是大学生。老大现在是陕西师范大学博士生导师，西北大学硕士毕业，西北工业大学博士毕业；老三是硕士。第三代也是四个大学生。总而言之，我们家庭已经过上小康日子了，我要感谢当初华北石油勘探处让我做教师，我很爱山东，我把山东当成我的第二故乡，因为我的青春就献给了山东石油事业。"

段凤麟说："这帮学生很好，能学能干，但是1962年，技校被整建制撤销，五六月份，分批把学生遣散回家，都哭鼻子，眼睛都哭肿了，老师挨个儿做工作、安慰、送回家。这些学生既可惜又可怜，可惜的是两年学白上了，可怜的是在校期间还一直吃不饱。"

当时的学生刘家成回到老家种地、挖河，于 1983 年投奔东营已成为胜利油田处级干部的二哥，靠做豆腐、泡豆芽、炸油条，终于养大了三个儿子，都成为大学生。现在一个在济南当大学教师，两个在胜利油田工作。一辈子历尽艰辛，终于有了一个幸福的晚年。他记得他们班长是禹城的林英农，还有焦玉平、顾文友，跟他最要好的同学是禹城马庙的马吉美，有一个同学光记得外号叫"迷糊"。

如今五十多年过去了，这些同学都失去了联系。你们过得还好吗？

· 书讯 ·

定价：68.00 元

开门见山——故乡雁荡杂忆

傅国涌　著

山东画报出版社　2020 年 10 月出版

本书主要讲述了傅国涌对故乡雁荡山人和事的思考，对治学的思索，对历史的探索，对现世的追寻，是不可多得的优秀随笔集。共分三辑"儿时杂忆""师友杂忆"和"读书杂忆"，共十四篇、二十万字、九十一幅图。作者以私人记忆的视角，糅合雁荡山的地理风貌和人文掌故，向读者展现了一个独特的雁荡山。

一条横幅与一段历史

刘　鹏

　　这是一张民国时期北京街景照片。照片马路右侧屋檐下悬挂着匾额"西单天福号酱肘老铺"，由此断定，照片拍摄位置是西单北大街南口。西单北大街位于西城区中南部。明代，在路口始设一牌楼，额题"瞻云坊"，故俗称西单牌楼大街，清代又称瞻云坊北大街或西单牌楼北大街。这条商业街上有亨得利表店、玉华台饭庄等商号多达一百多家。照片上，马路两旁店铺林立，有过往的行人和推独轮车的，有拉人力车的，有骑自行车的。此时正经过一辆有轨电车也叫"铛铛车"，车头上方有天桥字样，这辆车从西直门始发，天桥为终点站。可见，当时这条大街的繁华。

　　照片是由南向北拍摄的，在西单牌楼东拐角处电线杆上悬挂的一条横幅引起我的注意，横幅上醒目地写着"要努力废除不平等条约，取消领事裁判权"。我查阅相关资料后，确定这张照片应该拍摄于1926年。

　　根据史料记载，1926年1月12日，法权会议在北京中南海居仁堂"海晏堂"开幕。出席会议的有中、英、美、日、法、意等十三个国家的代表。段祺瑞政府派王宠惠为全权代表并担任大会名誉会长，美国代表戴维为大会主席。北京政府希望通过这次会议达到废除领事裁判权的目的。2月1日，各国代表在北京参观调查。3月至4月休会。5月10日，各国代表离京赴外地参观调查，各地群众纷纷请愿、抗议，主张无条件立即取消领事裁判权。9月16日，在居仁堂召开最后一次会议，通过司法报告。报告书指出，撤销领事裁判权，必须改良中国法律、监狱、法庭，以法院完全独立行使职权为先决条件。虽然原则上赞成取消领事裁判权，但又以目前中国司法"不独立"为由，否定了中国代表提出的收回领事裁判权的合理要求。

法权会议期间，"废除不平等条约""废除领事裁判权"成为社会各界关注的焦点。一条悬挂的横幅确定了这张照片的

北京西单北大街。摄于1926年。

拍摄时间，应该在 1926 年 1 月 12 日，法权会议召开前后。西
单牌楼已于民国十二年（1923）拆毁，所以照片上已经看不到
牌楼。

　　1929 年，中国政府曾宣布从 1930 年起废除所有国家在中
国的领事裁判权，但因帝国主义国家的抵制，未能实现。1943
年 1 月 11 日，重庆国民政府和美国、英国分别签署了《中美关
于取消美国在华治外法权及处理有关问题之条约与换文》《中
英关于取消英国在华治外法权及其有关特权条约》等。之后，
直到 1947 年，中国才陆续恢复了对在中国境内的美、英、挪威、
巴西等十二个国家国民的司法管辖权。

末言
书感

有感于"一如其旧"

冯克力

　　七年前，陈丹青先生在《褴褛的记忆》一文里对《老照片》
有过许多精辟的论述。他的这篇文章曾在第八十九辑《老照片》
里刊载过，大家应该还有印象，这里就不赘述了。

　　也是在那篇文章里，陈先生还直言："请《老照片》一如
其旧！"希望它继续保持自己"如贫家的摆设"和"洁净而有
自尊"的样子。

丹青先生的这份期许，不仅是他个人的，也反映了许多读者的心声。编辑部同仁对此亦倾心认同并久存此念，这些年来，无论世态如何变幻、时风怎样流转，都一直在勉力践行着。

凡事虽说创新难，而守成也非易。尤其当应时趋新成为社会主流，厕身其间，想摆脱随之而来的重重压力乃至诱惑而守成，更是难上加难，即使像《老照片》这样原本就怀旧述往的读物，欲"一如其旧"，也并非那么容易。

《老照片》面世二十多年来，除在内容方面恪守既有的出版理念，力求以平民视角求真求实、还原历史以外，对于开本、装帧、版式、印制等外在面目的改变，也向持保守、谨慎的态度，以免造成读者的不适感——哪怕只是些微的。

细心的读者或许已经留意到，从明年起，《老照片》的定价将从20元上调到25元。这些年里，国内的物价包括纸张及印刷工价一直呈上涨趋势，《老照片》的此次调价，诚属不得已而为之，还望读者诸君能予体谅。

可见，抛开其他的种种因素不说，仅仅是作为商品的《老照片》，想"一如其旧"，也很难是无条件的啊！

两位少女的合影

正在扬州中学就读的盛静霞（右）和同学张兰香合影留念。摄于 20 世纪 30 年代。（参阅本辑《光影里的妈妈》）

国内订阅：全国各地邮局

邮发代号：24-177

地　址：山东省济南市英雄山路 189 号 B 座（250002）
E-mail：laozhaopian1996@163.com
网　址：www.lzp1996.com

责任编辑／赵祥斌

装帧设计／王　芳

扫码听书　　《老照片》微商城

微信公众号　　《老照片》网站

ISBN 978-7-5474-3589-2

定价：20.00 元

老照片

OLD PHOTOS

定格历史　收藏记忆

主编　冯克力

从出访到寓居：周馥的三次青岛之行　王　栋

上甘岭上的『公鸡』　英　子

难忘母校青岛九中　张白波

我家曾住万竹园　王利莎　口述　刘忠帮　整理

1936年：东征期间的两张红军合影　毕醒世

山东画报出版社

晚清女子的合影

　　三位衣着华丽的福州女子。徐希景收藏。池志海上色。（参阅本辑《老照片背后的教会学校》）

OLD PHOTOS

老照片

主编 冯克力

山东画报出版社

图书在版编目（CIP）数据

老照片.第134辑／冯克力主编.—济南：山东画报出版社，2020.12
ISBN 978-7-5474-3588-5

Ⅰ.①老… Ⅱ.①冯… Ⅲ.①世界史—史料 ②中国历史—现代史—史料 Ⅳ.①K106 ②K260.6

中国版本图书馆CIP数据核字（2020）第190498号

老照片.第134辑
冯克力主编

责任编辑 赵祥斌
特邀编辑 张 杰 丁 东 邵 建
装帧设计 王 芳
特邀审校 王者玉 赵健杰

出 版 人 李文波
主管单位 山东出版传媒股份有限公司
出版发行 山东画报出版社
　　　　　社　　址　济南市市中区英雄山路189号B座　邮编 250002
　　　　　电　　话　总编室（0531）82098472
　　　　　　　　　　市场部（0531）82098479　82098476（传真）
　　　　　网　　址　http://www.hbcbs.com.cn
　　　　　电子信箱　hbcb@sdpress.com.cn
印　　刷 山东临沂新华印刷物流集团有限责任公司
规　　格 140毫米×203毫米　1/32
　　　　　6印张　136幅照片　120千字
版　　次 2020年12月第1版
印　　次 2020年12月第1次印刷
书　　号 ISBN 978-7-5474-3588-5
定　　价 20.00元

目录

从出访到寓居：周馥的三次青岛之行

王　栋

近日，研究者在淄博云志艺术馆馆藏老照片中，发现了一组1904年10月山东巡抚周馥奉命前往南京署理两江总督时，顺访德租青岛，并观礼驻防德军阅兵的照片。这些从未公开的珍贵照片，不仅让今天的人们能直观地看见历史，而且引出了周馥从出访到寓居、三次来到青岛的往事。

出访：主政山东后的"破冰"之旅

1904年10月，大清帝国的官场上发生了一次不大不小的人事变动。署理两江总督的江西巡抚李兴锐（1827—1904）卒于任上后，由直隶总督兼北洋大臣袁世凯（1859—1916）保举，山东巡抚周馥（1837—1921）奉命署理两江总督。两年前，这个淮军文书出身、能写一手好字的安徽布衣刚从四川布政使升任山东巡抚。虽然周馥督鲁时间不长，但其在任期间治水患、减赋税、办实业、兴教育……对这个儒家文化发源地的近代化推进有目共睹，对此后十余年齐鲁大地的政治、经济、文化等方面产生了深远的影响。而这不仅与他在19世纪70年代以来

1

追随李鸿章帮办洋务积累的丰富经验有关，更与他 1902 年 12 月擢山东巡抚不到半年的青岛之行有关。

显然，这次被后世赞为"破冰暖冬"的青岛之访在周馥上任之初就已开始筹划。对谙熟洋务的周氏来说，1897 年 11 月因德国占领胶州湾如鲠在喉，怎样妥善应对就成了他履新之后亟需解决的问题之一。这次史无前例的出访在时任德国胶澳总督都沛禄（Oskar von Truppel，1854—1931）看来，也是一个"几乎无法令人相信的愿望"。因为德国海军对胶州湾的突袭和占领，再加之义和团运动和高密筑路之争，"几乎使分别坐镇济

图1 1904 年 10 月，周馥在青岛跑马场观礼德军阅兵仪式前，在德方翻译魏理慈（H. Wirtz）协助下，与德方人员交谈。中间白须者为周馥，其身边戴礼帽者为翻译魏理慈。

图3 1904年10月，德国海军第三营军乐队的礼仪正在进行行进表演。周馥回到济南后，仿效德军组建了一支军乐队。

南的山东巡抚和青岛的德国总督之间不可能有任何交往"。对于周馥这次从济南主动抛向青岛的橄榄枝，让胶澳总督府有些措手不及。尽管有些居心叵测的观点认为，周馥此行是"想对这块德国保护地来个精神上的占有"，但德方却没有理由"拒绝这次友好的访问"，于是"在采取了一些秘密的防备措施之后，访问的要求到底还是接受了"。

当时人们曾推测周馥的姿态是基于这样一种动机，即"如果双方能怀着相互信任和良好愿望，而不是互不信任和彼此孤立，那么双方都能取得更大成效"。其实，周馥前往青岛的目的大概要复杂得多，除了"亲眼看一看当地的境况"，对这个距离济南府三百多千米的德国租借地有个基本的了解外，后来周馥联名袁世凯上奏朝廷，史无前例地在济南、潍县和周村同时开辟商埠，也应视之为此次出访的目的和成果。

至于周馥在这个寒冷冬天的行程，尽管中德双方均有较为详细的文字记载公开，但迄今未发现任何当时的留影却令人费解。根据史料显示，此次出访的时间和路线是从光绪二十八年的十月廿九（1902年11月28日）开始，由小清河乘船到羊角沟出海至烟台，十一月初七（12月6日）至威海，初八（12月7日）抵胶州。周馥一行来到青岛后，德方遂"派员迎接，礼貌周备，供张颇盛"，并将此时正在德国休假的管理中华事宜的辅政司单维廉（Wilhelm Schrameier，1859—1926）的官邸腾出以供周馥下榻。访问期间，周馥曾与都沛禄举行了数次正式

图4 1904年10月，踢着正步接受检阅的德国第三海军营步兵方阵。图左侧可见周馥正举手遮阳观看阅兵。

图 6 1904 年 10 月，德国海军第三营的重机枪方队在两名骑马军官的引领下接受检阅。图右侧可见一名摄影师的背影。

或非正式的会谈，除了谈及一些关于济南与青岛关系的具体问题，周馥还在为其接风的正式晚宴上强调"即使青岛已被租借给德国，但仍属于山东"，同时"鉴于（双方）机构联系的缺乏，周希望通过外交访问的方式，加以弥补"。在接见青岛的华商时，周馥谈到促进青岛与山东贸易关系的措施，也提到了在青岛设立中国领事机构的积极意义，他还提议派遣一位中国官员调解商人之间的争端或协助处理诉讼。但对此，都沛禄在稍晚的会晤中表示了异议。

应汉学家卫礼贤（Richard Wilhelm，1873—1930）之邀，周馥在青岛期间还参观了刚刚开学两年的礼贤书院。由于时间有限，虽然没法观看学生们提前准备的演出，但周馥提议

图7 1904年10月，全副武装的德军士兵和威力巨大的马克沁水冷式重机枪。日俄战争期间，俄军从德国进口了这种型号的机枪，给予进攻旅顺要塞的日军以巨大伤亡。

组织一次有奖的作文比赛。对此学生们非常高兴，他们从上午9点一直等到下午5点，最终周馥到来后，向优胜者颁发了一百五十元的奖金。而卫礼贤之前提出的，礼贤书院的学生在经相应考试后可进入山东大学堂继续深造的建议也得到了正式认可。此外，周馥还在山东铁路公司的安排下，乘坐火车前往潍县，参加了潍县至昌乐区间铁路的开通仪式。

结束此次为期三天的青岛之行后，周馥辗转省内多地，于12月20日才回到济南。在随后上奏朝廷的密折中，周馥提到了自己在青岛的见闻：

德人经营不已，土木之工日数千人，洋楼大小几近百座；修街平道，种树引泉，以及电灯、自来水、机器厂等，德国岁拨银三四百万两。此外，建筑码头、修造船坞和炮台，闻估一千数百万两，大约三五年后始能粗备。

周馥还认为，德国营建青岛的目的在于：

窥其意旨，以振兴商务、开采矿产为本，而以笼络中国官商为用。深谋远虑，愿力极宏。在我视为租界，在彼以视若属地。

显然，周馥已清楚地知晓德国人已将青岛视为己有。而条

图8 1904年10月，接受检阅的德国海军第三营野战炮兵方阵。当时驻青岛德军配备的是77毫米口径的轮式轻型速射野战炮。

图9 1904年10月，参与检阅的德国海军第三营野战炮兵和牵引火炮的骡马车。

约签订后，生活在租借地的国人受制于德国管理，也很难提出异议。对此周馥提出"内修戎政，外固邦交"的策略："惟有讲求工商诸务通功易事，与之相维相制，而因以观摩受益。"

周馥这次主动出访"为山东巡抚出巡胶澳之始"，开启了双方持续十年的对话与交流，周馥的继任者之中，杨士骧（1860—1909）、吴廷斌（1839—1914）、袁树勋（1847—1915）、孙宝琦（1867—1931）皆曾到访青岛。

作为友好与积极的响应，胶澳总督都沛禄在次年3月前往济南进行了回访。而之前德国方面对周的猜忌与戒备，也被"他那真诚坦率和健康的幽默感立刻扫去"。对于双方始自周馥的互动，《胶澳发展备忘录》的编撰者也认为，"与中国当局保持这种十分友好的交往，为中国人对保护区德国人的信任提供了保证，同时也对山东省产生了良好的作用。"

告别：途经青岛的履新之行

两年后的 1904 年 10 月，周馥再一次来到了青岛。不过这次并不是正式的出访，而是告别之行。对于周馥的此次到来，中德双方均无更为翔实的文字记载公开，但相对较多的图片资源可以让人们在百余年后的今天大致了解这位年逾古稀、须发皆白的老人在青岛的活动轨迹。

根据 1904 年的《北洋官报》所记，周馥在 11 月 16 日（十

图 11 1904 年 10 月，阅兵式观礼席上，精彩的表演吸引了盛装出席的男男女女纷纷站立观望。看来彼时已经有了折叠椅。远处伊尔蒂斯兵营的营房和起伏的丘陵清楚可见。

图 12 1904 年 10 月，观礼结束后周馥似乎被阅兵卷起的风沙迷了眼睛。旁边是德方已备好的送其前往码头的专车。

月初十）将代表着军政大权的印信交接给护理巡抚山东布政使尚其亨（1859—1920）后即前往周村，并计划于 11 月 21 日（十月十五）从青岛乘坐"新济"轮前往上海。

此时距青岛改旗易帜的胶州湾事件已过去了七载。这一年，大港 I 号码头于 3 月 6 日正式竣工启用，连接青岛与省城济南府的山东铁路（今称胶济铁路）也在 6 月 1 日全线贯通。当时出版的《胶澳发展备忘录》曾这样评论："租借地的发展在各个方面都取得了可喜的进步，尤其是新建大港和铁路对贸易与交通的推动作用越来越显而易见。"彼时之青岛，俨然已成黄海之滨一颗冉冉升起的新星。除却这两件在青岛城市发展史上的大事，1904 年，中德两国还在北京签署了《续立会订青岛设

图 13 1904 年 10 月，德方人员与已经乘坐上马车的周馥和随从交谈话别。左三为周馥，左四为魏礼慈。

关征税办法附件》，胶澳总督府、欧人墓地、植物试验场，以及崂山的梅克伦堡宫疗养院相继开工建设，《青岛及其近郊指南》《青岛新报》《德亚瞭望》等书籍报章也先后出版发行。德国人在青岛不遗余力地投资与建设，让这座位于边隅之地的渔港小镇渐渐呈现出了一幅新兴都市的图景。

周馥再次莅临青岛，胶澳总督府照例给予了甚隆的礼遇。

图14 1904年10月，陪同周馥观礼的随行官员，左侧几位大人的恭敬之情溢于言表。

这一次，他被安排住进了威廉皇帝海岸（今太平路）的海因里希亲王饭店。除了和都沛禄总督在其位于奥古斯特·维多利亚湾畔（今汇泉湾）的官邸进行会晤，还与青岛的军政官员、宗教领袖等合影留念。周馥还饶有兴致地观看了德方在占地广大的跑马场（今汇泉广场）为其准备的阅兵仪式。

这组照片显示，这次颇为正式的阅兵不仅有礼仪性质的军乐队行进表演，还有踢着正步的步兵方队、统一驭马的骑兵方队，更有马车拖拽的马克沁重机枪方队和野战炮方队。显然，德方是在尽地主之谊的同时，也顺势耀武扬威地向周馥和随行中国官员展示德意志强大的军事力量。这次在彼时青岛难得一见的阵仗，引来了大量的德籍侨民围观点评。一时间，在这个

间着军装的德国人为都沛禄。

图5　1904年10月，斜背毛瑟步枪、统一骑乘白马的德国第三海军营骑兵方队。

马姿势还是欧洲女性传统的侧骑式。

图 16 1904 年 10 月，周馥一行由大港登船前往上海。从跪在登船梯旁的卫队人员的

号衣上可以看出，周馥这次青岛之行的警卫工作已由两江总督府负责。

图 10　1904 年 10 月，在阅兵现场的一侧，几个盛装的德国女士正在饶有兴趣地骑马，骑马

图 2　1904 年 10 月，德国胶澳总督都沛禄在阅兵仪式前，与周馥及其随行官员进行交流。中[

秋冬季节略显荒凉的广场之上，有了难得的热闹与人气。今天，我们已经无从知晓周馥在这块中国领土上观礼德军阅兵时的心情，大概是五味杂陈之中的难以名状吧！

寓居：赋诗怀旧中的乐得其所

在青岛仅住了一天，周馥就登上了前往上海的轮船。12月5日（十月廿九），他在南京接过了两江总督的印信。两年后，六十九岁的周馥又被任命为闽浙总督，但尚未成行，旋又调补两广总督。次年四月十七日，周馥接到"上谕两广总督开缺，另候简用"，遂"于交卸折内奏明回籍就医"。

退隐后的周馥居于安徽芜湖，辛亥革命后，为避乱世兵

图15 1904年10月，周馥一行与送行的德国军政官员话别。

火，周馥偕家人四十余口自上海北上，又一次来到了青岛。与前两次的出访和转乘不同，这回周馥在今湖南路、蒙阴路路口处的自家大宅门里当起了寓公，这应该与他第一次来青岛的见闻有着很大关系。在暂居的三年里，除了继续与卫礼贤等人的友好往来，周馥还与吕海寰（1842—1927）、陆润庠（1841—1915）、赵尔巽（1844—1927）、劳乃宣（1843—1921）等寓居青岛的年过古稀，且经常往来的前清官员自组"十老会"，他们常聚在一起赋诗怀旧，也算乐得其所。时在天津开办纱厂的四子周学熙（1866—1947）也常来看望父亲，并认为德人治下的青岛可为"久居之地"。1913 年，周学熙买下了沧口的原德华缫丝厂旧址筹建棉纺厂，并"向德商瑞记洋行（Arnhold Karberg & Co.）订购了英国爱色利斯纺纱机五千锭，但货未到即战起，日本出兵围攻青岛……"战事又起之后，周馥又偕家人前往天津。"一战"结束后，周学熙"以全部厂产作价三十万元，并另酿资凑足一百二十万元作为青岛华新纱厂资本。此时因原订纱机因瑞记洋行停业，遂改向美商美兴公司订购美国怀丁厂纱机，先为一万五千锭，后续加五千锭"。1919 年年底，这家被誉为"我国民营事业之巨擘，执华北纺织业之牛耳"的纱厂才正式开业。而回到天津这座曾经的北洋系兴起之地的周馥一直过着远离纷争、含饴弄孙的平静生活，不过他还是不断地用文字叮嘱子孙"待人以厚，齐家以俭，治学以儒，处世以善"。1921 年 10 月 21 日，八十三岁的周馥故于天津。

（图片由云志艺术馆提供）

伊莲娜·贺伯诺与她的《中国》

李佳妮

遥远的过去是一枝几近凋零的冷玫瑰，古老的相片则是其深黑无底、鲜活无度的花心。那是一颗原初的美丽，一场纤细的永恒，一抔落不尽的记忆，弥漫着数世纪也散不尽的冷香。

伊莲娜·贺伯诺便以深爱的雨露与荫蔽，浇灌、守护着这样一朵永生的玫瑰——近代的中国。

这位拥有塞壬（希腊神话传说中的海妖，人面鸟身，飞翔海上，拥有天籁般的歌喉）般歌喉的女子生于1894年，是一位对华夏大地怀有无限热忱的法国摄影家。这份热爱宛若一粒缱绻入骨、馥郁入魂的玫瑰种子，在其外交官同胞保罗·克罗岱尔的影子下生长翩飞、开至荼蘼。

保罗·克罗岱尔是闻名遐迩的法国诗人、外交官，亦是法兰西天主教文艺复兴时期的名流巨子，其大部分作品都闪烁着宗教、哲学与神秘的微光。他曾于1895—1909年在法国驻华使馆任职，在华夏土地上逗留有十四年之久，酝酿出了一腔对中国熨烫灵肉的热爱之情。这位文采斐然的外交官曾形容中国是"一座尚待探索的野性国度，一道清澄碧蓝的地平线，一方山林密布的水土，一处我魂牵梦萦的深幽"；他对中华文明及

15

图 1　伊莲娜·贺伯诺在北京

其各组成部分称赏不已，认为这种文明"基于传统与习俗，是极致的天真纯粹。其艺术品味如畜牧业一般自然自生、浑然天成……其高深而鲜美的玉馔珍馐，其宗教——这于我而言是一种罪恶放纵绵绵不断的源泉活水。其玄妙入神、精妙入胜的汉字，最重要的是其磅礴强盛的人性……"

无巧不成书，伊莲娜的丈夫亨利·贺伯诺亦是一名法国外交官，其于 1917 年偕妻前往巴西里约热内卢，并在此担任法国大使保罗·克罗岱尔的秘书。在这样的机缘巧合下，保罗对中国的喜爱便潜移默化、绵绵滋养着伊莲娜对中国的憧憬之情。就这样，伊莲娜与保罗很快成为一对忘年之交，她还慷慨地赠予后者一根摄影护身符杆，据说可以释放咒符。直至 1933 年，亨利受命前往法国驻华使馆工作，伊莲娜也终而美梦成真：他们偕爱女薇欧莲娜，一道踏上了那块令她魂牵梦绕了多年的黄色土地——中国。

自此以后的四年里，这位法国外交官夫人便投身摄影，以一枚极轻极微的镜头，将那个国度和那个时代的万般种种悉数囊括，镶嵌在由真情切意织成的小画框里——正如保罗在伊莲娜回国后于1946年出版的摄影集《中国》的《序言》中所述——

……一道光从天而降，为其永久按下定格键。摄影机的镜头与按下快门的咔嚓声……将这一幕恒久地记录了下来……在走马灯般连续掠过的画面中完成了这神圣庄严的隔断。它被一张纹风不动、永不消逝、不可磨灭、令人无处遁形的视网膜捕捉，并于此蓬勃生长、永不停歇……这便是摄影。这是一种服务于我们内在直觉的工具，是对现时当下的掠影捕光：直接与即时的妙趣横生，内里明眸与刹那闪光的灵犀相应。在……分崩离析为它物之前，此般状态为无价之宝，极为珍贵。咔嚓！

正是如此。永恒，那是摄影的另一个名字。伊莲娜借助一枚小小的镜头（这一枚小镜头是她心灵的缩影），将一座流动的大宇宙囊括进一方静止的小世界，在另一个维度缔建了一种同步的联系，举行了一番盛大的冻结，创造了一场纤细的永恒。

她的照片极致恒久生动，跨越了维度与时空的界限，这源于她对照片中万物镂心刻骨的感受与深爱。她的黑白相片，是须臾与不朽明暗有致的璧合珠联，是记忆与深情

图2 天坛祈年殿

活生生的再现。她的照片影影绰绰，却也清清楚楚，宛如为滚烫的心魂罩上了一层旖旎的磨砂。她的照片薄于蝉翼，却也坚于金石，仿佛轻盈没有重量的众水，仿佛深海里矿脉凝固而成的花朵。

——永恒。那是老去的花与长久不散的幽香。

——永恒。这是她记录所爱的唯一方式。

图 3 降服洪水的铜牛

　　正如保罗所言，摄影不仅仅是简单的"咔嚓一声"，它还是一种书写、一篇文本。在他看来，这般文本是一种永恒之物，未在其运作中丢失分毫。

　　伊莲娜在《中国》里展示的照片主题繁多，拍得仿佛肆意任性，实则是一纸精彩绝艳、细致入微的斑斓诗篇：

　　她的作品会令人啧啧称奇。图 2 为天坛祈年殿。威武庄严的祈年殿曾于光绪十五年（1889）毁于雷火，后依原样重

图4　长城

建，又于1935年迎来一番长达两年的大修，而在维修结束后的1937年，卢沟桥事变爆发，饱经磨难的天坛祈年殿又遭日军占领，但依旧如初生时般昂然屹立，那番非凡的气派并未在纷飞的战火中遗失一丝一毫，直至今日。图3为永定河畔的镇水铜牛。一头弯角锃亮的古老铜牛正默默守护着永定河，风雪烈日寸步不离，传说在河水泛滥时还会发出雷鸣般的怒吼，向狂悖无道的洪水猛兽大声说"不"。图4为壮丽无边的长城。1933年初，

图5 黑龙潭寺枯枝上一只病恹恹的喜鹊

侵华日军深入，长城抗战爆发；爱国官兵浴血奋战，他们唯一的依靠便是这古老雄伟的长城。此役虽以悲壮的失败告终，却有效延缓了日军侵略华北的脚步。我想，在那些苦难的日子里，正是这些美丽筑物身上牢牢凝聚的精神气概，深深攫住了伊莲娜的睛瞳与魂魄。

她的作品也使人凄凄泪下。图5为枯枝上一只病恹恹的喜鹊，羽毛蓬松，无精打采，应是身体受了外来病菌的侵袭。图

图6 玩鸟的穷人

6为一个颓坐在街边玩鸟的男人,浑身脏兮兮,看着穷唧唧的,目光迷离、精神萎靡,仿佛心也连同那鸟一并囚在了笼中。要知道,玩鸟可曾是清朝贵族的特权——有一句老话是"贝勒爷手中三件宝:核桃、扳指、笼中鸟"。图7则为半截倒塌的佛像,虽可依稀看到它曾有的肃穆和威严,但已是满目疮痍、一

图7 云冈石窟倒塌的菩萨造像

片凄怆，着实令人痛心疾首。一只病鸟，一个男人，半尊佛像。取景看似漫不经心，却极具象征意义。细看这些照片，便会慢慢懂得那段时光——伊莲娜希望了解那段时光，也想帮助我们去了解那段时光。

　　她的作品叫人念念不忘。图8为一枝含苞欲放的白荷：荷

图8　白荷

花在中国历史悠久、分布广泛，为我国十大名花之一，自古便有"出淤泥而不染"的美谈；照片中的白荷水佩风裳、姿态绰约，完美再现了原初的清丽脱俗。图9为一片婆娑摇曳的竹叶：作为中国的原生植物，竹子遍及全国各地，其寓意"万古长青、节节胜利"，并且传有"岁寒三友"与"四君子"的佳话，一直为文人墨客所乐道。图10为八九个目光稚嫩的孩子……如此细腻，如此鲜活，让人同时感受到历史厚重的沉淀与未来轻盈的希望。我想，这便是伊莲娜想要讲述的中国故事。

　　简言之，《中国》生动地记录了华夏民族的文化传统与平

图9 竹子

素光景，同时也是 20 世纪 30 年代的中国真实的写照。它们张张黑白分明、血肉饱满，那个时代的美丽与苦难、中华民族的苦与蜜、人们的绝望与希冀自这极简的两色中呼之欲出，带着细碎的电流，令人震颤。同时，它们张张明暗有致，如月亮浓丽的两面，一面黑暗，是干瘪泛黄的花瓣，在历史无尽的火焰中毕毕剥剥地散落一地，似一抔无人拾撷的记忆；一面明亮，是弱光粼粼的星辰，唯有最为憧憬、最为深爱那座未知宇宙的人方可将之尽收眼底。

保罗对伊莲娜的这些照片盛赞有加："后来，我也认识了

图10 乡村孩子的聚会。

这北方的中国，你所在的中国，亲爱的伊莲娜，你美不胜收的
照片，大清帝国时期的中国，有黄色长风、黄色空气、黄色土
地的中国"。他还称其作品为"一种象形文字的画谜，或一种
俄狄浦斯式的晦涩阐释"。这位富于创造性的外交官在《序言》
中总结道：伊莲娜所做的这一切都有助于他了解中国，或许也
将有助于另一位思考者了解中国；这些照片源远流长、不可磨
灭、难以衡量且尘埃落定；这些照片通向自我意识，与自身的

故事息息相关，对时空有极大的需求；支离飘散、七零八落的万般种种水乳相融。

除却摄影，伊莲娜还在中国结交了数位志同道合的朋友，其中便有法国医生贝熙业。贝熙业于1912年抵华，曾任法国驻华使馆医官，在中国生活了四十余年，在抗日战争期间为中国人民提供免费的医疗服务，并始终如一地为这片他关怀的黄色大地倾囊相助、竭尽所能。正是这种对中国如出一辙的深爱之情，使得伊莲娜在留华的短短四年与其相识、相知。他们——仁医贝熙业、摄影师伊莲娜与她可爱的女儿薇欧莲娜，以及当时的使馆秘书卢西安·科林——四位满怀热爱的法国人，走走停停在医生坐落于北京的住宅大院里，衣着舒适简单，神情怡然自得。他们就中国的历史与文化侃侃而谈，唇角含笑，目光清澈，像款款泻下的晨光，像吹过麦垄的微风，轻荡在北京黑白明灭的岁月里。

当然，这已是很久以前的故事，如今他们大多已不在人世。然而，即使透过一层历史的毛玻璃去看他们，即使他们只是影影绰绰地静止在那里，什么也不说，什么也不做，像一场轻快浮薄的幻梦，我依然能感觉到一股至矣尽矣的爱涌入魂魄，直抵时光的极深之处。相片，爱（这正是"虚妄"的反义词！），永恒，海洋，太阳的光华，这些词语太过相似相近，让我几乎辨不清楚了。

1937年，随着亨利因工作被调回法国，伊莲娜也不得不迟迟而行，怀着一颗依旧滚烫的眷眷之心，惜别这块令她流连忘返的绮丽大陆。1946年，她在法国出版了这本作品集《中国》，内含八十张精挑细选的照片。在此之后，1990年，如同玫瑰一般温柔的守护者变成了真正的守护天使。她离开了，她进入到

图 11　伊莲娜·贺伯诺与当外交官的丈夫于法国驻华使馆。

了另一场更伟大的永恒之中。

现在是 2020 年 9 月 6 日 13 点 27 分，海晏风清，白昼和丽。

她已经离开了三十年。

此时此刻，我正在窗边欣赏伊莲娜的《白荷》与《竹子》，它们早已从影集里拔节生长、徐徐盛放、舒展到窗外我不知道的某处深幽去了，现在，我依旧能闻到一缕沁人心脾、纯净馥郁的清香；垂首顾怜街边《玩鸟的穷人》，我依然能咀嚼到一片薄魂那凉丝丝、苦巴巴的迷茫与困顿；抬眼眺望烈日炎炎下的《长城》，我仍旧能感受到股股滚烫绝艳的壮丽在我的骨骼、我的灵肉、我的呼吸间交织缠绕、横冲直撞。

没错，伊莲娜已经从我们身边离开了三十年。在这冥冥浮世的万千边际，定有许多人在为她的离去、为她永不复更新的照片集扼腕长叹。但我想：其实伊莲娜无论在过去、现在、未来的哪一个时刻，都从未停止摄影、停止创作——她只是将原先印刻在摄影房老旧相纸上的图景印刻到现世的花瓣、月亮上去了。其实她的照片并未就此变成无主的弃子、迷失在岁月错综复杂的十字路口，而是挣扎出维度与时空的黑暗裂缝，欣欣向荣、生长为人，如永恒的玫瑰——稀世奇异，甚至比以前还要更加强大、更加美丽。

我想，这也是真正的伊莲娜·贺伯诺。她犹如光影舞台的唯美异类，悄然游离于客观纪实与画意艺术的边缘；她天赋异禀、独具慧眼、灵艳细腻、磅礴强盛；她的一生，是创造、守护、延续一场纤细而永恒的一生。

美国人像摄影师阿诺德·纽曼曾说过，摄影师必须是照片的一部分。澳大利亚摄影师皮特·亚当斯亦有言，对于伟大的摄影作品，重要的是情深，而不是景深。"伊莲娜·贺伯诺"现在或许还不是一个如雷贯耳、家喻户晓的伟名，但其主人毫无争议是一位出类拔萃的伟大摄影师——她拥有炉火纯青的摄像技术和一对善于捕捉致命细节的明眸火眼，当然最重要、也是最根本的，是具备一颗火热深爱的心灵；而这颗摄影师之心，便是其照片之心——

有了这颗突突跳动的滚烫心脏，摄影师的作品才是"活"的，才能以此为核，延续出亿万脉脉相通的血管、舒展出细致的骨骼与肉身、盛开出玫瑰般的魂魄与呼吸、最终生长为人，鲜活明媚，微笑着、惟妙惟肖地向我们讲述那些过去的故事。

（图片由云志艺术馆提供）

三十年前的深圳老街

李百军

"1979 年，那是一个春天，有一位老人在中国的南海边画了一个圈……"这首 20 世纪 90 年代初唱遍大江南北的歌，形象夸张地描述了深圳经济特区的由来。当时流行的一个词叫"深圳速度"，说的是建设深圳国贸大厦时，三天建成一层的速度。正是这样的"深圳速度"，在此后四十多年的时间里，使深圳从一个小渔村发展成为一个现代化的国际大都市。

1990 年借着到广东开会的机会，我到深圳住了几天，顺便来看望一下在这里工作的老同学。

当时的深圳正在如火如荼地建设中，比较繁华的是深南东路两边，已经建好了一些商场、宾馆和高高的写字楼。那些三四十层的高楼高耸云端，玻璃墙面闪着幽幽的蓝光，站在楼底朝上看，白云缓缓从它的顶部飘过，顿时感到晕眩。福田、皇岗和罗湖一些地方，虽然建起了一些商业设施和居民楼，但更多看到的是塔吊林立，机器轰鸣，那些几十层的高楼正在紧张地建设中，昼夜加班，从不停歇。"深圳速度"成了这个城市建设的代名词，"时间就是生命，效率就是金钱"的口号激励着深圳人快步疾行。

图1 深南东路。摄于1990年。

图2 东门中路。摄于1990年。

我有个大学同学毕业后被分配到广州，此时来深圳已好几年了，我去看他的时候，他已经是深圳某建筑集团的副总工程师，正在深圳机场的施工现场，汗流浃背地指挥着工人铺设机场的电缆。时值中午，他也顾不上陪我去饭店吃饭，只是去工地食堂拿了两个盒饭，我们就在工地上边吃边聊。吃饭期间，还不断把负责施工的工头叫过来，再三嘱咐一些施工中需要注意的问题。他对不能请假陪我感到愧疚，但我非常理解他，也让我真正近距离地接触到了"深圳速度"的具体涵义。

我住的宾馆就在深圳老东门，这里是老镇居民比较集中的地方。没事的时候，我就到小镇里遛达。小巷民房中那些布满

图3 狭小的生活空间。摄于1990年。

图 4 外地来采购商品的游客。摄于 1990 年。

苔藓残破的墙壁，和光滑照人的石板路，彰显着小镇久远的历史。偶尔有几个当地老人，坐在门口榕树下，慢悠悠地摇着蒲扇，一边剔牙，一边品咂着功夫茶，那悠闲自得的神情似乎和这个节奏快速的城市毫不相干。而这些低矮古老的民居和比邻的现代化的城市风貌形成了鲜明的对比，小镇里那些百年老榕树，也见证了这个城市十年以来翻天覆地的变化。

出发前，单位的同事们知道我要去深圳，就叫我给他们带些小录音机和电子表等电子产品。带着给同事买东西的任务，我去了东门商业步行街——这里是商业经营比较集中的地方，也是深圳最早的商品集散地。经营户大多是深圳小镇上的老居民，他们凭借着毗邻香港得天独厚的优势，而沙头角的中英街

图5 吃盒饭的摊贩。摄于1990年。

图6 小巷中的生活。摄于1990年。

图7 乡下来卖水果的农民。摄于1990年。

图8 到深圳谋生的农民工，在劳务市场找工作。摄于1990年。

图 9 卖烤地瓜。摄于 1990 年。

离香港只有一步之遥。当地居民自然就成了做生意的商贩。他们借着特区身份的便利，经常出入香港来回捎带一些免税产品，所以有些商品就比内地便宜很多。

这里的小巷里遍布着密密麻麻的大小门头房，经营着服装、百货和电子器件等商品。最小的门头房只有几平方米，只能容纳一张桌子的空隙，靠着经营电子产品，每年也有非常可观的利润，难怪他们说这是个寸土寸金的地方。在这些门头房中间，也夹杂着一些小镇居民的住房，他们割出部分空间作为卖货的门头，自己就生活在狭小的空间中，有的只能容纳一张吃饭桌，一家人就挤在一起吃饭。有些喜欢安静的居民，不愿意生活在这嘈杂的商业区，就把门头租赁出去收取租金。

来这里采购东西的，几乎都是背着大包小包的内地商贩，他们急匆匆地穿梭在小巷各个门头，争取在有限的时间内，淘到更加丰富和便宜的货物，把这里物美价廉的商品带回内地去卖，很少有我这样闲逛着玩的人。我问了几个来自江苏的商贩，他们购买最多的是电子产品。这些电子表和小型收录机，带回内地去，差不多要加上一倍的价格出售，利润颇高。

我在为朋友们挑选商品的同时，用巴尔达微型相机，随手拍摄了这些照片。

齐鲁大学南迁杭州云栖的一段记忆

张鹏程　张鹏搏

　　1937 年 7 月抗战全面爆发后，11 月中旬杭州之江大学奉命西撤至安徽屯溪。由于日寇紧逼，学校已无法在屯溪办学，迫不得已宣布暂时解散，师生各寻出路。此时父亲接到航委会通知速去成都报到，父亲带全家一路艰辛撤往四川成都。到成都不久，父亲即被派往航委会兰州空军总站担任体育教官，与苏联空军志愿队共同训练对日作战的驱逐机飞行员。1939 年 12 月父亲离开航委会后，受聘于国立成都体专担任体育教授，兼任内迁到成都华西坝的山东齐鲁大学体育系教授和主任，负责齐大体育教育的全面工作。

　　抗战胜利后，父亲多次接到之江大学李培恩校长的加急电报，聘请父亲回校任教。父亲偕全家历经一个多月的千辛万苦，回到阔别八年的杭州之江大学。

　　1948 年年底的一天，曾和父亲在成都华西坝齐鲁大学共事过的几位老朋友突然来到"头龙头"（之大教职工宿舍区地名）家里访问，父亲见到他们后非常惊讶，不明白齐大的同事为何突然来到杭州。在言谈中得知齐大文学院、理学院已迁到位于梅家坞五云山西南的云栖坞的云栖寺，云栖寺是杭州著名的景点。之后，父亲带我们回访住在云栖寺的老同事，通往云栖寺的黄泥公路上平时没有什么来往的汽车，在冬日暖阳的照耀下，我们由之大步行到云栖寺，路上碰见三三两两的男女学生，有的散步或休息，有的还在庙池边嬉水。

云栖寺，也称云栖山寺，北宋年间所建，佛教历史名寺，杭州著名千年古刹，处在青山环抱之中非常幽静。进入云栖寺曲径幽邃，环境优美，到处是浓密高大古树和繁茂翠竹，山路边溪水潺潺，庙池中溪水清澈见底。当时云栖寺庙中沿着山路拾级而上，可见前后有几进宽敞厢房，包括山门、正殿、禅堂等楼阁建筑共十余处（现今庙宇已不存在，已改为疗养之地）。一所著名大学中的两个学院迁到这里，使得平时深幽的寺庙内充满了青春的活力。虽然办学条件较差，教室和宿舍较为简陋，

图1 云栖附近山谷中的山庙。格雷戈里摄于20世纪20年代。

图 2　千年古寺曾吸引了不少乘轿进山的游客和香客。格雷
戈里摄于 20 世纪 20 年代。

但对于莘莘学子来讲也是很好的去处。在父亲的交谈中，我终
于明白了齐大迁来杭州云栖寺的原因。

　　1948 年 6 月初，华东野战军攻占了济南外围的所有县城，

兵临城下，济南已成为孤城，而此时的齐大校园被国民党军队霸占。时局极度紧张，济南战役即将打响，为躲避战乱，避免流血，保护师生安全，校董会在董事长孔祥熙的主持下，衡量再三决定再次南迁，全校四百余名学生大都随学校迁到南方。学校在未迁前，学校派人先到南方考察选址，最后确定文理学院迁到了杭州南面与之江大学相毗邻的云栖寺，医学院则迁移至福建，可以依托福建协和大学。在梅家坞本地人、之江大学总务科的戚光宇的帮助下，文理学院的搬迁比较顺利。云栖寺在杭州的南面，与之大相距两三公里，文理学院迁至此地的重要因素就是能够得到之大的大力帮助。之大文学院及图书馆为齐大开放，而齐大举行体育活动及运动会都可使用之大的运动设施及场地。尤其是，之大工学院具有理工科所需要的测试仪器设备和材料试验所，齐大理学院可利用这些齐全且先进的实验设备完成教学。两校关系十分友好，主要原因是两校都有基督教的渊源也同为美国教会所创办。

教职员及家属连同行李和教学用的物品，先搭乘学校包的两架民航飞机到青岛，然后乘轮船到上海，到上海后再转乘火车到杭州。数百名学生也按此途径安全抵达云栖寺。到杭州后，学校租乘永安汽车公司的汽车将其送至云栖寺。在搬迁之前，学校已派人将云栖寺的庙房禅屋的用途作了安排并编了号，并请当地村民将所有房屋及周边打扫干净。之大总务科也派工友去协助清扫，对厕所做了合理的卫生处理，由当地农民每天清扫粪便，清扫完毕后洒上石灰粉，以防止蚊蝇繁衍。少数安排不下的教师暂住在之大或租借民房。清晨由大卡车将有课的老师送往云栖上课，在秀美绿树翠竹成荫的山峦中，一些老师更乐于徒步去上课。详备而妥当的安排，使得师生到达后并没有不适和混乱，一切都有条不紊。抗战结束不久，又逢内战不止，当时有此条件的办学环境已非常不易了。

由于战乱，游客和香客稀少，所以云栖寺内有不少的空闲厢房，稍作改造即可做教室和办公室。文学院、理学院教室外都贴有醒目的标示牌。教学区和宿舍区分开。

当时国民政府濒临崩溃，时局混乱，民不聊生，纸币贬值，物价暴涨，百姓怨声载道，就连国立浙江大学，政府也拿不出钱来给教职员发薪水，教授生活十分清贫，甚至为一日三餐而奔波。齐大由于是美国创办的基督教大学，财力上得到了一些支援，教职员发放薪水暂无大问题，浙大不少名教授因而愿意

图3 和煦的阳光下，齐大的师生坐在云栖庙堂门前台阶学习和讨论。摄于1948—1949年。

受聘兼课，如苏步青、陈建功、王淦昌、束星北、王承基等都去兼过课。为此，竺可桢校长对浙大老师去齐鲁大学兼课有意见和看法，怕因此影响本校授课质量。此外，之大也有教授去齐大兼课，因此齐大的教学质量仍保持在较高水平上。齐大在云栖办学期间经常与之大进行体育比赛，还举行了一次运动会。

1949年5月3日杭州解放，是年底至1950年上半年，齐大迁回济南，据说有几位美国教师留在了之大。齐大为了感谢在杭州期间之大的支持和帮助，将带来做交通工具的"道奇"大卡车及一些书籍资料设备赠送给了之大。后来这辆卡车成为之大来往市区的交通车。笔者还经常搭乘这辆车去城里中学读书。1952年之大解体，工学院、文学院、商学院的系科并入同济大学、浙江大学、上海财经学院等，在之大原校址上由之大文学院、理学院一部等和浙大文理学院等共同成立了浙江师范学院（杭州大学前身）。

虽然已过去七十余年，历经多少风风雨雨，在父母留下的老皮箱上还可隐隐约约看到齐鲁大学的标签。抗战胜利后我们家从成都回杭州时，父亲作为齐大的在职教职员要在所有行李上贴上齐鲁大学的标签，以示区别并防止丢失。笔者当时人虽小，但见证了这段已被人们遗忘的历史。父亲与齐鲁大学在抗战中结成的情谊，对我们有很深的影响，至今难以忘怀。

我被捕入狱前后的片断回忆

柳星明

1936年上半年，西安民众的抗日救亡热情日趋高涨，但青年学生的爱国运动遭到国民党当局的压制。我并非共产党人，只是因为积极参加爱国救亡工作而被捕。当时我正在西安二中念书，年仅十七岁，对这次大搜捕的内幕了解不全，仅就个人遭遇和所见所闻，谈点真实情况。

图1 1936年，柳星明在国民党监狱时留影。

1936年4月26日下午2时许，我正在聚精会神地听李萝今老师讲授历史课，突然有人闯入教室，大声呼叫我的名字。这种野蛮行为和紧张气氛，使我预感到可能发生了意外，因为在那些日子里，西安各校不断发生逮捕学生的事，但我认为自己光明正大，也就无所畏惧。我被叫到训育主任张天吾的办公室。当张天吾指着我给两个便衣特务介绍时，两个特务同时走到我的身旁，给我戴上了手铐。他们对我的反抗和质问不予理会，立即把我绑架出办公室，推进一辆黑色小汽车，蒙上我的眼睛。汽车朝哪个方向驶去，我看不见，但感觉拐了几个弯，最后开到一个地方停下来。我下车后方知，自己被带到了西安市警察局在二府街设的第五分局看守所。

图 2 柳星明在西安高中上学时留影。

翌日晨，就有同学前来探视，给我送来食品和衣物，看守所当局不准我们见面。事后听说，我被捕的当天，同学们就起来抗议了。

27 日深夜，我被转移到位于南院门五味什字（今藻露堂药店对门）的"西北剿匪总司令部"军警宪联合督察处。次日上午，二中的同学们又前来慰问，卫兵仍不让进去。他们和卫兵据理力争，吵得很凶。后来才知道，这次组织同学抗议，质问学校，到监狱慰问，都是学校救国会李志中同学领导的。在这里，我被押了一个多月，但仅被"提审"过一次。

记得是 5 月底的一天黎明，我们听见门外有汽车声，接着他们开始"提人"（喊名字）。当时大家都很吃惊，因为在这里关押的人，不断有半夜被提走惨遭暗杀的。而我们被提出后却被押上一辆大卡车，由十几个武装宪兵押送着向火车站开去。这时，我们才知道是向其他地方押解。车站内外，戒备森严。我们被塞进一节有铁窗的闷罐车厢，每个人除了带上手铐、脚镣外，还要被五花大绑，一点动弹不得。这时我注意到，同车被押解的共有二十五人，车厢的铁窗口处都架着机枪。火车到

图3 1937 年，柳星明（后排个子最高者）加入"中华民族解放先锋队"时与同志们合影。

南京下关，坐轮渡过江，码头、街道都实行戒严。囚车把我们一直拉到国民党南京宪兵司令部看守所。

刚进去，被关在一间约十平方米的牢房里。房内共关了三十多个"犯人"，上下两层铺，吃饭、排便都在房内，空气污浊，臭气熏天。第二天，又把我们换到一间稍大一点的房子，听说剧作家田汉不久前才离开这间牢房。当时，女作家丁玲也被关押在这座看守所里的女监里。

在南京被宪兵司令部关押的一个多月里，我被"提审"了两次。他们每次都是把法庭布置得阴森可怕，法官用手枪相威胁，强迫我承认是共产党。当他们认为由我嘴里得不到什么时，就恼羞成怒，对我拳打脚踢一顿。我是在没有任何口供的情况下，按照所谓的《危害民国紧急治罪法》被判处有期徒刑八年，送苏州"反省院"执行的。记得一同被解送到"反省院"的还有李进宽、杨思义、王洪德、段逢章、常启亚、申道达、高守一等人,他们大多是西安各学校的学生。

我们被送到苏州"反省院"是1936年7月间的事,不久,听说爱国"七君子"(沈钧儒、邹韬奋、李公朴、章乃器、王造时、史良和沙千里)也被关押在这里。

在"反省院"被关押期间,我们常常听到由外边传来的抗日消息,当"一二·九"运动一周年纪念活动和"西安事变"的消息传到监狱后,难友们便利用放风机会,贴耳相告,大家喜形于色,一时间整个牢房都沸腾起来了。

1937年3月初,在"西安事变"和人民抗日要求的逼迫下,

图4 1953年,柳星明(前排右二)在西北局工作时与科室同志合影。

图5　1955年，柳星明（左二）在赴北京开会时留影。

蒋介石与国民党政府不得不释放"政治犯"。按监狱规定，我
们被释放时得办理取保手续，我是经杨仁天周旋，由国民党监
察院长于右任先生保出的。出狱后，我为避免再被逮捕，在地
下党组织的安排下，没有直接回陕，而是在上海、南京逗留了
一段时期后，才回西安。

1937 年 5 月下旬，我回到西安。当时西安二中的校长是江隆基（解放后曾任兰州大学校长），他十分关心和支持爱国进步学生，叫我跟毕业班上课，不久我从二中毕业，遂升入了西安高中。由于一年多的监狱生活，我功课荒废了许多，升学是李瘦枝（解放后曾任陕西省高等教育局副局长）老师安排的。

我在被捕前倾向进步，积极参加抗日活动，写过《黄昏》《乞丐》《一封家书》《榴花五月》等十多篇（首）新诗和短文，刊登在《西北文化日报》和校刊上；在狱中和出狱后，我又接触到不少共产党人及其他爱国人士，向他们学到了不少革命道理，使我的爱国意志更加坚强。因此，在七七事变后，我便毫不犹豫地投入中共直接领导的抗日救亡运动中去了。

1937 年下半年到 1938 年上半年，我先后随同抗日救亡团体深入农村，宣传抗日政策，发动群众与投降派作斗争。记忆犹新的一次是，1937 年 11 月，蓝田县旅省同学数十人组织"寒假返乡工作团"，孙生贤任团长，我和罗枫（女）任副团长。工作团成员大都是"中华民族解放先锋队"（简称"民先队"）队员。我们用演戏剧、歌唱、讲演等方式向群众宣传抗日。我在《放下你的鞭子》《马百计》等剧目中饰演过反面角色。后来，我经朱平同志介绍参加了"民先队"，旋又经他的介绍，前往中共中央在泾阳县举办的安吴堡青训班学习，从此走上了革命的道路。

上甘岭上的"公鸡"

英 子

上甘岭是志愿军中部战线战略要地五圣山的前沿。五圣山主峰海拔 1061.7 米，是中部战线的最高峰。上甘岭位于五圣山的主峰南四公里处，海拔 597.9 米，战前是一座默默无闻的山岭。

1952 年 10 月 14 日，上甘岭战役硝烟顿起，往日风景如画的青青山岗成了一片火海。在这不过三万七千平方公里的狭小地区里，双方投入的作战兵力达十万人之多。联合国军投入战役的部队有：美第七师、美空降一八七团（欠一个营）和南朝鲜第二、第九师等十一个团另两个营，并补充新兵九千余人。另有十八个炮兵营 105 毫米口径以上的火炮三百余门，坦克一百七十余辆，出动飞机三千余架次，总兵力六万余人。中国人民志愿军先后投入作战的兵力有：十五军四十五师、二十九师，十二军三十一师及三十四师一个团，榴弹炮兵二师和七师，火箭炮兵二〇七团，六十军炮兵团，高射炮兵六〇一团、六一〇团，山野榴炮一百一十四门，火箭炮二十四门，高射炮四十七门；另有工兵二十二团三营、担架营，总兵力达四万多人。

从以上所列出的数字中，可见上甘岭战役兵力火力之密集，战斗之残酷。

图1 志愿军摄影记者陈阵在上甘岭557.9高地上留影。

四十六天的浴血奋战之后，平均每天两万四千发的炮弹把上甘岭山头削低了两米，也把上甘岭这块平凡的山地变成了一方圣地。

1956年秋，十六军文工团战士兼摄影记者陈阵踏上这片土地时，上甘岭战役的硝烟已散去四个年头。但举目望去，到处仍可看到当年那场战役留下的痕迹：满山的大树只留下枯干，树身里嵌着弹皮，山坡上到处都是破铜烂铁，上甘岭主峰志愿军的坑道里，还残留着报废的手榴弹和炮弹，坑道的墙壁上，深深地刻着战士们誓死保卫阵地的钢铁誓言。

但是生命分明又回到了上甘岭上，尽管到处伤痕累累，在一个个春去秋来的季节里，小草仍然从弹坑里生长出来，新的小树在倒下的老树身边发芽，野花又一次覆盖了这片鲜血浸透的土地，陈阵看到的就是这样一幅生生不息的秋景。

停战后的上甘岭处于军事分界线上，仍有前沿的哨兵们守在这里。战士们生活仍然很艰苦，吃不上青菜，喝水要下山去挑，生活紧张又单调。看到有记者来访，战士们高兴极了。

陈阵来的第二天，就随战士们一起去军事分界线上巡逻。战士们走在前面，告诉陈阵一定要紧跟着，千万不能离开这条羊肠小道。因为在战争时期，各部队都在阵地前埋了许多地雷，还有飞机撒下的风雷弹隐没在一人多高的荒草丛中无法清除，所以在阵地上巡逻必须十分小心。这条羊肠小道是战士们天天巡逻踩出来的，只有一步不离开这条小道，才是安全的。

那天的天空十分晴朗，明媚的阳光映照着上甘岭上的一草一木，走在一处山坡上，陈阵一抬头，看到了一幅奇景：一株

图2 被摄影记者陈阵拍下的诞生于上甘岭战役的炮火中，挺立于枯树干上的一只"公鸡"。

被炮弹削去了顶冠、又被炮火烧焦了的半截枯树桩，形状恰似一只报晓的公鸡，屹立在阳光下！

"多美的一幅战地风景！这正是战争的真实写照！"陈阵不禁被这只"公鸡"吸引了。

照相机没有长焦镜头，但陈阵又很想拍下这幅风景，他不顾战士们的阻拦，尽力向这株枯树靠近。虽然小道与枯树之间隔着不过二十多米的距离，但这里正是昔日的布雷区，陈阵每走一步都有生命危险。身后巡逻的战士为他捏紧了一把汗。

陈阵分开高高的草丛，小心地一步步向他的目标走去，一直走到距枯树三米远处，陈阵选择了一个逆光的角度，"咔嚓"一声，按下了快门！

于是，这只骄傲的战地"公鸡"就永远留在了陈阵的相册里。

陈阵照完相低头一看脚下，顿时满身冷汗：距他不过十多厘米远的地方，一枚地雷正静悄悄地埋伏在那里，如果他再往前移动一步，就会粉身碎骨！

虽然已停战，三八线附近却没有一天是太平的。大的战斗虽然没有，小的冲突与流血事件却一直不断。据统计，美军和南朝鲜军在军事分界线上与中朝方的冲突，平均每三天就有一起。

1957年7月，陈阵就目睹了一起挑衅事件。一天夜里，一名南朝鲜特务化装成志愿军战士，悄悄从三八线南侧潜入志愿军四十七师的阵地，当他被志愿军发现后，便与志愿军哨兵互相射击。结果是那名特务被打伤，一名志愿军哨兵光荣牺牲。

特务被抓获后，经审讯，他供认自己是受美李（指李承晚）军派遣，企图潜入四十七师阵地来搜集情报，从他的身上，战士们搜出了伪造的志愿军证件。

图3 1957 年，陈阵（左一）在三八线上采访一次冲突后的中美会晤。从照片上可以看到许多穿军服的美国记者。

事发后，志愿军当即通知美方到军事分界线上会晤，协商解决这次事件。

谈判的时间定在一天上午，陈阵作为摄影记者，跟随四十七师的谈判小组准时来到谈判地点，却不见美方代表出现。又过了半个小时，才看到对面的山沟里出来几个人，领头的是一个美军少校，他大概是害怕踩上地雷，不敢走在前面，而让几个南朝鲜兵走在前面探路。

美军刚走到谈判地点，就有几个穿美军军服的人走上前来，举起相机对着志愿军的阵地和在场的人拍照，志愿军执勤人员马上走上去，制止了这种不怀好意的做法。

谈判是不愉快的，美方军官面对确凿的证据却百般抵赖，

图4 陈阵抢拍的停战后阵地上的联合国军士兵，有黑人也有白人，军人们把标有"MP"符号的钢盔挂在树桩上，随意地躺在草丛里晒太阳。

矢口否认是他们派出的特务，反诬是"志愿军的特务"。冗长的谈判一直持续到下午也没有结果，最后双方都同意把这次事件提交给朝鲜军事停战委员会去解决。

谈判中，双方代表都有一些带相机的人，他们挤在一起抢拍镜头，一个身材高大的美军，每次都故意挤在陈阵前面，有意挡住陈阵的镜头，陈阵也毫不客气跑到他的前面，抢拍下许多难得的镜头。

趁着这难得的机会，陈阵打量着三八线南侧的草丛里，站岗的美国兵横七竖八地躺在草丛里，有的蒙头睡觉，有的在吃零食，一个个军容不整，懒懒散散，与志愿军严整的军容军纪形成鲜明对比。陈阵敏捷地按快门，拍下了联合国军的这一幕！

1941 年：击沉"俾斯麦"号

刘一丁

　　当艰苦卓绝的第二次世界大战进行到 1941 年初时，除了在地面战争中取得了重大进展，大西洋之战的天平也开始逐渐向轴心国倾斜。自 1 月到 5 月，德军仅潜艇部队即击沉、击伤和俘获了二百二十六艘盟国商船；同时期，英军护航舰队和航空兵仅仅击沉了八艘潜艇。虽然盟军的造船能力此时尚且可以在吨位战中维持领先，但是随着德军潜艇数量的不断增加，这种优势或早或晚会被消耗殆尽。

　　为了进一步压迫盟军的海上运输，牵制其主力舰的部署，纳粹舰队开始更加频繁地派遣水面舰艇进入大西洋中袭击护航编队。这些袭击中，1941 年 3 月结束的"柏林行动"取得了尤其巨大的成果，两艘德军战列舰在油轮的支援下在大西洋中，击沉或者俘获了超过二十二艘商船。在胜利的鼓舞下，纳粹海军开始了全新一轮的袭击。1941 年 5 月 18 日夜，"欧根亲王"号重巡洋舰自哥腾哈芬（今波兰格丁尼亚）启航。次日凌晨 2 点，全新入役的满载排水量超过五万吨的八炮口径十五英寸的战列舰"俾斯麦"号按计划离港，正式开始了"莱茵演习"行动。19 日，两舰与护航舰艇在阿克纳角（Cape Arkona，位于丹麦德

图1 "胡德"号

国边界）会合，并在 20 日穿越卡特加特海峡抵达德军占领下的挪威港口卑尔根。21 日，德军向北抵达格雷姆斯塔德湾，"欧根亲王"号在此补充了燃油，"俾斯麦"号则修整了迷彩涂装。两舰随后向西北出发，决心凭借恶劣的气候条件，自丹麦海峡突破英军封锁，尽快进入北大西洋。

此时世界还不会知道，在接下来的六天时间里，一场颇为惊心动魄的海上缠斗将永远被载入史册。

从瑞典方面了解到德舰行动后，盟军空中侦察随即向挪威方向集中。21 日午后 1 点，"超级马林"喷火战斗机拍得了德军行动的清晰照片，确认纳粹舰队最大最新的战列舰"俾斯麦"号已经抵达挪威北部。此时在 GIUK 缺口（是指位于格陵兰、冰岛和英国之间的与海军作战有重大关系的北大西洋海域，GIUK 是格陵兰、冰岛和英国的缩写）附近的英舰分为三部分：

第一巡洋舰队辖四艘巡洋舰分为两组在法罗群岛和丹麦海峡巡逻；战列巡洋舰"胡德"号，战列舰"威尔士亲王"号率六艘驱逐舰向丹麦海峡出口前进；本土舰队主力则由旗舰"乔治五世国王"号率领，辖航空母舰"胜利"号、战列巡洋舰"反击"号，第二巡洋舰队下四艘巡洋舰和其他六艘驱逐舰向法罗群岛水道的出口开进。23 日，在丹麦海峡巡逻的第一巡洋舰队旗舰"诺福克"号确认德舰已经抵达海峡北部。24 日 5 时 52 分，"胡德"号与"威尔士亲王"号与敌军取得接触。然而 6 时 1 分，交火开始仅仅九分钟后，德军火炮命中"胡德"号引发爆炸，将这艘有史以来最大的战列巡洋舰送入海底。

"胡德"号沉没的消息首先抵达了海军部，随后向全舰队通告。当晚，世界媒体铺天盖地地报道了德军惊人的胜利：德军仅仅一次交火就将皇家海军最庞大的主力舰送入海底，同时重创了另一艘新式战列舰。消息严重动摇了人们对于英军能力和航运安全的信心。《周日新闻》以"泰坦之死"为题刊登了

图 2 "莱茵演习行动"中的"俾斯麦"号

图3 "皇家方舟"航空母舰和"剑鱼"鱼雷轰炸机

大版面报道,《周日镜报》则冠以"1300人在最大战舰上阵亡"的副标题。虽然此时受损的"威尔士亲王"号仍与第一巡洋舰队的巡洋舰一起尾随并监视德舰,但是"胡德"号都被德军如此轻松地击沉,英军还有什么战舰能够与之抗衡呢?

在大西洋上的每一艘英国战舰都被动员起来:在法罗群岛水道附近的本土舰队主力立刻转向西南,试图在西部入口海域对德军再次进行拦截。24日,原本正在为前往加拿大的运兵船"不列颠尼亚"号护航的"罗德尼"号战列舰接到命令,立刻与大多数随行驱逐舰一起转向东北,封锁德舰返回法国的航线。正在为商船护航的"拉米雷斯"号和已经抵达哈利法克斯的"复仇"号也在同日奉命脱离舰队,向东准备与任何抵达北大西洋西部的德舰作战。在直布罗陀到比斯开湾的之间，英国皇家海军有另外三艘航空母舰"百眼巨人"号、"暴怒"号、"皇家方舟"号，还有战列巡洋舰"声望"号以及巡洋舰"谢菲尔德"号、"爱丁堡"号、"多赛特郡"号、"伦敦"号。虽然英军的老式战列舰体型更小、设备落后，在火力和防护上都无法与"俾斯麦"号抗衡，但是它们是在大西洋上活跃着的十余个护航舰队和德军重炮之间最后的屏障。舰队跃跃欲试，决心为丹麦海峡的战败复仇。

德舰在战斗中同样受损，但是航速仍然可达二十八节，快于大多数追击中的英军战列舰，此时英军只有舰队航空兵才有能力对火炮射程以外的德舰进行攻击。大西洋上雨云密布，狂风卷起巨浪让多数小型舰艇难以跟进；而且由于大多数兵力被前置在地中海和东方，英军舰队可用的航空力量所剩无几。本土舰队唯一的航空母舰是刚刚入役的"胜利"号，舰上只有两个中队六架"海燕"战斗机和九架加装对海雷达的"剑鱼"鱼

图4 1946年时的"乔治五世国王"号航空母舰

雷轰炸机，而且许多飞行员刚刚进行完第一次着舰任务，中队从未进行过编队打击训练。南方三艘航空母舰中，"百眼巨人"号和"暴怒"号刚刚完成对马耳他的战斗机运输任务，并无载机。所以随舰队北上的只剩下"皇家方舟"号，携带有五个中队二十三架"海燕"与二十七架"剑鱼"。

24日3时9分，距离德舰最近的航空母舰"胜利"号在第二巡洋舰队的掩护下脱离舰队，逼近南下的德军战列舰。然而恶劣的海况让舰队无法达到预期的速度。傍晚6时，德军"欧根亲王"号脱离舰队，消失在水天相接的朦胧中。更糟糕的消息是比斯开附近的潜艇警报，显然德军正在组织潜艇部队掩护其战列舰撤离。在巨大的压力下，"胜利"号于10时10分将全部九架"剑鱼"放飞，并在11时将三架"海燕"放飞以监控打击活动。在极低的能见度下，目视导航几乎无法实现，机队凭借对海雷达的信号向西飞行，它们必须找到敌舰完成打击，之后在同样恶劣的气候下再次找到己方航母，完成降落。这样的任务即便是对最优秀的飞行员也是巨大的挑战，而"胜利"号上八二五中队的新手飞行员们仍然无所畏惧地向目的地前进。

对海雷达未能有效地锁定德舰，但是经过几次错误辨识后，机队成功锁定了此时正尾随德军的第一巡洋舰队和"威尔士亲王"号。在巡洋舰的航空指引下，重新出发的八二五中队锁定了一艘美国海岸警卫队的巡逻舰，位置就在"俾斯麦"号以北六英里处。双方立刻确认了对手的意图：德军战列舰采取规避行动并拉响防空警报，英军鱼雷机则以三个编队依次顶着重重炮火向德军发起鱼雷打击。"剑鱼"飞蛾扑火式地向德舰进行徒劳的冲锋，但德军防空炮手也已经在十几个小时的战斗状态中筋疲力尽。双方用鱼雷、防空炮攻击，机载机枪手甚至用手枪射击，英军轰炸机直到全部完成打击才撤离。八二五中队有一发鱼雷命中目标，但是仅仅击中了"俾斯麦"号的装甲带，未能造成足够的损伤。

冒着被潜艇伏击的风险，"胜利"号强行打开了指示灯引导机队返航。九架"剑鱼"全部成功着陆，但是两架"海燕"失踪了。他们或许燃料耗尽，或许遭遇空难，在如此恶劣的环境下不可能进行任何有效的搜救，飞行员只能在冰冷的海水中迎接死亡。

25 日 3 时 6 分，独自向南行驶的"俾斯麦"号突然转向东方，成功甩掉了"威尔士亲王"号和巡洋舰。在接下来一天里，"胜利"号和岸基航空兵徒劳地进行着航空搜索。一时间，德舰似乎消失了，无论是搜索雷达还是舰载机都无法确定其位置。许多追击舰艇的燃料所剩无几，在潜艇的威胁下它们不可能继续追击，而且"胜利"号的舰载机在搜索任务中损失巨大。许多人认为在抵达法国前成功拦截德舰已经不可能。即便是成功拦截，仅剩的战列舰能否在交战中击败"俾斯麦"号也值得怀疑。英军舰队唯一能做的是将所有尚在追击中的军事力量向法国海岸集结，如果德舰能够再次被锁定，那么他们还有一次在其抵达潜艇和航空兵掩护范围前将其击沉的机会。

26 日上午 10 时 30 分，"卡特琳娜"飞行艇终于发现了"俾斯麦"号的踪迹，并且在德舰能够将其击落前发出信号并撤离。此时自直布罗陀向北前进的 H 舰队（Force H，驻扎直布罗陀海军部直属的机动编队）就位于德舰一百英里以内的位置，英国海军如愿以偿地获得了他们最后一次试图拦截敌舰的机会："皇家方舟"号的"剑鱼"将对德舰发起新一轮鱼雷打击。它们要

图 5 沉没的"俾斯麦"号。摄于 1989 年。

么取得成功,证明不列颠在战争最黑暗的时刻仍然有能力统御
大洋;要么失败,眼看这艘危险的战列舰撤回到布列斯特或者
圣那泽尔。

　　许多飞机在此前的搜索行动中坠毁或者无法使用,第一批
下午 2 时 50 分发动的攻击错误地锁定了独立活动的巡洋舰"谢
菲尔德"号。天气持续恶化,狂风卷起巨浪猛烈地敲击着航空
母舰的飞行甲板,将水手和飞行员吹得七零八落。许多人认为
飞机已经无法在这种环境下起飞或者着陆,机载鱼雷也很难在
这种环境下投放。晚 7 点,三个中队最后十五架可用的"剑鱼"

向目标飞去。当他们在 11 时开始返航时，德舰终于被击伤得无法机动，其航线开始转向西北，向本土舰队迎面而来。

英军驱逐舰在 27 日凌晨发起鱼雷冲锋，被德军勉强击退。当清晨的曙光终于降临的时候，德舰发现自己处于重重包围之中：战列舰"乔治五世国王"号、"罗德尼"号，战列巡洋舰"反击"号，航空母舰"皇家方舟"号，重巡洋舰"多赛特郡"号、"诺福克"号，轻巡洋舰"谢菲尔德"号和至少九艘驱逐舰从各个方向切断了"俾斯麦"号可能的退路。上午 8 时 47 分，英军开火。12 分钟后，德军已经损失了四门口径十五英寸炮。9 时 31 分，"俾斯麦"号最后一次还击的齐射落空后，战斗基本宣告结束。在猛烈的炮火和鱼雷的攻击下，德国水手打开通海阀，这艘宏伟的战列舰终于消失在海面上。

"俾斯麦"号的沉没和同时期克里特岛的战斗成为了 1941 年中最受人关注的战斗。其最终被击沉的结局极大地提振了盟军的士气，证明了英军不惜代价保卫海上航运安全的决心。与之相反，"俾斯麦"号被击沉之后的德国海军开始逐渐放弃大西洋破交战略，其剩余大型舰艇被集中在挪威附近以威胁北方航路，并在 1942 年 12 月巴伦支海海战的失败后被彻底放弃。1943 年 12 月，欧洲战场上最后一次重炮交火的北角海战中，德军最后的战列舰"沙恩霍斯特"号被盟军击沉。虽然战争的喧嚣在水下持续到了 1945 年中旬，但是自此水面上已经不存在德国或者意大利的大型袭击舰威胁商船的航路了。盟军得以将集结在大西洋水域的主力舰继续送往远东，为最终彻底击败三国轴心做最后的准备。

难忘母校青岛九中

张白波

今年，母校青岛九中已经一百二十岁了。

青岛九中（前身是礼贤书院），见证了青岛市开埠建置的百年沧桑，见证了这个城市的教育历史。百年名校，成全了多少代莘莘学子渴求知识的愿望，又培养造就了多少堪称国家栋梁的精英人才。我们庆幸曾经就读于这所名校，也为母校的百廿荣光备感骄傲。

六十多年前，1956—1962年我在青岛九中就读，这是我一生最终的学历，所以印象特别深刻。在那个不平静的年代，学习生活纷乱而多彩，我不仅长知识还滋养了气质、情怀，埋下了从艺的种子，以至于最后走上了教师和画家的道路。述说我的学生时代，对于今天年轻的学子来说，已经是遥远的传说，他们未必感兴趣，但对于我的同龄或年龄相近的学友来说，这些往事一定会唤起许多珍贵的记忆，我想他们会乐于与我一起重温母校那些美好的过去。

于是，我愿多花一点篇幅，多叨叨几句。我觉得，我不来述说，怕不会再有人去翻检青岛九中20世纪五六十年代的那段历史了。我愿通过自己的追忆，也让当今的学子一窥那个时代

图1 礼贤中学早期上海路校门

的校园生态，感受一段不可复制的历史沧桑。

美丽校园

由德国人卫礼贤建于1900年的礼贤书院，1903年落址于上海路，1952年改为山东省青岛第九中学，是青岛市建校最早的名校。可能是源于西方的文化基因吧，我上学的时候，学校拥有一片很大的花园，这在全市的学校里是极为罕见的。

礼贤时代，校门开在上海路。紧挨着上海路小学（前尚德小学）的校门，进门后先要登上高高的四十多级台阶，直接进入白果树院。1956年我上初中的时候，校门已改在城阳路上，紧挨着当时的市立中医院门口。九中校门正冲着一间由汽车屋改建的早点铺，有两个潍坊老乡在那里打火烧、炸油条、卖甜沫。上初一的时候，我常常光顾这里，每次花不到一毛钱，就能吃上一顿早点。

老校门不宽，一进校门左边一间下沉的小屋是传达室，向前走十多米右边是一间存放自行车的简易车棚，再向前走二十多米就是我们大家熟悉的，直到现在还保留着的"礼贤楼"（外

图2 礼贤书院校长和教师合影。约摄于20世纪二三十年代。前排左四为校长刘铨法，后排左一为美术教师牟贡夫、左四为卫礼贤、右二为教师马德益（即文中所述教过我动物课的老师）。

观已经改造）。礼贤楼由德国校长卫礼贤建于 1902 年，木结构加砖砌，前面两排楼梯，走廊的两端上下是木架玻璃大窗通透的房间，楼内加阁楼是三层，外墙蓝白相间（裸露的木架为蓝绿色，墙为白色），很漂亮，很有德国建筑的风味。

在礼贤楼前面，东南从校园城阳路墙根算起，西北拐到上海路木栅栏墙内，沿着上海路一直向北，直通到临近上海路的小学处，这一大片地方（现在的运动场位置及进门路面以北），就是当年学校的花园区。

那是多么大的一片花园啊！

图 3 1958 年前青岛九中城阳路校门

起初，这个花园为校长私人所有，学生是不能进去的。我上学的时候，学校早就改天换地了，但花园还基本是原来的风貌。礼贤楼前路边直到鲁迅礼堂后面这一大片仍然是圈着的，里面满是花木，特别记得里面有当年从德国引进的一种月季花，据说是全国独一无二的品种。这个花园名叫"米丘林植物园"，显然是当年追崇苏联的结果。生物老师和管理花园的花匠曲本荣师傅都有钥匙，可以开门带学生进去。靠上海路小学那一段花园有玻璃温室，还有莲花水池。初中时我们班几个同学参加了生物小组，不但可以经常进花园，而且还可以在花园里为生物老师养兔子。秋天，曲师傅侍弄的千头菊非常漂亮，他经常让我们用地排车拉到市场三路去卖，好像算是勤工俭学活动。

　　记得是1958年，全国"大跃进""大炼钢铁"，可能觉得校门狭窄吧，就把城阳路校门封死，在上海路开了一个新校门。那年代，兴"自力更生""自己动手、丰衣足食"，学校领导发动全校学生出去捡砖头，并由学校的工友动手拆了一段墙，垒起了门垛。进门后的那段上坡路也是用捡回来的砖头铺就的，同时还在校门旁边盖了一间房子做传达室（在今传达室的对面，已拆除）。新校门位置在原上海路校门的南边，侧对着夏津路，也就是现在校门的位置。

　　于是，新门、新路把原来的校园结构改变了，花园被分割成了南北两部分。传达室后面到鲁迅礼堂前，依然是一片疏朗的树林地带，记得有紫藤、柏树、紫荆、紫薇（痒痒树）、胡桃，还有一棵山楂树。最引人注目的是那棵高大的杨树，每到春天，树下落满了像毛毛虫一样的残花。从礼贤楼前面下来有两条纵横小路，其中一条要穿过有藤萝的平台，才能转到林地。我存有一张我们初三五班获"红旗班"称号时，在藤萝平台前台阶上拍照的全班合影，可以看出当年这里的风貌。这片树林是学生看书复习功课的好去处，从来没有同学在这里打闹。

新校门开通后，我上高一的时候，比我们高两届的学生（1960届高中）在毕业前夕，给母校献上了一份大礼。那一届毕业班的同学特别优秀，能工巧匠也多，竟然自己收集材料，自己动手，在校园建造了一座很像样的中式亭子，起名叫"五一亭"，高三一班的班长林寅之还特请赵熙信校长题写了"五一亭"三个字。五一亭的位置就在一进校门上坡路左侧的那两棵银杏

图4 1959届初三五班合影。1958年摄于九中花园，背景建筑为礼贤楼，后排左三为作者。

树下。亭子的顶部是用树皮当瓦铺成的，很雅致，给学校平添了一道风景。我知道，亭子的设计者之一就是我们画画的学兄刘冀德，还有精通木工的张百寿（张峰，后在九中任教）、张延寿兄弟等。那时候，我们这些学弟对他们简直佩服得不行了。

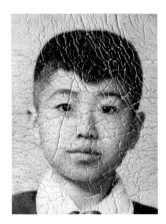

图5　1956年作者入学时的照片，取自当年学生证。

"米丘林植物园"依然不能随便进。我奇怪，当年那么矮矮的护栏竟然能挡住学生，那年头的学生真守规矩，真够老实听话的。

现在，不仅那座精巧的"五一亭"消失了，那一大片园林也早已荡然无存，变成了一个光秃秃的大操场了。在后来"革命"愈演愈烈的年代，花花草草代表着"封、资、修"，是资产阶级毒草，对于培养"革命接班人"有害，九中这座花园自然难逃被毁弃的厄运，据说"文革"一开始"五一亭"就被砸了。学校原本的操场被占用建了教师宿舍，没法上体育课，只好把花园变成操场了，毕竟学生锻炼身体比养花种草更重要。原先母校的那座花园，那片疏朗的林地，只能留在我们这些老校友的记忆里了。

我对九中花园这么熟悉，还因为上小学（上海路小学）时，同班同学王士能的妈妈窦织云是青岛九中的音乐老师，他们家就住在礼贤楼的阁楼里（后来的校史陈列室），我们是好朋友，我常到他家去玩，也和同龄同级的花匠曲师傅的儿子、九中副校长蔡嘉禾的儿子一块儿玩，所以对50年代九中的环境是特别熟悉的，校园环境的一切都历历在目。到现在，我相信我还能把学校的各个院落的格局平面图默画下来。

几经沧桑，上海路老礼贤——九中的校容变化何止花园。三年前我专程回到那里看了看，除了"礼贤楼"还有点老九中的痕迹外（其实该楼一层两端的玻璃房早已被改造了），校院格局已全部改变，可以说根本就不是原来的九中了。六二院没有了，五一院没有了，鲁迅礼堂没有了，白果树院没有了，那两棵高大的老白果树萎缩在新楼角落，凋敝不堪……所有的老房子全都没有了，代之而起的是全新的教学大楼。一座百年老校传承的最重要的标志就是建筑（当然还有教育理念等），理应保留；而老校的容量格局不敷使用，需要重建，也是社会发展的必然，孰对孰错，很难说得清楚。面对这座我完全陌生的母校旧址，喜哉？悲哉？除了感慨岁月无情，世事沧桑，我不知道该说什么。

名师荟萃

放下那些杂乱的回忆，想想六年的中学时代，我还是有着很多美好愉快的学习时光。

首先想到的是教过我们的老师。当年九中的名师太多了，而且很多都是上了年纪的老教师。初中教我们"动物"课的是马德益老师（那年代生物课分为"植物"和"动物"两门），当时马老师已经七十多岁了还没退休，据说能背德语字典，上第一节课时就告诉同学"康生是我的学生"。据传 50 年代初康生来青岛时还专门到九中看望过他，马老师感觉很体面，就连我们也觉得能和康生师出同门很骄傲。

教我们世界地理的是"地理王"王德隆老师，也快六十岁了，据说王老师留德出身，精通德语。王老师夏天穿短裤和长筒白袜、皮凉鞋，洋气得很，每次一上课什么话都不说，先用装粉笔的小瓶敲一下教桌，回身在黑板上画出几条经纬线，十分精确地默画出所讲国家的地图，回过身来，再用小瓶敲两下教桌，遂开始讲课。王老师视力欠佳，从不注视学生，也不看书本讲义，只管倒背如流地侃侃而谈。

　　图6　在礼贤楼前拍摄的初中1959届毕业照。老师：第二排从左至右依次为王显秀（美术）、窦织云（音乐）、梁允石（语文）、朱子赤（数学）、王广文（语文）、郭淑华（历史）、徐杰（地理）、王练百（几何）、李绍广（物理）、李澍恩（化学）、曲师傅（花匠）、王堃（体育），第三排右一张以忠（汉语）；学生：前排右一为笔者张白波。

还有全市有名的"化学王"刘宗谔老师，讲课细声细气，表情十分丰富。他编的化学反应顺口溜——"锌加稀硫酸，定有氢气往外钻，如要用火点，必有大危险""火烧氯酸钾，就有氧气往外爬，如要收集它，就用排水取气法"。到现在我都忘不了。后来他调到青岛教师进修学院任教去了。

教外语的于兰亭老师戴着金丝眼镜，极具绅士风度。他原来是英语老师，但学校不设英语课，只好改行教俄语。高一入学第一周的俄语课上，于老师看我写的俄语花体大写字母很漂亮，当场就指定我为俄语课代表，这一来，我在高中当了三年的俄语课代表，其实我并不喜欢俄语，俄语学习成绩也一般。

初中一入学教我们体育课的是体操运动员出身的牛洪生老师。他知道我姐姐是张白露（山东省第一位健将级体操运动员），于是有几次体育课，他教完跳箱、鞍马的项目动作后，点名叫我做示范。牛老师大约觉得"有其姐必有其弟"，我也有体育天赋吧，殊不知我向来四肢不灵，弄得我好尴尬，牛老师就再不指望我了。

高二教我们语文课的是位女老师黄哲渊先生，讲课带有浓重的湖北口音，讲起古典文学津津乐道，讲解李白《蜀道难》诗句"扪参历井仰胁息，以手抚膺坐长叹"时的表情现我还记得。黄哲渊老师的丈夫芮麟是著名的诗人、作家、文艺评论家，在民国时期和黄老师一起创办过乾坤出版社。黄老师也是作家，著有《离乱十年》等多部著作。她女儿和我姐是小学同班好友，儿子芮少麟我也认识，芮麟夫妇是青岛文史界的名人。

化学老师付万青讲课时地方口音很重，"氢氧化钠"总念成"敬仰哇啦"；物理老师李绍广个子矮矮的，上课很卖力，一节课下来经常是满头大汗；高三教语文的陈可新老师讲课轻松诙谐如同说单口相声；高二教数学的李馥娜老师上课总是用那南方口音轻声提醒我"张白波你又睡觉了"……还有教过我们的王广文、张以忠、王练百、王汉阁、梁允石、宋石如、朱子赤、李澍恩、王堃、牛钟衡、李扬真、朱文、丁守一、郭锦慧、郭树华、张同焕、孟亮思、孙书升、赵汝泌、赵禄俨、谷琴如、安光霞、王时纬、王常安、王一安、万述恩、尹如姗、刘凤鸣、

图7 在1958年建的新校门前拍的1962届高三六班毕业照。老师：前排从左到右依次为谷琴如（数学）、孙书升（语文）、王时纬（地理）、郭锦慧（历史）、陈可新（语文）、于兰亭（外语）、吕振光（校长）、蔡嘉禾（副校长）、徐文茂（团委书记）、刘灏（语文）、王汉阁（生物）、王一安（生物）、王常安（俄语）、丁守一（俄语）、李志英（历史）；第二排左一丁瑞珠（政治），右一朱启君（办公室）、右二尹如姗（数学）、右三梁永秀（卫生室）、右四华荷影（几何）；后排左一牛洪生（体育）、左九祁朝阳（体育、毕业班主任）。学生：最后排左七为笔者。

图8　九中鲁迅礼堂，即礼贤时期的"藏书楼"，礼堂正门右端为图书馆。

华荷影、张振西、刘灏、谭桂馨、窦织云、丁瑞珠、祁朝阳、杨树德等许多老师，上课都各具特色。时隔多年，他们的音容笑貌依然能在我的脑海浮现。这些老师大都已经作古，我在这里写下他们的名字，唤起同学们的回忆，也算是聊寄对远去的恩师们的怀念。但愿这些老师的在天之灵，看到还有学生记得他们，能让他们得到一丝安慰。

　　当年，六二院前面的一排小屋被拆掉后，独留头上一间小屋作为"教师准备室"，室内没有座椅，只有一个大的立镜。每当打上课的两分钟预备铃时，有些老师会先在这里稍候，对镜整仪容，取了粉笔，再去上课。那年代，还是很讲究师道尊严的。而每当上午第二节下课铃响后课间操前，打铃的马大爷立马就会在学校大喇叭上播放印度电影《流浪者》的插曲——

"阿巴拉古……"，天天放，让老师无法拖堂。

在诸位老师的教导下，我的学业成绩尚好。高一期末的全市统考，我在全级部六个班三百多个同学中成绩排在第四名（前四名中我班同学占三名）。到上高三我虽已对高考无望了（原因后述），但在一次期中考试中学习成绩还是全班第二名。毕业后，老师们对我未能读大学深感奇怪和惋惜。在我就职于民办新华中学后，刘宗谔老师在路上遇到我，还说九中的老师议论过并向领导提过，为什么不把张白波留在九中。我知道，进九中那是完全不可能的，但老师对我的厚爱，我永远铭记心中。

美术摇篮

如此美丽的校园环境，如此深厚的历史积淀，礼贤—九中一百多年来培养了无数才俊人杰，其中美术人才就可以开列出一串长长的名单。我的艺术人生，就起始于九中，起始于九中美术组。不过，还是从我的一些美术前辈和学兄说起吧。

像王献唐（1896—1960）、康生（1898—1975）等学者型文人书画家就不去追述了。我所知道的现在年龄最大的九中校友画家，是现已九十多岁高龄的晏文正老先生。晏文正先生在20世纪40年代初就读于礼贤中学初中部，美术受教于牟贡夫老师。晏老师主攻水彩画，后为青岛教育学院教授、艺术系主任，曾任青岛市美术家协会名誉主席、青岛画院名誉院长、山东水彩画会名誉会长等职，是我们尊敬的水彩画领域的泰斗级的老前辈。

著名画家李峻1946年毕业于礼贤初中，后就读于北师大工艺美术系并留校任教，50年代赴苏联留学深造后为中央美术

图9 作者早期素描习作

学院教授。

　　著名油画家张重庆1950年毕业于礼贤高中，后毕业于中央美术学院，任中央戏剧学院教授、研究生导师，中国老教授协会艺委会委员。由于特殊的渊源，我与张先生关系密切，前年专程赴北京参加了他向中国美术馆捐赠作品的活动。

　　1956年初中毕业的李全淼于当年考入中央美术学院附中，后来毕业于中央美术学院版画系，任教于厦门大学，教授、研究生导师，是著名的版画家和油画家，现在依然活跃于画坛。

　　当然可能还有些身在外地的、饶有成就的画家我不知道。

　　和我同时在校的最年长的美术学兄是尚友松。我上初三时尚友松读高三（1959届高中毕业），记得当年在礼贤楼前路对面立有一排带玻璃的展窗，展示过尚友松的中国人物画作品，他画得非常专业，我敬佩不已。后来他在市北中学（青岛艺术学校前身）任教，我在新华中学任教，来往甚密。"文革"后他到青岛美术设计公司任职，我们在创作上多有合作。尚友松善于教学，启蒙、培养了不少很有成就的画家，他的代表作有连环画《小鲷鱼求医记》（1963年山东人民出版社出版）等。2010年2月尚友松患癌症去世，享年七十四岁。

在我上高一的时候，比我高两届的比较熟悉的两位画画的学兄叫刘冀德、赵理（1960届高中毕业），就是他们设计建造了"五一亭"。刘冀德同学后来在铁路机务段工作，于2009年去世，辞世前决定把遗体捐给医学研究，令人感念。赵理同学毕业后进大学学了建筑专业，曾在东营和青岛从事建筑设计工作，并担任领导职务，我们已多年没有见面。

九中比我高一届的画画学兄还有1958年初中毕业离校的曲学霭，他在校时就曾在《青岛日报》上发表作品了。后来在青海工作了二十年，1986年调回青岛在市群众艺术馆从事美术工作。他在艺术创作上很有成就，作品获得过第七届全国美展铜奖，曾是青岛专业技术拔尖人才。2014年7月曲学霭辞世。另外在读高中时比我高一级的还有一位学兄叫郭殿芳。郭殿芳在学校时不露声色，大家不知道还有这么一位会画画的同学，直到高三临毕业时，突然在展窗里展示出了他的素描习作，让我大吃一惊。后来他上了青岛美校，毕业后在青岛美术设计公司工作。20世纪80年代我和他也多有交往，一同参与过一些市里的创作活动。

我所知道和记得的，并有往来的九中高年级的画画的学友就是这些了。他们有的离开了人世，有的湮没在人海里不知音信，我在这里提及他们，写下他们的名字，是感念曾经有过的校友情谊，感念曾经有过的共同的美术理想。我知道，我不写，恐怕后来的九中校友们没有人会知道他们的。

九中和我同年级的画画学友主要有姜宝林、牛锡珠、陈季富（后改名为陈向东）、杨良钰、崔寅。

姜宝林是我高中的同班同学，毕业后考入当时的浙江美院，后考上中央美术学院李可染先生的研究生，现为中国艺术研究院博士生导师，是国内赫赫有名的中国画大家。

牛锡珠和我同届不同班，高中毕业后就读青岛工艺美术学校，后为青岛画院专职画家，国家一级美术师，青岛市美术家协会国画艺委会主任，是获国家"中国画杰出人才"称号的著名画家。牛锡珠上高中时我们教室门挨门，后来他到画院和我成为同事，画室也是门挨门，真是缘分。

陈向东（陈季富）和我初中同班（初三五班），高中与牛锡珠、杨良钰同班（高三二班），他们三人高中毕业后都考入青岛美术学校就读，后都分配到青岛贝雕厂工作，再后来陈向东、杨良钰都调到青岛工艺美术学校任教。崔寅好像只是在九中读的初中，后来也就读过青岛美术学校，在贝雕厂工作。

再说九中的美术老师。

我上初一时，教我们美术课的是陈起惠老师，他擅长工笔花卉，是一位有一定名气的画家，教了我们一年，1957年蒙难，离开了学校。随后由王显秀老师教我们美术课。王显秀老师英语好，考大学时报考的是南京大学英语系，但那时英语被认为是"美帝国主义"的语言，所以英语系被取消了，大兴"苏联老大哥"的俄语，无奈之下王显秀老师就转系到了美术系学美术。王老师告诉我，她是我国著名工艺美术大师陈之佛先生的学生。

由于我的美术课作业成绩好，王老师就经常叫我去帮忙做些学校写写画画的事，特别在我升入高中后，帮王老师画些课堂范画什么的就更多了，王老师对我很好。在学校时师生关系好不说，直到她退休多年后，遇到一个很大的麻烦，还曾托我找市里的大领导协调解决，我自然是帮她办了。这是题外话。

我在校期间，九中只有这两位美术老师。

该说说我自己了。

我自认为没有特殊的绘画天赋，更说不上"自幼酷爱艺术"，孩提时哪知艺术为何物，谈何"酷爱"。只是小学、初中美术课的图画作业经常受到老师表扬，画画有些兴趣罢了。读高中时，有一件事注定了我一生的命运。

1959年秋天读高一的时候，时任中国人民解放军空政话剧团团长的我二叔，带团来到青岛，在当时的北海舰队俱乐部演出话剧《钢铁运输线》。二叔和北海舰队文工团团长相熟，对他提到我喜欢画画，将来能不能去文工团做舞美工作。当时还让我回家拿了一张画给他们看，虽然我的画肯定很幼稚，就是那种既非儿童画又无专业训练的"涂鸦"，但他们说行，团长似乎答应我将来可以到团里去搞舞台美术。

这是一个似是而非的承诺，但对于我来说，在由家庭背景带来的对个人前途的迷茫中，犹如看到了一抹美妙的彼岸风景，点燃了我对戏剧舞台的极大憧憬和学习美术的热忱。

正好，和我同班的姜宝林同学，当时是跟着他哥哥从平度来到青岛上学的，他哥哥叫姜宝星，是青岛市工人文化宫的美术干部，油画家。可以看出姜宝林一入学就是要学美术的。我要学画画，自然就和姜宝林关系特别密切，也就认识了他哥哥姜宝星老师。那时姜老师刚从中央美术学院吴作人工作室进修回来，带回不少习作，在他那里我看到了真正的绘画艺术作品，这对我影响很大，特别是对我工作后的艺术创作影响很大。

当时姜宝林是立志学习中国画的，记得他和临清路小学的美术老师刘栋伦一起拜陈寿荣老师、赫保真老师为师，他们都是在校外或在家里画画。而我要学的是"西画"，自然不能和他们在一起，也没有条件专门拜师，只能在学校里利用课余自学。王显秀老师对我非常关爱，但她没有能力辅导我绘画，就以搞学校宣传的名义，在学校找了一间小屋做美术小组的活动场所，成全我画画，这大约是我上高中二年级的事。

我记忆中，在这之前，九中没有"美术小组"。上文提到的学兄们大都是在校外拜师学画，我和他们从来没有在一起专门画过习作，王老师没有指导过，也没有开展过有组织的美术活动。在我整个初中阶段，不同班级的喜欢画画的同学都相互不认识。有了一间房子，几个爱好美术的同学可以凑在一起正儿八经地画画了，就算成立了"美术小组"。不过，"美术小组"并不正式，没有在全校正规地选拔吸收过成员，而王显秀老师对我完全放任不管，就是几个低年级的同学跟着我一起画画而已，我是大学兄，画画又特别认真，见识也高一点，自然我就是头了，或者叫"组长"，掌管着画室的钥匙。

记得当时一起画画的有比我低一年级的闫卫平，有就读初中的曲仁宗、李云国，还有任锡海。闫卫平小学时跟随姜世钰老师学过画；李云国是青岛青年画家李云德的弟弟，有一定绘画基础；任锡海是临清路小学美术老师刘栋伦钟爱的学生，我和刘栋伦相熟，经他特别推荐，任锡海初中一入学就进了美术小组。

当年我画画几乎完全是自学，同时受着姜宝星老师潜移默化的影响。

那年代中国的美术教育主流完全是学习苏联的模式，流行契斯恰科夫素描教学体系，我就是完全按照那一套来自学素描的。记得当年有一本名叫《给初学画者的信》的书（苏联赫拉帕科夫斯基著，1959年翻译出版）对我影响极大，里面许多章节我都作了抄录，指导我循序渐进地认识绘画、理解素描、学习素描。我还千方百计借来了译自苏联的《素描教学》《苏联高等美术学校素描》等书，也把一些重要的章节抄录下来进行研究以指导我的习作。我从石膏几何模型画起，然后画大卫的石膏五官，画"哭娃""伏尔泰""亚历山大""米开朗基罗"等石膏像，也画静物写生。我清楚地记得，给石膏像打灯光的立式聚光灯是我从工人文化宫姜宝星老师那里借的。我的素描习作有时拿给姜宝星老师看，常常得到他的指导和肯定。我相信自己学习的路子是正确的，这也为我将来的创作和教学（后任教六中美术班）打下了良好的基础。

同时，我也自学水彩画，画静物，画风景，也练习人物头像写生。那时候经常看市里的"大人"们的画，常临摹画册。没有钱买画册，我就到中山路的"祥记行"古旧书店花低价买旧画册，临完了，再拿回去卖了，添点钱再买别的画册。记得当时从画册上临过张充仁、潘思同、汤由础的画以及英国水彩画集里的画。每到节假日，我也经常背个破夹子到公园、街头写生。想想当年的学习何其认真执着，又何其艰难清苦，今犹不胜唏嘘。

当年美术小组的同学都非常用功，常和我一起画画的主要是闫卫平，我们常常探讨切磋。闫卫平虚心好学，素描也画得

图 10 九中美术小组成员合影。摄于 1962 年夏。前排左任锡海、右笔者，后排左闫卫平、右曲仁宗。

很严谨，后来考进青岛美校深造，成为很出色的画家。李云国、任锡海那时上初中，我毕业后，美术小组就是闫卫平和任锡海他们的天下了，美术小组后来怎么发展，我就不清楚了。任锡海天分极高，虽然在绘画、雕塑方面壮志未酬，却终于成为一位摄影大师。听说曲仁宗后来去了青海建设兵团，早早地就离世了。

由于有对"舞台美术"那份职业的期待，在高中阶段我一直非常关注戏剧。为了提升戏剧素养，我阅读了全套的朱生豪翻译的《莎士比亚戏剧集》（多卷本，九中图书馆存有近二十本）等许多与戏剧相关的书，不仅留意学习舞台美术知识，还关注像表演上的"体验派""表现派"等凡是与戏剧有关的多方面知识。

但是临近毕业，这个原本子虚乌有的"舞台美术梦"就破灭了。我在绘画上下了很多功夫，完全就是为了那份期待的职业，因为我知道，我不可能考美院走上做画家的路。高考，对我来说不仅是"政审"那一关断然过不了（虽然我的文化课成绩一直是班上的前几名），就算我能考上大学，我也断然不会去上大学的。我家太穷，也上不起，作为长子我要帮我父母挣钱养家。

"舞台美术梦"粉碎了，但有一个"版画家"的梦在冥冥中向我呼唤，不过，这已经是离开九中后的事情了。

虽然艺术院校的科班学业与我终生无缘，但在中学时代心里埋下的艺术种子却压抑不住地萌发。我的命运之舟，已经在九中美术小组启航，我不会忘记这个美术小组。

我记得，美术小组就坐落在六二院前路对面的一圈平房的小院里。房间不大，前后两个窗，后窗冲着六二院，窗外有一高一矮两副双杠。房门前下几级台阶后，院子对面是音乐教室，美术小组旁边是学校总务处。

由于我家住在上海路4号，离上海路7号的学校很近（不足两百米），我经常早早到校，上课前，先到美术小组画一阵素描。平时一有空就钻到美术小组，反正我有钥匙，我不知道我在这间小屋子里消磨了多少时间。

有一次学兄尚友松到美术小组与我们聊天，讲了列宾把自己关在屋子里画画的故事，还有苏里科夫的《近卫军临刑的早晨》《女贵族莫洛卓娃》……我听后崇拜不已，倍受激励。

　　记得在我高中毕业前夕，就要离开美术小组的时候，任锡海从他大哥那里拿来一部 120 相机，支在美术小组的门前，按下自拍快门，留下了一张美术小组唯一的一张照片。

　　在美术小组所在的那个小院里，九中的赵熙信校长家就暂住在音乐教室的隔壁屋子里，校长的一男一女两个小孩经常在院子里跑来跑去。现在他们早已长大了，也快变老了。那个男孩，就是青岛市政协原副秘书长、民进青岛市委驻会副主委赵高潮先生。

　　时光荏苒，日月如梭，半个多世纪前的九中美术小组如梦似幻地浮现在眼前，牵动我无限情思。

　　1962 年，我高中毕业后不久，王显秀老师终于转行去教她喜欢的英语了，美术课教师换了由青岛八中调来的韩湘浦老师担任。1963 年我开始在民办新华中学执教美术课，当年中学美术老师是按学校所在区划分，各校每周一次集体备课的，所以我和韩老师相熟。不管韩湘浦任教时还是后来又换了几任美术老师，好像九中美术组活动的传统一直被保留了下来，许多美术小组的同学还和我这个大师兄有种种联系。20 世纪 60 年代韩湘浦老师和后来的李凤九老师以极大的热情开展美术教育，用美术小组的形式培养了一大批热爱美术，并后来成为杰出画家的学生。为百年老校平添了斑斓耀眼的色彩。

　　离开九中十年后，70 年代初的"文革"后期，忘记是什么机缘，可能是韩湘浦老师相邀吧，我又回到九中，带着美术小组的一帮小学弟学妹画了一段时间的石膏像素描和人物头像素描。很清楚地记得石膏像画过"马赛"和中国"青年头像"等，其间也还画过水彩人物头像写生。这是我与九中美术组缘分的

图 11 1978 年，姜宝星（左）、笔者（中）、徐立忠（右）在青岛工人文化宫合影。

再续。

1980 年，青岛市教育局因我而在青岛六中设置了美术职业班，由我在那里负责了八年美术教育。美术班的成立和发展，至今培养了万千美术学子进入高校，使一所升学率极低的中学一跃而成为挂牌"青岛美术学校"的 A 类学校和全国知名的美术学校。追根溯源，似乎也能看到九中美术小组的影子。

文脉流转，竟至于此，堪称传奇。

2010 年九中一百一十年校庆，我为学校捐赠了作品。2015 年为纪念九中建校一百一十五周年，从九中走出来的美术学子们感念母校的培养教育之恩，联合举办了一次规模隆重的校友画展，并出版了一本画文集，我有幸为之作序。今年，时逢"百廿礼贤"校庆,我们又举办画展和出版画集,为母校的荣光喝彩。念此,我不胜感慨。

尾　声

似水流年,不尽沧桑。

忆及上述往事,除了我与母校九中有诸多缘分外,我们家还与九中多有缘分。我的亲舅舅韩永祥曾在九中教过语文课,是优秀班主任;我三个妹妹张同华、张惠先、张白珊,弟弟张白涛,还有我的妻子佟天翔以及我的儿子、外甥女、外甥媳妇都毕业于九中。细数下来,一家三代有十人与九中有关,连绵半个多世纪,这是多么厚重的一份缘情。

·书讯·

佚名照:20世纪下半叶中国人的日常生活图像

晋永权 编著

上海人民出版社　2020年10月出版

定价:298.00元

晋永权通过二十多年的图像收集、整理,甄选出从20世纪50年代初期到80年代末期1500余幅佚落的日常生活照片,试图从中寻找出中国人日常照相行为中的社会与历史逻辑。本书既关乎过往,又预示未来,是一部平民生活的影像史,也是一部中国人的现代精神成长史。

京剧前贤马最良先生琐记

贺捷新

写写马最良先生，这个念头很早就埋下种子了——却只是一个纯粹童稚情怀：我九岁在乌鲁木齐二工见过马先生，十岁在石河子农八师见过诗人艾青，啪！啪！脑门儿里盖下了两个印章——一个叫京剧，一个叫文学。艾青我写了点儿，马先生一直没落下笔去。落花流水春去也、秋去也……周而复始，倏忽半世，种子都石化啦！人如信鸽，飞着飞着就飞不回去了。

直至 2020 年秋，才见着了马最良之子马继。缘由是我询问《开封市志》的沙旭升主编，可有马最良的信息否？答曰："马继我熟悉！20 世纪 80 年代马继是开封职工信鸽协会会长，我是协会秘书长。我们那时住同院儿。"孰料马继先生跟我一样是少时长在新疆，而后活在开封四十余年，老了老了，方才谋面。

一

马最良先生，原名马叔良，号白眉，回族著名京剧艺术家，马派艺术优秀传人。其父马昆山是马家第一代京剧人，唱老生。其生母哈氏，系北京海淀蓝靛厂哈家之女，是戏剧评论家哈振

图1 少年马最良　　　图2 青年马最良

生的姑母。马最良生母早逝，受长姐呵护成长，其继母系北京
京剧界名宿吴钰璋、吴炳章的姑奶。马昆山先生早年在上海入
京剧行，送侄子马连良入富连成学戏。几经周折，马昆山复于
上海天蟾舞台搭台唱戏，且偕六弟丑行马沛霖、子侄马春樵及
其子马君武等一行十余人马家班底，俨然马氏京剧世家矣。

　　马最良少时聪颖，一回父偶恙，时最良八岁，为救场替父
登台，一场戏下来，台下戏迷不但没怪罪，反喝彩连番！潘月
樵说："马老板，您可见洋钱边儿了！这孩子肯定能成角！"
马氏京剧艺术家学渊源，是时马最良受教广博，得潘月樵、贵
俊卿、瑞德宝等名家指点和受周信芳大家濡染，底子扎得好生
牢靠。马叔良时年十四，由堂兄马连良带入北京斌庆社带艺进
修。书法家步林屋曾为马连良题字："马氏五常，白眉最良（系
《三国演义》之名句）。"连良即为其弟叔良更名最良，号白眉。
时马最良与李万春、蓝月春、王少楼并称"童伶四杰"。马连

图3 20世纪三四十年代，艺术成熟的马最良。

良马最良兄弟二人常去看吴铁庵、孟小冬、余叔岩的戏，马最良还拜鲍吉祥（余叔岩的配角老生）为师，学习余派戏。这样马最良博采南北戏路之长，他擅演马派戏，亦演麒派戏及关公戏，文武坤乱不挡，然马最良先生一生唯以马派老生自谓。

马最良先生十七岁开始置办自己的戏箱、门帘台帐、帷桌椅披，即挑班唱戏。堂兄马春樵、胞弟马宏良、侄子马君武加盟于剧团。马最良带剧团巡演于北京、上海、天津、武汉、青

图4　马最良与其父马昆山

岛、烟台、镇江、苏州、南通、郑州、开封、太原、西安、兰州、宝鸡、成都，渐渐蜚声全国，尤其誉满西北。1938年马最良先生与徐碧云等名角为组建西安夏声戏校筹款而义演赞助，且观摩秦腔事，时盛况空前，是为后来无数老戏迷津津乐道的回忆，越调女老生中凤梅亦撰文谈及如许旧事。是时马最良声名鹊起，如日之升，时京剧界口碑曰：南麒北马关外唐，西北有个马最良。

　　然马昆山先生遽受惊吓而去世，兼胞弟马宏良与他分道扬镳，使马最良先生一时陷于困顿。之后 1947 年，经孙文奎介绍，马最良先生到了兰州新生剧校，教戏且演出，以补贴开支。

马继口述道："父亲那些年搭草台班子走遍了中国南北东西，从西安唱到兰州，兵荒马乱，戏台班子那么多人要吃饭，生存着实不易。在兰州给白崇禧唱堂会，从台上下来尚未卸妆，白崇禧就走过来与我父亲叙话合影，又写了一幅墨字赠予马老板留念。两位回族人，邂逅于西北兰州，然此举也留下了隐患。解放初，有人把刊登马最良与白崇禧合影题字的报纸邮寄给新疆兵团京剧团。"

二

马继说，他父亲在兰州由时任一兵团第九军政委张仲瀚动员参加了解放军，加盟九军京剧团。1951 年，随王震一兵团进疆。部队实行供给制，父亲带头放弃薪金制待遇，起了很好的表率作用。这使我想起一桩公案：抗美援朝时，马连良先生带剧团赴朝演出慰问志愿军，归国后，因马连良向政府讨要演出工资而受到舆论谴责。可马连良当时带的是自己的戏台班子，马老板发不出工资，可一班子人马都等着买米下锅呢，咋办？

我问马继先生，令尊什么性情？他未加思忖，曰：慈父。又笑道：严母。顿了顿，又补充道：不苟言笑，沉默寡言。父亲一辈子是活在戏里的。马继先生赠我《京剧艺术家马最良图传》，见马最良早年剧照，眸如流星，眉若卧蚕，鼻似悬胆，形容娟秀若女！不由疑惑，说，我少时见你父亲不是这模样啊，要粗犷很多！马继笑道，是新疆戈壁滩的暴雪风沙把他刮粗犷了吧！

叙谈间得知马先生是 1913 年生人，恰与我父亲同年。两位前辈都是随王震一兵团先后进的新疆，我是 1951 年在襁褓中被母亲抱着坐军车进的新疆，马继 1954 年生于玛纳斯——扼守迪化（乌鲁木齐）之门户。昨天马继在小区楼下等候我和沙旭升，我一眼望过去于人群中就认定，那高个子就是马继，马最良的儿子只能是他，不能是别人！眼前这个男人的隽秀白净的脸上，镌刻着新疆和京剧的淡淡余痕，被我一下子读了出来，他身上那种世家子弟的清爽干净气质，我熟悉。马继说他小时候住在乌鲁木齐北门不远大十字一带，兵团文艺团体如京剧团、话剧团、秦腔、杂技团等都是集中在兵团的一个大院里的，大院里的子弟中有一个叫于荣光。哦，不错，部队一进疆，新疆军区司令部、军区运输司令部、军区俄文学校、兵团基运处等都分布在北门一带，那时我也是军区运输司令部大院里的孩子。

1957 年在自治区文联"大鸣大放"时，马最良先和王筠蘅、蓝月春等演员分在同一组，组内公推马先生和王筠蘅作大会发言。当日王接到岳父去世电报请假返沪，即由马先生一人代表发言了。三个月后王筠蘅回到兵团京剧团，发现气氛异常，满墙都是批判马最良和安亭的"大字报"。

有一张旧报纸整版刊有 1957 年马最良在新疆兵团文联"大鸣大放"时的发言纪要：一、戏剧界的人民代表不能代表戏剧界（案例为个别首长凭个人爱好，把一个没有选举权的十七岁女演员选作政协委员）。二、艺人的待遇依然不够合理（是说上面的政策剧团没有很好落实）。三、外行领导内行会产生矛盾。四、对回族演员的培养重视不够。马先生是因第三条意见被打成的右派。

一早，天尚朦胧，王见马先生执一把大扫把在扫院儿。这

图5 剧照

时马先生已被撤销副团长，定为右派监督改造了。在人前再没人敢与马说话，至多道路以目。马在改造时吃尽苦头，只能演反派，老本《智取威虎山》派他演大麻子，街头活报剧演杜鲁门，演个正角上台只说一句话就被"打死"了。

可马最良的天是京剧，不是别的，能叫他登台，右派马最良没趴下，还就是没断过演戏。兵团京剧团一回下基层在到阿尔泰山，大雪封山，来年春才能出山，三十六人被困富蕴县，只能靠演出卖票维持生活。马先生和王熙萍等一对一，天天变着剧目演，马先生的剧目即演出了《群英会》《法门寺》《郑成功》《追韩信》等六十余出戏。直至来年春，冰消雪化，出山回团。三个月的收入，除去众人生活开支还上交余款，此番困厄自救之成功，右派老马知途，乃是首功。那年月剧团下基层是常事，哪里苦去哪里慰问演出，一不怕苦二不怕死。1961年马先生一行赴海拔4700米的冰大坂慰问演出，一下车就搭台开演《扫松下书》，中途突然停演，因空气稀薄马先生出现高山反应，休克了！旋即，身怀六甲的女演员赵明华也晕倒了。赵醒时正和马坐在吉普车里，赵对马说，咱爷俩这是怎么了？马先生沮丧道：怎么了？没完成任务就下火线了呗……又，冰天雪地中在乌库公路搭台演出，饿得受不了，就用衣服兜麻雀放在罐头盒子里炖"鸡汤"喝；王筠蘅挖土石方累到吐血，马先生用一块肥皂换俩鸡蛋煮熟了拿给王吃……那年月，如许旧事，比树叶都稠，光荣！

我的纪实散文集《西北有浮云》（2015年版）写有一段：

> 1959年年春节，父亲将马最良先生请来到语文学院唱了几天大戏，全套演员阵容和锣鼓家什，反应热烈。我父亲请马先生等角儿到家里来吃饭，酒过三巡，兵团工建二团团长问能不能请马先生到二团去唱两天。父亲说你问马先生，不要问我。马先生应下。团长又说费用就从工程款里扣除。父亲说那就算了，你们盖楼辛苦，就当语文学院请马先生唱戏犒劳你们好了。马最良先生是沙哑嗓音，像周信芳，作派一板一眼浑身都是戏，直引人入胜！马最

图6 1954 年拍摄的全家福

良唱得《甘露寺》乔国老一段西皮流水，我的老爸也能唱，这是他的保留节目，常在各种晚会上被掌声请上台清唱这一段。老爸嗓音洪亮、饱满、开阔，一如他本人性情和他浓蘸墨汁写的大字，他用手势自打节拍，唱得铿锵有气势，把顶棚震得哗哗响，惹得台下掌声数起：

他有个二弟汉寿亭侯，青龙偃月神鬼那愁！他三弟翼德威风有，丈八蛇矛惯取咽喉！

长坂坡，一声吼，喝断了桥嗷梁啊水倒流……

印象中老爸唱这一段是 1960 年在新疆大学礼堂，听马最良唱《甘露寺》乔国老则早一年，在新疆语文学院礼堂。

如上文字，河南大学声乐教授景先生读到了，对我说，马最良先生晚年是落在开封的。我深感意外：来开封四十余年了，头一次听说马先生也在开封！景说，他是学京剧出身，20世纪70年代末跟马先生学过戏。再问，景说，马回到爱人老家开封，有病，日子窘迫，晚景凄凉。

沙旭升兄亦言，马先生晚年落在开封，生活惨淡，听说教过马连良在郑州的弟子。马继、马慧均未子承父业，不过马继老生唱得不错，还能唱小生。我一见马继，就觉得马继像他父亲少时的俊朗模样，人又长得白皙，也像他堂伯马连良。马继说，他父亲从兵团京剧团副团长位子上下来以后，世态炎凉之反差，若冰炭，若霄壤，他再也不想看见剧团那些人了。这些我很理解。老来写回忆，我时常会思忖：我的青春岁月，是渍在父辈"牛棚杂忆"中的，既然不甘于被"白眼看鸡虫"，不如干脆一走了之——自行离开学校亡命天涯打小工挣活路去了，这个"老三届"一般都做不到。那些年虽尝尽困窘劳累和饥饿，挨过打也以暴力还击过，但在回忆中已然淡化，笔下书写的，唯彼时期我个人永远保存了的，自由地经历苦难和独立思想不盲从的能力——浩劫之中，没有学坏，就是坚贞。有人问：你是活在回忆中吧。我答：写回忆，恰是活在今天。血脉之因因相袭，我相信是冥冥之中存在的。1929年至1949年，我父亲贺义夫在陶峙岳的湘军，抗战后与上司（中央军）不对付，曾二度甩手走人，脱离部队，欲归乡梓，后来还是曾震五向胡宗南说项，使父亲得以复职。天性里的这个东西，像谁？

三

当年在北京与马最良等并称"童伶四杰"的蓝月春先生说，

马最良先生"肚囊宽敞"。这一是说，马先生不保守，想跟他学戏的人他都教，这他做得很好；再是说，马先生博采众长会得多。马派戏、麒派戏、红派戏的发声作派各有"隔行"，可马先生均能融于自身并表演出来，这是他的绝活。

李建勋先生说，马先生有一个"救命音"，那个音儿谁也学不到，那发音是虚着用的，但和调门十分吻合，声音不窄且好听，这种唱法使他能适应任何唱功的戏，即使一时嗓音失润，他也能唱得好听。

20世纪50年代中期，于鸣奎先生在新疆兵团与马最良先生合演过马派名剧《十老安刘》，马扮演蒯彻，于扮演刘长。于说马先生以演马派老生见长，深得马连良先生艺术精髓，且戏路宽，还能演麒派戏。他演马派戏是按京派路子表演，而演麒派戏是按海派路子表演，如是满足了各地域观众的欣赏需求。马先生懂适者生存。又说马先生演麒派并不追求周信芳先生的声音，绝不机械模仿，而是以其特有的一种音质来处理、表现，听起来既悦耳又韵味十足，别人不及！

"宗英秀之歌，派别而今休问马；以白眉为字，君家唯尔最称良"——马连良先生嘱袁寒云为最良撰联。袁寒云先生，梨园真挚友，袁世凯次子，"民国四公子"之一。

兰州女弟子房玉良对于马最良大师京剧艺术时有点滴之悟。入师门半年，先生说："你天赋好，又有武功底子，得把你往你的路子上引，不能只看我现在老了的戏码。"即专请谭派楼亚儒先生给她说《南阳关》。排练演出，先生为她把场、饮场，却不作一字评价，待楼先生评了，才谨慎开口："有灵气，没撒汤漏水……"后来房玉良方知先生良苦用心，因老生都是从谭家发展而来的。

图7　马连良和马最良（右）合影。

　　先生教房玉良，嗓子还在会用，演戏还要会演，即张力、扬泄、披缺、藏拙。先生扮上戏后总寻一僻静处悄吟口白，再于过道处闷声默戏，静若处子，一登台则动若脱兔，即满堂生辉。先生还说，须有心计会偷戏才是。房发现先生台步之奥妙"慢踹半步稍摇摆，抬眼定神身少倾"，台风即形神兼备了，如《赵氏孤儿》"盗孤"一折，下场，又迅捷半步转身，一手抚箱，一手抖髯，遂以水袖盖头潜下，一气呵成，漂亮之至！又如《龙凤呈祥》后赶之鲁肃，踹半步气冲冲扭水袖不快而下，"移步不换形，出足必带功"，举凡一摆一快，一快一沉，微妙之间即把人物身份、性格、处境、经历，勾画出一个可循规律，真真妙不可言！先生说，要想着把唱戏变成说戏，把演戏变成不演戏。

　　——如是意境，实非常人可悟！

　　一次演出晚上回来路上先生对房说，咱演的是戏，也是自示做人呐，还得成半个文学家能写，成半个历史学家得懂，还得成半个教育家会教人。

——我想，这个，不是什么人都能琢磨成的，先生是把话说给了可说之人。

马先生的弟子安云武先生听开封老戏迷说，1936年看马连良先生在开封演《十道本》等戏，删除了一些念白，但最良先生没删，功力很强，把早期完整台词念给观众，很卖力气，听着过瘾。当初马连良先生创立马派何其艰辛，而马最良先生亦是自己挑班、跑码头，没本事不行！他兄弟二人为了京剧马派艺术，呕心沥血，忍辱负重，奋斗一生。

直至纪念马连良先生八十冥诞时，马最良先生年事已高，扮演《龙凤呈祥》的乔玄，和《借东风》的鲁肃。鼓王白登云先生为《龙凤呈祥》司鼓，仅前半出乔玄的一个上场和下场，即亟赞曰：只有马最良先生能走好锣鼓点，他认锣经，这很难得啊！

因上场锣经不能是"一二一"式地踩锣鼓，要踩在节奏之中，却不能踩在锣面之上，要在飘逸之中，在锣鼓总体节奏之中，在饱满的情绪之中上场亮相，这个乐谱上无法标清，是一种微妙的感觉，须演奏者和表演者共融于一种艺术境界。

四

马最良先生由新疆来开封始末：

1972年开封市京剧团成立。时文化局凌云局长派郭继墉赴乌鲁木齐商调一青年演员。郭偶得一重要信息：新疆兵团京剧团原团长，"修正主义文艺黑干将"马最良刚从牛棚解放出来，赋闲在家，待分配。郭亟将这一信息上报开封市领导。时市军代表同志反应强烈：估计难度不会小，若能把马最良先生请到开封任教，开封京剧团就大有希望了！当即指示郭注意关系影响，下定最大决心，运用最大力量完成任务。郭即与马先生频繁接触，马先生坦荡，竟说，他视"文革"期间被揪斗、关牛棚一段经历为自己极其宝贵的精神财富，使他冷静反思，认识了很多问题，同时也认清了一些人。他说他若能再年轻回去，一定会少走很多弯路。他说如果条件允许，他只想拼命工作，别的什么都不想，都不要。郭就问：如果请您到开封任教，您同意吗？马先生与开封有渊源，有感情，马夫人张素琴是郑州人。马先生当即表示：朝思暮想，求之不得！

1933 年 8 月，马最良先生应梁子恪先生之邀来开封广智院（人民会场）演出《范仲禹》《包公案》等，演员阵容齐整，一炮打响。1936 年 8 月，马最良先生二次应易俗国剧研究院之邀来开封演出《十道本》《法门寺》等剧目，轰动开封城。

郭即向新疆兵团京剧团"支左"军代表提出此动意，对方一口回绝：马最良是新疆兵团京剧团今后工作上绝对不可或缺的人，你们就不要妄想了！郭将新疆方面态度反馈于开封市领导，市领导表示：不管花多大代价也要把马先生请到开封来，要尽快，不能被别的地方先下手。一番周折最后争取到时任新疆维吾尔自治区党委王恩茂书记的同情与支持，马最良先生举家于 1973 年搬迁至开封，任教于开封市京剧团。

久已享誉中国的老京剧艺术家马最良先生一到开封，就将开封京剧团当作全新的艺术起点和难得的京剧课堂，立即满腔热情投入工作。他恨不得倾平生所学，把中国京剧行当的菁华，解囊尽授予年轻艺人。他在开封京剧团各场演出施教时的认真、负责，对于演员在台上存在的问题，总能谦虚耐心地给予细大不捐的准确指导，不久演员们都养成了习惯，一下场先找马先生说问题。近半个世纪过去了，当年与马先生有过往来的开封艺人是有口皆碑的。

尽管当时只有八个样板戏，但马先生艺术眼光高远深邃，他说，博大精深的中国京剧若不进行彻底的改革，必然会走向衰亡之路。但无可回避的是，马最良先生京剧艺术造诣和当时的现实之间，不可能不存在深刻矛盾和反差。70年代，开封市京剧团只存在了四年，1975年下半年，开封市突然决定解散京剧团。沙先生说，马最良老先生最后是落在相国寺。我问，在相国寺做什么工作？沙说，看大门。马继说，父亲是1978年回

图8 1979年，马最良、张君秋等人演出《龙凤呈祥》。

图9 1979年，马最良（右）的剧装照。

新疆，兵团给落实政策平反的，并补发了工资。之前1977年8月被请到河南省京剧团示范演出和教学，又在河北省京剧团任教。其间曾赴石家庄、北京、昆明等地演出。1980年在北京纪念马连良先生八十冥诞演出后，彭真与马最良等演员合影，中央戏剧学院史若虚院长盛邀马最良先生到学院任教，马先生很激动，说一定要把马派早期的濒临失传的剧目都传下去。因故，终无果，双方热望成云烟。

老来品茶，觉前贤马最良先生一生，仿佛是融在了岁月里的中国纯正的茶叶，不管历了怎么样的烘培压缩，但若遇好水，再遇好茶客懂茶，即刻会舒展自如，浮出淡淡异香，渗出旧日汤色来……

今天马继先生讲了父亲弥留之际的事："1984年父亲赴沪

参加麒派艺术研讨会，之后又参加了言少朋先生艺术研讨会，见了不少京剧界故人，很激动，说话多也提劲。回家后，高兴地跟我三伯马庆云喝酒叙旧，不料突发脑梗。在上海医院抢救了十天，不治，慈父于11月27日仙逝，享年七十一岁。父亲安葬于上海青浦回民公墓。"

马继先生引我看客厅挂的一幅字，说是父亲的旧友写的挽词，我见挽词末题署为："北京八旬叟王孟扬敬挽。"不由喟叹，王孟扬先生，新疆前辈啊！

补白：王孟扬先生，国民政府新疆驻军骑五军马呈祥军长的上校秘书，参加新疆和平起义，回族教育家，书法家。王孟扬和王洛宾两人同在马步芳的马家军服过役，都是北京人，王孟扬是北京牛街回民中有影响的人物。王洛宾、王孟扬和王子纯，时称"新疆三王"。20世纪70年代至80年代中期，王洛宾孤独，时背一把吉他，揣一瓶二锅头来王孟扬家蹭饭，一碗炸酱面，几只饺子就酒，就唱起来：可爱的一朵玫瑰花，赛利玛丽亚……1989年王洛宾声名鹊起。在王孟扬追悼会上，王洛宾为老友题挽词，首句曰"哲人归真"，马王二人初逢于沪，相交六十年。王孟扬先生写给马最良先生的挽词里，也有"归真"字样。

归真——土归与土，云归与云。

人，往往仰望浮云，满眼泪痕。

我家曾住万竹园

王利莎 口述 刘忠帮 整理

　　我叫王利莎，原名赵芙蓉，我的姥爷是北洋时期的山东督军张怀芝，爷爷赵荣华也是北洋时期山东黄县（今龙口）的著名军阀，曾被授予上将军衔。1951 年 9 月 17 日，我出生于济南万竹园张氏祖宅。张怀芝有五房太太，我母亲张淑静是三房夫人所生；我父亲赵雨亭，又名赵化霖。我有一兄一弟一妹，可是我从来没有和他们一起生活过。姥爷有十几个孩子，他除了在济南万竹园有房产，还在天津马厂道购置有洋房。姥爷后来带部分家人去天津定居，一家人分为两处，因此我家到底有多少人，我有多少表兄弟姐妹，我真不清楚，特别是解放后，房产收归国有，家人各奔东西，自顾不暇，互不来往，不通音信，更不知彼此具体情况。

图 1 我的姥爷张怀芝

　　我的姥爷祖籍山东东阿县皋

上村，生于 1862 年，幼年家贫，生活困窘，一家人住在地窖里。他的父亲为了改变门庭，苦力支撑他读书，他曾就读于同乡马家村贡生杨克典老先生处，后因家境实在困难，几次想辍学，但杨老先生几次劝学并免去学费，姥爷才得以接受了四年私塾教育，粗识文字。之后便辍学在家务农。据说有一年腊月二十八，快过年了，家里揭不开锅，奉父母之命，姥爷去他舅舅家借粮，但舅舅瞧不起这个穷外甥，说他年纪轻轻，一身力气却不能养家糊口，便给了他一斗黑豆打发了事。按当地的说法，黑豆是驱鬼辟邪之物——舅舅把他当鬼一样往外撵。这件事给姥爷极大的刺激。

回家后，姥爷决定外出闯荡。于是，姥爷经人介绍到军队养马场当了七年马夫。由于他粗识文字，且用功好学，闲暇时常读《步兵操典》等军事著作。1890 年被举荐到天津紫竹林武备学堂炮兵科学习。1895 年，姥爷在天津小站练兵时表现突出，又由于某种机缘受到袁世凯的赏识，被编入北洋新建陆军任左翼炮兵第三营山炮队队官。1900 年庚子国难，八国联军攻打北京时，姥爷率部督战，扼制联军行动，因其护驾有功而得到赏赐和重用。1901 年，袁世凯任北洋大臣、直隶总督，编练北洋常备军，委任姥爷为常备军第一镇第一协统领。1905 年，北洋军会操，姥爷任南军暂编第四混成协统领官，此时，北洋新军扩编为六个镇，姥爷升任北洋陆军第五镇统制、天津总兵。

1911 年，辛亥革命爆发，清廷为镇压革命，起用袁世凯为内阁总理大臣，袁上台后，任命姥爷为帮办直隶防务兼天津镇总兵、帮办山东防务大臣、安徽巡抚等。袁世凯称帝后，姥爷被封为一等男爵。1916 年，姥爷由察哈尔都统调署"济武将军"督理山东军务，7 月改为山东督军，10 月兼署山东省长，手握军政大权。袁世凯死后，他改投以段祺瑞为首的皖系，参与军阀混战。1924 年，在直奉战争中，姥爷任职的直系战败，他随之去职，不愿再在军阀混战中相互倾轧，急流勇退。

姥爷任山东督军兼省长时，就在济南趵突泉边、剪子巷以南购地四十余亩，耗巨资历时十年兴建了私人宅邸。这就是万竹园，又称张家大院。据说，万竹园始建于元代，几百年间几经兴废，到 20 世纪初已经废弃成菜园子了。姥爷买下这块地后，征募大江南北的能工巧匠，建成了一组江南园林与北方庭院相糅合而成的建筑群。园内有白云泉、望水泉、东高泉等名泉。整个园子占地一万两千平方米，有三套院子、十三个庭院、一百八十六间房屋，还有五桥四亭一花园。

1951 年 9 月 17 日，我生于万竹园内，至今依然记得当年生我时的院落和房间。解放前，像我们这样的官宦人家，佣人、仆人、保姆是少不了的，而我从褓襁之中开始就是由保姆带的。她叫王春凤，本来是我的专职保姆，后来成了我的养母。大约 1953 年，我父母去天津定居，不知为什么，带走了我哥哥，没带走我，把我留给王春凤做了女儿，我也随之姓王。父母没有带上我，可能也有他们的苦衷吧。最初，我叫她王妈，久而久之，我就把姓去掉，改叫妈了。王妈是济南长清人，丈夫去世得早，也没孩子，在我家多少年了我也不记得了，从我懂事起，我就和她生活在一起。她脾气不好，我平时吃不饱穿不暖，还经常挨打，有时被笤帚打。

我出生后不久，张家就把万竹园交给了政府，工作队随之进驻万竹园。从此，万竹园不再是张家财产，家人也各奔东西，自寻住处。当时，父母、王妈和我兄妹搬到花墙子街附近的哑巴胡同。1953 年，我和王妈搬到大板桥，最后定居在国货商场（又

图2 1955年，父母去青海前夕，特意到济南看我。这是兄妹合影，左一是我。

叫劝业场）。从小街坊都认识我，叫我小王妮，也知道我是张怀芝的外孙女。由于家里没有什么经济来源，王妈依靠糊火柴盒、砸石子、纺线等赚取微薄的收入以支撑生活。我从五六岁就开始干家务活，稍大些帮王妈干活挣钱。家庭实在困难，我还不到十五岁就辍学到街道生产组干活，一个月挣二十块钱。

我每个月只留一元钱的零用钱，其余全交给王妈。1968年，我正式参加工作，到济南织布厂（后改名为国棉六厂）当工人，因为出身不好，受到歧视，脏活累活都让我去干。那时正值响应"备战、备荒、深挖洞、广积粮"的号召，各单位都有挖防空干道的任务，都是抽调年轻力壮的男同志去，而厂里却派我参加。1970年，济南市革委会组织各单位包段疏浚小清河，这是又脏又累的体力活，需要长期站立在冰凉的泥水中，根本不适合女性干。这种活派我去，其实就是变相的劳动改造。即便是在车间干活，也是让我和那些所谓的"走资派"、资本家以及"黑五类"一起，把我视为另类。

1955年，父母及哥哥、弟弟和妹妹全家从天津被移民至青海省互助土族自治县务农。1960年，母亲从青海来济南，想把我领回去，但王妈提出要一千元抚养费。在那个年代，这无疑是一笔巨款，而父母此时生活极度困难，上哪去找一千元？此事也就不了了之。1955年父母临去青海前，曾带着我哥哥、弟弟和妹妹到济南看我，我们兄弟姐妹四人照了一张合影（图2）。这张照片时隔五十多年，至2008年我才第一次看到。从此以后，我和父母双亲、兄弟妹妹就再也没有见过面。虽然从小我就和父母不在一起生活，但毕竟血浓于水，亲情还在，我无时无刻不在想念他们。

1979年，父亲给我来了一封信，我一直珍藏着，见到信如同见到慈祥的父亲一样。

蓉儿：

你好！很久未给你去信，但是逢年过年总是在想念你，总是想去看望你。可是，我和你妈妈都患了慢性病，我是高血压、冠心病，你妈是气管炎，行动很不方便，去看你的希望恐难实现。今你七舅回济探亲，他回来时，你是否能请探亲假来青海一次，以便我们全家团聚最好。你随你七舅来一趟吧，如你不来，我们见面的希望很难设想。别不多字，并问女婿好。他能同你一起来，全家都在盼望能实现。我们的详情，你七舅可能跟你说。你的哥哥、弟弟、妹妹都希望你来一趟。

父亲

1979 年 5 月 21 日晚

看到这封信，我很难过，没想到父母身体多灾多病，生活过得那么艰难。可是，日思夜想他们的女儿无法前去，一是孩子太小离不开我，二是当时的交通条件落后，带着孩子前往遥远的青海不可想象，因此这一次和父亲团聚的梦想未能实现。次年 6 月 27 日，刚六十岁的母亲因病去世，我错过了和母亲见最后一面的机会。真是追悔莫及，我再也见不到母亲了！

1984 年，父亲又给我来了一封信，读信后，我心情久久不能平静。父亲年龄越来越大，又没有了母亲的照顾，生活越来越困难。

利莎儿、贤婿：

你们好！在日夜思念之际收到你的来信，使我百感交集，有说不完的话，在这里一言难尽。看信后，我领情了。久盼到故地一游，但事不遂人愿，见到你的信后，我喜不自禁。我游济的愿望有可能实现，可近年家境有变，其他暂不谈，经济上有重重困难，前往济南的路费一事，暂无法筹备，还需你们援助，我即可动身。家中一切都好，其他不多谈。

祝全家幸福！

父亲赵雨亭

2月7日

20世纪80年代，青海地区经济不发达，人民生活水平很低，特别是互助土族自治县是少数民族聚居区，经济更加落后。更何况父亲年老体弱又多病，全靠哥哥在家务农那点收入，而且哥哥还有老婆孩子，父亲生活的困苦可想而知，不然他不会来信问我要钱做路费的。收到信后，我立即给父亲寄去五十元钱，期盼父亲尽快来济南。但事与愿违，限于客观原因，终未能成行。1986年，父亲因病去世，这成了我心中永远的痛。三十多年间，几次可能的见面都错失了。愿父母的在天之灵能够原谅我这个不孝之女吧！

2008年，我终于有了机会，在表哥的陪伴下去青海给父母上坟。临行前，我特意去万竹园进门假山处挖了一点土、拣了一块石头带去，以告慰父母在天之灵，万竹园是他们的根。

从小，我生长在姥爷家，稍大些跟养母生活，对爷爷一家十分陌生，只知道爷爷叫赵荣华，具体情况是在友人的帮助下，从网络中查到的。爷爷赵荣华生于1873年，行伍出身，原为大军阀姜桂题部属，后归黎天才部，又转归吴佩孚部。1893年，二十岁时进入毅军当兵。1909年任江防军统领。辛亥革命后，投入镇江都督林述庆部，1912年任第九师二十六团团长。1913年至1918年，跟随师长黎天才分别在江南留鄂军、陆军第十一师和第九师担任团长。1918年，第九师改编为两个混成旅，赵

图3 我的爷爷赵荣华

荣华因反抗师长黎天才独立护法行动并解救张联升有功，升任陆军第十八混成旅旅长。1923年，任援川军（总司令王汝勤）副司令，代行总司令职责。6月兵败后退回重庆，12月6日因作战不力免职调京。1926年，任十四省讨贼联军总司令部营务处（处长张福来）副处长，后兼任营务处执法队队长，不久部队被国民革命军击败后回乡闲居，后迁居天津。1937年，赵荣华在天津法租界病逝，终年五十四岁。从简历可以看出，爷爷虽不如姥爷地位显赫，但也曾是风云人物，不然姥爷张怀芝怎么会和他联姻呢?

我的父亲赵雨亭,原名赵化霖,生于1921年8月19日,1949年考入黄埔军校在大陆最后一期。经查,应为二十四期。黄埔军校从成立起,经历了四个阶段,分别是广州黄埔、南京、成都和台湾凤山。父亲考入的第二十四期是成都黄埔军校,时间从1935年10月到1949年12月,同时在洛阳、武汉、广州、昆明、南宁等地设有分校。1949年12月,往届未分配和第二十四期入伍生在迁徙途中,经大邑一带被解放军打散后又在成都被收容。紧接着,成都解放,黄埔军校在大陆宣告结束。因我生得晚,又未和父亲一起生活,且父亲也从未跟我讲过他这段历史,因此父亲考上的是成都本校还是其他地方的分校,都不得而知。老一辈人都已过世,而我们这辈人也无人了解父亲的那段历史,但我猜想,父亲大概考上后也未正式上过课,学校就解散了。无论如何,父亲是安全的,人身是自由的,这从父亲和母亲的一张很有特色的"结婚证"可以得知。1950年2月,父亲在天津和母亲举行了婚礼,之后不久回到济南万竹园老宅。

2008年,我到青海探亲时,兄嫂热情接待了我。哥哥给了我许多老照片,还有父母的结婚证书,都是我第一次见到,十分珍贵,十几年来我一直珍藏,对万竹园的童年记忆,对姥爷、父母、舅舅和姨妈的记忆,也全都在这些老照片里。我生得晚,没有经历过万竹园之前的岁月,有些事只能从照片留下的影像里去回忆,去猜想。

图4是母亲年轻时的倩影,那么漂亮,虽经岁月沉淀,但亲切感依然扑面而来。图5是父亲晚年的照片,面容苍老,清瘦,大约是1986年他去世前拍摄的,虽然穿戴整洁,但一看便

图 4　母亲年轻时　　　　　　　图 5　父亲年老时

知是为了照相而精心准备的。看着苍老的父亲，我心中五味杂陈。图 6 是舅舅结婚时的照片，但我已经不知道是哪一年拍的了。从场面看，那时的张家还是十分富有的，大概是在万竹园内，一对新人喜气洋洋，左边的伴娘就是我母亲。图 7 是家人们在万竹园内拍的合影。从中可以看出，园内的风光与当下有很大的不同。原来的万竹园规模比现在大不少，20 世纪 80 年代初万竹园开放前，曾有不法商人以开发的名义，破坏拆除了万竹园南部的部分建筑，被当时的社会舆论和群众自发的保护所阻止，才被迫停工，但如今的万竹园已经小了不少。图 8 骑着小三轮车的小姑娘就是我。图 9 胖嘟嘟的小男孩是我的哥哥。图 10 是 1953 年父母去天津前的合影。图 11 是 1969 年 11 月，我和表哥表姐的合影。表哥表姐是我姥爷的嫡系孙子和孙女。

　　此外，我还带回了父母的结婚证书（图 12），这样的结婚

图 6 舅舅舅妈结婚合影。左侧伴娘是我母亲。

图 7 民国年间,家人在万竹园合影。

图8　小时候的我　　　　　　　　图9　我的哥哥

证书我是第一次见，大红缎子封面上四个烫金大字"伉俪证书"，里边内容也十分精致，最上面是"锦绣前程"四个字，背景装饰是并蒂莲、比翼鸟等图案，寓意"幸福美满"。文字内容有："山东省东阿县人，年二十九岁，一九二一年八月十九日卯时生；山东省黄县人，年三十岁，一九二〇年四月二十二日午时生。今由李鸿藻、庞富明先生介绍谨于中华民国一九五〇年二月十日下午四时在天津举行婚礼，恭请张筱堂先生证婚，佳偶天成，良缘永缔，情敦伉俪，愿相敬之如宾，祥叶螽麟，定克昌于厥后，同心同德，宜室宜家，永结鸾俦，载明鸳鸯之谱，此证。结婚人：张淑静、赵雨亭；证婚人：张筱堂；介绍人：李鸿藻、庞富明；主婚人：张明真、赵扬榴明。中华民国一九五〇年二月十日。"

图 10 1953 年，父母赴天津前合影。

此外，各人名下都盖有名章。这件结婚证书不同于以后政府颁发的结婚证书的款式内容，时间上比 1950 年 5 月颁布的新中国第一部婚姻法要早，也就是说当时虽然新中国已经成立，但婚姻法尚未颁布，婚姻登记也就无法可依，所以我才猜想这件结婚证书不是政府所颁发，而是类似民间承认的婚书之类的文件，而且介绍人、证婚人、主婚人一应俱全，是得到社会认可的。关于落款时间，我有些疑问。1950 年 2 月，天津早已解放，新中国成立也已四个多月，但为什么在公元纪年之上还写有"中华民国"字样呢？或许新中国刚成立，那些老派人还习惯于称中华民国吧！另外，主婚人张明真、赵扬榴明肯定是父母的长辈，可是他们到底是父母的什么人呢？不得而知。

图 11 我（左一）和表姐表哥合影。摄于 1969 年 11 月。

　　1976 年，我二十五岁时和本厂同事岳本华结婚。岳本华比我大三岁，是从桓台农村来济南顶替退休的父亲来厂工作的。我找老岳，图的是他出身贫农，老实、忠厚、本分，想通过和他结婚，改变我的命运，让我的孩子不再沾上出身不好的污点。可是，厄运总和我过不去，我们结婚二十二年后，一向身体很好的老岳突然查出患白血病，住院几个月，花费七八万元，终

图 12　父母的结婚证

于还是不治去世。那年是 1998 年，老岳五十岁，我四十七岁，小女儿才十二岁，还在上小学。老岳患病前的几年，济南国棉六厂破产重组，我和老岳双双下岗，为了抚养孩子，我干家政钟点工，老岳会修自行车，就在家门口摆了个修车摊，每天挣个十元八元的，勉强度日。老岳这一病，让本就不宽裕的日子雪上加霜，药费、住院费都是借的，厂里一分钱也不给报销。老岳去世后给我留下了六万多元的债务，但我天生要强，眼泪哭干后，还是咬紧牙把孩子抚养大。那时，我一人同时打三份工，靠微薄的收入勉强把这个家撑下去，吃过的苦，受过的累，真是一言难尽。如今，老岳去世二十多年了，他住院的单据还在我手里，多年来找过厂里，也找过有关部门，都没有能够得到解决。

再说我姥爷张怀芝，他于1933年10月10日在天津病逝，享年七十二岁，灵柩运回原籍东阿县皋上村，葬于张氏祖茔。三十多年后，"文革"爆发，姥爷的墓和祖先的墓均被挖掘破坏，姥爷的墓碑也不见了踪影，只剩几个碑座，两通卧碑，祖先的墓碑、碑帽和墓前的供桌也被盗，墓园被毁，一片狼藉，惨不忍睹。多年后，形势好转，后人们花了一万多元修复了坟墓，补全了那些丢失的碑刻。2009年，我回东阿为姥爷扫墓，这时姥爷的墓已经被整修一新。同去的人有我的舅舅、姨妈、表哥、表姐等十余人，祭扫后，我们在墓前合影留念。

"文革"后，特别是党的十一届三中全会以后，拨乱反正，平反冤假错案，清除极左流毒，人们的思想解放了，对许多近代史上的名人的评价趋于公正。姥爷对故乡有很深的感情，他幼年时上学不多，深知教育的重要，所以在皋上村独资兴办了私立完小，共四栋二十八间房舍，定名为"张氏小学"，招收附近村庄穷人家的孩子免费入学读书，并置有学田若干，用其收入补充学校经费。即便是日本侵华时期，学校也未停课。新中国成立后，相继改为完小和联中。此外，1920年姥爷还捐资重修了皋上村静乐寺，从天津运来金身泥塑菩萨。

时光如箭，一晃几十年过去了，无论是姥爷、爷爷这些名人，还是父亲、母亲这些普通人，都走进了历史。如今我也年近古稀，孩子也都成家立业，子孙满堂，苦尽甘来，日子一天比一天好。姥爷的历史问题再也不是压在我头上的政治包袱，社会上再也没有人歧视我，我也过上了幸福的晚年生活。

流年碎片

小　非

　　我的母亲张念如的祖籍湘东醴陵，是一个小有名气的地方。九十多年前，毛泽东的名篇《湖南农民运动考察报告》就是以那里为背景的。

　　晚清以降，湖南名人辈出，醴陵也不例外。不过，有意思的是，醴陵的名人多为武夫，文人骚客并不多见，也许真是应了"醴陵蛮子"这个说法。唯一有些影响的知识分子似乎只有历史学家、社科院近代史所的副所长黎澍先生。

　　共产党方面，李立三在20世纪30年代初担任过政治局常委兼秘书长，解放后为中华全国总工会副主席、劳动部部长；左权牺牲在八路军副参谋长任上，是共和国三十三位军事家之一；军事科学院院长宋时轮上将曾任

图1　1949年秋，母亲在中南军政大学湖南分校学习时留影。

志愿军副司令员兼第九兵团司令员，在朝鲜指挥过惨烈的长津湖战役。

国民党方面，程潜、何健都是陆军上将，而且先后担任过湖南省政府主席；还有一位由于在四平挫败林彪而名声大噪，他就是第七兵团中将司令官陈明仁。

程潜、陈明仁联手促成湖南和平解放后，"颂公"程潜顺理成章地担任了新中国的湖南省省长，后来官至全国人大常委会副委员长。毛泽东曾在中南海的小船上手摇双桨，与这位当年的湘军总司令谈笑风生。

一个小小的县，出了这么多如雷贯耳的人物，也是令人惊叹！当然，母亲这个小人物与这些大人物是不太沾得上边的。不过，要说完全无关也不准确。

图2 1953年4月，入朝前母亲在鸭绿江大桥边留影。

图3 1954年夏，母亲与父亲在朝鲜，右立者为他们的战友俞成仲。

　　母亲的祖父张际吉有位未出五服的族弟张际泰，他的亲娘舅就是程潜。张际泰和他的堂兄张际鹏被程潜带出去后，进入了他任校长的广东大本营军政部陆军讲武学校，后来随校并入了黄埔军校第一期。张际鹏最后的职务是国民革命军第一兵团中将副司令官，张际泰则当过第一二二军的少将副军长。

　　外公张国维受这两位族叔的影响，于民国十五年（1926）春考入了黄埔军校第五期，与宋时轮同期，只不过分在了政治训练班。不仅如此，樟树乡里都村这个只有几百人的偏僻角落，前后竟有三十多人跟随他们从军，有些牺牲在了抗日的战场上。

　　张际鹏、张际泰后来参加了湖南起义。不过，张际鹏最后还是跑到了台湾；张际泰则成了解放军第二十一兵团五十三军副军长，但不到一年就退伍，成了湖南人民军政委员会参议室参议。

其实，外公进入黄埔，更多的是受了邓文仪的影响。外公的胞妹张盛春嫁给了邓文仪的堂弟邓文俊，两人也算近亲。邓文仪对外公多有提携，私交甚笃。

邓文仪也是醴陵人，黄埔军校一期毕业，曾任蒋介石侍从室秘书，是"复兴社"十三太保之一，一度很受宠信，二十二岁就成为少将，还曾担任过国民党中常委，晚年在台湾力推祖国统一。他与邓小平、蒋经国是莫斯科中山大学的同学，1990年访问大陆时受到过小平同志的亲切接见。

族谱里记载，外公是民国二十二年（1933）初冬染了痨病去世的，那时他是国民党湖南省公路局党部书记长。不久邓文仪回乡省亲，听闻后唏嘘不已，专门跑到里都看望外公的父亲，并在简陋的农舍里住了一晚，留下了四百"光洋"。

外婆陈苹是长沙"明宪女中"的学生，她的父亲，也就是我的老外公陈保生经营着一家小小的煤炭行，本来也是殷实人家。不幸的是，抗战初货栈被"长沙大火"烧了个精光，只得在府东街楚怡小学旁边开了个"南食"小店度日，前脸为铺面，后面住家人，最后几乎沦为贫民，日子过得十分拮据。

外婆生于民国三年（1914）九月初九（10月26日），民国二十年（1931）初夏嫁给了做官的外公，彼时尚不满十七岁，既当学生也为人妻，勉强完成了学业。

外婆也是命苦，民国二十二年（1933）冬月外公就病故了，而此时母亲尚在襁褓之中，她是年三月初五（3月30日）出生的。她还有位年长一岁的哥哥张星泉。

外公是独子，他去世后，母亲的祖父想让外婆改嫁给本家的他的一位麻脸侄儿，然后把侄儿过继到名下。

图4 1954年秋，母亲在朝鲜宿舍旁。

　　然而，外婆毕竟是城市里长大的知识女性，无论如何不肯一辈子窝在一个小小的山村里，于是借口娘家妈过生日，抱着不满周岁的母亲跑回了长沙，从此再也没有回过里都。

　　外公去世时，外婆还不到二十周岁，失去了经济来源，生活没有着落，唯一的出路只有改嫁。母亲的祖父听说后，说母亲是张家的人，一定不能随了外姓，要求把孩子送回去。

民国二十四年（1935）夏末，外婆嫁给了燕京大学肄业的陈克昌，彼时他在南京国民政府工商部劳工司谋了个录士的职位。陈克昌祖籍浙江萧山，后来祖上外出做官，落户在了鲁西南的济宁府，晚清时他的父亲陈允冀当上了河南开封府的通判，在那里积累了一些产业。

外婆跑回长沙时，传说她把邓文仪送的"光洋"卷走了，其实这是一起冤案。母亲的祖

图5　1956年冬，母亲在天津怀抱襁褓中的作者。

父母过世后，老屋卖给了族人，翻修时在院子里挖出了一堆光洋，大概就是老人家悄悄埋藏在那里的。

母亲的祖父虽然勉强算个小财主，却没有见过什么世面。得了那笔光洋后，反倒整日担惊受怕。族人说，外婆卷走"光洋"的风大概就是他放出来的，估计是为了掩人耳目，避免失窃。他只有二十几亩薄田，唯一的儿子早逝，自己年老体衰，只得雇人耕种，土改时被划成了地主。后来又说要改为"小土地出租"，大舅和母亲为此折腾了好长一段时间，最终也没有结果。

外婆再婚前，按照张家的意愿，新夫将母亲送回了里都。母亲在乡下念完小学后，家里不想让女孩子继续读书。此时舅舅已经去了醴陵城里上初中，母亲十分羡慕，吵着闹着要到长沙看她的外婆。由于拗不过她，母亲的祖父只得将她送到长沙，并且委托族弟张际笃予以关照。

母亲到长沙不久考入妙峰山中学，此时她的外婆黄振坤已

图6 老外婆黄振坤一百年前的照片。

家道中落，幸而有张际笃资助，才得以完成学业。母亲称张际笃为七叔公，他是杭州工业高等专科学校毕业的，彼时在复兴银行长沙分行任襄理，母亲对他感念不已，后来经常念叨。

民国三十八年（1949）夏末，母亲即将升入高中时，湖南"八·五"和平解放，长沙这个饱受兵燹之灾的城市终于躲过了一场战火，欢天喜地的市民载歌载舞，青年学生更是兴奋无比，纷纷加入刚刚入城的解放军。

母亲没有直接去部队，而是报考了中南军政大学湖南分校，当时还可以报考湖南人民革命大学，但那时的学子更倾心于参军入伍。8月下旬，"军大"在《新湖南报》的报缝中刊登了录取通知，母亲榜上有名，正式加入了中国人民解放军。

令她高兴的是，母亲在"军大"遇见了本家姑姑张月华，她们年纪相仿，成了同学；更有意思的是，叔公张际泰作为起义将领进入了第三总队，也成了同学，这位昔日的将军腰包阔绰，周日还带着他的侄女、侄孙女下馆子。

1949年9月30日，中南军大湖南分校要求新生正式填写履历表。一些同学兴奋地说，明天就是中华人民共和国成立的日子，我们把入伍时间填在国庆这一天，多有纪念意义啊！大家都觉得有道理，就连军校的领导和教员也表示赞同，于是全体学员的入伍时间定格在了那一天。20世纪80年代末期，这

图7 1957 年秋，母亲于天津市委机关大院。

批学员逐步到了离开工作岗位的时候。然而，由于当时的冲动，他们变成了建国后参加革命工作的那批人。离休、退休的分水岭就在 1949 年 10 月 1 日，之前的定为离休，之后的只能退休。

不过，中南军大湖南分校招收的这批学员，的确是 1949 年 8 月底入伍的。但是，湖南省委组织部在 80 年代中期发文：原湖南人民革命大学学员为建国前参加革命工作，原中南军政大学湖南分校学员为建国后参加革命工作。湖南省委组织部的依据就是原始档案，也不能说没有道理。

这个时候，当初学校的副政委张平凯将军还很健朗，他亲自协调作证，广州军区又为学员们补发了毕业证书，目的是明确他们的入伍时间，但这样还是解决不了问题。于是大家相约到北京申述。由于牵扯面广，最后总政和中组部联合发文，他们才如愿以偿，终于享受了离休待遇。

中南军大湖南分校如同那时的其他军校一样，都是短训性质的，主要是对具备文化基础的青年学生进行政治军事培训和改造起义军官。母亲经过半年多的学习，于1950年6月提前结业被分配到了四十五军一三五师，同时分去的陈宏康后来长期担任丁盛军长的秘书。

母亲报到时，由于广西匪患严重，1950年初四十五军奉调

图8 1960年，母亲与重庆钢厂子弟中学同事合影。右一为母亲。

到十万大山，母亲进入师政治部任副排职文化教员。

广西剿匪结束后，四十五军一三四师、一三五师和四十四军一三〇师等部队整编为五十四军，在广东惠阳海训，准备参加解放台湾的战役。但是，朝鲜战争改变了原来的战略，1953年1月21日，部队北上辽东半岛，一三〇师率先入朝；5月2日，一三五师也进入朝鲜，配属六十七军参加了金城反击战，战后接防三十九军驻守朝鲜西海岸，这时母亲成为师政治部机关团总支书记。

1955年授衔前夕，部队女兵大部集体退役，母亲也在其列。她是副连级，最初分配在北京大学工会，母亲觉得自己文化不高，有畏难情绪。她与丁盛很熟，于是央请首长帮忙，丁盛找到时任天津市委书记黄火青，最后转业到天津市委组织部给副部长李超当了秘书。

母亲在天津时，舅舅张星泉在北京上大学。舅舅出生于民国二十一年（1932）三月十四（4月19日），高中毕业后，考取了武汉的中南同济医学院，读了不到一个学期，实在不喜欢这个专业，于是退学重考。好在那个时候机会比较多，很快又考上了清华大学的钢铁专业。

舅舅入学的时候，正是中苏蜜月期，国内照搬苏联高等教育模式，美其名曰"院系调整"，若干大学的理工科的系或专业，重新组合成了新的大学或学院。

清华大学与天津大学、唐山铁道学院等院校的部分系科组建了北京钢铁学院，舅舅又变成了钢院的学生，这所学校就是现在的北京科技大学。在北京读书后期，由于母亲有了家，舅舅假期就待在天津。这个时候已经实行了薪金制，父亲对舅舅多有资助，令舅舅念念不忘。

图 9 1954 年初冬，父亲张子高在朝鲜。

舅舅在天津时，李芳经常周末到我家玩，一来二去两人就熟悉了，慢慢你情我愿地谈起了恋爱。李芳是广州人，粤菜做得地道，舅舅对此颇为欣赏。母亲知道后却极力反对，说李芳个子矮，配不上舅舅。但这种事妹妹如何挡得住哥哥？于是他们终成秦晋之好。

舅舅毕业后被分配到中国科学院上海冶金陶瓷研究所，他与李芳结婚后，舅妈很快由天津调到了上海，而且在舅舅单位担任了某个室的党支部书记，理论上成了他的上级。

上海是全国产业工人最多的城市，成人教育在 20 世纪 50 年代就有规模。1960 年 4 月，上海市人民委员会决定成立上海市业余工业大学，从全市高等院校、科研院所抽调精兵强将充实师资队伍。于是舅舅被抽调到了该校，原因之一也是为了解决了舅妈与他之间所谓需要回避的问题。

这所学校曾被刘少奇誉为"全国半工半读的一面红旗"，后来更名为上海第二工业大学，舅舅在这里一直工作到了退休。不过，"文革"中他在这里议论"旗手"被人举报，遭到厄运，作为"现行反革命"被判刑十年。这种刑期当时在上海是要被发配到青海坐牢的，但他的专业让上海劳动钢管厂看中了，于是就地劳改，直到 1978 年夏彻底平反。

舅舅说，在上海劳动钢管厂虽是劳改，但他却是金相热处

图10 1959年冬，大舅与舅妈李芳在上海拍摄的结婚照。

理的工艺负责人，专业还算没丢吧！但他觉得自己那时似乎得了精神分裂症，怕说梦话"走板"，夜晚睡觉只得用胶布把嘴巴封起来。说完，他苦涩地一笑，那种令人心酸的面容至今还会浮现在我的眼前。

我初中毕业时，学校要求填写履历表，我问母亲如何填写舅舅的情况。母亲告诉我八个字："久无联系，详情不知"。我想一探究竟，母亲不予理会。后来，高中毕业、插队、招工、上学，关于舅舅，我填写的都是这八个字。

舅舅平反后，我才理解了母亲当时的苦心，那时父亲也因所谓的历史问题受到迫害，她不愿让子女在政治关系上雪上加霜。不过，也是掩耳盗铃罢了，组织上其实是无所不知的。

20世纪80年代，大规模平反冤假错案时，要求当着本人的面销毁档案中的不实材料，我才发现我的高考政审表中的结论竟然是"合格受限",怪不得我考分不低却只能读个师专。

母亲离开部队后,生活渐趋安定,于是想把她的外婆接到天津住一段时日。老外婆答复,小毛还在上学,她走不开。母亲说,那就带着小毛到天津来上学吧!

小毛是我的三舅,外婆改嫁后,我又有了两个舅舅,二舅叫陈忠恕,三舅叫陈忠良。民国三十六年(1947)初春,外婆去开封继承夫家产业时,将他们寄养在长沙的老外婆那里,母亲与二舅、三舅一起生活了两年多,感情很好。

刚开始外婆隔三差五都会寄些生活费回来,后来由于战乱,交通通讯几乎中断,这笔钱就没有了。老外婆夫妇突然要供养三个外孙,变得非常困难。为了减轻家中负担,母亲考上军大后,二舅也想当兵。

小毛舅舅告诉我,母亲在军大读书时,有一次头戴大檐帽、

图11 1980年,大舅全家在上海。左为大表妹李园,后为表妹张宁。

身着军裙服，英姿飒爽回到了老外婆家，二舅羡慕不已，吵着闹着也要参军，但他当时年龄实在太小，未能如愿。

不久，他的个子突然蹿了起来，几乎到了一米七，急忙虚报了两岁投军，招兵的人没有看出破绽。1950年春节期间，二舅终于当上了解放军。他是民国二十五年（1936）六月十七（7月5日）出生的，那时还不到十五周岁。

二舅所在的二十一兵团某部驻扎在醴陵，当时大舅高中尚未毕业，还在城中青云山上的湘东中学读书。二舅星期天去找他，大舅显示出了哥哥的气派，很豪爽地从伙食费中拿出了两块光洋，送给了同母异父的弟弟，结果弄得自己那个学期非常拮据，十分尴尬。

1950年底，第二十一兵团奉命支援广西剿匪，二舅也到了那个风光如画的地方，后来进入玉林医士学校学习战地救护，毕业后随整编后的五十五军驻防雷州半岛。

1957年底，二舅转业到湖南省航运局职工医院，负责血吸虫病防治，后来被送到省人民医院放射科学习 X 光诊断。

二舅转业不久，老外公和老外婆相继去世，其他亲人都不在长沙，联系十分不便，于是二舅拿出转业费，独自将两位老人安葬在了解放山的墓地上。

"文革"期间，一些医务人员被清洗回乡，职工医院有些忙不过来。二舅于是向医院革委会建议，把那些有专长的医生请回来，结果在"反击右倾翻案风"中受到批判，隔离审查期间于1976年6月12日从医院四楼坠地身亡，看守他的是航运局的两个工宣队员。

二舅妈雷淑英悲痛不已，航运局和职工医院当天让她签字火化，说这样可以负担孩子的生活费。一个妇道人家，面对如

图12 1947年初冬，外婆去开封前与身着童子军服装的二舅（右）、三舅在长沙留影。

此窘境，不知所措，只得无奈地签了字。但是后来有人悄悄告诉她，二舅是被推下楼的。

"文革"结束后，小毛舅舅曾去寻找真相，但尸体已经火化，也没有法医鉴定，当事人说是自杀，家人又拿不出证据，结果只能不了了之。存疑的是，二舅如果是自杀，按照当时的形势，航运局怎么会给一个自杀者的子女发放生活费呢？似乎有些欲盖弥彰。

不过，这种事情在那个年代举目皆是，许多问题恐怕永远也搞不清楚。但这种遭际轮到个人头上，家人毕竟难以承受。我与二舅始终未能谋面，去世那一年，他还不到四十周岁。

1956年桃红柳绿的时候，老外婆来到母亲的家中，小毛舅舅也从长沙七中转学到了天津十八中继续学业。

1957年夏天，小毛舅舅初中毕业的时候，老外公卧床不起，老外婆返回了长沙。而母亲又要抱着不满一岁的我去朝鲜西海岸探望父亲，于是外婆就让小毛舅舅从天津去了开封。他十分喜欢绘画，不久顺利考入了开封艺校美术班。

然而，外婆此时经济上也很窘迫。继承的祖产多已充公，她在开封市立徐府街小学当老师，收入有限，不仅要负担小毛舅舅的生活，还要负担小姨陈敏等人读书。学习美术花销又很大，笔墨纸张和颜料耗费不菲，读了一个学期后，渐显拮据，此时已是1958年春天。

图 13 1950 年春，二舅入伍时在长沙留影。时年不足十五岁。

于是小毛舅舅想回长沙找工作，而外婆却想让他留在开封的照相馆学徒，好歹也与美术有点关联。但小毛舅舅更喜欢南方的环境，而且二舅已转业回了长沙，他们兄弟从小相依为命，愿意待在一起。

然而，戏剧性的场面出现了，他已回不到长沙城里了。1955 年 8 月 9 日，北京青年杨华、李秉衡等向共青团北京市委提出了到边疆垦荒的请求，很快引发了热潮。毛泽东当年发出了号召："农村是一个广阔的天地，在那里是可以大有作为的"。

第二年的《1956 年到 1967 年全国农业发展纲要（修正草案）》中，第一次正式提出了"知识青年上山下乡"这个概念。而更早的 1953 年 10 月 16 日，中央发出了《关于实行粮食的计划收购与计划供应的决定》，这就是著名的"统购统销"政策。刚开始只是限制了粮食，后来逐步扩大到油料、棉花、棉布。

城市居民需要凭供应关系，才能买到定量的粮油、棉花和棉布。

在这个大背景下，长沙市开始压缩非生产性人员，外地户口限制迁入市区。但升斗小民哪里搞得清这些政策，小毛舅舅的户口从开封市迁出后，在长沙市竟然无法落下。

于是，他只得将户口迁回开封，没想到那边也不接收了。百般周折，最后好歹落到了长沙县五美乡湘阴港表舅左国才那里，由城市居民变成了种地的农民。小毛舅舅是民国三十年（1941）二月初一（2月26日）出生的，此时刚满十七岁。

母亲后来对我说，在这件事上她很对不起小毛舅舅，如果没有让他去天津的一番折腾，本不至于如此，因为知青下乡直

图14 1954年冬，二舅在广东廉江石南驻防时与战友合影。前排右三为二舅。

到 1968 年才开始采取相对强制的措施。

不过，小毛舅舅毕竟正规初中毕业，而且还上过一段中专，种了两个多月的田后，乡政府就发现了他的才能，将他抽调到长桥中学参加师资训练班。新的学年开始后，成为了五美乡小埠港小学的代课教师，后来在那一带辗转了多所小学。

1965 年 7 月，小毛舅舅被长沙县委宣传部选调参加了社教宣传队，算是被正式录用为国家干部。"文革"期间变换了多次工作。他是个聪慧之人，样样在行，让年轻貌美的姑娘李兰芳一见倾心，他终于在而立之年结束了单身汉的生活，后来以一家企业副厂长的身份退休。

父亲 1958 年 7 月从朝鲜回国后驻防四川重庆，不久母亲也从天津调到重庆钢厂子弟中学任党支部书记，一年半后又调到乐山专区夹江县人民委员会当了文教科长，此后又到巴中、雅安等地工作，随着父亲奔波在四川各地，后来回到了父亲的老家山东。

那个时期，交通和通信都很不便，母亲与舅舅们也少了联系。我的印象中，大概是 1965 年，大舅从上海给我寄了一件呢子夹克和一双翻毛皮鞋，十分洋气。然而，在那个提倡艰苦朴素的年代，我怕同学笑话，无论如何也不肯穿，气得母亲最后把衣物捐给了灾区。

大舅同时也给母亲寄了一个软塑料手提兜，天蓝和乳白相间，图案是黄浦江边的大楼，上面印有"上海"两个字，非常漂亮。同样，那个包当时在川西小城雅安也显得太扎眼，母亲不好意思用，最后被保姆婆婆拿去买菜了。

"文革"期间，母亲和舅舅们都遭了难，天各一方，彼此音信皆无。再聚首时，母亲和大舅都过了知天命之年，小毛舅

图 15 20 世纪 60 年代末，作者的三舅在语录牌前拉小提琴。

舅也年近五旬，而二舅则没能等到这一天。

时光如白驹过隙，一转眼几十年又溜走了，大舅驾鹤西去，母亲和小毛舅舅已进入耄耋之年，而我也年逾六十，人生就这样快要结束了。趁着母亲和小毛舅舅记忆还都清晰，我把他们讲述的悲欢记录下来，不知后人有无兴趣。

其实，个人和家族的际遇只是茫茫尘世中的一粒尘埃，在历史的长河中连一朵浪花都溅不起来。但是，家国相连，见微知著，千千万万这样的故事汇聚到一起，也许就能构成我们民族乃至国家一段难以忘怀的历史。

回忆小阿姨

杨衡善

在母亲他们六个兄弟姐妹中，"小妹"（母亲提到她总是这么叫的）马理是最不起眼、最不招人待见的一位，二十一世纪出版社出版的《马氏家族》中说到她，用了"比较平凡"的评语，只写了区区不足两百字。

作为她的晚辈，好像也有与《马氏家族》作者同样的感受，但在 2013 年，我因收拾屋子，重新审视在 1990 年母亲八十大寿时她寄给大姐祝寿的字画时，我忽然觉得小阿姨并不是那么"平凡"，那么不值得称道。

小阿姨身后凄凉，没有留下后代，我觉得在可能的情况下描述一下她的过去，留下一个虽然普通却是有些实在内容的身世记录，是我这曾被她真心关切过（从她给我的许多信中感受到）的外甥应有的责任。

小时候，我们家住在天津，我和姐姐的年龄也就在五至十岁之间，那时，小阿姨常在我家出现。她很严肃，穿着也很朴素，常对我们进行这样、那样的教育，给我们一种小学老师的感觉。父亲买了一架钢琴在家里，据说还是为她买的，小阿姨常弹，她是马家门内西乐修养最好的一位。

图 1　小阿姨年轻时

1948 年，我们全家先后搬到了上海。我记得母亲曾说过，"小妹参加了土改工作队，到乡下去，她哪儿吃过这样的苦？结果得了结核，只好回家养病"。时间在 1949 年前后，那时的热血青年积极参加革命是风气，那时小阿姨正年轻，积极进取，做这样的事是很有可能。

季羡林先生在《学海泛槎》中说："我于 1946 年深秋……到了一别十一年的北京……我能进入北大……以副教授身份晋谒汤用彤先生……过了至多一个星期……学校决定任我为正教授"。"汤先生还特别指派了一个研究生马理女士做我的助手"。这个记述说明小阿姨 1947 年曾在北大。

根据《马氏家族》的记载，和姐姐在 2013 年对北大档案的查实，小阿姨毕业于北平辅仁大学美术系，1947 年任北京大学文科研究所助教，被指派给季羡林当助手也属情理中事，季先生的记忆有微差，无大误。

20 世纪 50 年代直至"文革"，因为天南地北，接触较少，但只要我到北京，总能见到小阿姨和小姨父张纯亮。那时他们住在中医研究院，地址在广安门内。小姨父张纯亮与小舅马泰是同学，均为国立中央大学医学院毕业的学生，曾任南京中央大学校医院脑系科医师、沈阳医学院神经科医师。他在 1949 年前就是共产党员，比小舅早得多，是"地下工作者"。小舅把

图2 小阿姨在北京大学文科研究所

他的小姐（相对于大姐二姐而言）介绍给老同学，于是小阿姨嫁到东北去，曾在辽宁熊岳纺织厂任布匹印染图案设计师，发挥了所学之长。

后来国家提倡中西医结合，许多西医转学中医，小姨父调北京中医研究院，任神经科医师。小阿姨为何没有相应的工作不清楚。小阿姨家的住房很简陋，我记得在一个楼梯的拐弯处，好像是个临时住所，办公室改的，不是正式配备的公寓单元房。小阿姨给我下面条，就在屋子里。而小姨父的办公室我去过，

图3 1985年，小阿姨与徐仁熙结婚照

很高的规格，是独立的单间，不像普通大夫门诊，而像专家专用。

小阿姨与小姨父没有孩子，小阿姨是宫外孕流产导致了没孩子。没有生成孩子是小阿姨此生一大缺憾。

后来二人领养了个男孩，而小阿姨也在中医研究院幼儿园有了份工作，日子曾过得比较美满。"文革"及"文革"之后，小阿姨连遭两次重大打击。一是"文革"初期，小姨父被关单位"监狱"，以"自杀"之名宣布死亡，活不见人，死不见尸，虽然多少年后平反昭雪，但已没有什么意义了。二是男孩长大，无所学，无所业，导致"母子"关系极端恶化，经法院判决脱离关系。

小阿姨的幼儿园工作及待遇也在改革之中失去，好像小阿

图4　小阿姨所绘山水画

姨对此反应比较木讷，也没有亲友为她争取什么。据在京的长辈口中所传，小阿姨的脾气变得怪异，孤身一人成了大家的愁肠。经过多方努力，好像大舅妈起了特别的作用，小阿姨终得与徐仁熙结合。后来的事实证明，这一步对小阿姨晚年的安定幸福生活至关重要，具有无可替代的作用。

　　小姨父为人宽厚祥和，且有相当文化底蕴，我与他们通信（父母在时与去世后）十几年，可以看出小阿姨这些年过得比较适意，况且她能有书画作品传入我手，也能印证她有好的心情。

　　1990年9月，小阿姨在给母亲的信中说，"你在8月31日是八十大寿，我想画一张画给你祝寿，以后画好寄来"。

图5 小阿姨手书横幅

1991年5月，小阿姨寄来画，信中说，"寄上中国山水画一轴，上面是两小幅山水，以庆祝大姐的八十大寿。我的画都是没有装裱的单张，寄来很不礼貌，因此选了这张裱好的寄上"。

小姨父在1993年5月的来信中说到小阿姨身体状况，"小阿姨输液后基本恢复，写字绘画仍有很大困难"。可见在此之前，小阿姨身体状况较好时，写字绘画是常常从事的活动。1991年寄来的画轴，我没有保管好，有些地方受潮霉变，2013年重新裱制，现挂于薛城家中。寄画同时尚有横幅一纸，隶书"晚晴"二字，此字也制成横幅，悬于薛城。从这两幅字画中，可见小阿姨功力非同一般，过去我眼不识珠，藏于囊底二十载，今日悬挂，蓬荜生辉。

两小幅山水：一为山雨图，笔墨淋漓；一为重峦图，云烟缭绕。横幅隶书"晚晴"，意味深厚，笔力雄健，不似出自七旬老人之手，足见当年在辅仁曾下苦功。在小阿姨他们六个兄弟姐妹中，论书法唯有大舅可与小阿姨匹敌，并且以吾视之，

图6 1989年，小阿姨与小姨父在扬州瘦西湖。

大舅柔美娟秀过之，浑厚朴直只堪伯仲。横幅右上角引首章文曰"不是闲人闲不得"，颇有意味，起码是小阿姨以勤自勉，这种心态在老年人中实为珍稀可贵。

1999年2月小阿姨来信说，"1998年9月1日离驻（驻马店）

去京津，旋又至济青沪苏杭，复由太原（小姨父徐仁熙有女徐民在晋）返苏"。这一圈兜了几个月，以近八旬之年（小阿姨1920年生人，小姨父略小）能有此兴致与精力，可见晚年还是过得挺好的。这得益于二人的坚强意志和亲密互助。他们曾寄照片数帧，从中可以看出安详和幸福。

他们是1999年元月从山西到苏州，入住彩香老年公寓的。该公寓位于公园一隅，1998年10月新建，环境极佳，服务亦好，每人每月价位500—605元，他们住最好的，南向二人标准间，每月1210元。1990年10月，我与乐善兄、桂兰嫂相约去苏州看望楚佩兄（乐善、楚佩与我均是叔伯兄弟），同时前往彩香探视小阿姨、小姨父，去时正值他们用午饭，后又至房间小坐，感觉真是不错。

他们在彩香住了几年。后来又回驻马店，2006年，小姨父之女徐民告我，小阿姨安然去世，他们为她办了丧事。这也是小阿姨一生的圆满结束。

小阿姨一生坎坷，境遇不佳，没人赏识她，但最后还是好的，属于"晚晴"一级的。年轻受罪不要紧，老来别受罪。

"晚晴"一词出于唐之李商隐的一首五律，其颔联"天意怜幽草，人间重晚晴"颇为人称道。幽草，幽深地方的草丛，比喻人的沉沦不遇。晚晴，傍晚的晴朗天气，比喻人晚年之美好。此联表现了作者对沉沦之士的同情（恐也有自怜之意）和对晚年抱有积极态度（恐也有自勉之意）。小阿姨书此二字给"大姐"，是否也想到了李商隐的这点心情，如果是，可见小阿姨的文学素养也是非同一般的。

老照片背后的教会学校

徐希景

　　19 世纪 80 年代以后，随着便携相机及干版的运用，摄影逐渐普及，除了照相馆摄影师，还有大量来华的传教士、外交人员、商人、自然学者和探险家，如威廉·弗洛伊德、威廉·桑德斯、约翰·汤姆逊、恩斯特·柏思曼、汤姆·希拉、西德尼·戴维·甘博等，以旅行、勘探、日常工作和活动记录等方式拍摄了这个时期八闽大地山川风貌、城乡建筑、社会生活、风土人情、历史事件的照片，也关注特定地域的地理、地质、动植物资源、建筑、考古等人文地理。

　　这些老照片展现了福州与闽江的特色风情和旖旎风光，记录下其独具一格的地域文化和丰富多元的文化遗产，它们承载着城市形象建构、社会变迁和现代性进程的文化基因符号。其中，传教士拍摄或留存的照片内容尤为广泛，可谓是深入福州人生活的方方面面。有些传教士还留下了对福州社会观察和研究的论著，比如，1848 年到福州传教的美以美会传教士麦利和（Robert Samuel Maclay，1824—1907）在他著述的《生活在中国人中间》（Life among the Chiese）（1861 年）中，论述了他在福州居住十二年间所了解的关于中国社会及在华传教情况的观察和研究。1865 年，美国公理会传教士卢公明（Justin Doolittle，1824—1880）根据其在榕十四年的见闻，在美国整理出版了《中国人的社会生活》（Social Life of the Chinese）一书，本人收藏有这本书的原版。全书分上下卷，从政治、经济、民间信仰、习俗、宗教、教育、科举等多个视角，极为翔实地描述了他对清末福州社会的观察，可谓细致入微。当时，照片制版术尚未发明，两本书中都采用了根据照片绘制的精美的版画插图。

明末清初以来，福州逐渐成为天主教、基督教的传教中心，尤其五口通商以来，更多的传教士来到福州，在国外公私机构庋藏了大量的教会或者传教士的相册，如美国卫理公会全球档案库、英国伯明翰大学吉百利学术图书馆等，都收藏着一

图 1　英华书院力礼堂。西德尼·戴维·甘博摄于 1917—1919 年。

图 2　福州仓山石厝教堂。约翰·汤姆逊摄于 1871 年。

批由传教士拍摄或收集的有关福州的照片。去年，本人也购置了一本拍摄于 19 世纪 90 年代的传教士私人相册，相册中以鹤龄英华书院（Anglo-Chinese College）、文山女中（Mr. Peet's School）、陶淑女中（Girls' School）、毓英女子寄宿学校（Girls' Boarding School）的师生照片为主，这是较早的一批有关教会学校的照片，尤为难得的是，每张照片下均有英文说明，它们见证了清末福州女子教育的兴办和近现代新式教育的发展。

　　小心翼翼地取出相册中的照片，发现照片背后写着详尽的英文说明，这为我对照片的进一步考证提供了方便。其中，一幅照片（见封二）中三位衣着华丽的福州女子尤为突出，引起了我的特别关注。这张照片后写着："Three Chinese ladies, the middle one is a daughter of Mr. Ahok and a former pupil in the Girls' School, the one on her right an inferior wife taken by her anlocater husband, the other a sister-in-law." 在这里，Mr. Ahok 是了解这幅照片背景的关键，与福州老建筑群的几位福州教会历史爱好者交流中得知，Mr. Ahok 即 Tiong Ahok，是张鹤龄的英文名，张鹤龄是福建南安人，美以美基督教会的信徒、福州商人，捐建了鹤龄英华书院。照片中间为张鹤龄的女儿，曾就读于英国圣公会在福州创办的陶淑女中，旁边是她丈夫的小妾和她的嫂

图 3 1890—1900 年的陶淑女中。图片来自哈佛大学燕京图书馆。

MR MULLER'S HOUSE. LIANG-AU

图4 穆勒的房子。穆勒是基督教传教士、福州英国圣公会助理书记。摄于1890—1900年。

图5 图5与图4相比,建筑的主体保持了原样,但是屋顶做了改造。这是原陶淑女中的建筑,位于福建师大老校区校园内。

嫂。据有关文献记载，这些受到良好教育的女校学生颇受社会各界关注，很多人还没毕业就被殷实人家娶走了。

1881年，张鹤龄曾捐款一万银元给美以美会建造了鹤龄楼、美志楼、力礼堂和钟楼，建立福州大学，本人收藏的这本相册中还有一幅1894年美以美会年会的合影，照片背景即为鹤龄楼。光绪十六年（1890年）张鹤龄去世，学校改名为鹤龄英华书院以纪念他，其中美志楼和力礼堂现在还在乐群路的福州高级中学校内，于是，特意到福高拍摄了美志楼、力礼堂。在这隔壁，就是每年圣诞节前后银杏叶子变为金黄色时，福州的网红拍摄点——石厝教堂。它由在福州的英国侨民捐建于1861年，最后移交圣公会。

文字说明中提到张鹤龄的女儿就读的陶淑女中，由英国圣公会1890年在福州创办，1903年，迁至仓山岭后路，有初、高中部，并附设小学，1951年陶淑女子学校与鹤龄英华中学、华南女子文理学院附属高级中学合并，称为福州第二中学，就是现在的福建师范大学附属中学。陶淑女中的校舍现在福建师大老校区内，原来作为音乐系教学楼和办公楼，目前原址仍然保留完好，是福州地区教会学校中建筑保存最为完好的建筑群落，也成为青年男女拍摄个人写真和婚纱照的外景地。作为校内一处富有特色的建筑群，本人曾多次带领初学摄影的学生到这里拍摄练习如何取景构图。

（本文中的老建筑史料参考福州老建筑百科）

英租刘公岛上的营生

彭均胜

从 1898 年起，曾为北洋海军成军地的刘公岛被英国强行租借四十二年，并将其辟为英国皇家海军训练和避暑疗养基地。英国殖民政府为把刘公岛变为专属区，强行收买了刘公岛上的四千八百一十一亩官民土地，并颁布驱逐岛民出岛的强制法令，迫使以土地为命根子的岛民流离失所。随着英国军队和外侨的大量涌入，殖民政府不惜耗费巨资建设了许多生活和娱乐设施，间接催生出大量谋生的机会，留在岛上的部分居民和岛外的不少中国人，或屈从于殖民者的淫威，或迫于生活的贫苦，纷纷加入为英国贵族和海军官兵们服务的打工队伍。中国百姓除了被英国殖民政府雇用在刘公岛建设各种军事、生活及娱乐设施，还在岛上从事背球捡球、清扫打捞杂物、拉洋车、摇舢板、搬运工等行行色色的营生。

背球捡球的球童

由于英国海军官兵特别喜爱球类运动，殖民政府在刘公岛上建设了高尔夫球场、台球场、足球场、曲棍球场、棒球场等二十多处，并出现了一个职业——球童。

1901 年，英军在刘公岛东部南坡修建了九洞高尔夫球场，西起东村、东至东泓炮台，器材基本从英国进口，堪称中国第一个海岛高尔夫球场。当时球场实行会员制，只允许高级别的军官和类似地位的侨民及来宾使用，并需要交纳一定会费，其他人员则很难进入。据当年在刘公岛生活过的老人讲："英军暑期来刘公岛的，官大的才能打高尔夫球，中层打网球，小兵则只能踢踢足球了。"因而除了极少数的高官之外，能进入球场的威海人只有草坪工人和球童。

做球童的多是岛上的学生和中国雇员、店主的子弟。球童的任务就是，当玩球者进出球场时，把球背进或者背出；在玩球的过程中，把玩球者打出球场的球捡回来。特别是捡球，需要球童不停地奔跑，往往累得满头大汗，他们可以通过体力劳

图 1　在刘公岛上打高尔夫。摄于 20 世纪 20 年代。

图2　在刘公岛上打高尔夫的球童。摄于20世纪20年代。

动获取点赏钱。按照相关规则，第一场比赛球童可得到十分钱的报酬，接下来的每场五分。

　　球童除了捡球背球，还负责垫球。据曾经生活在刘公岛的刘源昌老人说，他当年看到过英国人打高尔夫，当时球童会随身带一个布口袋，里面盛着细沙子，每当会员开球的时候，先在口袋里抓一把细沙放到草上垫高，再安置高尔夫球，这样球杆即便是触碰到球下面的位置，也不会破坏草坪。这堆沙子就是起到一个后来出现的球托的作用。

清扫街道和抓脏的"环卫工人"

刘公岛上的街道，尤其是英海军官兵驻地，均常年雇用"清道夫"清扫垃圾，整修路面。他们把生活垃圾用车拉到岛上西侧海岸，那里建有两个直通海底的水泥槽沟，把垃圾倒进槽沟，流进海里。目前在岛上麻井子船坞处，还有水泥槽沟遗迹。

威海人称垃圾为"脏"。"抓脏"即收集生活垃圾，主要为英国军舰服务，偌大的军舰每天都制造出一批垃圾，于是"抓脏"成为威海百姓养家糊口的新营生，也是当年一个令人眼热的新兴行当。

每逢夏季，英国皇家舰队官兵都要集中到刘公岛海面疗养避暑，一时间舰船云集，英舰泊位周围，常有四五百条小舢板

图3 刘公岛上的清洁运输工。摄于 20 世纪 20 年代。

围绕舰艇转悠，他们是专门在海面上"抓脏"的。英国海军官兵在舰艇上吃完的罐头盒、喝完的啤酒瓶，随手就扔进海里，还有一些破烂衣服、绳索、木匣子等杂物。当贫穷的威海百姓摇着小舢板，在海上"抓脏"时，一些狂妄的英国海军官兵就用高压水枪喷射他们，以此来取乐。

威海百姓捡回的各种垃圾，成了穷苦人家的宝贝。他们将垃圾分类处理：有能吃的带回家糊口，有能用的留下拿回家过日子，有可以变卖的就挣点零花钱……所以这个行当也是大家抢着来干的。

拉"洋车"的车夫

"洋车"起源于日本，当时威海这个行当主要集中在刘公岛，专做英国海军官兵和外侨的生意。

英国驻刘公岛海军军官及其家属，凡出门办事或游玩，均以车代步，有的是乘车去东泓打高尔夫、看打靶，或是乘车游岛，个别的还有乘人力车举行婚礼的，还有组织乘车赛跑的。这些拉车人被称之为"洋车夫"。"洋车夫"为了养家糊口，只能唯英国官兵之命是从。"洋车夫"把人拉到目的地之后，要你在那里等多久就得等多久。英国官兵有时会指名道姓地让他们熟悉的车夫按时接送，专门为其服务。有的车夫等的时间太长，也不会给他加价，更有甚者，坐了车不给钱，甚至还动手打人……一位叫林双的老人，就是当年的"祥子"，曾经挨过英国水兵的打。多年之后说起这件事，他还禁不住气得浑身发抖。

殖民当局对人力车的管理非常严格，实行许可证制度，运

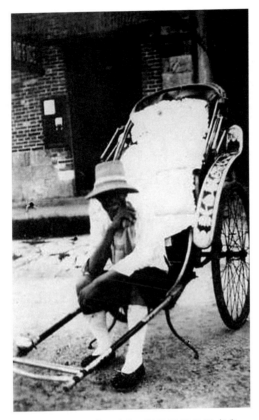

图 4　刘公岛上的黄包车夫。摄于 20 世纪 30 年代。

营车辆要领取牌照，要在显著位置或指明的位置上打上车辆的
登记号码。天黑时，必须点亮车灯。严格执行乘车价格，不得
拒载，严禁运送货物、牲畜和传染病人，要保持车辆整洁。车
夫们还要统一着装，上衣为蓝背心，黑边，白字。一百多辆黄
包车、一百多个车夫，这清一色的装束，在小小的刘公岛上俨
然成为一道"风景"。

图 5　刘公岛上的修路工。摄于 20 世纪 20 年代。

　　刘公岛上当年有一百六十四辆黄包车，车夫的年龄大多都在二十至四十岁之间，也有靠五十的，最小的只有十三岁。因为车多，英国人规定车夫要排队，有专人挨个叫号。车夫每接上一个顾客，便端起车杆，甩开大步，撒丫子就跑。坐车的英国人催他们跑，他们便快跑，催他们快跑，他们便飞跑。而坐车的英国人其实并不十分着急赶路，他们有的是时间，但是车夫们自己却得抓紧，大家能多跑一趟就多挣一趟的钱，尤其大家都在奔下午 4 点。无论是舰上的还是岛上的英国人，都是每天下午 4 点下班，他们从舰艇上下来或从办公署走出来，车夫们的生意立马就掀起了高潮。

　　车夫们的报酬，一般一站地一角钱，三里路两角。对照当时的物价，白细布每匹六元，面粉（红日当天、五燕、蝠寿等牌）每袋一元三角。车夫们累死累活地辛苦一天也挣不到一袋面粉，顶多挣个温饱钱。

威海与刘公岛之间的"摆渡人"

开埠之后,刘公岛上除了英国海军高级军官及其家属乘坐"威平"号或"海进"号班轮出入岛外,绝大多数靠舢板摆渡进出刘公岛。这些小舢板,有的是向舰艇运送物资和生活用品的,有的是从舰艇上向岛内运送其官兵所需食用水的,也有的向岛内岛外接送官兵的。

其时,威海卫和刘公岛码头有几百条舢板,可谓舢板云集,昼夜"服务",随时摇渡,海面上载客载货的舢板往来穿梭,就像现在的出租车一样。舢板不仅成为威海卫陆地和刘公岛之间最主要的水上交通工具,也是威海湾里一道"别样的风景"。据郭岚生1935年的《烟台威海游记》记载,那时专事"自岛外至岛里"摆渡的舢板就有四百二十余只。《威海市区村庄大全》则记载,仅今经济区的沟北村,在威海湾摇舢板摆渡的就有一百多人。

1904年,英国殖民当局还专门制定了有关强化摆渡舢板管理的法令,所有从事摆渡的舢板必须申请取得运营资格,发给执照,船头船尾刻上执照号码。每只舢板船夫不得超过两名,天气恶劣时可以有三名,乘客不能超过五名。搭载中国乘客的舢板必须在指定码头上下客,离港或回港必须向码头警局报告,提供舢板号码、船夫名字、乘客数量、目的地及出发和返回时间等信息。明确规定了载客载物的收费标准,不得收取高于规定的船费,也不得无理拒渡。据《英舰驶进刘公岛》记载,舢板按人头收费,威海市区与刘公岛摆渡每人单程计价两毛。

人数众多的"苦力"

自 1901 年开始，为了稳定远离英国本土海军官兵的军心，英国殖民政府投入巨资，在刘公岛建设了海军医院、住宅、别墅、酒店、舞厅、球场等生活和娱乐设施。据统计，刘公岛上现存英租时期建筑达四十一处，共有一百六十九栋，遍布全岛，占包含市区在内整个英租时期建筑的三分之二。然而，如此庞大的建设规模，整个刘公岛都成了工地，除了工程设计、监工等由英国人担任外，英国殖民政府采取就地雇用大量的威海百姓负责工程营造。在当年施工机械极其匮乏，整个工程几乎全靠人力的背景下，这些建筑"苦力"劳作的艰辛可窥一斑。

现存的英租时期的建筑具有浓郁的英伦建筑风格，但在墙体、结构、装饰以及附属房等具体建筑施工中，都是威海工匠

图 6 刘公岛上的建筑工人。摄于 20 世纪 30 年代。

的传统做法，块石砌体、苇箔屋面、草泥抹墙等，与本地建房的传统施工方法完全一样，可以说这些中西融合的英式建筑是威海工匠汗水与智慧的结晶。

靠出卖苦力赚取温饱的威海百姓，遍布岛上各个角落。就连刘公岛监狱的犯人也从事苦力营生，除女囚和体弱有病的男囚外，一般都要进行重体力劳动，主要是筑路、筑墙、栽树、打石子、通下水道、清理并运送粪便等。

在缺乏机动车辆的条件下，当搬运工也是人数众多的一个行当，有拉地板车的，有扛袋的。他们主要是从码头把船运到岛内的煤炭、建材、面粉和各种油料等物资，拖、扛到各个仓储地。此外，还有一些挑夫，主要是为英国海军军官家属挑送燃料和食用水的。

形形色色的"打杂工"

海军在欧洲历来属于贵族军种，既讲究排场，更注重等级。随着英国军舰云集刘公岛，这些养尊处优的海军官兵们需要大量威海百姓伺候，这就催生出形形色色的"打杂工"，旧时称之为佣人。

威海方言中的"搜搜"就是缝补衣服的，"扣扣"则是炊事员，本地人还称之为"刷油锅"的，还有做小买卖等一类营生，都是随着舢板渡船才活跃起来的。这时的摆渡船叫"帮船"。

沿海四五十岁的妇女，也就是"搜搜"和"扣扣"们，早晨4点随船上英国军舰，到12点回来，竟能挣到六七块钱。还有随船进去卖小吃杂货的、卖手艺的，有办"派司"（一种"特许证"，由英舰上专门管证的人发放的），熙熙攘攘都涌上

图7 刘公岛上的邮递员。摄于20世纪20年代。

舰艇。

还有很多从事"摆台"的，就是给外国人摆放餐桌、安排座位、端饭送菜、伺候吃喝的差事。这差事古往今来都有，现在称为服务员，但那时的摆台既多又滥，既固定又流动，且完全是按英国人的规矩来操作。

英舰上开饭特别早，早晨5点起床后，先喝一种叫"朱古力"的饮品，厨房里煮一大桶，摆台的就给摆在餐桌上。8点吃早餐，10点半喝茶，到12点吃中餐，下午2点半再喝茶，下午4

点，吃枕头状的面包，6点半吃晚餐。整天不干别的，光是吃喝，摆台的就够忙活的，一天到晚总在舰上转。摆台需要大量人手，一般舰上摆台的总有七八个到十来个人。至于岛上舞厅、饭馆、酒吧、茶肆里，伺候洋人吃喝的中国服务人员就更多了。

英国人尽管建设了为官兵服务的商业设施——西摩尔商业街，各种商号店铺林立，但是很多有点经营头脑的威海百姓还是不失时机地在岛上做点小买卖，主要卖些土特产，像鸡蛋、花生、水果等，英舰来时东西都挺好卖的，有的还乘坐小舢板直接运到军舰上，送货上门，既满足了英国海军官兵购物需求，

图8 海军公所门前的商贩。摄于20世纪20年代。

图9 英商洋行的中国职员。摄于 20 世纪 20 年代。

又赚取了英镑，两全其美。

凤毛麟角的"高级白领"

在这形形色色的营生中，绝大多数是靠出卖苦力赚点血汗钱，但也有少数人凭借聪明学识和会办事而成为管理者，或者从事技术含量高的职业，相当于现在外企的"高级白领"。

"南比万"，英语里是第一的意思，英国人就把雇用的华人管理者称之为"南比万"，类似包工头。诸如摇舢板、摆台、收拾卫生、做小买卖，英国人似乎懒得去管这些事，他们只是

图 10 刘公岛基地一位姓邵的秘书同英舰机械官。摄于 1938 年。

尽可能地休闲和享受，于是采取"以华制华"策略，就雇用"南比万"来管理这些杂事。英国人很敬重这些"南比万"，在特定的场合，甚至连英军军官也要服从他们的管理。

当时刘公岛上统算起来大概有四五个"南比万"。铁码头的"南比万"是威海西郊王家庄的王仁福，身材高大，能讲一口流利的英语，领着十五六人，为英国人的军舰服务。夏天军舰一来，舰上用米、面、肉、菜、蛋之类，他们就给装上小船，再吊到军舰上去。由于他们不确定哪艘军舰什么时候需要补充给养，所以他们就常住在岛上，基本不回家。伙计的工资每月十五元，而"南比万"每月十八元。

"南比万"不分大小，多是固定的，但也有临时的、流动的。英国人好游泳，就在海滩上搭了些席棚，供游泳者在那里换衣服，也雇个"南比万"在那里管着，人来开锁，人走上锁。

会计是刘公岛上令人羡慕的职业。岛上有一座会计长住宅，位于丁汝昌寓所院内西北角，是一栋独立的、带有英伦风格的平房。会计长住宅相当于岛上的财政部，也是当时的"会计之家"。会计长、主管会计等中高级管理人员都是英国人担任，而普通的会计业务，诸如计算、核算、报销和发放工资等业务，则是由雇用中国会计来做。

据记载，负责发放工资的中国会计的工作是每到月头，就把工资一一装进一个小木箱里，送到西边的岛上最高军事长官医官长那里，经医官长审核无误后，从医官长处往下发放，他们用算盘算账，用钢笔记账。工作时间是上午9点至11点，下午2点至4点，4点以后与英国人一样下班，工作十分舒适，待遇也很高。当时能给英国人当会计，只有水平高的、有点真才实学的账房先生，才有资格获得这个美差。

当年刘公岛上西部英国大医官办公室外左侧有个办事的房子，里面住着一个"贴写"，姓邵，人称"邵贴写"，管理收发文件，类似文书。大医官办公室东面有个电话局，里面雇了一个姓苗的威海人负责接电话，也就是电话员。

（图片由威海市档案局提供）

铁路的意象

周 车

闯入与恐惧

1876 年 7 月 3 日，一种叫"铁路"的洋玩意，突然踢开门闯入了中国民众的视野，在吴淞这个小地方激起了一层不小的涟漪。那一刻，铁路被中国人看作一种具有威胁性、毁灭性的力量，似乎祖祖辈辈浸染其中、不能割舍的肥沃土地，正在被一种自身拥有内在力量之源、黑压压喷着骇人火焰、发出震耳欲聋呼啸、横冲直撞的庞然大物所吞噬。

众议之下，1877 年 12 月 18 日，这条长 14.5 公里，在中国正式通车运行的第一条铁路被清廷从英商手中赎回拆除，但激起的涟漪却没有随之彻底消退，暗流涌动之中正酝酿着新的波澜。此后，关于修筑铁路的争论不绝于耳：

> 火轮车电掣风驰，易于冲突，必至贻害民间；即使设法绕越，善为布置，将来造成之后……伤人坏物，易启争端。
>
> 若铁路即开，万里之遥如在户庭，百万之众克期徵调，四方得拱卫之势，国家有磐石之安，则有警时易于救援矣。

查火轮车每时不过行五十里，中国驿递紧急文书，一昼夜可六七百里，有速无迟。今若俱由轮车递送，则驿站全废，且陆路之车驼俱归无用。人以失业而愤嗟，马以失饲而倒毙，不独累及于人，抑且戕及于物。

日本一弹丸国耳，其君臣师西洋之长技，恃有铁路，动逞螳螂之臂，藐视中华，亦遇事与我为难。……凡占夺邻疆，垦辟荒地，无不有铁路以导其先；迨户口多而贸易盛，又必增铁路以善其后。

直至清政府甲午战败，铁路上升为变法自强的紧要时务。随之，卢汉、中东、京奉、胶济、津浦、滇越、平绥等铁路如雨后春笋般相继修建扩建，广袤的神州大地上，铁路权益成为中国与西方列强争夺的焦点，铁路意象成为民众传统意识中挥之不去的梦魇!

火车给人们带来惊奇感的同时，也带来了深深的不安全感，

图1　1904年8月，从青岛开往济南的火车。

图2 1941 年 1 月，火车驶过北京东便门箭楼。

一方面偶发的铁路事故造成的人身伤害，使人们产生在车上无力掌握自我命运的恐惧感。另一方面是一种心理上对未知的揣度，火车车厢使彼此陌生的人长时间共处一个封闭的空间内，不仅是近距离相对而坐，而且很可能偶尔对视却始终相互不说一句话，只是用纯粹的视觉感官观看对方外表，却无法获知对方的任何身份信息，无法进一步交流，无法确认自己是否安全，由此产生着困惑、焦虑、束手无策或烦躁不安，这种人际关系

图3 民国期间，一个男子正在看"小心火车"的警示牌。

和交往方式相比起城镇与乡村的熟人社会显得格外荒谬。

改变与接纳

20世纪早期，铁道线像藤蔓般在中国中东部不断延展、纵横交错，铁路也不间断刺激着人们对时间和空间感知的敏感神经。

图4 1938年12月，胶济线上的一次火车倾覆事故。

中国传统社会中的民众，大多过着面朝黄土背朝天的日子，遵循的是日出而作、日落而息的生活方式，脑海中的时间单位是日月年，最精细的计时刻度也不过是"时辰""刻"，挂在嘴边的往往是"头午""晌午""过午"，连杀头这样人命关天的大事，也才精确到"午时三刻"。

火车总是依照时刻表前行，相比畜力车、木帆船等传统交通工具，飞驰的速度和对时间的精确要求深刻改变着民众固有的观念，人们似乎总想不明白，这个大家伙为什么总是服从那一个个小方格里密密麻麻的数字。英国口语中标准时间称为"Railway Time"，以区别于当地时间"Local time"，整个社会

图5 20世纪三四十年代，火车上对坐的乘客。

生活在逐渐纳入标准时间的体系之中。连洋人那里都被高看一眼的那个"铁路规矩"，使得中国传统时间概念不得不让位于小时、分钟等西方人规定的现代时间概念。

那张"神秘"的火车时刻表也深刻地改变和塑造着人们的行为模式，人们开始以时间而不是以空间来感知距离，原来去某个地方习惯说"有多少里地"，而现在往往会说坐火车需要"几个小时"。"准时"成为一个重要的现代生活法则，同时也影响、塑造着人们的心理和精神状态。

铁路作为一套"将英里折叠起来"的新行为体系引入中国，改变了人们的地理概念和对距离的感知。谭嗣同言："轮船铁路电线德律风之属，几缩千程于咫尺，玩地球若股掌，梯山航海，如履户域，初无所谓中外之限，若古之夷夏。"原有道路是让旅行者自己适应大地的等高线，而铁路通过造路堑、路堤、隧道、高架桥等方式，夷平并征服了大地，在旧道路上能够感觉到自然地形的不规则性，被铁路强烈的直线性所取代，那条高于地面的路基硬生生地把大地分割开，像一条绳索迫使大地满足其对规则性的要求。

坐在火车上的旅客也是另一番全新的感受，发现并不仅仅是更轻松地移动，会感到自己与窗外空间的联系似有似无，可以看、可以听、可以感觉，可以更加强烈地审视快速流动着的大千世界。近处的一排排树木在眼前快速闪过，与稍远处田垄里农人的对视，远方层层山峦岿然不为所动。当把头伸出窗外，转弯处看到两根纤细、闪亮地铁轨向无尽的前方延伸开去，自己乘坐的火车时而在一马平川中奔驰，时而勇敢地盘旋到山腰，冲过一道山梁，又悄悄地试探着前进，然后钻进幽暗的隧道，彻底失去与外部空间的联系，朝着神秘、未知的远方奔去。有人感慨："轮随铁路与周旋，飞往吴淞客亦仙。他省不知机器巧，艳传陆地可行船。身非著翅亦生风，恍坐轮船入海中"。

铁路一方面通过提速大大减少了原来点与点之间的运行时间，从而缩短了空间距离；另一方面，在同样的时间内凭着比人力、畜力等交通方式快得多的速度，又大大延展出新的空间。可以说，铁路改变人们对时空认知的同时，让普通人的生活，乃至和原来相对而言比较静止的农业社会真正流动起来。正如维新派领袖康有为所言："夫铁路缩万里为咫尺，循山川如图画，收远边为比邻，以开民智，富民生，辟地利，通商业，起工艺，省兵驿，固边防，莫不由之。"

想象与象征

　　铁路被民众普遍接受后，不仅成为一种时尚便捷的交通工具，更激发着人们不同以往的想象。火车不再是神牛、异龙那般魔幻的怪兽，也不再是毁我村庄、占我农田恶魔般的梦魇，而是凝聚着资本，驮载着平等，带来了福音，激发着灵感。

　　坐火车象征着一种平等，无论何种社会阶层，不分性别与尊卑贵贱，只要能买上车票，就可以享受列车在高速运行中的休闲与快乐，而不必担心以往乘坐二人小轿、四人中轿还是八

图6　20世纪早期，修建中的铁路路基。

图 7 1938 年 9 月，火车行驶在京包线八达岭附近。

抬大轿惹祸上身的"僭越"之罪。在火车上，人与人之间的相
互注视也形成了一种新的现代生活体验，人们因此需要重新审
视自己的角色、身份及与他人之间的关系，这对之前森严的社
会等级结构是一个巨大的突破，旅客从一个单独的个体，转变
成了大众的一员。

　　同时，坐火车也是社会地位的一面镜像，让人能够看清楚
自己的位置和处境。一段旅程就像一场宴席，总是要散的，一
站一站的前行，旅客都有各自的目的地，朝四面八方散去，又
从四面八方聚拢到相同的列车上，大多行色匆匆，没有听戏品
茶的悠闲，有的是不得不算计着的人生。

图8 20世纪三四十年代，北京天桥观看火车造型"拉洋片"的中国百姓。

　　对铁路的想象不止于此。在亲人眼中乘火车等同于远行，意味着远离稳定、熟悉，奔向异数、变数，因此远行者特别需要亲人的依依惜别将这种稳定尽可能地铺续。对诗人来说，火车头是运动、力量和自信的象征，代表了进步和无止境的追求，在暴雪狂风的夹击下始终一往无前地奔向下一个车站，可以令人在长烟呼啸中悸动，在铁轨声浪中张开诗意的翅膀。对于保守派来说，慢速原始的交通方式是比较容易驾驭和控制的，可以有效地阻止非必要的地方联系和人口流动，维持前现代社会的稳定状态；而对于维新派来说，很多是最早体验火车游历的中国人，带回了种种海外见闻，他们对铁路的赞美不乏经国大业的宏论，是追求富强之国的现代性象征，火车这个庞然大物在中国一落地已经激起了千层浪，所谓"革命的火车头"是与

图9 20世纪三四十年代，站台上准备乘车的乘客。

宏大叙事挂钩的，是一种让整个社会流动起来、循环起来的系统，而一旦崩溃或消失，社会也会在某种程度上失去其稳定性，面临无法预料的危机。

随后的一百年，中国人逐渐习惯了铁路这一交通工具，学会了驾驭，也学会了制造，奔驰游弋在新的时空和文明的洪流之中，但夹杂着的惊恐、屈辱、希望和骄傲却一直持续着，正如作家铁凝在小说《哦，香雪》中描述的20世纪80年代初期，大山里的人对火车的想象和铁路对他们生活的象征意义："那绿色的长龙一路呼啸，挟带着来自山外的陌生、新鲜的清风，擦着台儿沟贫弱的脊背匆匆而过。它走得那样急忙，连车轮碾

图10 20世纪三四十年代，火车驶过河道码头的场景。

轧钢轨时发出的声音好像都在说：不停不停，不停不停！是啊，它有什么理由在台儿沟站脚呢？台儿沟有人要出远门吗？山外有人来台儿沟探亲访友吗？还是这里有石油储存，有金矿埋藏？台儿沟，无论从哪方面讲，都不具备挽住火车在它身边留步的力量。"

过去与未来

火车较少受天气影响，遵循既定的时间、既定的路线完成旅行，进而保证一个社会的常态化流动。而在铁路出现之前的

图 11 1941 年 6 月，开封机务段整备机车的场景。

社会交通工具节奏慢，以人工为主。人力车、畜力车容易受陆地天气影响，而且行动迟缓、路途颠簸、费用也高。木帆船受潮水涨落、河道淤堵和风雨影响大，速度缓慢，运行时间无法保证。但与铁路相比，其本质不同还不是这些因素，而是与自然之力的对抗。传统交通工具无论水陆，不管快慢，运行的速度都没有超过自然界中原本存在的速度。比如人力车和畜力车的速度不可能高于人和骡马行走的速度，一帆风顺的木帆船也不可能快于水流和风的速度，而火车作为工业化时代的代表，其所释放出的机械之力已然突破了原有的自然限制，推动着人类社会去自然化的过程。

作为工业革命加速器的铁路，其动力源自蒸汽驱动活塞的交替往复运动，进而转化成驱动轮循环运动，成为第一项人工生产的机械运动，动力不再从外部来源获得，而是以某种方式自行创造出来。这一动力来源驱动了机车，推动了铁路，引发了工业革命。在活塞、汽缸、蒸汽综合体发明之前，工具、机器和车辆的运动必须要从风、水、动物等外在的自然资源中按一比一的比率转移而来，没有哪个水轮能够快过驱动它的水流，没有哪艘帆船能够比风还快，没有哪辆车的速度能够超过拉它的马。

前工业革命时代的热兵器与蒸汽机存在相似性。枪炮的管膛可以被视为一种汽缸，火药产生的气体将弹药向前投射，蒸汽汽缸也可以被视为一种往复的枪管和炮膛。就化学事实而言，两者都不是从无当中生出力量的机器，它们并没有创造出力，也是从自然中获取的，区别在于并不是传递一种既存的力，而是从可燃物中转化出一种新式的力。

德国文化历史学家沃尔夫冈·希弗尔布施在《铁道之旅：19世纪空间与时间的工业化》一书中提出：铁路和后工业革命时代的计算机"这两者是否有可能就是在机器演进的同一条轨道上占据着不同的位置呢？"

1936年：东征期间的两张红军合影

毕醒世

  这两张红军战士的合影拍摄于1936年，拍摄地为陕北清涧县。从摄影史角度来看，它足以证明，这一时期，穷乡僻壤的陕北小城清涧县已经有了像模像样的照相馆了，而且其摄影水平、照片的装裱水平都与大城市的照相馆没有差别了。就这两张照片本身来看——普通红军官兵到照相馆拍摄的合影——也是极其罕见的。

  最著名的红军肖像照，即毛泽东戴八角帽、穿红军服的照片，是美国记者斯诺于1935年7月在陕北保安县所拍摄。许多红军将领的肖像照基本上都是由记者或其他自由摄影师拍摄的，很少发现有在商业性的照相馆拍摄的。

  这两张红军照清晰度很高，可以从照片上人物的着装、配饰中看到丰富的细节。红军官兵的服装是崭新的，而且上衣纽扣是金属的。用高倍放大镜可以看到他们军帽上的缝制红五星的针线脚；所穿的布鞋也是新的，而且是当时山陕两省流行的"牛鼻梁鞋"。他们腰间系有皮制子弹袋，插有装着满弹夹了弹的驳壳枪。从这些稚嫩的脸上可以看出，他们的年龄都不大，最多也就二十岁左右。

由照片主人在两张照片上题写的文字中可以得知：一、这是照片的主人与战友乔志刚、郭立德的合影（图1），以及与战友宜立军及宜立军之弟的合影（见封三）；二、拍摄时间为1936年，地点为陕北。

两张照片使用了同一张布景，说明是在同一个照相馆拍摄的。封三照片的底衬上印制了照相馆的标志：图案标识为一架

图1 图注："1936年，在陕北与战友乔志刚、郭立德合影。"

飞机，机翼上都写有"新生"的字样；飞机的下方有中英文标识，英文为"HSIN SHENG ART PHOTO STUDID"，中文为"新生照相馆 陕北清涧县"。

红军、1936年、陕北清涧县。这三个要素给我们提供了探究两张红军老照片所反映的历史的重要路径。

1935年10月，中共中央及中央红军（红一方面军）长征到达陕北。1936年2月，中共中央发布了《东征宣言》，宣布"为实现抗日，渡河东征"。同时组建中国人民红军抗日先锋军总指挥部，由彭德怀任司令员、毛泽东任政治委员、叶剑英

任参谋长，下辖红一军团、红十五军团和新编的红二十八军、二十九军、三十军，共两万余人。

此时，清涧县成为红军东渡黄河的桥头堡和总后方。4月14日，红军将领刘志丹在山西中阳县三交镇的战斗中光荣牺牲。后来，毛泽东为他题碑："群众领袖，民族英雄。"周恩来为他题词："上下五千年，英雄万万千；人民的英雄，要数刘志丹。"

红军东征历时七十五天，在军事上、政治上都取得了重大胜利。在军事上，给阎锡山的晋绥军以沉重的打击，迫使"进剿"的晋绥军撤回山西，恢复和巩固了陕北苏区。这期间，有八千多名青壮年参加红军，壮大了红军的力量；筹款五十万元，并获得一大批军需物资，缓解了红军抗日经费与物资缺乏的困难。

东征结束，红军退出清涧县。1936年6月，国民党汤恩伯第十三军"进剿"清涧县，并直入绥德等多个县。

与以上史实相联系，我们对于这两张红军合影所反映的历史细节就有了进一步认识：

一、照片拍摄的具体时间应为5月份。陕北的春天十分寒冷，人们不可能穿单装，照片上的人物穿着单军装，其拍摄时间应该在5月初之后。

二、红军装备得到补充。两张照片中的红军官兵穿的都是新军装。根据史料记载，红军第一批制服是在1929年3月攻下了闽西重镇长汀城后，仿照苏联红军的军装和列宁戴过的八角帽式样赶制了四千套军装。之后，各方面军仿照这批制服制作了大批军装。红军长征时期，各方面军的给养虽然得到不同程度的补充，但是经历了春夏秋冬四季，他们的着装早已五化八门、衣衫褴褛了。这两张照片给人们提供了一个重要的历史佐证：东征胜利后，红军服装得到了一定的补充，而且质量非常好。

照片中的红军官兵装备精良，腰系子弹袋，腰插装着满弹夹子弹的驳壳枪，装扮非凡，难得一见。可以推断，这是东征后红军的武器弹药得到大量补充的结果。

三、陕西、山西大批青年加入红军队伍。通过互联网搜索，一时还难以查明这些红军官兵的身份；查询陕北红军名录，也还没有找到结果。但是，可以初步推断，他们可能是保卫大首长的警卫人员；从年龄及姓氏推断（陕北子长县和山西省部分县宜姓居多），他们中有可能有山陕籍人士，这当然也与东征红军得到扩充有关。

沧桑历尽始淡然

冯克力

鲁迅尝言："有谁从小康人家而坠入困顿的么，我以为在这途路中，大概可以看见世人的真面目。"（语见《呐喊·自序》）先生的这番感慨，实缘于因其祖父卷入科场舞弊案而遭致的家道中落。小康人家的中落，尚且如此，假如中落的是钟鸣鼎食之族呢？

在本辑《我家曾住万竹园》中，王利莎女士讲述的正是一个显赫世家在大时代里的遭际。她的爷爷与姥爷能由一介武卒，于万军之中脱颖而出，成为晚清民初的高级将领，并双双得授上将军衔，显非等闲之辈。而她的姥爷张怀芝还曾主政一方，先后担任过安徽巡抚、山东的督军和省长。济南万竹园便是她姥爷当年任督军时买下并扩建的宅邸，随附的一张家人早间在园中的留影，让后人有幸一窥这座名园昔时的风貌。

毋宁说，其家道的式微，随着祖辈的隐退与故去便已开启了，直到 1949 年后始遭遇断崖式的"坠落"。从此两代人都背负着出身"反动军阀"的原罪而家破人散，艰难度日，可谓是备受磨难。

说起来，像王女士这等高第显宦的大起大落，在过去的一个世纪里也并非鲜见。让我心生敬意的是，她居然能不卑不亢，自始至终以异常平静的口吻讲述自己与族人所逢遭的一切。她在结束讲述时说道："时光如箭，一晃几十年过去了，无论姥爷、爷爷这些名人，还是父亲、母亲这些普通人，都走进了历史。如今我也年过古稀，孩子也都成家立业，子孙满堂，苦尽甘来……"一派沧桑历尽的淡然与自洽。

可见，当不幸"坠入困顿的途路中"，不仅"可以看见世人的真面目"，又何尝不可以令世人更加看清自己的本色呢？

不知先生以为然否？

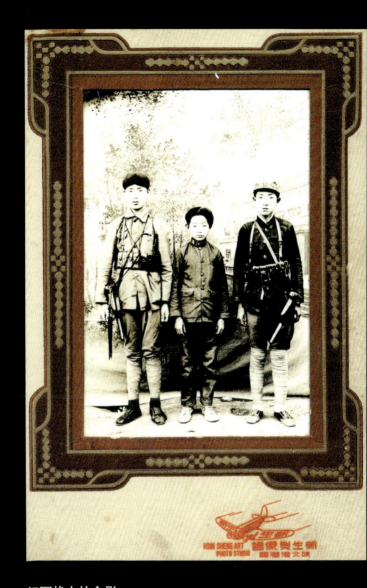

红军战士的合影

图注："1936 年，在陕北与战友宜立军和他弟弟合影。"底衬上印有"新生照相馆，陕北清涧县"的字样。（参阅本辑《1936 年：东征期间的两张红军合影》）

国内订阅：全国各地邮局

邮发代号：24-177

地　　址：山东省济南市英雄山路 189 号 B 座（250002）
E-mail：laozhaopian1996@163.com
网　　址：www.lzp1996.com

责任编辑／赵祥斌

装帧设计／王　芳

扫码听书

《老照片》微商城

微信公众号

《老照片》网站

ISBN 978-7-5474-3588-5

9 787547 435885 >

定价：20.00 元